共生模式

神华国华印尼爪哇7号 2×1050MW发电工程纪实

SYMBIOTIC MODE: RECORD OF SHENHUA GUOHUA INDONESIA JAWA 7 COAL FIRED POWER PLANT PROJECT 2×1050MW

神华国华（印尼）爪哇发电有限公司　编著

企业管理出版社
ENTERPRISE MANAGEMENT PUBLISHING HOUSE

图书在版编目（CIP）数据

共生模式：神华国华印尼爪哇7号2×1050MW发电工程纪实 / 神华国华（印尼）爪哇发电有限公司编著. -- 北京：企业管理出版社，2024.10. -- ISBN 978-7-5164-3148-1

Ⅰ.F426.2；F434.262

中国国家版本馆CIP数据核字第2024AU1194号

书　　名：	共生模式：神华国华印尼爪哇 7 号 2×1050MW 发电工程纪实
书　　号：	ISBN 978-7-5164-3148-1
作　　者：	神华国华（印尼）爪哇发电有限公司
责任编辑：	于湘怡
出版发行：	企业管理出版社
经　　销：	全国新华书店发行
地　　址：	北京市海淀区紫竹院南路 17 号　　邮　编：100048
网　　址：	http://www.emph.cn　　电子信箱：1502219688@qq.com
电　　话：	编辑部（010）68701661　　发行部（010）68701816
印　　刷：	北京博海升彩色印刷有限公司
版　　次：	2024 年 10 月 第 1 版
印　　次：	2024 年 10 月 第 1 次印刷
规　　格：	787 毫米 × 1092 毫米　　开　本：1/16
印　　张：	26.5 印张
字　　数：	562 千字
定　　价：	168.00 元

版权所有　翻印必究　·　印装有误　负责调换

本书记录、呈现了爪哇7号发电项目基于共生模式，依靠中国、印尼社会各界及爪哇7号发电项目建设者的力量，成功建设与管理中国"一带一路"倡议下单机容量最大、参数最高、技术最先进、清洁高效、生态和谐的电站，打造了中印尼能源合作美美与共样板工程的历程。

Buku ini mendokumentasikan keberhasilan Proyek Jawa 7 yang didasarkan pada prinsip mutualisme dengan menggabungkan kekuatan dari berbagai pihak di Tiongkok dan Indonesia, termasuk para pembangun Proyek Jawa 7. Proyek ini berhasil membangun dan mengoperasikan pembangkit listrik ramah lingkungan dengan kapasitas terbesar, parameter tertinggi, teknologi tercanggih, dan pembersihan yang efisien di bawah inisiatif "One Belt, One Road" Tiongkok, yang telah menjadi proyek teladan hasil kerjasama energi Tiongkok-Indonesia yang saling menguntungkan.（印尼语）

向所有为爪哇7号发电项目栉风沐雨、努力奉献的中印尼各界人士及项目全体建设者致敬！

Pujian terhadap semua konstruksi dan konstruksi JAWA7 yang peduli terhadap dukungan, moon yuurier wind, usaha-usaha serupa indonesia, orang-orang dari segala bidang sosial, dan proyek-proyek konstruksi！（印尼语）

编 委 会

顾　　问：Rudi Hendra（印尼）　　　　　　　Hendro Susilo（印尼）
　　　　　Arief Teguh Sutrisno（印尼）　　　　Ajrun Karim（印尼）
　　　　　Satrio Wahyudi（印尼）　　　　　　 Beton Karo Sekali（印尼）
　　　　　Teguh Handoyo（印尼）

王树民	刘志江	肖创英	宋　畅	夏　利	李　巍	陈寅彪
侯学众	那希志	艾　抗	王雷鸣	郑海村	赵信磊	俞成立
赵世斌	张振香	毛　迅	何成江	李瑞欣	许山成	耿　育
陈根卫	蒋晓明	朱利翔	邓　磊	范永春	宗孝磊	王　辉
张国林	刘春峰	朱江涛	杨富锁	邢　仑	张　翼	张艳亮
黄焕袍	樊印龙	高晓成	张光耀	沈　兵	唐　勇	王雨舟
平　恒	李立峰	封官斌	黄思林	房　超	罗　超	赵岫华
王　强	陈杭君	王　瑛	许定峰	杨文静	黄宗华	卓　华
温长宏	王颖聪	陈　宏	汪积汇	甘超齐	王忠宝	金　强
张旭日	许建华	张晓波	韩贵生	韦文江	靳华峰	谢　林
闫子政	宋　岩	谢小兵	白利光	黄　斌	丛　贵	富跃龙
孙　月	王凤池	孙　平	刘秋生	韩斌桥	廖海燕	王文彬
闫卫东	张德珍	王　颖	张振科	孙一丁	徐北辰	伊喜来
尹武昌	王善同	崔志敏	刘建波	郝　卫	时　瑛	王　健
范永胜	王　勇	李东华	刘　瑛	江　涛	王晓辉	薛　丰
史国青	赵慧传	范新宽	刘　丰	刘家兴	张秋生	孙志华
翟剑萍	吴晓毅	张继国	王振国	曹文荪	李绍卓	赫向辉
韩　晶	胡晓花	张兴军	丁　涛	张忠梅	李飒岩	甘　泉
曹明生	翟朝阳	王文博	王　进	胡成宝	郝建光	刘期宏
沈明军	李志坚	贾利永	杨大为	庹兴亮	许潇涵	韩少凡
李建忠	李春宏	岳海鹏	翟　君	安洪坤	王爱民	孙　权
时文俊	窦　鹏	张　璇	刘　巍	马　莉	邹晓杰	钟启刚
李　铮	渠国防	王丙贵	曹玉琦	刘松平	张海军	张小东

主　　编：赵志刚　陆成骏　陈云峰　崔育奎　余西友　刘绍慰
　　　　　Eko Ariyanto（印尼）
　　　　　Doddy Nafiudin（印尼）
　　　　　Yuskar Radianto（印尼）

副 主 编：安　亮　刘　琦　沈建飞　周翔龙　孙少华　高景民　刘朝阳
　　　　　钱义生　王作峰　俞　玮　李华强　徐　旸　马　旻　章　鹏
　　　　　Tumpal Pangihutan Sirait（印尼）
　　　　　Bambang Supriyatno（印尼）

成　　员：（中方成员按姓氏笔画排序）

王　有	王　森	王军超	王昇成	王学成	王寅杰	韦美连
尹金星	石玉兵	宁峥嵘	邢鹏飞	任国辉	刘　奇	刘雨佳
齐光才	齐俊甫	安耀国	孙　文	孙惠顺	李永强	李春峰
李厚信	杨　欢	吴艳云	何凌燕	沈　钢	沈启亮	张永霞
张旭光	张建华	陈　伟	陈红军	陈国清	陈家生	范术东
范东保	范明波	林长春	周海俊	周鑫强	宗学谦	赵　杰
赵忠明	赵崇智	费志博	袁永飞	袁仲举	聂　鑫	顾巨红
钱林峰	徐雪冬	高志华	郭晨悦	黄汝玲	曹江平	康二红
盖雪浩	葛丽青	董广君	董国曜	董浩然	蒋石龙	鲁德利
曾文斌	谭阳文	谭丽军	翟忠振	滕　跃	穆永刚	魏静怡

（印尼方成员按名字首字母排序）

　　Agung Purnomo（印尼）　　　Anggia Sihombing（印尼）
　　Dhaifina Adani（印尼）　　　Dicky Wicaksono（印尼）
　　Eko Panji Budi Handoko（印尼）　Erwin Firmansyah（印尼）
　　Erwin Sanjaya Hermawan（印尼）　Febri Riadi（印尼）
　　Felix Marvin（印尼）　　　　Venny Lie（印尼）
　　Gusparezki Galih Indrasakti（印尼）

创新工程中的真善美

现代化是物质文明和精神文明相协调的现代化，是人与自然和谐共生的现代化。国有企业肩负着创新创造价值的责任和使命，国华电力作为能源央企，心里面一直装着"国家、荣誉、责任"和"安全、质量、效益"，历届领导班子都深刻认识到经济问题是民生之根本，也是文明之核心。从1999年国华电力成立之初"建设控股型、经营型、现代化电力企业"的战略构想和发展愿景，到各时期确定的管理方针和方法都一以贯之，就是把创新创造价值当作事业，而我们实现创新的力量之源就是始终坚持以"四个革命、一个合作"能源安全新战略为引领，基本策略就是一以贯之地秉持想法与办法同频共振，这也是我们创新能够取得突破和成功的不二法门。国华电力坚持"思想引领、遵循方略、创新实践"，坚持创新创造价值的正事哲学，从成立之初的一个新公司、小公司、亏损企业，成长为连续十八年盈利的新型现代能源企业，自1999年国华电力公司成立至2021年，为国家创造利润和上缴税金2360多亿元，实现火力发电企业效率和效益全国第一，实现发电可靠性金牌数量全国第一，实现清洁煤电生态环保近零排放全国第一，并在印尼创造煤电机组连续运行1438天的世界纪录，等等，率先走出一条"产品卓越、品牌卓著、创新领先、治理现代"的中国式现代化企业发展之路。

国华电力是一个在创新中追求真善美的团队，拥有探索广袤未知的勇气、美好人类生活的热忱、弘扬人文精神的情怀，能够觉于先、敏于行，实现创造性转化与创新性发展。秉持"对党负责、对集团负责、对员工负责、对社会负责"的责任感，提出"资产保值增值、管理品质提升、员工身心愉悦"的管理方针，通过不断地探索实践，逐步形成了"放眼世界、创新自强、敬业乐群、敢于胜利、创造价值、奉献社会、身心愉悦、和谐共生"的国华精神，国华精神既是一种自觉、一种力量、一种责任，也是一种劲头、一种追求、一种热爱，涵盖了厚重的忧患意识、

i

奉献品格和人本文化。国华电力秉持员工与企业共同成长的价值观，建立管理学院对团队进行现代化系列培训，躬行国华精神、提升创新能力、实现全员发展。国华电力干了许许多多勇于担当、敢为人先的创新事，比如在安全生产上，2001年学习国际先进的风险预控方法，率先开展职业卫生健康（NOSA）五星安健环管理体系贯标，2011年起推行以"保障人的安全和健康"为核心的"安健环文化宣示系统"，由"生产安全"提升为"生命安全"，并形成"以人为本、生命至上，风险预控、守土有责，文化引领、主动安全"的安全文化理念。在经营绩效上，2001年面向世界、赶超先进，与香港中华电力合资合作，2002年企业经营目标设定、考核及企业绩效评价中引进经济增加值（EVA），加强对企业资产质量和价值创造能力的培育。在工程建设上，2000年建设的"二十一世纪的示范电站"国华内蒙古准格尔发电工程中，孕育形成了"六更一创"的工程建设理念；2014年国华浙江舟山电厂建设了全国首个"近零排放"清洁煤电工程；2015年国华北京朝阳燃气电厂建设了被誉为全国"最智能"的燃气电站；2019年与印尼国家电力公司合资合作打造"共生模式"的国华印尼爪哇7号两台百万千瓦发电工程，成为进军东盟和"一带一路"能源电力市场上标杆示范工程；2020年国华锦界电厂建设了世界首例高位布置空冷汽轮发电机组工程，等等。经过二十多年建设发展，国华电力实现发电装机容量超过5000万千瓦，规划建设运营机组容量达到9000万千瓦。占据战略厂址资源的一批大容量、高参数的清洁煤电，为建设"百姓用得起、利用清洁化、供给有保障"的能源电力工程，实现国家能源安全和可持续发展提供了新质生产力。能源电力技术创新关乎国计民生、关乎美好生活，国华电力坚持滴水穿石、久久为功、至诚无息、日新又新，建设的一系列基于国之所需、民之所盼的创新工程，荣获了省部级科技进步一等奖、国家优质工程金奖、鲁班奖和国际上的年度快发能源项目金奖、ESG（环境、社会和企业治理）金奖等电力大奖，打造了国华电力品牌卓著的经世之作和新时代生机盎然的创新工程"百花园"。

中华文明具有突出的创新性，创新是国之所需，是自古以来根植于中国文化深处的一种民族精神，决定了中华民族不惧新挑战，勇于接受新事物的无畏品格，所谓"天行健""作新民"。人类身处气候多变的地球家园，需要绿色植物的光合作用、需要七彩阳光构建的热力系统温暖呵护生命繁衍，人间烟火气是生活生产生命的创新突破，造就了"火热的心"。煤炭是"太阳石"，是人类创新活动的高品位能源资源，燃煤发电是将古代储存的太阳光重新释放利用。作为能源企业，止于至善的创新，要做到"上承天时，下合地利，善用资源，向日而生"，打造融合以化石能源为主的红色电力、以气候能源为主的绿色电力等多元组合的七彩电力，实现与时俱进的创新发展，这是中国人的智慧，也是东方人的智慧。2012年，时任神华集团总经理张玉卓要求国华电力科技创新要努力成为"代表神华电力板块的技术核心力量、代表中国发电方面若干领域的引领方向、代表世界低碳能源的发展方向"。国华电力至诚无息、日新又新，创新已经融入企业发展的使命、基因和血脉中。

工程是创新活动的主战场，创新工程是国家发展新质生产力最直接的体现，是真善美的集成体，是时代文明进步的标志。创新工程是企业"有筋骨、有道德、有温度"的产品，工程里的主角是员工，是建设者，是创新的卓越工程师，他们通过研发、安装、调试，建设并运维机械设备、厂房和保护环境，持续创造出生态环境和经济社会效益，延续着人世间的烟火气，诠释着"一枝一叶总关情"。工程建设有工程的社会观、系统观、生态观、伦理观、文化观，工程建设的哲学思想就是"天、地、人"的和谐统一，是员工、企业、社会、自然的和谐统一。创新工程中的真善美，来自于人，回馈于人，是美好生活的需要，是中国哲学、中国文化的绽放，也是设计建设运行工程之人的心灵美；创新工程中传承印记着工匠精神、劳模精神、科学家精神和企业家精神，融人性、物性、理性为一体，需要遵循客观规律之真、以人为本之善、美美与共之美；创新工程师用"心灵"创造工程的建设意境、技术路线和设计方案，在深刻理解和把握科学、技术、工程和创新的相互联系，深入分析工程的系统性、复杂性、交叉性、综合性的基础上，通过集成优化、科学组织和创新实践的构建过程，不断探究、追求、孕育、升华工程中的真善美，着力建设如天造地设般共育共生、创造价值的创新工程。创新工程也能融入员工的内心，灌溉心田，润"人"细无声，塑造人的真善美。

我们追求真。真理之光照耀着我们的内心，尽管在"明德至善"追求真理的道路上充满了艰辛，但在技术创新和实践中，我们始终坚信临事而惧、好谋而成，坚持把握规律、运用规律、坚持系统思维、为民所用。为保障能源安全与发展，红色的电力、绿色的电力、七彩的电力，这是人类解决能源问题的多元化选择。聚焦于对能源电力"安全性、可获得性、清洁性、灵活性、经济性、低碳性"的追求，我们与行业的条条框框斗争，大力发展新能源的同时，高品质发展清洁煤电这个能源电力的"基本口粮"，建设"百姓用得起、利用清洁化、供给有保障"的能源电力工程。我们处于工业文明和信息文明融合的时代，工业文明的特点就是解决一个问题会带来新的问题，从哲学上说，也就是"一个矛盾克服了，又一个矛盾产生了"，没有矛盾就没有创新，也就没有新方法新思路新突破，各类能源电力亦如此，要靠技术创新和多元化来解决能源发展过程中的新矛盾新问题。比如在工程建设目标定位上，致力于建设"低碳环保、技术领先、世界一流的数字化电站""一键启停、无人值守、全员值班的信息化电站"，实现"发电厂创造价值、建筑物传承文化，打造现代工业艺术品"的建设目标。在印尼爪哇电厂中，我们致力于打造国际一流，具有印尼文化特色的现代电站。在节约资源方面，按照简约、节约、集约的原则，坚持"节能环保做加法，系统冗余做减法"，切实做到节水、节地、节材、节能、降碳、降噪、减排。在设计优化上，我们在传统"四新"的基础上增加了"新布置"和"新结构"，这是运用规律的生动体现。我们在国华陕西锦界三期工程中建设了世界首例高位布置空冷汽轮发电机组工程，提供了灵活智能清洁高效空冷机组的建设模式和发展方向，更推动未来700℃先进超超临界燃煤发电技术工程应用的伟大实践迈上了新台阶。在国华湖南永州电厂开发建设了中国最南端高温高湿环境区域百万千瓦机组"烟塔合一"技术创新工程和输煤系统垂直提升技术创新工程。在国华浙江舟山电厂开发建设了"正其义不谋其利"的近零排放清洁煤电技术创新工程，且其成为治理大气污染，解决百姓"心肺之患"的首例清洁煤电创新工程。在印尼爪哇电厂的总平布置、接入系统、输煤系统等方面都与时俱进地进行技术创新，把项目作为一个生态系统、生命体来建设。这些都是国华电力作为能源央企，聚焦主要矛盾和矛盾的主要方面，在提升能源新质生产力上的创新实践，是老百姓和社会各界看得见摸得着的正事。

我们追求善。"至诚无息，立己达人"。人之性是向善，人之道是择善固执，将两者结合在一起的是明善及诚身，我们坚持善作善成，追求互善共善，以此为出发点，进而把人类与天地万物融合成一个整体来思考，形成了让人心向往之的精神境界和自由王国。我们恪守人是"有限"的，需要珍惜当下、敬业乐群，倡导"小业主、大咨询、大社会"的协同创新，这也是对中国文化、中国哲学的自我觉悟。我们知道从善如登，既包括我们对农业文明、工业文明、生态文明的发展演化进步过程中的持续创新，又包括全方位地关心关爱员工，致力于激发员工的内生动力，服务员工、赞美员工，形成人人讲奉献、负责任、洒汗水，最终实现企业与员工的和谐共赢全面发展。为此，我们在企业治理、工程建设、技术创新上都追求达到"至善"的境界，并在基建、生产、生活、生态等方面进行了系统设计和创新实践。比如，国华电力举办设计总工程师创新技术论坛，创立工程设计"蜜蜂奖"，借鉴蜜蜂巢房这令人惊叹的"神奇天然建筑物"，激发大家像蜜蜂一样成为善用资源的"天才的数学家兼设计师"。国华电力电厂的食堂都明示"勤俭持家，珍惜粮食，省煤节电，保护环境"的"家训"，进而节约社会成本，并在工程建设中不懈追求勤俭造价新水准，这些都体现了中华文化中善用之美德。国华电力创建工程建设和运行维护承包商的安全质量"三一行动"规范，落实全员安全质量责任，确定了"安全健康环保、质量工期优良、文明进步和谐"的"金牌班组"绩效目标。再比如，我们在国华陕西锦界三期工程，实施厂区声环境污染控制的创新设计并加大投入，汽机房、锅炉房、厂界噪声污染控制技术应用效果领先，高位布置汽轮机平台振动噪声控制，创造了声环境下的新水准、新境界。在国华蓟州盘山电厂植树造林，将灰场变绿洲。在国华山东寿光电厂小清河畔，建设"万顷芦苇，百舸争流，水鸟翔集，童叟心怡"的"国寿生态园"。在国华浙江宁海电厂建设"和谐宁电"。在国华湖南永州电厂建设深度融入幸福乡村"一带八景"的"永电新村"。在国华江西九江电厂推动工业文明、生态文明、农业文明融合发展，打造"长江沿岸现代工业艺术品"。在国华印尼爪哇电厂，"海岸卫士"红树林由几公顷向着几十公顷繁衍生长，宛如海上"中和绿岛"，生机盎然、涵养生态、维持生物多样性、净化海水、防风消浪、固碳储碳，红树林生态工程也被印尼员工亲切地称为"白鹭的天堂""生命的家园"等。这也是国华人和身边社会百姓共享中国人的"温良"，都体现出君子怀德、以人为本，体现出润物细无声、人与自然和谐共生的境界。

我们追求美。美是"真"和"善"在生命情感中的升华，是和谐、是境界，是"发而皆中节"的进步过程。用美的态度对待世界，激发科学技术的创新创造，实现"各美其美，美人之美，美美与共，天下大同"的追求。工程是时间艺术、空间艺术，是形神兼备的大写意。工程之美源自心灵之美，体现在设计之美、工笔之美、创新之美、文化之美，通过追求建筑的意境，向社会呈现我们的内心世界，得到感情的共鸣和思维的启迪，如同八音和鸣沁人心脾，共建天地同和、美美与共的工业艺术品和创新百花园。在工程顶层设计中，坚持与所处生态环境相融合，与所在区域文化特色相映衬。比如国华电力的北京朝阳燃气电厂、陕西锦界电厂、内蒙古胜利电厂等工程中，我们将建筑物的内部色彩，适当选择为木色，体现温暖亲切，外部主色调选择灰色，体现宁静吉祥之意。再比如广东清远电厂"水墨丹青"

文化之美、广西北海电厂"莫比乌斯环"畅想未来之美的意境等。在印尼爪哇电厂规划设计中突出依山傍水，建筑构筑物和现场景观设计都体现印尼文化特色，海边红树林中的鹭鸟享有着和平、自由的"欢唱"，仿佛为"一带一路"放歌……在太阳母亲的滋润下，蓝天、大地、海洋和栖息其中的生命，展示一幅祥和的生命画卷，给世界带来爱和奋进的力量。我们在创新工程建设中追求美德共济，追求人生的道德境界、天地境界，实现天地万物融为一体之美。工程艺术家不做重复事、勇做创新事，创新工程中有国华人敢于创新、敢于斗争、敢于胜利的志气，有中国人吃苦耐劳、自力更生、艰苦奋斗的骨气，新时代百姓美好生活更需要创新创造价值的新质生产力。

创业创新真善美、和谐共生天地人。国华电力二十多年的建设发展，从"豆芽菜一样矮小的树苗苗"成长为生生不息、枝繁叶茂、欣欣向荣的参天大树，培育了一大批具有创新特质的新时代栋梁之材，为响应百姓民生之关切、国家发展之需要、能源电力供给之安全、生态文明之示范作出了有益探索。国华电力由正事，而致良知，而明明德，而止于至善，由其为社会一员"正其义而不谋其利"的"道德境界"，迈上成为宇宙一员而超越人间世的"天地境界"即达到了"哲学境界"。

这是国华人、能源人和同路人，在新时代构建的能源电力高质量发展新范式。

本文节选自《世界首例锦界三期高位布置空冷汽轮发电机组工程技术开发与创新实践》专著之"创新工程中的真善美"。

王樹民

2024年3月11日
甲辰年二月初二于北京

前　言

2013年10月，习近平主席在印度尼西亚国会演讲中首次提出共建"21世纪海上丝绸之路"的倡议，并同印尼总统共同宣布将中国和印尼关系提升为全面战略伙伴关系。2023年，中国与印尼迎来了全面战略伙伴关系十周年，"一带一路"倡议同印尼"全球海洋支点"构想对接取得了重大成果。

自2014年4月，印尼国家电力公司（PLN）向全球首次推介爪哇7号发电项目以来，该项目也迈入第十个春秋。神华国华爪哇7号发电项目的投产，成为中印尼两国基于共生模式孕育、实践、绽放的工程典范，继高铁、核电、特高压之后，百万千瓦高效清洁煤电成为中国央企走出去的一张新名片。本项目建成投运以来创造了一系列优异的运营成绩，为带动中国技术、中国装备、中国标准和中国管理"走出去"，推动中印尼共建"一带一路"做出了重要贡献。当下，爪哇7号发电项目正在安全稳定、源源不断地为印尼人民提供优质高效的电能。

本书的编者是一群曾经奉献于或仍然奋战于爪哇7号发电项目的中国和印尼的管理者和员工。本书基于国华电力公司2007年以来在印尼深耕发展的历程，重点从2014年4月与PLN接洽开始，生动描述了爪哇7号发电项目的项目投标、顶层设计、工程筹备、融资关闭、基本建设、竣工投产，以及发电运营全过程。本书编写的初衷是将编者在项目投标、建设、运营过程中的亲身经历、所思所得、创新感悟等汇编成册以飨读者，亦愿能与正在参与或即将参与国际市场开拓的国内外企业产生共鸣，提供可借鉴、可复制、可推广的实体案例参考。

十载风雨，承载着中印尼两国人民深沉友谊的爪哇7号发电项目，见证了中印尼两国间日益紧密的经贸和文化交流。十年来，中印尼建设者默默耕耘，无私奉献，创新实践，为项目的成功努力奋斗，他们宛如涓涓细流，汇聚成澎湃巨潮。中印尼建设者相互学习、紧密协作、交流互鉴，如画家般用丰富的颜料绘出了一幅和谐共生的锦绣画卷——于印尼沿海滩涂之上用智慧和汗水携手打造出了印尼单机容量最大、参数最高、技术最先进、清洁高效、生态和谐的电站。中方的经验技术与印尼的真诚热情相互交融，浸润着古老文明的交汇之美。技术的传承与创新，为项目发展汇聚源源不断的力量。文化的交融使友谊在中印尼人民心灵深处生根发芽。傲然耸立的爪哇7号发电项目如一轮皎洁明月见证了中印尼文化和智慧的交汇。

我们深情感谢中印尼相关部门，感谢所有参建单位以及社会各界的关心、支持与配合，感谢中印尼员工的高效工作和倾情投入，正是各方的厚重付出，让爪哇7号发电项目成为印尼能源发展的新地标、中印尼能源合作的新典范。

我们衷心感谢所有参与本书编写的人士。爪哇公司经过三年的不懈努力，终于完成了本书的编写工作。在此过程中，我们得到了大家的鼎力支持和无私帮助。有人为我们提供了珍贵的原始记录和相关素材，有人慷慨地分享了照片，有人通过专访为我们回顾了历史，还有人多次参与书稿的审核工作……正是因为所有人的付出与贡献，我们才能如实记录下这段宝贵的历史。

在此，我们再次向所有参与编撰的同人致以最诚挚的感谢和崇高的敬意！你们的智慧和热情为本书注入了生命，也让我们更加坚定了传承和发扬这段历史的信念。让我们携手共进，为印尼爪哇7号项目的文化传承和发展贡献更多的力量！

编者

2024年5月

缩略语

1. 国家能源集团：国家能源投资集团有限责任公司
2. 神华集团：神华集团有限责任公司
3. 中国神华：中国神华能源股份有限公司
4. 国华电力公司、国华电力：北京国华电力有限责任公司或中国神华能源股份有限公司国华电力分公司
5. 国能国电电力：国电电力发展股份有限公司
6. 国华爪哇公司、爪哇公司：神华国华（印尼）爪哇发电有限公司
7. 国华爪哇运维公司、运维公司：神华国华（印尼）爪哇运维有限公司
8. 国华穆印电厂：神华国华（印尼）南苏2×150MW发电项目
9. 国华南苏1号项目：神华国华（印尼）南苏1号2×350MW发电新建工程
10. 国华电力研究院、国华研究院：神华国华（北京）电力研究院有限公司
11. 国华台电：神华广东国华粤电台山发电有限公司
12. 国能智深：国能智深控制技术有限公司
13. 爪哇7号发电项目、爪哇7号项目、爪哇项目：国家能源集团印尼爪哇2×1050MW发电工程或神华国华印尼爪哇7号2×1050MW发电工程
14. 山东院：山东电力工程咨询院有限公司
15. 浙江火电：中国能源建设集团浙江火电建设有限公司
16. 四航院：中交第四航务工程勘察设计有限公司
17. EPC联合体：浙江火电、山东院、四航院三家单位共同组成的爪哇7号发电项目EPC总承包商联合体

18. 广东院：中国能源建设集团广东省电力设计研究院有限公司
19. 中南电力咨询：中南电力项目管理咨询有限公司
20. 西安热工院：西安热工研究院有限公司
21. 杭州意能：杭州意能电力技术有限公司
22. 上海电气：上海电气电站设备有限公司
23. 西门子：西门子股份公司
24. 北京巴威：北京巴布科克·威尔科克斯有限公司
25. 东方电气：中国东方电气集团有限公司
26. 东方锅炉：东方电气集团东方锅炉股份有限公司
27. 哈电集团：哈尔滨电气集团有限公司
28. 阿尔斯通：法国阿尔斯通集团
29. 日立：日立集团（HITACHI）
30. 三海：爪哇7号发电项目的海水淡化、海水脱硫、海工工程
31. AMDAL：印度尼西亚环境影响评价
32. AFa：机组实际可用系数
33. APS：机组一键自启停功能
34. ASTM：美国材料与试验协会
35. ASEAN：东南亚国家联盟，简称东盟
36. ASME：美国机械工程师学会
37. AFp：（电站向电网保证的）计划可用系数
38. BKPM：印尼投资协调管理委员会
39. BOT："建设-经营-移交"模式
40. BOOT："建设-拥有-经营-转让"模式
41. BSN：印度尼西亚国家标准局
42. BKL：印尼PLN BB的子公司，负责煤矿生产
43. BOP：辅助生产系统
44. COD：商业运行日期
45. CP和CS：前置条件和后置条件

46. CSA：供煤合同

47. CIF：到岸价

48. CEMS：烟气排放连续监测系统

49. DPMPTSP/K/L：一站式综合服务窗口

50. DCS：分散控制系统（集散控制系统）

51. EPC：对工程建设项目的设计、采购、施工、试运行等实行全过程或若干阶段的承包

52. EAF：机组等效可用系数

53. ESDM：印尼能源和矿产资源部（印尼语简称）

54. ESG：环境、社会责任和公司治理

55. ERM：印尼负责开展环境评价的主要公司

56. EVA：经济增加值

57. EP：设计、采购承包

58. FCB：机组快速甩负荷至带厂用电运行，即"孤岛运行"

59. FIDIC：国际咨询工程师联合会，中文音译"菲迪克"

60. FRT：计费吨

61. FORM-E：中国-东盟自由贸易区优惠原产地证明书

62. GHepc：具有国华电力公司特色的EPC管控模式

63. GIS：气体绝缘组合电气设备

64. GB：中华人民共和国国家标准的代号

65. GCB：发电机断路器

66. HHV：燃料的高位发热量

67. IEC：国际电工委员会

68. IFC：国际金融公司

69. IPAL：印尼环境和林业部批复的海洋或河流污水排放许可

70. IPP：独立发电运营商

71. ITP：设备检验及试验计划

72. I/O：输入/输出（Input/Output）

73. JISDOR：雅加达银行间即期美元汇率（印尼盾兑美元）

74. JHT：印尼的养老保险费

75. JKK：印尼的工伤保险费

76. JKM：印尼的人身死亡保险费

77. JKN：印尼的医疗保险费

78. KLHS：社会影响评价

79. KKS：编码标识系统

80. KAN：印尼国家认证委员会

81. LOI：中标意向函

82. Libor：伦敦同业拆借利率

83. Master List：印尼进口货物减免税清单

84. MED-TVC：6效两级逆流工艺低温多效蒸馏海水淡化方案

85. MSL：平均海平面高程

86. MEMR：印尼能源和矿产资源部（英语简称）

87. MOF：财政部

88. MCR：最大连续工况

89. MNA：爪哇7号项目南侧的化工企业PT. MNA

90. MOU：谅解备忘录

91. MERAK：印尼万丹省孔雀港

92. MCS：模拟量控制系统

93. MIS：管理信息系统

94. NFPA：美国国家防火协会

95. NDC：机组净可靠能力测试

96. NOSA：南非国家职业安全协会

97. NO_X：氮氧化物

98. O&M：运行和维护

99. OSS系统：（印尼政府）企业注册和营业执照在线申报系统

100. OFFSHORE：离岸合同

101. ONSHORE：在岸合同

102. PCV：压力控制阀、压力释放阀
103. PLN：印尼国家电力公司
104. PJB：PLN的全资子公司，PT. PEMBANGKITAN TENAGA LISTRIK JAWA BALI II（爪哇巴厘电力公司II号公司），主要负责电站建设、运营
105. PLN NP：PLN的全资子公司，PT. PLN NUSANTARA POWER（印尼国家电力努山塔拉电力公司），由PJB于2023年改名而来
106. PJBI：PJB（现PLN NP）的子公司，现已改名为PT PLN Nusantara Renewables，简称由PJBI改为PLN NR
107. PLN BB：印尼国家电力公司的全资子公司，主要负责燃料供应
108. PLTU：火力发电厂
109. PPA：购电协议
110. PT：印尼的"有限责任公司"缩写
111. PPU：其他私营电站
112. PCOD：全厂商业运行日期
113. P2B：印尼爪哇-巴厘电网调度中心
114. QHSE：质量健康安全环境管理人员
115. RB：机组正常运行时，突然有一台或两台辅机故障跳闸，机组能自动快速减负荷，并维持在低负荷下继续运行，RB即指机组系统在这种事故状态下的自动处理功能
116. RFP：招标书
117. RKL：环境治理规划
118. RPL：环境监测规划
119. SLO：运行许可（由PLN颁发，允许电力企业接入电网并开展电力生产的许可文件）
120. SFS：地质术语，指苏门答腊断层系断裂系统
121. SBS：爪哇7号项目北侧的PT. SBS公司
122. SKTTK：印尼电力工程能力证书
123. SCADA：数据采集与监视控制系统

124. SIS：生产数据采集系统

125. SMK3：印尼职业健康与安全管理系统

126. SOS：紧急救援系统

127. Term Sheet：关键性条款

128. TERSUS：专用码头

129. TERATE：爪哇7号项目周边的村庄及河流名称

130. TUKS：自建码头

131. TVC：国华电力公司（国华研究院）专利技术带蒸汽热压缩器

132. TKDN：印尼本地成分

133. TMCR：汽轮机最大连续工况

目　录

第一篇　背景与挑战 … 1

第一章　项目概况 … 2
　　一、项目建设背景 … 2
　　二、项目基本情况 … 3
　　三、项目主要指标 … 9
　　四、项目重要成果 … 10
　　五、"一带一路"发展案例 … 15

第二章　投资背景 … 19
　　一、印尼国家投资环境简况 … 19
　　二、印尼电力发展管理简况 … 21
　　三、印尼IPP项目运作规则 … 23
　　四、外资在印尼的电力项目 … 26

第三章　合作方概况 … 29
　　一、中国方面股东情况 … 29
　　二、印尼方面股东情况 … 45

第四章　挑战与应对 … 47
　　一、印尼发电项目风险辨识 … 47
　　二、国华电力公司风险应对 … 48
　　三、国华电力公司投标策略 … 50

第二篇　顶层设计 ... 57

第五章　投标历程 ... 58
　　一、项目信息推介 ... 58
　　二、项目资格预审 ... 58
　　三、招标文件要求 ... 60
　　四、投标准备阶段 ... 62
　　五、投标决策阶段 ... 66
　　六、项目成功中标 ... 68
　　七、现场踏勘定调 ... 70
　　八、PPA合同签订 ... 71
　　九、印尼方面期望 ... 74

第六章　核心理念 ... 77
　　一、战略性定位定调 ... 77
　　二、全过程生态环保 ... 80
　　三、共生模式为基调 ... 82

第七章　技术方案 ... 84
　　一、工程设计的特点难点 ... 84
　　二、投标前解决主要难题 ... 86
　　三、投标的主要技术方案 ... 91

第八章　建设方案 ... 94
　　一、项目建设模式的选择 ... 94
　　二、工程建设理念和目标 ... 96
　　三、组织机构及管理体系 ... 97
　　四、工程建设的核心要求 ... 100

第九章　运维方案 ... 102
　　一、运维方式的投标应对 ... 102
　　二、运维公司定位及定员 ... 103
　　三、运维低成本战略策划 ... 103

四、煤炭供应的总体策划 104

第十章　投资方案 107
　　一、投资决策边界 107
　　二、基建投资测算 108
　　三、融资架构设计 109
　　四、税务架构设计 110
　　五、投资风险应对 111
　　六、投标财务模型 113

第三篇　工程建设 115

第十一章　工程筹备阶段 116
　　一、成立组织机构 116
　　二、建立管理体系 118
　　三、融资提前关闭 119
　　四、印尼许可办理 122
　　五、签订EPC合同 129
　　六、确定外部条件 131

第十二章　工程建设历程 133
　　一、施工前期准备 133
　　二、设计工作历程 138
　　三、项目正式开工 139
　　四、整体进度情况 140
　　五、关键节点进展 142
　　六、守合同冲刺1号机组 151
　　七、战疫情决胜2号机组 157

第十三章　基建管理特点 162
　　一、设计管理 162
　　二、设备管理 165
　　三、安全管理 172

四、质量管理 ····· 175
　　五、进度管理 ····· 178
　　六、监理管控 ····· 181
　　七、调试管理 ····· 183
　　八、性能试验 ····· 188

第十四章　生产准备情况 ····· 192
　　一、严格落实投标顶层设计 ····· 192
　　二、生产准备资源提早配置 ····· 193
　　三、建立健全生产准备体系 ····· 195
　　四、创新生产人员培训举措 ····· 196
　　五、落实基建和生产一体化 ····· 199
　　六、基建生产实现无缝衔接 ····· 200

第四篇　发电运营 ····· 203

第十五章　安全生产 ····· 204
　　一、安健环管理 ····· 204
　　二、发电运行管理 ····· 207
　　三、检修维护管理 ····· 209
　　四、运营指标情况 ····· 211

第十六章　经营管理 ····· 216
　　一、采购管理 ····· 216
　　二、煤炭供应 ····· 217
　　三、电量调度 ····· 220

第十七章　人力资源 ····· 222
　　一、组织机构沿革 ····· 222
　　二、人力资源配置 ····· 223
　　三、薪酬福利制度 ····· 226
　　四、人力资源开发 ····· 226
　　五、员工成长成才 ····· 227

第十八章　财务管理 — 229
一、财务管理机制 — 229
二、财务运营指标 — 230
三、预算管理举措 — 232

第五篇　创新驱动 — 235

第十九章　科技创新成果 — 236
一、创造纪录项目 — 236
二、首次首创项目 — 236
三、设计优化成果 — 240

第二十章　典型创新项目 — 246
一、拥有自主知识产权的海淡技术 — 246
二、拥有自主知识产权的DCS系统 — 252
三、长距离大管径圆管带式输送机 — 256
四、火山灰淤泥层上地基真空预压 — 258

第六篇　生态环保 — 263

第二十一章　环境保护 — 264
一、先进技术实现环保 — 264
二、合规运营保障环保 — 267

第二十二章　节能降碳 — 269
一、绿色设计实现节能 — 269
二、绿色施工实现降碳 — 270
三、运营管理实现减排 — 274

第二十三章　生态和谐 — 276
一、基建期的红树林保护 — 276
二、运营期厂区生态涵养 — 280
三、红树林守护者的故事 — 284

第七篇 共生模式

第二十四章 共生模式探索
- 一、缘起——与国家发展方向相契合 288
- 二、破土——明确各方共赢的价值观 292
- 三、生根——协同协力实现共享共育 295
- 四、温暖——履行社会责任带来福流 301
- 五、融合——文化相融激发企业活力 310
- 六、成长——共生模式超越项目价值 319
- 七、成林——深耕印尼实现共生共赢 322

第二十五章 共生模式启示
- 一、共生模式内核分析 324
- 二、共生模式深刻内涵 328
- 三、共生模式普及探讨 331
- 四、共生模式未来之路 332

第八篇 荣 誉

第二十六章 项目主要荣誉及奖项
- 一、主要荣誉 336
- 二、主要奖项 338

第二十七章 项目群英谱
- 一、投标策划和过程支持方面 340
- 二、基本建设和生产运营方面 341
- 三、EPC总承包联合体 344
- 四、监理调试和试验单位 345
- 五、主要设备供应商 346
- 六、中印尼无名英雄 348

第二十八章 中印尼各方赞誉
- 一、"一带一路"发展案例报告 349
- 二、印尼方面的肯定 350

三、中国方面的肯定 ———————————————————— 351

四、中国参建者心声 ———————————————————— 352

五、印尼参建者心声 ———————————————————— 354

六、主要媒体报道 ————————————————————— 357

第九篇　致　谢 ———————————————————————— 363

附录1：工程大事记 ———————————————————— 368

附录2：图表索引 ————————————————————— 378

参考资料 ————————————————————————— 386

共生模式

神华国华印尼爪哇7号
2×1050MW发电工程纪实

SYMBIOTIC MODE: RECORD OF SHENHUA GUOHUA INDONESIA JAWA 7 COAL FIRED POWER PLANT PROJECT 2×1050MW

第一篇
背景与挑战

1

第一章　项目概况

一、项目建设背景

印度尼西亚是古代海上丝绸之路的必经之地，2013年9月和10月，中国国家主席习近平在出访哈萨克斯坦和印度尼西亚时，先后提出了共建"丝绸之路经济带"和"21世纪海上丝绸之路"的重大倡议。

在2014年11月缅甸首都内比都举办的东亚峰会上，印度尼西亚总统佐科·维多多（Joko Widodo）提出了"全球海洋支点"（Global Maritime Nexus）战略构想。

中国的"一带一路"倡议以共商、共建、共享为原则，以和平合作、开放包容、互学互鉴、互利共赢精神为指引，是和平发展、经济合作的倡议。印尼的"全球海洋支点"战略构想，强调发展海洋经济、促进印尼基础设施建设，被认为是"印尼在原有经济发展规划基础上的增量改革"。对于中国和印尼来说，两个倡议的发展理念互相呼应，发展路径相互补充，双方经济发展的战略目标不谋而合。

2014年11月9日，习近平主席会见佐科总统时指出："佐科总统提出的建设海洋强国理念和我提出的建设21世纪海上丝绸之路倡议高度契合，我们双方可以对接发展战略，推进基础设施建设、农业、金融、核能等领域合作，充分发挥海上和航天合作机制作用，推动两国合作上天入海。"

2015年3月，中国和印尼发表关于加强两国全面战略伙伴关系的联合声明。联合声明指出，习近平主席提出的共建"21世纪海上丝绸之路"重大倡议和佐科总统倡导的"全球海洋支点"战略构想高度契合。佐科总统在博鳌亚洲论坛年会上还表示，印尼欢迎中方参与印尼"35000MW电力发展规划"的投资和建设，并愿与中方积极探讨在电力系统规划、建设、运营和维护方面的合作。

爪哇7号发电项目是印尼"35000MW电力发展规划"的最大看点之一，一期工程规划装机容量为2×1000MW。按照印尼政府的设想，将由印尼国家电力公司（PLN）全球公开招标爪哇7号发电项目的独立发电商（IPP），负责项目的投资建设和运营维护。

二、项目基本情况

神华国华印尼爪哇7号2×1050MW发电工程位于印尼万丹省,东距印尼首都雅加达约100千米。

爪哇7号项目是印尼政府2014年制定的五年新增"35000MW电力发展规划"中的一个项目,装机容量为2×1050MW,印尼国家电力公司(PLN)通过国际招标确定项目的独立发电商(IPP),并由中标者以"建设-拥有-经营-转让"(BOOT)模式进行为期25年的运营。2014年4月至2015年12月,国华电力公司代表中国神华参与项目前期开发及投标工作,并成功中标。

爪哇7号项目由中国神华能源股份有限公司与印尼国家电力公司(PLN)所属子公司PJBI按照7:3的出资比例组建神华国华(印尼)爪哇发电有限公司作为项目建设、运营主体,并由国华电力公司全面管控、组织实施。

项目采用EPC建设模式,由山东电力工程咨询院有限公司(山东院)和中国能建浙江火电建设有限公司(浙江火电)组成EPC联合体进行工程总承包。山东院负责设计和设备采购;浙江火电负责建安工程、材料供应、安装调试等;中交第四航务工程勘察设计院有限公司(四航院)负责海工码头;国家开发银行负责融资贷款;广东省电力设计研究院有限公司(广东院)负责设计监理;中南电力项目管理咨询(湖北)有限公司(中南电力咨询)负责施工监理;杭州意能电力技术有限公司(杭州意能)负责机组整套调试。

爪哇7号项目的汽轮机和发电机供应商为上海电气电站设备有限公司(上海电气);锅炉的供应商是北京巴布科克·威尔科克斯有限公司(北京巴威);海水脱硫的供应商东方电气集团东方锅炉股份有限公司(东方锅炉);海水淡化的供应商是神华国华(北京)电力研究院有限公司(国华研究院)。

根据购电协议(PPA),以PPA生效之日(2016年4月7日)为项目的"基准日",共有融资关闭等4大核心节点。其中,融资关闭日为基准日之后6个月;升压站移交日为基准日之后36个月;首台机组商业运行日(COD)为基准日之后48个月;项目商业运行日(PCOD)为基准日之后54个月。从实际结果看,上述各项节点均提前完成。值得一提的是,2016年9月29日,爪哇7号项目成为印尼第一个在6个月内完成融资关闭的电力IPP项目,印尼国家电力公司在其官网上表示这"创造了印尼电力建设上的历史"。

工期方面,项目于2017年6月30日正式开工,2020年9月23日竣工投产。1号机组以29个月的建设周期创造印尼百万机组最短工期(本项目之前,印尼600MW机组最短建设周期32个月)。各参建单位勠力同心,战胜火山灰地质条件等诸多挑战,依托国华电力公司管控体系,成功展现了中国速度、中国品质,谱写了中印尼和合共生的新篇章。

图1-1 爪哇7号项目原始现场图，左为废弃池塘及周边，右为池塘排干水后

图1-2 爪哇7号项目原始地貌

2020年9月25日，国家能源集团总经理刘国跃在爪哇7号项目2号机组投产暨工程竣工仪式上指出：爪哇7号项目1号机组投产后创造了国家能源集团百万千瓦火电机组投产后连续运行新纪录，为印尼经济社会发展和疫情防控做出了积极贡献；此次2号机组试运厂用受电、汽机冲转、并网发电、RB试验和168小时满负荷试运均"一次成功"，工程顺利竣工投产，创造了印尼单机容量最大、建设周期最短、运行水平最高的煤电行业新纪录，成为国际合作建设清洁高效生态环保型燃煤电站的新标杆。

图1-3 2020年9月25日,国家能源集团总经理刘国跃(中)到国华电力公司出席爪哇7号项目竣工仪式

工程质量方面,各分项、分部和单位工程的验收均满足中国或印尼现行有效标准,签证规范、齐全,工程建筑、安装施工、调试质量合格率100%。1号机组168试运投产后连续稳定运行302天,创国内外百万千瓦等级新投产机组连续运行最长纪录。中国电力建设企业协会对项目评价:"质量目标明确、制度措施健全、过程控制到位、实体质量优良"。

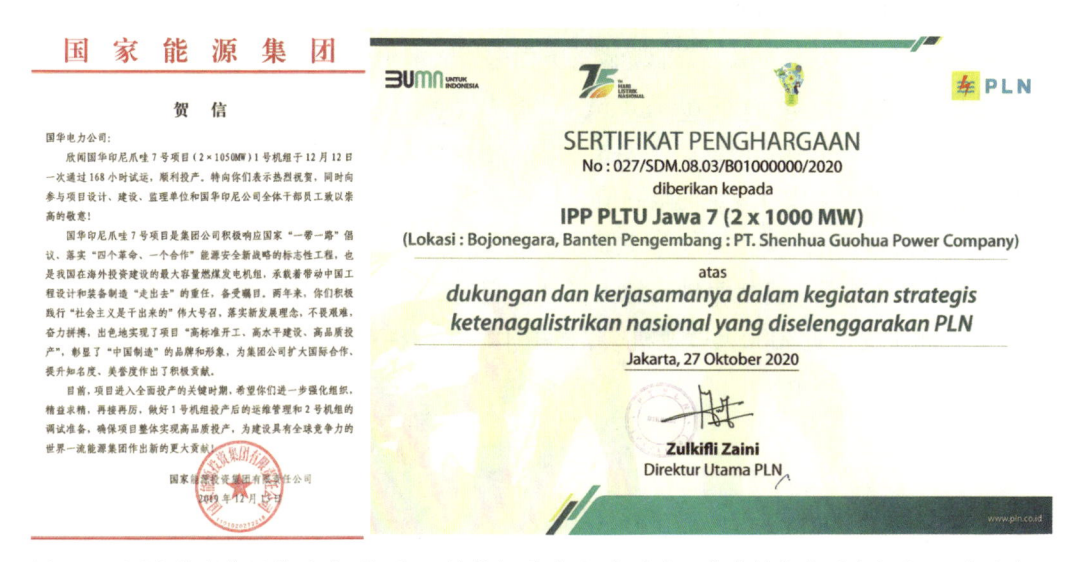

图1-4 国家能源集团就爪哇7号项目1号机组通过168小时试运发来的贺信(左)和PLN向爪哇公司就2号机组投产发来的贺信(右)

项目投资管控及效益方面，项目投标投资金额（批复概算）为18.83亿美元（120亿元人民币），实际竣工决算较批复投资金额有较大节余；项目投资收益率、资本金净利润率、资本金内部收益率等均优于投标阶段财务模型测算值。

图1-5　爪哇7号项目运营期工程全貌

项目同时采用中国、印尼设计标准，主要采用中国设备，工程的134项主辅设备涉及中国厂家达1200家，在生态环保、节能降碳等方面采用50多项先进技术。

项目是中国海外投资建设单机容量最大、参数最高、技术最先进、指标最优的清洁、高效、安全、环保、低碳型电站，主要指标均优于设计值和合同保证值，烟尘、SO_2、NO_x排放浓度大幅优于印尼政府规定的限制值。

项目有效改善了区域电力供应紧张局面，拉动了印尼当地投资、消费和就业。建设期累计纳税约1.1亿美元，直接吸纳当地人员就业超过5000人次；运营期年纳税约4000万美元，直接、间接提供近3000人就业机会，是中国"一带一路"倡议与印尼"全球海洋支点"战略构想对接的典范。

第一篇 背景与挑战

图1-6 白鹭与红树林衬托下的爪哇7号项目

图1-7 2019年12月13日，爪哇7号项目1号机组投入商业运行（COD）仪式上PLN副总裁Hariyongtro（前排右）与爪哇公司董事长温长宏（前排左）签字，后排见证人：山东院项目总监周宝田（左1）、爪哇公司印尼董事Beton（左2）、PJBI董事长Gunawan（左3）、国华电力公司总工程师陈寅彪（左4）、PJB董事长Iwan（右4）、PLN基建部总经理Henrison（右3）、浙江火电副总经理俞玮（右2）、爪哇公司总经理赵志刚（右1）

共生模式：神华国华印尼爪哇7号2×1050MW发电工程纪实

图1-8　2020年9月25日，PLN认证中心总经理Septa Hamid（前排左）向爪哇公司董事Teguh Handoyo（前排右）移交2号机组运行许可（SLO）证书

图1-9　为爪哇7号项目做出卓越贡献的勤劳、敬业的印尼员工

三、项目主要指标

1. 性能试验指标

表1-1 爪哇7号项目性能试验指标

序号	项目	单位	设计值	性能验收值	
				1号机组	2号机组
1	发电标准煤耗	g/kW·h	273.1	270.7	270.5
2	厂用电率	%	5.05	4.21	4.26
3	供电标准煤耗	g/kW·h	287.6	282.6	282.2
4	全厂热效（LHV）	%	45	45.44	45.47
5	水耗	m³/s·GW	0.0231	0.022	
6	综合除尘效率	%	99.65	99.72	99.73
7	脱硫效率	%	82	90.99	94.4
8	灰渣综合利用率	%	100	100	100

2. 环保指标

表1-2 爪哇7号项目环保排放指标

序号	项目	单位	设计值（印尼国家标准）	性能验收值		备注
				1号机组	2号机组	
1	烟尘排放浓度	mg/Nm³	≯100	21.24	26.93	投标及PPA签订期间，印尼排放限值为≯100；2019年印尼颁布新法规，将排放限值调整为≯50
2	SO_2排放浓度	mg/Nm³	≯550	44.63	33.82	投标及PPA签订期间，印尼排放限值为≯750；2019年印尼颁布新法规，将排放限值调整为已建项目≯550、新建项目≯200
3	NOx排放浓度	mg/Nm³	≯550	175.02	145.7	

3. PPA进度指标（以PPA生效日为基准的项目核心节点）

表1-3 爪哇7号项目PPA主要节点进度指标

序号	项目	PPA工期		实际完成	
		1号机组	2号机组	1号机组	2号机组
1	融资关闭	2016/10/7		2016/9/29	
2	GIS升压站移交	2019/4/7		2019/3/11	
3	机组COD	2020/4/7	2020/10/7*	2019/12/13	2021/7/8

*说明：综合新冠疫情防控等原因，PLN与爪哇公司签署了PPA补充协议，约定2号机COD日期由2020年10月7日调整为2021年7月8日，并以2021年7月8日为25年运营期基准起始日。

4. 生产运营指标

表1-4　爪哇7号项目运营期主要生产指标

序号	项目	单位	设计值	2023年实际运营值	
				1号机组	2号机组
1	发电标准煤耗	g/kW·h	273.1	274.62	276.09
2	供电标准煤耗	g/kW·h	287.6	288.07	289.51
3	综合厂用电率	%	5.05	4.86	4.77
4	单位发电水耗	kg/kW·h	0.08	0.06	0.07
5	机组等效可用系数（EAF）	%	93	97.8	97.3
6	机组实际可用系数（AFa）	%	86	89.08	88.6
7	安全生产天数（截至2023年12月31日）	天	/	1480	1194

四、项目重要成果

爪哇7号发电项目先后获得2022—2023年度中国国家优质工程金奖、2024年度印尼苏布罗托（Subroto）奖、2023年度亚洲电力ESG（环境、社会和企业治理）奖及印尼最佳IPP项目奖、2022年度中国电力优质工程奖、2022年度亚洲电力ESG奖、2021年度亚洲电力煤电项目金奖及快发能源项目金奖、中国在印尼企业最佳贡献奖等多个国内外重要奖项。

中国电力建设企业协会评价爪哇7号项目构建了可复制的海外电站工程管理体系，打造了21世纪海上丝绸之路的能源新地标！

图1-10　PJBI官网对爪哇7号项目的介绍和对爪哇7号项目荣获国优金奖的报道，爪哇公司总经理陆成骏（右图上左3）和PJBI董事长Amir Faisal（右图上右3）领奖

图1-11 2021年度亚洲电力煤电项目金奖（左）和快发能源项目金奖（右）证书

2017年10月5日，印尼总统佐科来到爪哇7号发电项目现场，见证项目正式开工，他指出，爪哇7号项目将极大缓解印尼电力紧缺现状，同时增加劳动就业，为印尼经济发展注入强劲动力，具有很典型的示范意义。同时，佐科总统肯定了爪哇7号发电项目为印尼电力事业和中印尼友谊做出的贡献。

2020年2月29日，印尼国家电力公司（PLN）董事长Zulkifli Zaini到爪哇7号发电项目调研时对项目建设取得的卓越成绩表示由衷赞赏，他指出："爪哇7号项目具有重要的国家战略价值，它的建成投产意义非凡，是印尼电力行业的标杆和典范，PLN其他电厂将借鉴学习项目先进高效的工程建设、运营管理模式。"

2022年9月，PLN投资组合管理部总经理I Nyoman Ngurah Widiyatnya在推荐爪哇7号项目申报亚洲电力大奖的推荐信中，评价了爪哇电厂的最佳成就（Jawa 7 power plant shows the best achievement until 2022 and in the next decade）。

2022年10月13日，亚洲电力大奖评委会在年度颁奖仪式上，评价爪哇7号项目为印尼最环保的火力发电厂，认为爪哇公司高度重视环境保护，并致力于通过与利益相关者的协同合作推动了周边社区的社会和经济可持续发展。

图1-12　2020年2月29日，PLN总裁Zulkifli Zaini（左11）等在汽机平台与爪哇公司人员合影

2023年8月24日，印尼国家能源委员会环保调研组一行到爪哇公司调研，组长Yusra Khan高度评价爪哇公司在环保治理、红树林保护、生态环境保护、履行社会责任等方面做出的努力以及取得的成就，他说："从我们调研的一系列单位来看，爪哇公司是一个安全、可靠、环保的发电单位，在为爪哇-巴厘电网提供高品质电力能源的同时，还非常重视对环境保护方面的投入，通过采用清洁燃煤发电技术，为印尼的清洁能源供应提供了坚实保障，起到了非常突出的示范效应。"

2019年12月13日，国务院国资委研究中心周丽莎接受《经济参考报》记者采访时表示，爪哇7号项目1号机组正式投产标志着继高铁、核电、特高压之后，百万千瓦高效清洁煤电成为中国央企"走出去"的一张"新名片"。周丽莎认为，作为中国首台走出国门的自主知识产权的超临界百万千瓦火电机组，爪哇7号项目1号机组的投产意义重大；国家能源集团用实际行动告诉世界，中国"一带一路"国际能源合作不是所谓的转移落后产能，而是在输出最先进的高效清洁能源技术。

2022年9月，中国电力建设企业协会在向中国施工企业协会推荐爪哇7号项目参评国优金奖的推荐语中评价：该工程是中国"一带一路"倡议与印尼"全球海洋支点"战略构想对接的典范项目，是中国海外投资建设单机容量最大、参数最高、技术最先进、指标最优、清洁高效、生态和谐的电站。该工程汇聚了中国设计、装备制造、施工建设、运营管理优势，成功带动中国电力工程成体系、高台阶、大规模"走出去"，将中国智慧和中国方案展现在国际舞台,树立了国际合作的成功典范,具有先进性和示范性。

图1-13　2023年8月24日,印尼国家能源委员会环保调研组组长Yusra Khan(右3)、专员Sujatmiko(右2)、专员Fitria Astuti Firman(右1),与爪哇公司董事长赵志刚(左3)、PLN NP董事长Ruly(左2)、PJBI董事长Amir Faisal(左1)合影

2023年3月至12月,中国国际工程咨询有限公司对爪哇7号项目开展了项目后评价,评价结论为:本项目缓解了印尼当地用电紧张状况,不仅实现了资源高效转化利用,减少了对当地环境的污染,同时为当地的经济发展和生态保护起到了引领示范作用,体现出国家能源集团的综合实力,项目预期的各项战略目标均已圆满实现,得到了中国和印尼两国能源行业的高度认可,项目十分成功,是"一带一路"倡议下的典范案例。

中国国际工程咨询有限公司对爪哇7号项目的具体分项给出评价结论。①项目投标及前期工作评价结论:国华电力公司以出色的顶层设计、严密的组织体系、完美的技术方案以及具有竞争力的工程造价和上网电价,在全球36家投标商中脱颖而出,一举中标。整个投标过程流程清晰、管理规范,充分利用国华电力公司多年积累的火电技术与项目建设的成功经验,发挥了神华集团的管理体系优势以及资源优势。②项目实施过程综合评价结论:经对项目建成投产近三年以来的运营情况分析,各项技术指标、环保指标满足设计要求,经济效益符合决策的预期。③经济效益效果综合评价结论:本项目采用的工艺水平、设备装备水平以及技术水平和设备国产化水平均达到国内先进水平,主要技术指标水平处于行业先进或领先水平。项目投产后，机组保持了长周期安全稳定运行，创造了显著的经济效益和社会效益，为投资方创造了可观的经济效益。④生态环保及环境影响综合评价：本项目从投标到基建再到发电运营，始终把生态环境保护摆在突出位置，策划实施野生动植物保护工程，规划并建设红树林生态保护区，持续推进生态环境治理，将自然环境生态文明建设与印尼当地社会的共生共赢有机结合，项目周边的生态环境保护取得了卓越成效。⑤社会责任和社会效益综合评价结论：本项目的建设投产，带动了爪哇及周边地区的经济发展，创造了就业机会，对当地的财政与税收做出了较大的贡献；此外，本项目积极履行社会责任，主动融入当地社区建设，与周边村民建立了共生共赢、文化融合的良好关系，体现了企业的责任担当，产生了良好的社会效益。

图1-14　2023年9月6日，国家能源集团董事长刘国跃（右2）到爪哇7号项目现场调研，国能国电电力总经理贾彦兵（左2）、国家能源集团副总工程师兼电力管理部主任张世山（左1）等陪同

2023年9月6日，国家能源集团董事长刘国跃来到爪哇7号项目现场，实地察看了集控室、汽机平台、锅炉平台等生产区域，看望慰问了中印尼一线员工代表，并召开现场座谈会。刘国跃高度评价爪哇7号项目取得的成绩，对长期奋战在海外一线的中方干部员工表示慰问和感谢，勉励大家牢记责任使命，增强主动发展意识，做强做优做大国家能源集团海外业务，争做"一带一路"国际合作的开拓者和建设者，助力国家能源集团建设为世界一流现代化综合能源供应商。刘国跃提出，一要坚持市场化、法治化、国际化，切实维护海外国有资产安全和海外员工权益，坚持高标准抓好生态环境保护，加强绿色低碳的宣

传引导，充分展示中国企业的责任担当。二要坚持传统产业转型升级与新兴产业规模质量发展两端发力，依托集团一体化优势，在保障区域能源安全稳定供应的同时，加快新能源等优质项目布局和开发，做到超前谋划、示范引领，切实推动企业可持续发展。三要发挥集团纵横产业链布局优势，提升信息汇集、核心开发等能力建设，健全完善国际化能力培养工作机制，积极营造"善于想事、勇于干事、敢于管事"的良好氛围，加大对海外员工与家属的关心关爱，为海外员工营造安心、舒心的工作环境。四要加强中印尼文化的交流互通，讲好"中国故事"，服务"一带一路"，树立集团公司海外良好形象；积极履行央企海外社会责任，主动参与社区建设、扶贫帮困、医疗卫生等公益领域活动，回馈印尼社会，共创美好未来。

五、"一带一路"发展案例

2020年10月25日，由人民日报数字传播有限公司主办的首个"一带一路"高质量发展案例报告发布会在北京举行。人民日报社副总编辑赵嘉鸣，国家能源集团总经理刘国跃、国家能源集团副总经理王树民，国务院国资委、国家能源局、印尼驻华使馆的相关负责人，专家学者等出席发布会，印尼驻华大使周浩黎为发布会录制了视频讲话。

报告聚焦国家能源集团国华电力公司印尼系列火电项目深耕印尼14年的实践历程，梳理该集团国华印尼项目缘起、破土、生根、成长、成林的五个发展历程，凝练出以战略、利益、质量、科技、人才、民生、产业、生态和文化"九大共生"为基点的共生模式，以及最终实现了源于项目又超越项目的全方位共生，并对"共生模式"进行了理论分析，挖掘其深刻内涵及普适性，使其成为投身"一带一路"建设的中国企业可借鉴、可复制、可推广的实体案例。

报告评价爪哇7号项目是"中国企业在海外投资建成的最大规模电站"，是"在'一带一路'探索过程中，以打造'命运共同体'为核心的共生模式，秉承合作理念，收获共赢局面的中印尼大型国企全面合作国际示范项目"。

印尼驻华大使周浩黎为发布会录制了视频讲话，向爪哇7号项目的成功建成表示祝贺，对国家能源集团在印尼的投资、建设、运营、技术、知识转移等领域所开展的工作表示感谢，希望能继续共同推进两国在能源等领域的商业合作。

在圆桌对话环节，国家能源集团副总经理王树民、印尼驻华大使馆参赞芦媚妮、亚太经济合作促进会顾问专家组专家范永昌、中国国际经济交流中心经济研究部副部长刘向东共同围绕"共生""变化""可持续"三个关键词展开交流。圆桌对话由人民数字经济研究院副院长宋明霞主持。

王树民指出，在中国"一带一路"倡议和印尼"全球海洋支点"战略构想对接框架下，国家能源集团在"走出去"的过程中，心中装着"国家、荣誉、责任"，肩上担着

"安全、质量、效益",超越项目价值,超越投资回报,追求利人利己,在合作中摒弃零和博弈,为项目合作方及各相关方多想一步、多做一步,在成就对方中成就自己,以"建设印尼第一,世界一流的电厂"为目标,实现了"共育共生"、可持续发展。

嘉宾认为,中国提出"一带一路"倡议7年来,越来越多的国家和国际组织加入共商共建共享的朋友圈,中印尼两国经贸领域紧密合作,成果丰硕。国家能源集团坚定践行国际化战略,在中国"一带一路"倡议与印尼"全球海洋支点"战略构想对接中,走出一条基于共生价值理念的国际化发展之路,与当地社会结成命运共同体,共同培育了共生理念,收获了共赢的局面,逐步形成共生模式。共生模式具有宽广的适用范围、很强的可行性和操作性及共赢的天然属性,为走出去的中国企业提供了一个可借鉴的活力样板,具有重要的现实意义。

图1-15　2020年10月25日,国家能源集团总经理刘国跃在"一带一路"高质量发展案例报告发布会上致辞

第一篇 背景与挑战

图1-16 印尼驻华大使周浩黎（Djauhari Oratmangun）为"一带一路"高质量发展案例报告发布会录制了视频讲话

图1-17 2020年10月25日，人民日报社副总编辑赵嘉鸣在"一带一路"高质量发展案例报告发布会上致辞

17

共生模式：神华国华印尼爪哇7号2×1050MW发电工程纪实

图1-18　2020年10月25日，"一带一路"高质量发展案例报告发布会圆桌对话环节，参加人员：人民数字经济研究院副院长宋明霞（左1），国家能源集团副总经理王树民（左2），印尼驻华大使馆参赞芦媚妮（左3），亚太经济合作促进会顾问专家组专家范永昌（右2），中国国际经济交流中心经济研究部副部长刘向东（右1）

第二章　投资背景

一、印尼国家投资环境简况

印尼，全称印度尼西亚共和国（印尼语：Republik Indonesia）。印尼位于亚洲东南部，由太平洋和印度洋之间的17508个大小岛屿组成。

印尼是世界第4人口大国，根据印尼国家统计局（BPS）发布的官方数据，截至2020年年底，印尼人口总数为2.7亿，其中约87%的人口信奉伊斯兰教，是世界上穆斯林人口最多的国家。

（一）自然环境

印尼地处热带，全年气候温暖湿润，平均气温25℃~27℃。印尼有两个季节，对大部分地区而言，通常每年4月至10月为旱季，11月至次年3月为雨季。印尼的煤、石油、天然气等化石能源储量丰富，已探明煤炭储量主要分布在苏门答腊和加里曼丹两岛。

（二）政治环境

印尼宪法规定，印尼为单一的共和制国家，"信仰神道、人道主义、民族主义、民主主义、社会公正"是建国五项基本原则（简称"潘查希拉"）。印尼实行总统制，总统为国家元首、行政首脑和武装部队最高统帅。

印尼实行三权分立，人民协商会议为印尼国家最高权力机关和立法机构，由人民代表会议（即国会）和地方代表理事会组成。最高法院独立于立法和行政机构。最高法院院长由最高法院法官选举。

（三）经济环境

印尼是东南亚面积最大、人口最多的国家，资源禀赋突出，是东盟最大的经济体。从中长期来看，印尼经济发展正处于快速增长期，各项宏观经济指标基本保持正面，经济结构比较合理，具有人口红利优势，发展潜力较大。

世界银行《2020年营商环境报告》显示，印尼在全球190个经济体中，营商便利度排名第73位。中国对外承包工程商会发布的《"一带一路"国家基础设施发展指数（2019）》显示，印尼的发展环境、发展潜力和发展趋势指数均排名前列。

从投资环境角度看，印尼利用外资快速增长，已成为东盟中最具吸引力的投资目的国之一，主要表现在以下几个方面：

（1）政治局势稳定，政府重视扩大投资；

（2）自然资源丰富；

（3）经济增长前景看好，市场潜力大；

（4）地理位置重要，控制着关键的国际海洋交通线；

（5）人口众多，民众勤奋好学，处于人口红利期；

（6）市场化程度较高，金融市场较为开放。

（四）法律法规

印尼的法律体系属于大陆法系，法律制度主要基于罗马－荷兰法、本土习惯法和伊斯兰法。印尼法律的主要形式包括：宪法；人民协商会议通过的决议；人民代表会议通过的法律；具有替代性或临时性的行政法规；一般行政法规；总统法令和部长法令；地方性法规。

1. 投资准入方面的相关规定

根据2007年第25号《投资法》（部分内容已在2022年2号《创造就业法》中修订），外国投资者可投资绝大部分行业，可以设立独资企业，但须遵守《禁止类、限制类投资产业目录》，其中限制与禁止投资的领域包括生产武器、火药、爆炸工具与战争设备等，电力投资不在限制范围之内。

2. 汇兑限制方面的相关规定

印尼实行相对自由的外汇管理制度，印尼盾可自由兑换，资本可自由转移。印尼实行自由浮动汇率政策，采取一揽子货币汇率定价法，根据印尼主要贸易伙伴货币汇率的特别提款权的汇率变化来确定印尼盾的对外比价，并每日公布。

3. 生态环境保护方面的相关规定

印尼主管环境保护的部门是环境和林业部，印尼在生态环境保护方面有多项具体的法律规定，包括基础性环保法规《环境管理法》，以及专项环保法规，如《生物多样性法》《森林法》《海洋法》《环境影响评价规定》《水资源管理法》《空气污染控制法》，碳排放相关法规等。

4. 外籍劳工方面的相关规定

印尼劳动力资源比较丰富，民众勤劳好学，处于人口红利期。为了保护本国劳动力市场，印尼政府严格限制普通外籍劳工入境工作。2018年3月，印尼总统签批了有关外籍劳工的第20号总统条例（2021年34号政府法规修订），规定国内企业聘用的外籍职工须在规定的工作任期内担任固定的职务；各行业向外籍职工提供职位之前必须考虑优先聘用本国职工，印尼职工不能胜任的岗位，才可交由外籍职工；禁止外籍职工担任国内企业人事部要职或已由部长点名的职位。该条例同时规定，聘用外籍职工的企业必须拥有外籍职工聘用证（RPTKA）。

5. 企业税收方面的相关规定

印尼实行中央和地方两级课税制度，税收立法权和征收权主要集中在中央。现行的主要税种包括公司所得税、个人所得税、增值税、奢侈品销售税、土地和建筑物税、印花税、关税和消费税、碳税等。其中，企业所得税，2009年税率28%，2010年后降为25%，2022年开始为22%；增值税，标准税率原为10%，2022年4月开始执行11%，计划从2025年开始调整为12%。此外，针对进口关税、进口增值税、企业所得税，印尼政府对特定行业或特定区域均有各类税收优惠政策。比如，印尼财政部2018年5月发布企业所得税优惠政策：根据投资额，印尼财政部可能就企业自运营开始的5~20年提供50%或100%的应纳企业所得税额减免优惠。

（五）印尼和东盟

东南亚国家联盟（Association of Southeast Asian Nations，ASEAN）简称东盟，于1967年8月8日在泰国曼谷成立，秘书处设在印尼首都雅加达。东盟的成立旨在促进东南亚地区经济合作、政治合作和安全合作，推动地区稳定与发展。

印尼于1967年加入东盟，在东盟内部一直扮演着重要角色，并为东盟的发展做出了重要贡献。特别是在经济方面，印尼是东盟的最大经济体。

东盟峰会一般每年召开两次，旨在推动东盟成员国及其对话伙伴之间的合作和对话。在峰会上，各国领导人会商重要问题，包括经济合作、政治安全、社会文化等方面的问题，并共同制定行动计划。

继2022年成功举办二十国集团工商峰会后，印尼在2023年担任东盟轮值主席国，举办了主题为"东盟举足轻重、打造经济增长中心"的第43届东盟峰会，希望东盟继续作为地区经济发展中心，保持经济快速、包容和持续性增长。

二、印尼电力发展管理简况

（一）电力政策法规

能源法律方面，印尼制定了多部能源法律，包括1997年的《能源法》和2007年的《新能源法》，其内容涵盖能源政策、电力市场监管、电力企业的经营和管理、能源投资和环境保护等方面的规定。

电力法律方面，印尼制定了多部电力法律，包括1985年的《电力法》、1999年的《电力法》修订案、2017年的《电力法》修订案、2022年《创造就业法》修订案等，其内容涵盖电力行业的组织结构、市场开放、电力价格和配售，电力项目的审批和监管等方面的规定。

电力市场开放政策方面，印尼实施电力市场的开放和竞争政策，鼓励私人投资和参与电力生产。印尼电力市场分发电、输配电和销售三个环节，不同环节上的企业要获得相应的许可和执照，并遵守相关法律法规和政策。

电力项目审批和监管方面，印尼设立国家电力公司（PLN），负责电力生产、输配电和销售业务。电力项目要获得印尼能源和矿产资源部（ESDM）的批准，并符合环境、社会和可持续发展等方面的要求。电力项目还要获得印尼投资协调管理委员会（BKPM）的投资批准并注册。

可再生能源政策方面，印尼政府鼓励可再生能源的发展，并制定了相关政策和法规，包括可再生能源法案和可再生能源发展计划。印尼政府为可再生能源项目提供了税收优惠、资金支持、市场准入和优先购电等政策支持。

环境保护法规方面，印尼对电力项目的环境影响进行监管，并制定了环境保护法规，包括环境影响评价（AMDAL）和社会影响评价（KLHS）等，旨在确保电力项目在环境和社会方面的可持续性。

（二）电力管理体系

政府层面，印尼政府设立了相关职能单位。能源和矿产资源部（Ministry of Energy and Mineral Resources，MEMR）主要负责制定包括电力在内的国家能源行业相关政策和发展规划，监督和管理所有能源活动；财政部（Ministry of Finance，MOF）主要负责分配电力补贴、融资支持等；地方政府主要负责颁发所在地相应的电力执照等。

企业层面，印尼国家电力公司（PLN）是印尼最大的电力供应商，主管印尼全国的发电、电网及其具体规划等，受印尼中央政府国有企业部、能源和矿产资源部、财政部、环境部和国家发展计划局等部门的监督。PLN运营印尼电力全产业链发－输－配－售各个环节，在印尼发电领域处于绝对领先地位，在输配电领域处于垄断地位。PLN拥有约67个子公司和合资公司，是世界上最大的电力公司之一。经印尼能源和矿产资源部批准，PLN每年都会发布未来十年的电力规划（RUPTL），规划中包括未来电力需求预测以及满足未来需求的输电和发电扩展计划。

发电方面，PLN在印尼占据行业绝对主导地位，根据2015年年底（爪哇7号项目中标前后）的数据，印尼全国总装机容量为47128MW，其中PLN占74%；独立发电商（IPP）占22%，其他私营电站（PPU）占4%。经过近些年的快速发展，截至2021年年底，印尼装机容量已达72889MW，其中PLN达43222MW，占比59.3%；IPP电厂达20566MW，占比28.2%。

输配电端方面，PLN作为印尼唯一的电力传输和分配提供商，垄断了印尼输配电网以及电力零售业务，购买了IPP在印尼生产的几乎所有电力。

电力销售方面，PLN可向终端消费者直接销售电力，独立发电商（IPP）持有电力许可，以PPA协议的形式将电力出售给PLN，不能直接向终端消费者供应电力。印尼的电力销售价格由政府主导，消费者支付的电费低于发电成本，政府每年以财政预算的形式对PLN补贴，因此印尼政府承担了较大的财政压力。

PLN作为印尼政府全资控股的国有企业，在印尼整个电力产业链中占据绝对主导地位，印尼政府对PLN的支持力度极强，可以为PLN提供稳定的运营环境。

（三）电力系统特点

根据2022年年底的数据，印尼全国75622MW电力装机中，燃煤电厂37696MW，占比约50%；燃气及燃气联合循环电厂18083MW，占比约24%；水力发电厂9639MW，占比约13%；燃油（柴油）发电6041MW，占比约8%；地热发电厂2135MW，占比约3%；光伏、风电、生物质及其他新能源项目2028MW，占比约3%。按照实际上网电量计算，印尼国内实际电力消耗结构为：煤炭64.52%、燃气18.71%、水力8.55%、燃油4.22%、地热能源3.67%、新能源0.33%。

印尼是群岛国家，各个电网相互独立，目前较大的电网有爪哇-巴厘-马都拉电网、苏门答腊岛电网，其他岛屿还没有完整的区域网络。截至2022年，印尼拥有约62439千米电路传输线和约100万千米电路配电线。

印尼的电力市场供需情况主要呈现以下几个特点：

（1）地区发展不平衡；

（2）电力供不应求；

（3）供电配套设施陈旧；

（4）电力需求增速较高；

（5）小机组占比较高。

由上述可见，一方面印尼经济保持持续平稳较快增速，另一方面电力基础设施发展相对滞后，电力供不应求现象突出，电力市场仍有较大的发展空间和潜力。

三、印尼IPP项目运作规则

印尼的电力投资，特别是电站项目的投资建设，有独立发电商（IPP）、PLN自主建设等多种模式，其中IPP项目主要有公开招标、直接指定、竞争性谈判三种类型。公开招标的IPP项目是印尼电站投资的主流方式，大多数电站均采取此类模式进行开发，以下重点介绍公开招标类IPP项目的运作规则。

（一）基本定义

IPP（Independent Power Producer）项目，即独立电力生产商项目，指独立于政府部门的公共电力公司或能源公司通过与政府或公用事业公司签订协议，自主融资、建设、运营和维护电力项目，并向电力市场出售所生产的电力。

（二）主要内容

印尼实行IPP项目国际公开招标已有近20年的历史，整套招投标体系以及IPP项目开发机制相对成熟完备，行业准入规则比较透明、规范，尤其是对BOT或BOOT电源项目的开发专门制定了配套的政策法律，开发流程清晰，电价回收机制完备。而且，随着IPP项目的陆续建成投产，PLN也在实践中不断完善IPP项目招标体系及项目开发机制，整套体制机制日臻成熟。印尼IPP项目通常涵盖以下几个方面。

（1）合作伙伴：IPP项目在招标时，一般要求投标人与印尼当地公司组成联合体参与项目的投标，并搭建双方认可的公司治理结构和议事规则。根据经验、资金实力、影响力等，合作伙伴的选择可考虑设备供应商、运营商、财务投资人等。

（2）独立融资：IPP项目由投资者自主融资，这使得项目更加市场化，可以根据市场需求和商业模式进行投资和运营决策。融资是IPP项目成败的关键，也是PPA协议生效的重要前提条件，众多IPP项目因为融资未能按时关闭导致PPA最终作废。融资架构的设计与资本金投入、担保结构、保险安排、税收考虑、项目的合同安排紧密相扣。

（3）独立建设：IPP项目由投资者负责项目的建设和运营，包括电站和送出线路的整体设计、建筑、设备采购、施工等。印尼政府和PLN提供必要的许可和监管，并与IPP投资者签订合同，约定电力购买和销售价格、合同期限等事项。

（4）独立运营：IPP项目由投资者负责电站的运营和维护，送出线路部分一般在建成后移交PLN运维。印尼政府和PLN负责监管项目的运营情况。

（三）阶段划分

公开招标类IPP项目的整个开标流程可分为如下几个阶段，招标阶段主要考量投标人的技术和电价水平，以及融资能力。

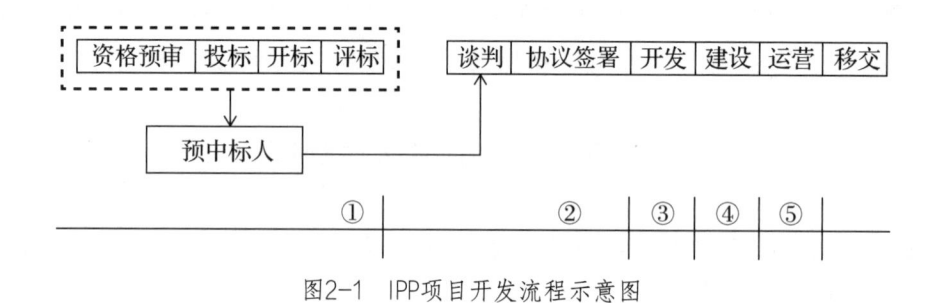

图2-1　IPP项目开发流程示意图

阶段①：投标阶段，投标人需提交投标保函及技术商务和价格两部分投标文件。

阶段②：合同谈判，将技术参数和关键商务条款落实到PPA中。

阶段③：项目前期，提交第一阶段履约保函，限期完成融资关闭（Financial Closing）。

阶段④：项目建设期，提交第二阶段履约保函，限期完成建设，进入商业运行日（COD）。

阶段⑤：商业运营期，按PPA运营电厂，在约定期限内做好电厂移交或处置的准备。

（四）电价机制

就印尼IPP项目而言，其投资回收通过与PLN签署的长期购电协议（PPA）进行锁定，正确认识和理解"电价结构"和"电费计算规则"对项目的成败至关重要。

印尼上网电价为"两部制电价"，一是容量电价，二是电量电价。容量电价指买卖双方以约定的电厂可靠净容量为计算依据，由售电方与购电方签订购电协议，确定电厂的发电能力，定期固定收取电费，通常情况下容量电价对应的发电收入不以实际发电数量为转移；电量电价指根据售电方实际售电量计算电费的基础电价。

具体而言，容量电价主要反映固定投资及投资收益，电量电价主要反映度电可变成本，如果由投资方建设送出线路，则还有补充电价部分。

表2-1 IPP项目电价结构

电价组成部分	电价组成部分细分	名称	内涵
容量电价	A部分	电站单位资本成本回报（CCR）	在整个商业运营期内，对电站而言平均到单位千瓦的年资本投入和回报
容量电价	B部分	单位固定运维成本（FOMR）	在整个商业运营期内，对电站而言平均到单位千瓦的年固定运维成本
电量电价	C部分	度电煤价（ECR）	计费期内的度电燃料成本
电量电价	D部分	度电变动运维成本（VOMR）	计费期内的度电变动运维成本
补充电价	E部分	送出线路单位资本成本回报（CCRT）	在整个商业运营期内，对送出线路而言平均到单位千瓦的年资本投入和回报

容量电价采取照付不议（Take or Pay）原则，保障无论购电方实际购入的电力多寡，项目公司都有一个稳定的现金流用以偿还银行贷款、取得投资收益、缴纳税费和覆盖固定的运营成本。该机制不仅保护售电方，对购电方也是一种保护，即只有在电站容量可用的情况下购电方才有支付义务，另外，只有实际购入电力的情况下购电方才有义务支付电量电费。总体来说，两部制电价可以降低项目公司承担的市场风险，同时也能够真实地反映项目成本，有利于控制电价。

（五）PPA协议

在印尼IPP项目中，PPA（Power Purchase Agreement）购电协议，是最为核心的协议。尽管PPA的签署方只有两方，但该协议涉及的相关方包括印尼政府、电力监管部门、PLN、贷款人、项目建设方、项目运营方、燃料供应方，相关联的协议包括EPC协议、O&M协议、燃料供应协议、电网接入协议、贷款协议等。

PPA初稿通常由PLN提供，其内容由律所与财务顾问等共同起草。项目中标后，PLN将与中标方基于项目特征、投标文件等商讨、谈判，进行特定修改后形成最终版本。

PPA内容因不同发电形式差异较大，内容大致包括常规条款、财务条款、技术条款、风险分配条款、违约和终止条款。

PPA的执行过程，可分为项目初期、建设期、运行期和退出期四个阶段。

项目公司在项目初期的责任主要包括：①准备项目执行文件；②准备项目初步设计文

件；③准备健康与安全计划、环境评估与管理计划。

项目公司在建设期的主要责任包括：①根据基本功能规范建设电厂；②入网设施的施工；③专用设施的施工；④电厂带电、并网、调试与测试；⑤执行健康与安全计划、环境评估与管理计划。

项目公司在运行期的主要责任包括：①电厂运行与维护；②遵循运行、调度程序和规定及调度指令。

项目公司可能的违约事项包括：①未能按要求的时间完成融资；②未能按要求的时间实现商业运行；③违反性能保证。

PLN作为买方，在运行阶段享有从电厂购电的独有权利。支付给项目公司的电费包括：①容量电费；②电量电费；③送出线路部分的电费。

PPA有两个显著特点：一是PPA中明确约定了煤价和电价的联动；二是电价与通货膨胀系数及印尼盾汇率变动系数挂钩。

整体而言，印尼IPP项目的电价机制相对成熟完备，对购电方和售电方均相对公平，特别是在PLN拥有较强履约能力的情况下，投资方投资回收风险相对较低。

四、外资在印尼的电力项目

（一）中国企业在印尼电力投资和建设的主要情况

印尼是中国对外投资项目和承包工程的主要市场之一，其中电力工程是中资企业的重要业务。中资企业在印尼已经投资或参与建设了大约40家电厂，其中，始于2006年的印尼第一个1000万千瓦电力发展计划中，约85%的装机容量由中国企业供应和建设。

截至2015年，在印尼主要从事电站投资的中资企业有中国神华国华电力公司（神华国华）、中国华电、中国大唐、中国电建、中国成达、协鑫电力、中机电力、青山集团等，从事电力建设的有中技、中水电、葛洲坝、中电工、上海电气、东方电气、华电工程、广东火电、东北电建、浙江火电、山东院等。

中资企业在印尼投资、承建的部分电力项目如下表所示。

表2-2　中资企业在印尼投资和承建的部分电力项目清单

序号	投资方	地点	规模	项目年份	模式	装机容量/MW
1	中国成达	南苏门答腊省	巨港150MW燃气电站	2003	BOOT	150
2	神华国华	南苏门答腊省	穆印2×150MW燃煤电厂	2008	BOO	300
3	中国华电	巴厘省（即巴厘岛）	巴厘岛3×142MW燃煤电厂	2012	BOOT	426
4	中机电力	东南苏拉威西省	德龙4×135MW燃煤电厂	2014	自备电站EPC	540

续表

序号	投资方	地点	规模	项目年份	模式	装机容量/MW
5	印尼SSP集团（中国成达总包）	中爪哇省	芝拉扎1×1000MW燃煤电厂	2015	BOOT	1000
6	神华国华	南苏门答腊省	南苏1号2×350MW燃煤电厂	2015	BOO	700
7	神华国华	万丹省	爪哇7号2×1050MW燃煤电厂	2015	BOOT	2100
8	青山集团	中苏拉威西省	青山2×350MW燃煤电厂	2015	自备电站	700
9	协鑫电力	西加里曼丹省	西加1号2×100MW燃煤电厂	2015	BOT	200
10	中国电建	明古鲁省	明古鲁2×100MW燃煤电厂	2015	BOOT	200
11	中国大唐	亚齐省	米拉务2×225MW燃煤电站	2016	BOOT	450
12	中国华电	南苏门答腊省	玻雅2×660MW坑口电站	2017	BOOT	1320

注：项目年份指获得项目开发权的年份，其中个别项目最终未建设。

（二）其他国家在印尼电力投资和建设的主要情况

1. 日本企业

截至2014年年底，日本在印尼参与电厂建设并积极投资的企业主要有日本电力开发株式会社、丸红株式会社、住友商事株式会社、三井集团等。

其中最典型的是巴塘（Batang）2×1000MW燃煤机组，该项目位于印尼中爪哇省巴塘县，从2011年开始筹备，2013年日本电力开发株式会社（J-Power）、伊藤忠集团和印尼企业安达隆能源公司（Adaro Energy）组成联合体并成功中标，2015年正式开工建设，两台机组在2022年8月陆续实现了1、2号机组商业运营（COD）。（注：上述相关数据援引于巴塘项目官方网站）

2. 法国企业

法国在印尼参与电厂建设并积极投资的企业主要为法国燃气苏伊士集团（GDF SUEZ），该公司在印尼主要从事海上油气田开发、陆上LNG终端建设及地热电站项目的建设。

3. 马来西亚企业

马来西亚在印尼参与电厂建设、投资的企业主要为云顶集团。云顶集团在印尼投资建设的万丹1×670MW火电项目，于2013年12月10日正式开工建设，2017年3月28日正式进入COD，是印尼政府3500万千瓦电力规划（2015年—2019年）中第一个进入商业运营的IPP电站项目。

外资企业在印尼投资的主要电力项目如下表所示。

表2-3　外资企业在印尼投资的主要电力项目清单（不含中国企业）

序号	投资方	地点	规模	项目年份	模式	装机容量/MW
1	美国电力公司、日本三井物产	东爪哇省	百通1（PAITON 1）2×615MW燃煤电厂	1999	BOOT	1230
2	日本三井物产	东爪哇省	百通3（PAITON 3）1×815MW燃煤电厂	2010	BOOT	815
3	日本丸红公司、韩国ST国际	西爪哇省	井里汶1号（Cirebon-1）1×600MW燃煤电厂	2011	BOOT	600
4	马来西亚云顶集团	万丹省	万丹（BANTEN）1×670MW燃煤电厂	2012	BOOT	670
5	日本电力、伊藤忠集团	中爪哇省	巴塘（BATANG）2×1000MW燃煤电厂	2012	BOOT	2000
6	马来西亚杨忠礼集团	西爪哇省	坦竣A（Tanjung Jati A）2×660MW燃煤电厂	2015	BOOT	1320
7	日本住友公司	西爪哇省	坦竣B（Tanjung Jati B）2×1000MW燃煤电厂	2016	BOOT	2000
8	日本三井物产	万丹省	龙湾（BANTEN LONTAR）1×315MW燃煤电厂	2016	BOOT	315

第三章　合作方概况

一、中国方面股东情况

（一）国华电力公司基本情况

国华电力公司是北京国华电力有限责任公司和中国神华能源股份有限公司国华电力分公司的统称。北京国华电力有限责任公司成立于1999年3月，是神华集团以火力发电为主营业务的全资子公司。2005年2月，依据神华集团资产上市方案，北京国华电力有限责任公司部分资产注入上市公司，并设立了中国神华能源股份有限公司国华电力分公司。2017年11月，神华集团有限责任公司与中国国电集团公司合并重组，成立国家能源投资集团有限责任公司，国华电力公司同步并入国家能源投资集团有限责任公司。

国华电力公司主要业务包括电力项目投资、开发及经营管理；发电、供热及其副产品的生产和销售；新能源项目的开发、生产及经营管理；电力项目、能源项目咨询；能源与环保技术开发、技术转让、技术咨询、技术服务等。

日历翻回到爪哇7号发电项目诞生的节点，截至2014年年底，国华电力公司拥有发电单位21家、在建项目公司6家，控股发电企业38家，资产总额1478亿元，员工总数17899人，运营发电装机容量3483万千瓦，在运燃煤机组61台（含8台百万机组）、燃气机组1台（套）、风电机组21台，在建百万机组10台。公司成立16年来，累计发电1.416万亿千瓦时，累计实现利润933亿元。2014年，国华电力公司全年发电1840亿千瓦时，实现利润178亿元，供电煤耗309克每千瓦时，等效可用系数94.9%。

国华电力公司依托国家能源集团煤电运一体化的经营优势，按照"点、线、面"相结合的布局策略，重点在坑口、港口、路口和负荷中心建设了一批高效率、高参数、大容量火电机组，形成了"管理新、选址好、造价低"的综合竞争优势。国内资产主要分布在北京、天津、河北、内蒙古、辽宁、陕西、宁夏、河南、湖南、山东、江苏、浙江、江西、广东、广西。海外深耕印尼电力市场，目前在印尼已有4家控股子公司和1个联营体，分布在印尼苏门答腊岛和爪哇岛。

截至2019年年底，国华电力公司拥有25家发电单位，运营装机容量4285万千瓦，达到历史高点；运营和管理燃煤机组68台、燃气机组6台，其中60万千瓦机组及以上容量占比84%，超临界、超超临界煤电机组容量占比59.6%，100万千瓦机组在运13台；机组利用小时从2003年起连续17年高于全国火电平均利用小时；供电煤耗历年都处于全国领先水平，且逐年向好；公司资产总额达到1558亿元，较成立之初增长了5倍多，资产质量保持优良。

从1999年3月成立到2019年年底，国华电力公司累计发电2.35万亿千瓦时，燃用神华煤9.6亿吨，累计实现利润、贡献税收2360多亿元，为集团产业链可靠运行发挥了"蓄水池""调节器"作用，为国民经济和社会发展做出了积极贡献。

（二）国华电力公司发展历程

梳理国华电力公司20余年的发展历程，大致经历了以下几个阶段。

1. 成立（1999年3月11日）——核心词：承载使命

1999年3月11日，神华集团以国务院批准的用于集团增资的煤代油资金，注册成立了北京国华电力有限责任公司。当时煤炭市场供过于求，成立国华电力公司的本意是发挥自身煤炭优势，以火电解决集团煤炭销售问题，形成内部长期、稳定的煤炭消纳市场，所以国华电力公司初始定位为集团煤炭市场的"蓄水池"和"调节器"。

2. 创业期（1999—2002年）——核心词：平稳起步

作为独立发电商，国华电力公司通过接收已经发电运营的天津盘山电厂，收购在建的北京热电厂和河北三河、辽宁绥中3家电厂，进行专业化管理，实现了平稳起步。其间，自主开工建设内蒙古准格尔二期、河北定州一期、广东台山一期发电工程项目，接管了陕西神木电厂。2001年与香港中华电力合资成立中电国华电力股份有限公司。

3. 成长期（2003—2010年）——核心词：做专做强

2003年，神华集团确立"煤炭、电力、煤制油、金融"四大板块的发展框架，国华电力公司实现了从煤炭"蓄水池""调节器"向集团利润增长极的转变。其间，坚持"做专做强"，打"自主建设、兼并收购、管理增值"的组合拳，实现了又好又快发展。同时，开工建设印尼穆印煤电一体化项目，迈出"走出去"第一步。2005年2月，部分资产注入上市公司，设立了中国神华能源股份有限公司国华电力分公司。

4. 引领期（2011—2020年）——核心词：行业领跑

2011年以来，国华电力公司全面推进建设有追求、负责任、中国特色、世界一流的发电企业，多项指标行业领先，火电盈利能力全国第一。尤其是率先开展"近零排放"创新实践，开创了煤电清洁化发展新时代。国华电力首提并践行煤电机组"近零排放"是在"十二五"中后期，全面实施并取得成果是在"十三五"。截至2019年年底，国华电力在国内的在运煤电机组总计68台，都达到了"近零排放"标准，其中11台新建机组均按新标准一次建成，54台在役机组完成"近零排放"改造，提前完成国家提出的煤电机组超低排放任务，在全国大型发电企业是首家。国华电力公司从成立之初的一个新公司、小公司、亏损企业，成长为连续18年盈利，累计为国家创造利润、上缴税金2360多亿元的企业。

（三）国华电力公司企业文化及管理特点

国华电力公司在发展过程中，逐步形成了特色鲜明的企业文化，在公司成立初期就提出了"六更一创"（更安全、更可靠、更先进、更经济、更规范、更环保，创国际一流发电公司）；"小业主、大咨询、大社会""四不一再"（烟囱不冒烟、厂房不漏气、污水不外排、噪声不扰民、灰渣再利用）；"可靠、可调、规范、诚信，做电网不间断电源（UPS）""基建为生产，生产为经营，基建生产一体化"等创新管理理念，并遵循"责权利高度统一的原则、目标一致性的原则、管理有效率效能的原则、制约制衡的安全性原则"，从现代企业公司治理的发展趋势和企业的整体发展战略角度出发，科学地构建了一整套适合对公司各项业务实施有效管理的管控体系，强化对国华电力事业的信息化、标准化、专业化、精益化管理。

主要企业文化及管理特点如下。

1. 安全文化

在国华电力公司，安全是领导的第一责任、员工的最大福利、企业的无上功德，是第一政治、第一政绩、第一纪律。公司坚持以政治安全、经济安全和生产安全为主要内容的"大安全观"，追求安全发展。

2001年，开始逐步推行NOSA五星安健环管理体系和万全管理系统。

2002年，国华《发电管理系统》发布，这是公司实施专业化管理的第一部企业规程。

2006年，以"三票三制"落实安全生产责任制，加强班组建设。

2009年，提出"时时讲安全、天天争发电、日日谋发展"的管理理念，推进"一岗、一网、一中心"的安全监察体系建设。

2011年，推行以"保障人的安全和健康"为核心的安健环文化宣示系统。

2012年，发布《发电本质安全管理体系》，提出在生产现场佩戴"四不伤害"岗位风险管控卡，明确各级人员的"主体责任、主人地位、主动行为"，等等。

2013年，提出"以人为本、生命至上，风险预控、守土有责，文化引领、主动安全"理念，追求人员零伤害，机组零非停，在国家能源局2013年度全国火力发电机组可靠性评价中，国华电力公司8台机组被评为A级（金牌）机组。

2017年，安全生产创历史最好水平，65台机组中的57台全年无非停，15家电厂全年无非停。在年度全国火力发电机组可靠性评价中，国华电力公司8台机组上榜，在全国火电大机组竞赛中，国华电力公司10台机组获奖。连续8年实现安全年，10次获评"全国安康杯竞赛优胜企业"。准格尔电厂2号机组在线连续安全运行1018天，创全国纪录。

2018年，新编《安全风险预控管理体系》发布。国华电力将"风险预控"理念贯穿于所有管理要素、所有业务环节及节点，辨识风险、制定措施、严格管控，并以文化弥合制度管理缝隙，筑牢安全生产的"铜墙铁壁"。

2021年，国华电力公司13台机组连续运行超过300天，等效可用系数连续十年优于全国平均水平，国华穆印电厂1号机组创造了连续安全运行1438天的"煤电机组连续运行最长世界纪录"（印尼世界纪录博物馆认证并颁发证书）。

2. 责任文化

国华电力公司有追求，负责任，秉持"对国家负责、对社会负责、对员工负责、对利益相关者负责"的使命感和责任感。对员工，促进价值实现和身心愉悦；对企业，实现管理品质提升；对电网，规范、诚信、可靠、可调，做不间断的UPS；对集团，对股东，对国家，提供投资回报，实现资产保值增值；对社会，履行责任，资源节约，环境友好，营建和谐。

3. 创新文化

国华电力公司的成立本身就源于神华"煤电一体化"的管理创新，公司将创新作为第一动力，注重学习、吸纳、消化和集成，主动革命、创新引领、大胆实践，取得了很多成果。

在管理创新方面，推行以"管控团队专业化、资源配置集约化、组织架构扁平化、管理平台信息化"的"四化"为代表的管理模式，获得"中国电力行业十大管理创新奖"和"全国电力行业企业管理现代化创新成果一等奖"。基本建设的"小业主、大咨询、大社会"、生产运营的"本安管理"、市场营销的"立足于早、立足于抢"、财务的"成本领先"，党建的"有根有力有效""四标一创""六项行动"，纪检的"集约共享模式"等不同领域的管理创新都经常被学习和借鉴。

在科技创新方面，国华电力公司践行"创新、协调、绿色、开放、共享"五大发展理念，坚持"创新"是引领发展的第一动力，以"先进适用、适度超前、创造价值"为原则开展科技创新工作，既符合未来发展大方向，又注重"投入产出比"，注重实用创效和价值创造，解决企业迫切需要解决的问题。国华电力公司成立以来，取得了国家科技进步奖、省级科技进步奖、中国电力科学技术奖、中国电力创新奖、国家能源科技进步奖多项，取得国家授权专利多项，承担国家科技支撑计划、国家重点研发计划多项。

4. 基建文化

国华电力公司的基建文化起源于自主建设的第一个电厂——内蒙古准格尔电厂。1999年初，国华提出"小业主、大咨询、大社会"原则，充分利用社会专业技术力量对工程实行科学、严格的管理，紧接着又进一步提出"更安全、更经济、更先进、更可靠"的电厂建设目标。

2000年，在河北定州项目的实践中，为进一步规范基建管理行为，补充了"更规范"原则；为适应国家日益严格的环保要求，增加了"更环保"要求。

2001年，在与香港中华电力合作的过程中，认识到与国际一流电厂的差距，提出"六更一创"（更安全、更可靠、更先进、更经济、更规范、更环保，创建国际一流电站）原则。

2001年，提出"基建为生产，生产为经营，基建生产一体化"理念。

2004年，发布《国华电力基建工程管理系统》。

2005年，引入机组投产后无非停的经济性评价指标。

2007年，提出基建"一个原则，四个标准"，即设计原则、设计标准、建设标准、管理标准、工作标准。

2014年，制定基建"三层目标"，一为"低碳环保、技术领先、世界一流的数字化电站"；二为"一键启动、无人值守、全员值班的信息化电站"；三为"发电厂创造价值、建筑物传承文化""生态文明、美丽电站""打造现代工业艺术品"。

2015年，创新提出GHepc工程总承包管理模式；提出"三一行动"，即一个基建现场只有一个党委、一个安健环委员会，执行一套安全行动和质量管理体系。

2017年，提出"体系推进保安全、工匠精神创精品、科学统筹抓进度、顶层设计控造价、优化创新提指标、深度调试促稳定"的基建工作原则和"三同两优一稳定"的基建工程目标，深入推行基建安全质量"九化"管理。

建设指标最优、造价最低、投产后能长周期安全稳定运行的机组，是国华电力基建文化的落脚点，以高品质基建服务后续生产运营，从顶层设计上体现了国华电力公司"对下一环节负责"和"追求全寿命周期内效益最大化"的建设理念。

5. 环保文化

国华电力公司始终将环保作为履行社会责任的重要组成部分，主动环保。国华电力系统内所有电厂的食堂都悬挂着"勤俭持家，珍惜粮食，省煤节电，保护环境"的"家训"。2000年提出"四不一再"，即"烟囱不冒烟、厂房不漏气、污水不外排、噪声不扰民、灰渣再利用"。2012年，出台环保"领跑者计划"，创建环境友好型企业，颁布"环保一规三标"。

2013年，制定在役机组"高品质绿色发电计划"和新建项目"高效清洁近零排放工程"，追求燃煤电厂达到天然气发电排放标准。

2015年，提出"以人为本、主动环保、近零排放、信息公开、环境法治、生态文明"的"环保方针"。

2018年，关注"全面环保"，发布《全面环保工程实施方案》，开启新一轮征程。

回顾国华环保文化的形成和发展，舍得投入、"正其义而不谋其利"是显著"标签"，也践行了"发展要以人民为中心"和"人民对美好生活的向往就是我们的奋斗目标"的宗旨。

6. 人本文化

"以人为本"体现的是国华电力的温度。在国华电力，员工身心愉悦与管理品质提升、资产保值增值并重。

尊重员工意见和建议。举办班组长座谈会、青年员工座谈会、职工监督员座谈会等一系列座谈活动，倾听各方面员工的心声。做到职代会办理职工提案件件有回音。开展领导接待日、下基层拉近党群干群关系活动。

关心员工生活。设立爱心基金，解决员工两地分居、交通就医、子女就学就业等问题。完善设施，文化惠民。组织劳模疗养。

关心员工成长。落实研修生和青年成才计划，加大对专家、高技能人才的激励和薪酬待遇倾斜。承办并参加神华职工技能大赛，其中第10届大赛包揽11个专业前3名；第13届大赛获奖人数占参赛选手四分之一；第15届大赛获8个一等奖，截至2019年年底，共28人获"中央企业技术能手"和"神华技术能手"称号，1人获"全国技术能手"称号。

热心公益，关注弱势群体。公司成立以来，累计向破产企业、贫困地区、贫困家庭、失学儿童和受灾地区捐助800多万元。关注企地和谐，所属电厂为所在地居民创造就业机会，扶持当地基础设施建设，让居民得实惠。青年志愿者开展敬老慰问、助学募捐等活动。

（四）国华电力公司主要指标及荣誉

1. 管理品质指标

国华电力公司的状态可以概括为"团队强、管理好、绩效优"。"团队强"表现为员工身心愉悦。截至2019年年底，国华电力公司有约15000名忠于企业、兢兢业业的员工，关键时候能冲得出来，这是最大的财富。"管理好"表现为管理品质提升。国华电力有独具特色的"四化"管理模式和成熟的管控体系，安全生产连续多次获评全国安康杯竞赛优胜企业，基本建设被电监会评价"造价最低、投资控制最好"，发电市场占有率连续15年大于100%，各项指标行业领先，各方面工作站排头。"绩效优"表现为资产保值增值。截至2019年年底，较成立之初装机容量增长20.4倍、发电量增长34.5倍，年均资产保值增值率约118%，人均劳动生产率首屈一指。

2. 运营水平指标

国华电力2006年开始参加全国火电机组可靠性评价，截至2019年度全国492台机组上榜，国华电力先后有16个发电公司累计67台机组荣获金牌机组荣誉，以占全国4%的机组台数获得了13.6%的获奖率，其中"十三五"期间38台次，尤其是2018年度10台机组获奖，占全国总获奖机组的20%。国华电力从2002年开始参加全国大机组能效对标竞赛，其中"十三五"期间74台次机组获奖，2017年度16台机组获奖，为历史最好水平。国华电力至今保持着全国30万和60万千瓦机组连续安全运行最长纪录。

3. 盈利能力指标

优良的资产和优秀的管理水平，使国华电力拥有令业界啧啧称奇的盈利能力。以2019年为例，国华电力每万千瓦用人3.37人，人均利润率达到68.2万元。2008年和2009年，国华电力在国际金融危机影响下逆市飘红，展现引起媒体关注的"国华质量"和"国华速度"；2018年和2019年，在全国煤电亏损面超过50%的情况下，国华电力经营利润分别达到101.9亿元和101.6亿元，继续以突出表现夺人眼球。对比2009年装机容量突破2000万、年发电量超1000亿千瓦时，2018年，国华电力实现装机容量和年发电量双翻番，相当于十年期间再造了一个国华。

4. 主要荣誉情况

国华电力公司成立以来，几代国华人兢兢业业，勤勉尽责，把企业当成家一样用心经营,赢得了数不清的美誉。2009年获评"全国五一劳动奖状";2012年获评"中央企业思想政治工作先进单位",被中共中央组织部授予"全国创先争优先进基层党组织"称号,全国共100家,北京市仅3家单位获此殊荣,2015年还获评"全国文明单位",中国神华仅两家。专业管理荣誉方面,截至2019年年底,获"国家优质工程金奖"3个(宁海、绥中、徐州),"国家优质工程银奖"3个(准格尔、定州、三河),"中国建筑工程鲁班奖"5个(台山、沧东、定州、宁海、宁东)。社会责任荣誉方面,2018年,国华电力公司位列"中国绿金企业100优"榜单第一名。此外,国华电力还获得过"全国和谐劳动关系先进企业""全国电力行业优秀企业"等荣誉。

(五)新华网对国华电力公司的报道

日历还是翻回到爪哇7号项目诞生的节点,以下引用新华网发表于2016年2月22日题为《"十三五开局元年 能源好声音" 国华电力:做煤电清洁化先锋 担高品质发展重任》的新闻稿,展现国华电力在2015年前后的专业化能力。

【媒体报道】

神华国华电力公司隶属于神华集团电力板块,成立于1999年,现有装机容量3554万千瓦,是中国电力行业一支高速高质发展的轻骑兵。

翻开神华国华电力的发展史,无论是"国华质量"还是"国华速度",很多已铭刻在中国电力史的丰碑上:市场占有率连续13年超过100%;以全国60万和100万千瓦机组造价最低纪录,被评为工程"造价最低、投资控制最好"的发电企业;持续强化体制、机制和能力建设,目前万千瓦用人不到5人,劳动生产率业界首屈一指。回望刚刚过去的2015年,国华电力的成就也是可圈可点。

价值创造,担央企重任

做有追求、负责任的发电企业,坚持高品质发电,始终是国华电力作为央企一员的担当。

2015年,面对严峻的市场形势和巨大的经营压力,国华电力认真落实神华集团"1245"清洁能源发展战略,积极适应经济发展新常态,谱写了逆势有为的发展新篇章,全年完成发电量1676亿千瓦时,利润总额151.1亿元,以占神华集团六分之一的"轻"资产打拼出近二分之一的"厚"利润,其价值创造力引人注目。

价值创造力来源于过硬的管理与实践。2015年,国华电力苦练内功,深入推进安全风险预控管理体系和安全生产标准化建设,连续第9次荣获全国"安康杯"竞赛活动"优胜单位"。不同容量等级机组及运行值际竞赛、首届值长周活动、生产管理交流季等活动的开展,共享经验、共促提升。全年机组等效可用系数达95.18%,创历史新高,41台机组全年无非停,其中锦界全厂四台机组在7042利用小时下全年无非停,准电2号机组截至2015年年底连续运行947天,创造国华电力机组连续运行最长纪录,为

"十二五"收官画上了圆满的句号。

"十二五"期间，国华电力在神华集团的坚强领导下，认识规律、把握规律、遵循规律，持续提升企业经济效益和综合实力，装机容量由2010年的2751万千瓦增加到2015年的3554万千瓦，资产总额由2010年的1179亿元提高到2015年的1597亿元，供电煤耗由2010年的318.8克每千瓦时降低到2015年的308.5克每千瓦时。五年来累计发电9103亿千瓦时，利润总额732亿元，税费总额463亿元，资产保值增值率年均达到116%，为企业发展奠定了坚实基础。

环保领跑，当煤电清洁先锋

坚持"环保领跑、效益领先、创新领航"是国华电力执着追求的科学发展方向。

2015年，在电力行业全面开展煤电机组节能减排升级改造的热潮中，作为清洁煤电的先行者，国华电力自2014年投产国内首台新建超低排放机组后，已有多家电厂即将或已经完成全部机组改造任务，相继进入"超低排放完成时"，其中三河电厂4号机组改造后，烟尘排放浓度达到0.23毫克每立方米，攻克了烟尘排放小于13毫克每立方米的技术瓶颈，刷新了煤电烟尘排放浓度的新纪录。截至2015年年底，国华电力共有25台机组、1309万千瓦装机实现超低排放，容量占比达37%。预计到2017年，国华电力全部燃煤机组均可实现超低排放。国华电力以两年来的技术实践向社会昭示：煤电超低排放，技术是可行的、监控是可靠的、成本是可控的。

环保领跑，不只在速度，还在于共享成果、协同发展的深度和广度，国华所属电厂积极承担起技术示范、经验分享的责任。国华三河电厂作为"国家煤电节能减排示范电站"多元探索最优改造方案，带动了上下游产业的协同创新发展，接待同行业、科研院所及各级职能部门调研达200余次；成立以三河电厂为主体的"煤炭清洁高效利用创新示范中心"，努力建设面向世界的开放性清洁能源协同创新平台，协同共享的创新之路前景广阔。

创新驱动，激发内生动力

创新是国华电力的DNA，也是国华电力自我超越的内生动力。

国华电力快速推进实施"科技创新引领计划"，加强创新平台建设，研究院博士后科研工作站在全国2000余个博士后科研工作站综合评价中位列第17位，被评为优秀等级，多项科技成果获得行业认可，"超低热值级褐煤综合利用发电"获得印尼国家能源效益奖提名；"电站高温材料微创寿命评估中心"在国内材料专业领域得到专家广泛认可，"微创评估"理念已深入人心，为提升公司机组安全可靠运行提供了强大助力。

2015年10月14日，中电联在上海举办了"2014年度中国电力创新奖"颁奖大会，国华电力"大型化低温多效蒸馏海水淡化成套技术自主研发及工程应用"荣获一等奖，该项目是发电企业唯一获得一等奖的项目；6项成果获得2014年度中国电力科学技术进步奖，占全国火电类获奖项目数的22%。科技成果落地，为国华各发电企业的健康发展提供了不竭动力。

国华北京燃气热电厂2015年8月7日投产,是国内燃气联合循环机组全范围实现一键启停的首台机组,被业界誉为国内智能化程度最高的智能电站,而该厂实现一键启停的关键技术——管道容器注满度检测装置,就是由国华自主研发的;绥中电厂在绿色改造中,技术人员成功地破解了世界上最长轴系汽轮机改造等技术难题;舟山电厂将高性能TVC自主创新技术成功应用于舟电海水淡化项目,实现了低温多效海水淡化技术的首次完全国产化;三河电厂在刷新烟尘排放最优值的同时,成功应用了"国内首家应用新型大刚度叶型技术"等国内首创技术,并作为国家科技部863计划"燃煤电站PM2.5新型湿式电除尘技术与装备"的课题应用单位,实现PM2.5去除率大于85%的环保实效;宁海电厂成功应用"600MW汽轮机调节阀振动和阀杆断裂机理研究及消除项目"的研究成果,抑制了高开度下油动机晃度和阀杆振动;建设中的寿光电厂成功应用公司开发的新型全封闭带式输送机设计方案,与应用封闭式栈桥相比可节省大量投资;国华自主研发的采用CFD模拟电厂烟道和烟囱内烟气流场和凝结水的液膜分布设计方案填补了行业技术空白,已在2×1000MW机组工程上得到应用,并将在公司后续项目中得到推广……

"环保国华""智能国华""国华质量""国华品牌",这些都需要以"科技"做底气,"科技国华"必定会成为国华电力最闪亮的名片之一。

(六)国华电力公司在印尼的发展历程

1. 国华穆印电厂项目的开启——通过首届中-印尼能源论坛成功达成合作

国华(印尼)南苏2×150MW发电项目(简称国华穆印电厂)位于印尼苏门答腊省穆印县境内,距离省会巨港市约100千米。电厂一期工程安装两台2×150MW凝汽式汽轮发电机组,配套年产量210万吨露天煤矿,两台机组分别于2011年7月6日和11月3日正式投产发电。国华穆印电厂是印尼南苏电网重要的骨干电厂之一。

让我们简要回顾国华穆印电厂的建设历程。

2002年9月,中印尼能源论坛机制在两国政府领导人的倡议下成立,该论坛旨在促进两国政府间能源政策交流、推动企业间能源项目落地。国华电力公司代表神华集团参加了在印尼首都雅加达举办的首届中-印尼能源论坛,成功促成双方政府将合作开发印尼煤电项目的意愿列入政府备忘录。

2007年4月,国华电力公司与印尼PT. Energi Musi Makmur公司成立联合体,2007年10月,联合体与印尼国家电力公司签署购售电PPA框架协议,国华穆印电厂项目正式确立。

2008年1月,中国商务部批准设立国华(印尼)南苏发电有限公司(商合批〔2008〕69号),2008年3月,国华印尼南苏发电有限公司成立,由中国神华出资70%控股,印尼PT. Energi Musi Makmur公司占股30%。当年应邀来访的印尼国家电力公司总裁在参观国华电力公司的电厂后要求按"国华标准"来建设电厂。2009年7月，国华穆印电厂正式破土开工。

2. 国华穆印电厂的奇迹——用技术穿透资源屏障，开创劣质褐煤干燥高效利用的先河

国华穆印电厂是国华电力公司在海外投资的第一个煤电一体化IPP项目，针对印尼南苏地区褐煤发热量低、水分高等特点，国华穆印电厂建设者用技术穿透资源屏障，成功应用褐煤干燥、旋转煤斗等一系列技术，解决了全水分高达55%~65%，发热量只有1800千卡每千克的劣质褐煤的品质问题，攻克了粉尘、着火、堵煤、出力不足等瓶颈问题，开创了劣质褐煤干燥高效利用的先河，为印尼储量丰富的褐煤转化成清洁、优质、经济的电能，为煤电一体化发展打下了坚实基础。

2011年11月，国华穆印电厂投产，其中1号机组工期仅24个月，提前约定工期12个月投产。国华穆印电厂以基建期的"九项第一"和运营期的长周期安全稳定运行，获得印尼安全健康环保金色证书和最佳IPP电厂等印尼电力最高荣誉。

3. 从"九项第一"走向更高——燃用高水分、低热值劣质褐煤，创造火电机组连续运行1438天的世界纪录

国华穆印电厂的基建期九项"印尼第一"包括：中国第一个海外投资的煤电一体化IPP项目；神华第一个实现收益的海外资产项目；国华第一个海外公司及国际化管理团队；印尼第一个真正的坑口电厂；印尼第一个燃用劣质褐煤并取得成功的电厂；印尼第一个采用煤干燥技术并取得成功的电厂；印尼第一个使用泵船取水技术并取得成功的电厂；印尼第一个比PPA合同工期提前发电的IPP电厂；创造印尼中国机组投产后连续运行最长周期的纪录。

进入运营期后，国华穆印电厂2012年机组等效可用系数（以下简称EAF）为98.75%；2013年EAF为100%；2014年EAF为98.21%，尤其是2014年完成上网电量18.05亿千瓦时（PPA合同要求上网电量为每年15.9亿千瓦时）。从2011年投产以来，截至2023年，国华穆印电厂每年的EAF均超额完成PPA合同要求。

国华穆印电厂长期保持安全稳定运行，2015年获得了印尼国家能矿部评选的"国家能源效益提名奖"，同时在"第六届印尼电力博览会"荣获"印尼十佳电力公司"荣誉；2016年获得了由印尼Listrik Indonesia杂志评选的印尼最佳IPP项目荣誉；2017年获得了由印尼Listrik Indonesia杂志评选的五佳电厂、五佳创新电厂荣誉；2018年获得了亚洲电力奖（Asian Power Awards）之煤电项目银奖、印度尼西亚年度独立发电企业奖；2019年获得了亚洲电力奖（Asian Power Awards）之印度尼西亚年度创新技术奖、印度尼西亚年度独立发电企业奖、印度尼西亚环保提升改造奖；2022年获得了亚洲电力奖（Asian Power Awards）之印度尼西亚年度独立发电企业奖、印度尼西亚年度技术创新奖、亚洲年度煤电项目铜奖……

注：1卡≈4.186焦耳。

图3-1 印尼南苏门答腊省穆印县国华穆印电厂全貌

特别值得一提的是，截至2023年12月31日，国华穆印电厂连续安全生产4561天、双机12年无非停（2011—2023年）。其中，1号机组于2017年4月25日至2021年4月1日，连续安全运行1438天，打破了澳大利亚一家公司连续运行1073天的纪录，获得印尼世界纪录博物馆（MURI）正式认证并颁发的"煤电机组连续运行最长世界纪录"证书。印尼世界纪录博物馆（MURI）成立于1990年，是印尼最具权威性的认证机构。

4. 对国华电力公司在印尼成功发展的分析——肩负"国家、荣誉、责任"重托，不忘初心、牢记使命，不畏艰辛、攻坚克难

国华穆印电厂是中国设计、制造、建设、运维的煤电一体化项目，完美地诠释了国华电力公司国际化进程中"走出去""走进去""走上去"三个成长阶段。

国华穆印电厂项目可谓国华电力公司"走出去"战略实质性突破的"里程碑"，国华穆印电厂全体参建人员、运维人员肩负着"国家、荣誉、责任"的重托，不忘"安全、质量、效益"的初心，牢记使命、不畏艰辛、攻坚克难，在印尼南苏门答腊岛的橡胶林中艰苦创业，采用煤干燥技术让含水量极大的褐煤变废为宝。国华穆印电厂项目是印尼第一个实现提前合同期投产的发电项目，并在投产后保持长期稳定运行，被印尼政府树为从中国引进电力技术的标杆。项目创造了印尼电力发展史上一个又一个奇迹，实现了"展现中国电力建设专业水平"的目标，让成熟的中国电力建设的专业技术，让经过多年积累和创新的国华基建、生产管理理念和方法在印尼落地生根，开花结果。

图3-2　国华穆印电厂集控室墙上悬挂着中印尼双语的"国家、荣誉、责任"标语，图为2016年8月3日，中国神华副总裁王树民（右4）、国华电力公司总经理李巍（右2）等到国华穆印电厂调研

依托国华电力成熟完善的电力管控模式，国华穆印电厂积极融入当地社会和电力行业，展示国华电力"讲政治、有追求、负责任、勇担当"的品牌形象。国华电力充分考虑印尼政策法律及社会人文环境，探索总结海外项目建设、运营、管理经验，最大程度实施本地化运营，让"国华标准"与印尼国情高度融合。国华穆印电厂为印尼培养了一大批发电管理及技术人才，创造出令人瞩目的成绩，实现了中方员工与印尼人民技术共享、管理互动、情义相交。

国华穆印电厂高度重视文化交流，积极履行社会责任，主动加强与周边社区的互动，保障了项目的顺利建设和运营。项目自建设以来，受到了印尼总统，印尼能矿部、国企部、经济统筹部、投资协调管理委员会、印尼国家电力公司和中国驻印尼大使馆等多方的高度评价和赞扬。

图3-3 2013年11月印尼员工代表国华穆印电厂参加"国华电力杯"员工羽毛球赛(左)和2017年11月爪哇7号项目印尼员工在国华台电学习中国书法(右)

【微故事1】品味中国文化

国华电力每年都邀请印尼员工到北京参加年度工作会,遇到技能大赛、大型活动等,也会安排印尼员工到中国参加。公司安排每一位到中国的印尼员工在公务之余登长城、游故宫,体验中国文化。回国后他们就向大家分享在中国的见闻和中国人民的友好。

国华电力致力于深耕印尼电力市场,通过国华穆印电厂项目积累了丰富的项目建设、运维管理经验,并总结、提炼、提升,探索形成了适应海外发展的管控体系、监督体系,极大地提升了公司的国际化思维,拓宽了国际化视野,增强了国际化运营管理的信心和能力。在此基础上,国华电力公司按照集团公司的战略部署,稳步推进在印尼火电项目的开发,积极寻求新的投资机会,培育新的经济增长点,进一步推进国际化进程。

2015年8月17日,国华电力公司驻印尼代表处(简称代表处)在雅加达挂牌成立,作为国华电力公司常驻印尼机构,围绕国别环境研究、项目前期开发、公共关系维护、服务支持及外事、外宣及舆情管理等方面开展工作,负责与印尼政府及能源领域相关方的沟通与合作。

5. 国华电力公司在印尼成功发展的企业核心竞争力——"战略、责任、创新、成长、和谐"

国华电力公司在印尼取得成功的核心竞争力是什么?

共生模式：神华国华印尼爪哇7号2×1050MW发电工程纪实

图3-4　2019年3月10日，国华电力公司举办公司成立二十周年植树活动，图为活动后合影

2015年7月8日，在印尼首都雅加达的中国大使馆官邸，中国驻印尼大使谢锋会见了到访的国华电力公司董事长王树民一行，双方就着力打造和谐共赢、生态环保、创造价值、服务印尼的能源电力创新工程进行了深入交流。

2019年3月，在国华电力公司成立20周年纪念活动上，平恒回顾了王树民董事长对谢峰大使所问的回答。

大家好，我是平恒。

2015年7月，我陪同王树民董事长赴印尼商讨海外项目的推进事宜。在中国驻印尼大使馆，谢锋大使问了我们一个非常严肃的问题："在印尼，第一次走出来的中国企业那么多，为什么第一次走出来的国华电力能够成功？"

这个问题很直接，也是后来很多人提出的问题，包括国华电力的管理内涵到底是什么，与国华穆印电厂成功的关系是什么？国华电力在印尼成功发展的核心竞争力到底是什么？

时至今日，我仍然清楚地记得王树民董事长回答谢峰大使的话——按照规律办事，把握五个"关键词"。

第一个关键词：战略

按照规律办事，建立围绕战略的体制机制。

战略决定组织架构，组织架构决定体制，体制需要有良好的机制保障，可以说，战略是核心、体制是灵魂、机制是保障，国华电力公司结合时代赋予的使命、行业发展的要求以及自身的实际情况，提出了高举旗帜、把握规律、继往开来，建设"有追求、负责任，中国特色、世界一流发电企业"的战略目标，围绕生产力、生产关系的变化，确定了"管控团队专业化、资源配置集约化、组织架构扁平化、管理平台信息化"的"四化"管理模式。

国华电力公司按照自然规律、社会规律、发电规律办事，立足"发电生产企业"的定位，一切以安全生产为各项工作的前提和基础。1875年，世界上第一个发电厂在法国诞生，中国的第一盏电灯1882年在上海点亮，中国有电的历史已有130余年，作为成熟的生产企业，发电厂在发电生产上并不复杂，我们所做的事情就是把生产管好、把安全抓好，坚持精兵简政，做到简单有效。

第二个关键词：责任

按照规律办事，对人和设备切实负起责任。

国华电力作为"有追求、负责任"的发电企业，怎么来解读"负责任"呢？结合党情、国情、企情，我们解读为对集团党组负责、对集团公司的出资负责、对员工负责、对社会负责，最基础的就是对我们的每一位员工负责，对我们运转的设备负责，用一流的员工队伍，建好、用好、管好一流的发电设备，不辜负集团公司的要求和社会的期望。

我们曾提出追求"员工身心愉悦"，也讲到"保障员工追求幸福的自由"，现在我们坚持"以人为本、生命至上"的理念，确定了最为朴素的"让每一位员工平平安安回家"的安健环理念，这是我们的出发点和落脚点，国华电力必须担当这样的责任，践行这样的理念。

国华印尼穆印电厂的成功，正是得益于我们国华电力公司的基建和生产管理精髓，也是我们国华电力责任文化的体现。走出去的国华人永远记得，自己代表祖国走出国门，心中装着"国家、荣誉、责任"，肩上担着"安全、质量、效益"，时刻想着"用国产设备建设印尼最优机组，成为中国电力设备制造水平的新示范、中国电力建设水平的新标杆、为中国电力运行水平树立新形象！"这是我们对祖国的承诺，是我们国华人的责任，更是我们奋斗的意义！

第三个关键词：创新

按照规律办事，持续开展理念创新和方法创新。

国华电力公司创造性地解决了项目管理的目标设立问题。"基建为生产，生产为经营"这一理念，成功地建立了基建管理、生产管理"小目标"与企业发展"大目标"的关系。国华电力公司重新定义并建立了电力行业基建管理、生产管理"怎样算好"的标准，提出了"基建今天的质量，就是生产明天的安全和效益"，形成了从项目全寿命周期系统思考解决问题的"国华项目管理文化"。

在创新的管理文化指引下，国华公司改变了一系列传统做法。

我们的设计管理，不再只对设计规范负责，还要保证项目全寿命周期效益最大化；工程质量管理，不仅为验收规范负责，还要以项目投产后的长周期稳定、经济运行为目标；进度管理，从现场施工进度管理延伸到项目准备阶段，延伸到各种资源的协调匹配上；投资控制把"以定额为中心的事后算账"，改为引入市场价格准确衔接；设备采购管理也不再仅履行采购程序，还要提高设备采购管理的技术含量，让采购管理服务于生产效率、性价比的提升。

在理念创新和方法创新的指引下，我们成功在中国电力管理体系这个巨人的肩膀上站了起来！国华电力所有项目均高质量达标投产，14个项目分获国优奖和鲁班奖。

第四个关键词：成长

按照规律办事，通过知识转移促进员工与企业共同成长。

通过对印尼电站项目的实地调研，我们发现以往有些项目不太注重对印尼运维员工的培养，没有实现知识转移，导致基建移交生产后，机组运维出现了一些问题。

国华电力公司秉承"基建生产一体化""基建为生产、生产为经营"的理念，特别重视对印尼人才"本土化"的培养力度，在中国国内设立了印尼人才培训基地，将国华三河电厂和台山电厂分别作为35万千瓦级和100万千瓦级发电机组的印尼员工培训基地，大力培养印尼专业人才，促进海外企业持续健康发展，据统计，已有180人次印尼员工到中国参加学习交流。我们强化"师徒培训"，形成以中国师傅带印尼徒弟，以本地老员工带本地新员工的良好循环。

国华电力建成了以派出员工为核心、留学生为桥梁、印尼籍员工为主体的，符合人才发展规律的国际化人力资源体系，通过挂职锻炼、横向交流、轮岗培训等方式加速印尼员工培训，通过生产、安全等不同层次和岗位的锻炼与洗礼，培养员工扎实的专业基础和丰富的实践经历，在提升专业技术能力的基础上，培养员工应对复杂问题和复杂局面的实践能力和沟通协调能力。

通过对印尼员工的知识转移，有效保障了国华电力在印尼项目的成功发展，确保印尼员工全面掌握电力技术和管理能力，更为印尼电力建设培养了人才。

第五个关键词：和谐

按照规律办事，通过和谐共生开展国际化合作。

国际化项目是巨大的系统工程，中印尼双方要充分发挥自身优势，协同解决实际问题。国华电力公司在印尼发展主要抓住了两个共生共赢方面的关键。

一是注重合作企业之间的协同，严格按照合同约定框架履行责任，合作除了投资与收益，更重要的是通过建设、运营的全方位合作，达到强强联合、相互学习、优势互补。比如依靠印尼方员工及印尼政企的力量，对相关外部问题进行协调沟通和矛盾化解。

二是积极履行社会责任，提高企业员工福利待遇，改善当地民生；严格落实环保标准，改善当地生态环境。国华电力以这样的处事原则和合作诚意赢得了合作方和当地政府、民众的尊重与认可，形成了"不分国籍、目标一致、精诚团结、协同共进"的合作共识。同向而思、同向而行，促进了企业走向可持续发展、高质量发展的广阔空间。

二、印尼方面股东情况

（一）PJB公司简介

PT. PEMBANGKITAN JAWA-BALI（PJB）成立于1995年，总部位于印尼东爪哇省泗水市，为PLN全资子公司，注册资本4.78亿美元。截至2020年年底，总资产119.46亿美元，投资管理20941MW装机，其中18336MW已投运，2605MW在建。PJB拥有10个控股公司，10个参股公司，主要业务为电厂投资、建设、维护、运营，以及其他电力相关业务。

PJB为印尼最大的国有电力公司之一，也是PLN所属两家主力企业之一，在印尼能源领域具有较大影响力，扮演着重要角色，通过提供可靠的电力供应、积极参与新项目开发和推动能源可持续性，为印尼的经济和社会发展做出了贡献。

2023年，PLN将其发电资产进行了整合，形成了两家子公司，PLN Nusantara Power和PLN Indonesia Power。其中PLN Nusantara Power（PLN NP），就是以PJB为基础和班底整合并更名而来的。通过资产整合，PLN NP有望成为东南亚最大的发电企业，预计2025年，PLN NP的投资管理装机容量将达到23712 MW。

（二）PJBI公司简介

PT Pembangkitan Jawa Bali Investasi（PJBI）成立于2015年12月18日，是PJB（现PLN NP）的子公司。PJBI成立的初衷是作为PJB的投资平台，直接参与爪哇7号项目的投资、建设和运营。目前，PJBI分别拥有神华国华（印尼）爪哇发电有限公司（PT SGPJB）30%股份、神华国华（印尼）爪哇运维有限公司（PT GHPJB）30%股份。

除爪哇7号项目，PJBI成立后陆续又投资了另外三个项目，第一个是Batang Toru水力发电站（510MW），PJBI拥有25%的股权；第二个是苏门答腊南部坑口电厂（PLTU MT Sumbagsel 1）（2×150 MW），PJBI拥有10%的股权；第三个是Terapung Cirata光伏发电站（145MW），PJBI拥有51%的股权。

Batang Toru水力发电站、PLTU MT Sumbagsel 1项目仍处于建设阶段，尚未投产；Cirata光伏项目是截至目前印尼首个、东南亚最大的漂浮光伏项目，已于2023年11月投入商业运行。

图3-5　PJB公司（现已改名为PLN NP）位于印尼泗水市（Surabaya）的总部大楼

图3-6　PJBI公司（现已改名为PT PLN Nusantara Renewables，简称由PJBI改为PLN NR）除了运营爪哇7号项目等煤电项目，还致力于可再生能源在印尼的发展，图为PLN NR作为大股东投资建设的吉拉塔（Cirata）145MW漂浮式光伏项目，2024年，国能国电电力正与PLN NR合作开发印尼卡朗卡德斯100MW漂浮式光伏项目

第四章 挑战与应对

一、印尼发电项目风险辨识

（一）法律调整风险

由于煤电项目的运营期长达数十年（如BOOT模式，IPP运营期为25~30年），如果其间相关的法律法规发生变化，可能导致项目运营成本增加或项目收益率降低。

（二）ESG风险

ESG风险指在投资过程中面临的环境（Environmental）、社会责任（Social Responsibility）和公司治理（Corporate Governance）风险。

在以往的海外投资过程中，投资者通常比较关注项目投资中前期的尽职调查、交易结构设计、资产交割等方面存在的风险，而对于项目后期的环境保护、经营管理、文化冲突、社区关系等方面的风险重视不足。作为投入资金大、持续周期长的电力投资项目，会不可避免地对周边生态环境产生扰动，处理不当还可能造成社区关系紧张等问题，因此，投资者还应重视煤电项目投资过程中的ESG风险。

（三）项目建设风险

项目建设风险指自PPA合同签订至项目COD完成期间的风险，包括建设标准差异风险、融资关闭风险、建设工期风险、机组性能风险、项目投资额超支风险等。

标准差异风险指由于中国和印尼两国在设计标准、建设标准和验收标准等方面存在差异，可能导致在设计、施工和验收等项目建设过程中产生问题。

项目融资关闭风险指IPP项目必须在PPA合同签署后的限定时间内取得融资，否则PLN会终止购售电协议的执行，同时没收项目保证金。

建设工期风险指根据PPA若项目公司未能按期实现机组商业运营（COD），每延期一天就会产生相应的罚款和索扣履约保函的双重罚责，罚责机制较重，并且延期超过一定期限后，PLN有权终止协议，可强制买断项目资产。

机组性能风险指投产后能耗指标、性能指标等无法达到PPA约定值导致的罚款或项目经济效益下降的风险。

项目投资超支风险指受汇率、利率、工期及项目实际工程量、物价等因素影响，工程实际投资额超出预估值，产生项目建设资金缺口，达不到预计回报率的风险。

（四）项目运维风险

PPA中规定的B和D电价即运维成本，包括固定运维成本和变动运维成本。在长达25年的运营期内，可能由于技术故障和运营问题，出现运维成本大幅增加的情况。在极端情况下，甚至有可能因为运维水平不高导致机组性能无法满足PPA要求，致使项目达不到营运指标和预期收益。

因此，投标阶段统筹考虑好如何选择或组建一支具有丰富火电厂运行和维护经验的队伍，提高电厂运维水平，是应对运维风险的措施之一。

二、国华电力公司风险应对

根据辨识出的风险，国华电力公司逐项梳理、策划了应对举措。

（一）法律调整风险的应对

国华电力公司聘请了专业的法律尽调团队，系统性开展了对印尼国家相关政策的收集和研究工作，特别是出入境管理条例、海关法、外汇管理条例、劳动法等，为项目的开展和风险应对做好充分的准备，确保项目的投标、建设、运营能够在政策框架内顺利实施。

同时，国华电力公司计划在项目建设和运营的各个阶段，聘请专门的政策、法律、商务、技术等中介机构进行咨询和服务，切实保证项目决策的科学、正确、合理、合法。

爪哇7号项目PPA设计总体较为公允，其中对法律调整风险作为政治不可抗力之一做了明确约定。鉴于爪哇7号项目没有印尼政府做支付担保，PLN对PPA的履约能力对项目至关重要。国华电力公司在投标前对PLN在IPP项目上的履约情况进行了调研，结论是PLN自成立以来，对IPP项目的支付和履约情况良好。因此，尽管爪哇7号项目的合同运营期为25年，考虑到预计的投资回收期相对较短等因素，国华电力投标工作组判断在此期间PLN不履约的风险较小。

此外，国华电力公司将PLN违约视同政府违约纳入了中国信保海外投资保险范围，通过保险来应对潜在的法律调整风险。

（二）ESG风险的应对

针对投资印尼煤电的ESG风险，国华电力从投标初期就明确了从以下几个方面开展风险应对工作。

一是加强投资合规管理，在确保项目投标、建设均遵守印尼法律法规、监管政策和企业内部管理规范等"硬规则"的前提下，还要重视国际非政府组织倡议、行业准则和道德规范等"软规则"。

二是践行"投身印尼、服务印尼"的投资理念，兼顾各方利益，做到发展成果与当地员工、居民、社区和非政府组织共享，全过程积极参加社会公益服务，比如在印尼传统节日慰问周边村民，帮助周边社区打井、疏浚及绿化河道，开展医疗帮扶、参与希望村建设、扶助孤寡儿童妇女，开展渔民帮扶，开展困难村民技能培训等，力争促进中印尼两国民心相通，实现文化融合。

三是以建设"环境友好型"和"社会友好型"能源发电企业为己任，力争在持续为印尼社会提供安全、经济、清洁、高效的高品质电力能源的同时，积极履行社会责任，从投标到实施，全过程策划实施红树林及野生动植物自然生态保护工程，规划红树林生态保护区，保护生物多样性。

四是加强海外ESG信息披露，定期发布社会责任投资报告，主动通过媒体引导社会舆论导向，积极回应各方利益关切。

（三）项目建设风险的应对

1. 标准差异风险的应对措施

一是在投标阶段详细梳理标书的要求，投标文件按照标书明文要求或中国GB标准编制，并在PPA谈判中努力取得PLN对中国标准的认可，尽可能采用中国GB标准。二是对环保、消防、压力容器等必须采用印尼国家标准的事项，严格遵照执行，提前制定计划、安排资源，开展专题调研和专项评审后再实施。三是从投标初期就系统性考虑使用国华电力公司的企业技术标准体系，以国华电力公司的专业化能力来应对标准的差异。

2. 工期和性能风险的应对措施

一是从投标阶段就做好建设方案的顶层设计，构建项目建设、管理的体制机制，协调好各方面的资源配置。二是选用国内施工能力强、企业信誉好，特别是有在印尼当地施工经验的中国施工队伍做施工总承包商，充分保障项目施工组织能力与项目要求匹配。三是在项目执行过程中，严格按照PPA约定的建设标准和条件，尽可能减少方案变化和工程变更。四是做好项目组织策划，制定比国内建设项目更详尽的施工组织实施方案。五是在项目实施过程中，设置工期预警红线和投资预警红线，分层级强化管理，并做到切实有效，确保按期完工。六是投保工程险，有效转移风险损失。

3. 融资关闭风险的应对措施

一是由国华电力公司提前组织开展融资工作，成立融资工作小组，协调内外部资源系统性开展工作。比如财务人员负责与国家开发银行开展融资协议谈判；技经人员负责与PLN、EPC承包商分别就PPA、EPC合同的相关内容进行持续磋商、谈判；工程技术人员尽早到现场跑办印尼部委及当地政府的环评、建筑类等审批；行政内控人员负责相关材料及法律意见书的准备工作等。二是建立多方谈判机制，通过多种形式与融资协议相关各方积极开展谈判，克服时空限制。三是积极协调印尼合作方全程参与融资关闭工作。过程中及时向印尼相关方通报融资概况及进度安排，始终与印尼方保持顺畅沟通。

4. 投资管控风险的应对措施

投资额度风险管控的要点是准确，而不仅是把投资打足，或者是只顾中标。一是在投标阶段做好财务模型的建立和测算，从项目全寿命周期系统性考虑投资顶层设计方案，将建设期的汇率、利率预计变化情况和运营期的成本变化都考虑周全。二是在投标阶段按照"安全可靠、简约实用"的原则开展方案设计和比选，确保设计方案的科学性和经济性，同时要求设计院开展工程量限额管理，保证项目的主要工程量在设计院已完成的同类项目中是最优的。建设过程中要充分发挥设计咨询（监理）等外部专业技术力量，提高设计质量、优化设计方案，从设计源头控制工程投资。还要加强设计过程监督，及时提出要求，促使设计院内部主设人与技经人员形成有机整体，改变相互脱节和"设计过程不算账，设计完成见分晓"的情况，达到设计优化超前、控制动态投资的目的。三是全过程把握投资节奏、抓好投资控制，确保项目建设优质高效，为项目投产盈利打下基础。

（四）运维风险的应对

一是依托国华电力在印尼开发国华穆印电厂积累的丰富项目建设、运维管理经验，以及在此基础上形成的印尼煤电管控体系、监督体系开展相关工作。

二是严格按照招标文件中有关运维承包商资质、业绩、人员配置的详细要求，在国华系统内选择满足相关要求的电厂为基地，系统性策划好运维方案。

三是超前策划运维公司的目标和定位，以"建立一套融合国华电力管理特点、符合印尼文化的电厂管控体系，培育一支高素质的国际化人才队伍，如期实现员工本地化"为核心方略，力争将爪哇7号项目运营成为"印尼最优、世界一流"的燃煤发电示范电站。

三、国华电力公司投标策略

国华电力公司从2014年4月25日了解到爪哇7号项目的招标信息后，即系统性开展了风险辨识，在国华电力公司董事长王树民的挂帅统筹下，逐渐确立了"组织精兵强将、依托海外专业化团队、整合外部资源、争取中印尼各级政企支持"的投标策略。

（一）明确项目定位统领投标

投标工作是一项需要在较短时间内从技术方案、融资模式、建设模式、生态环保、运营方式等多维度全面开展顶层设计，才有可能搭建出完整投标文件的系统性工作。如何才能快速找准项目特点、精确研判项目基调、高效确定项目定位，是成功完成投标组织工作的根本。所以,尽早明确项目定位定调,并基于此开展顶层设计,是统领投标全过程工作的根本所在,更是高效率完成各项工作的基本遵循。

投标工作启动后,国华电力公司董事长王树民在投标阶段就组织召开了12次专题会(投标及建设全过程共召开23次专题会),包括投标领导组专题会、项目推进会、总平布置研究会、技术委员会等,为爪哇7号项目明确了"战略引领、中国设计、中国制造、中国标准、前瞻性、示范性、可靠性、环保性"等15个方面的项目定位和设计理念。事实表明,正是基于这些既有原则性、纲领性又具体化、指向化的定位定调和设计理念,才能顺利完成投标工作、成功中标并圆满完成项目建设。

(二)组织精兵强将开展投标

投标组织机构的建立是高质量完成投标任务的基本保证,在集团公司的领导下,国华电力公司高度重视本次投标工作,第一时间按照招标文件要求和中国神华的工作部署,组建由国华电力公司主要领导挂帅的投标工作领导小组,设立专职投标办公室,并按照投标专业分工组成11个专业组,系统性地组织各相关部门的精兵强将开展投标准备工作。

以标书编写为例,各专业组的人员分别从本专业的角度认真分解、编写了投标文件,但在标书定稿阶段,出现了许多横跨各专业,需要综合考虑,统一口径的问题。这些问题和矛盾,正是在投标工作组的统一领导和协调下,才得以解决并确定了最优值。

(三)依托海外专业化团队

国华穆印电厂项目始于2007年,是国华电力公司"走出去"的第一步,公司由此积累了丰富的项目开发、建设运营和管理经验,培养了大批专业化优秀人才。爪哇7号项目投标伊始,国华电力公司就明确了依托国华穆印电厂专业化团队,尤其是其中参与了项目前期开发的人才,专业化、针对性开展爪哇7号项目投标及建设工作的策略。

(四)充分利用国华电力公司管理成果和技术优势

国华电力公司利用多年建立起来的项目前期开发、建设施工、运营管控的管理成果、技术优势和平台优势,从设计原则、技术标准、建设标准等方面获取翔实的数据,并与社会技术力量深入沟通,进行系统性的横向对比分析,以确定合理的技术经济指标、合理的施工组织方案,为最终中标夯实基础。

比如,充分利用国华电力公司已完成的百万机组设计经验,通过集中讨论确定设计原则、主要技术标准和建设标准等;经济组对平时积累的全国百万机组影响造价建安工程造价80%的18类69项工程量指标进行分析,以国内百万机组的先进工程量指标为标杆,事先对设计提出了工程量限额标准,把投资控制工作做到了实处。事实证明,充分利用国华电力公司已有的,并被实践证明是行之有效的管理经验和成果,是国华电力在印尼走得更快、走得更好的必由之路。

（五）整合外部资源，汇聚优势力量

为激励EPC承包商充分调动资源，国华电力本着"利益共享，风险自担"的原则选取山东电力工程咨询院有限公司和浙江火电建设有限公司组成EPC总承包商联合体，共同开展投标。

投标阶段，面对大到印尼政商环境、担保政策等复杂的外部条件，小到具体的会计、税务细节等国内外差异，国华电力公司从三个方面汇聚外部优势力量保证了投标工作的高质量完成。一是聘请在国际招投标项目中具有丰富经验的国际投行、国际保险咨询公司、国际律师、国际税务咨询等专业咨询机构作为保障；二是利用中国神华强大的批量采购能力及行业影响力，对设备供应厂商进行询价议价，降低设备采购成本；三是依托与国家开发银行的战略合作关系，与国家开发银行协商确定定制化融资方案。

（六）重点做好投标现场勘测

国华电力公司在爪哇7号项目投标阶段多次组织了现场踏勘，对厂址区域的陆地、海底地形开展了满足深度要求的初勘。通过勘测工作，辨明了投标厂址区域地质条件有无颠覆性因素，判断了地表处理方式及工期需求，并准确地预判了地基处理工程量，准确预估了地基工程费用。可以说，国华电力公司以较少的前期勘测费用，规避了较高的工程地质风险。

（七）对比工程量准确把握投资

投标伊始，国华电力公司就组织人员对国内已投产的百万机组的主要工程量进行统计、整理、归纳、分析，将投标工程量与总结出的影响建安工程造价80%以上的主要工程量指标进行了逐项对比分析。通过对比分析，投标方案中的工程量数据得以较大幅度下降，有效地降低了初始投资。同时也可利用分析结果对项目设计方案、设计参数等条件进行校核检查。而且，工程量的大幅降低，也为项目工期的实现打下坚实基础。

（八）高度重视财务模型的构建

财务模型是工程造价、运维成本、融资成本等计算和优化的载体。投标报价报出的是电价，其实质是通过搭建的财务模型，对项目基建期管理模式设想对应的工程造价预测值、工期预计值、融资成本的预测值、预留风险费处理方式、预估的利率和汇率风险等要素，以及运营期运营管理模式设想对应的成本预测值、检修策略对应的检修成本预测值、流动资金使用成本的预测值等要素进行综合处理、计算后，电价、投资回报等指标的准确估算值。

国华电力公司按照业务导向原则构建和应用的财务模型，目标是既能准确反映各项投资和成本，也能通过嵌入技经分析不断促进投资和成本的优化。

在模型准确性方面，采用双模型验证机制，即由国华电力公司与财务顾问背对背分别建立财务模型，使用假设数据对两个财务模型进行相互校验，并由国华电力公司掌握终版模型，这种方法既确保了模型的准确性，又保证了投标报价的保密性。

【微故事2】财务模型自主建设之路

缘起。2010至2011年，国华电力公司参与了印尼中爪哇2×1000MW火电IPP项目的国际公开招标，首次与诸多国际一流能源公司同台竞技。当时，国华电力公司尚缺乏国际竞标经验，能够为国际竞标提供高质量咨询服务的国内机构十分稀缺，因此聘请的财务顾问、保险顾问、法律顾问等均为外资机构，而外资顾问团队的费用可以用巨额来形容。面对这一背景，国华电力公司总经理助理平恒、技经经理陈晓红提出了"如何保证财务模型的准确性？""如何保证投标报价的保密性？""如何实现国际一流咨询公司的专业知识向我方转移？"等问题。

实施。为解决上述问题，以"干好一个项目，锻炼一支队伍"为目标，最终决定安排国华电力自己的财务人员向财务顾问学习财务建模知识。为此，公司特意抽调了既懂财务知识又有电厂经营经验的吴晓毅同志加入中爪哇投标项目组，负责模型搭建工作。采用业主与财务顾问背对背同时建模这一双模型机制进行学习和校验，有效确保了模型的准确性，并通过我方独立使用财务模型确保了报价的保密性。"建模技能就像一层窗户纸，没捅破时很神秘，捅破了并不难，国华电力公司是为数不多愿意主动去捅破这层窗户纸的业主"，德意志银行财务顾问如是评价。

收获。中爪哇投标项目组在推进自主建设财务模型的过程中，掌握了财务建模技能，并在与国外项目经济评价思维的碰撞中得到了升华，最重要的是项目组基于对电力行业的深刻理解和无障碍沟通，能够较中介机构更准确、充分地运用财务模型开展技术方案的经济性分析、主要参数的敏感性分析和重要性排序、融资条款的优化分析、成本费用的对标分析、投资风险的定量计算、投标策略的数据模拟等，大幅提升了投标决策水平。

拓展。以此为基础，国华电力公司先后自主完成了"在建和在运电站项目经济效益滚动评价财务模型""印尼南苏1号投标项目财务模型""印尼爪哇7号投标项目财务模型""分布式综合能源项目通用财务模型"等系列模型搭建，实现持续学习、发展、改进、提升。

在模型应用方面，由于财务模型系自主搭建，可以更便捷和深入地开展技术方案的经济性分析、各类参数的敏感性分析和重要性排序、融资条款的优化分析、成本费用的对标分析、投资风险的定量计算、投标策略的数据模拟等工作，不断促进投资优化、风险管控和投标策略调整。

国华电力公司在爪哇7号项目投标的投资测算中，采用了先国内、后国外的投资估算框架和模块化的投资测算方法，这种测算方法整体结构比较稳定，不同阶段、版本之间的变化清晰，适用此类具有"投资估算参与人数多""保密等级高""投资变化频繁"特点的大型投标项目。尽管投标过程中设计方案多次变动、外部信息数据变化频繁，引起投资总额不断调整，但由于财务模型设计得当，整个投资测算、费用变化过程保持了完整、清晰。

（九）专业化能力获得印尼方认可

基于国华穆印电厂，国华电力公司在三河电厂建立了印尼员工运营维护管理培训中心，为印尼培养了电力管理及技术高级人才。国华电力公司邀请PLN相关人员到国华三河电厂、宁海电厂实地参观，主动向PLN详细介绍国华电厂的专业化能力、高质量建设水平、高标准运营水平等，并重点介绍了基于国华穆印电厂建立的印尼电力人才培训管理机制，PLN高层管理人员对此表示了高度认可。

（十）争取中印尼各级政企支持

获得中印尼各级政企的支持，是投标工作的关键点之一。2015年7月国华电力公司王树民董事长专程拜会了中国驻印尼大使馆谢峰大使。王树民董事长介绍了国华电力注重管理创新、员工培训、合作和谐、责任文化的发展理念，以及工程建设坚持追求"真善美"的具体做法。谢峰大使强调，工程项目是国家发展生产力最直接的体现，是时代文明进步的标志，是落实中国"一带一路"倡议和印尼"全球海洋支点"战略构想对接的生动实践，国华电力在印尼的工程项目要成为着力打造和谐共赢、生态环保、创造价值、服务印尼的能源电力创新工程。

投标阶段，中国驻印尼大使馆公参王立平在国华电力公司驻印尼总代表丛贵等人的陪同下，到国华电力公司在国内的电厂进行了实地考察调研。爪哇7号项目成功中标后，王立平又多次到爪哇7号项目现场指导工作。

PLN对国华电力公司参与爪哇7号项目招投标予以高度关注，并对国华电力公司的运营情况、技术创新、项目建设能力等进行了详细了解，对国华电力公司针对爪哇7号项目开展现场勘探给予了赞许，在多个场合表达了PLN对国华电力公司有实力、有能力在印尼同时建设运营多个电站项目的充分信任。

正是在中印尼各级政企的支持下，国华电力公司面对重重挑战，果敢、专业、高效地组织开展了爪哇7号项目的投标工作。

图4-1 2017年1月11日,中国驻印尼大使馆公参王立平(右4)到爪哇7号项目调研

图4-2 2017年3月24日,印尼BKPM副主席Tamba Parulian Hutapea(前排左2)到爪哇7号项目调研

图4-3　2017年9月27日，PLN爪哇-巴厘区域业务总监Haryanto WS（中）在爪哇公司董事长闫子政（右）、印尼董事Arief Teguh Sutrisno（左）的陪同下，观看爪哇7号项目模型沙盘

共生模式
神华国华印尼爪哇7号 2×1050MW发电工程纪实

SYMBIOTIC MODE: RECORD OF SHENHUA
GUOHUA INDONESIA JAWA 7 COAL FIRED
POWER PLANT PROJECT 2×1050MW

第二篇
顶层设计

第五章　投标历程

一、项目信息推介

2014年4月，PLN向全球推介公开招标的爪哇7号发电项目，中国神华、国华电力公司了解到相关信息后，积极响应国家"一带一路"倡议，努力践行神华集团"1245"清洁能源发展战略，立即启动了相关工作，力争奋力续写国华电力拓展海外市场的新篇章，就此拉开了国华电力与山东院、浙江火电联合参与爪哇7号项目投标的序幕。

2014年4月29日，国华电力公司正式上报中国神华《关于签署印尼西爪哇百万机组投标兴趣函的请示》，汇报"PLN强调如有兴趣进入该项目的招标程序，须在4月30日前向PLN回复兴趣函"。当天，中国神华签署意向函，表明参与投标的意向。

2014年6月23日，中国神华批复《关于国华电力分公司参与印尼国家电力公司西爪哇滨海独立发电厂项目前期工作的批复》，明确"鉴于国华电力已在印尼建成投产2×150MW燃煤发电机组，具有开发、建设、运营独立电厂项目的成功经验，为落实国家走出去战略，进一步开拓印尼电力市场，同意国华电力代表中国神华参与爪哇7号项目前期开发工作。"

2014年11月13日，PLN发出通知，邀请拥有大容量燃煤机组开发经验的投资者出席，以便全面介绍项目情况。国华电力代表中国神华参加于11月20日召开的项目推介会，并在会后赴爪哇7号项目现场，开展了第一次实地踏勘，初步了解项目情况。

二、项目资格预审

2014年12月1日，PLN在《雅加达邮报》发布资格预审公告，指出"PLN将通过招标方式开发爪哇7号项目，有兴趣的投资商须按照资格预审文件递交申请，并只有满足资格预审文件所有要求的投资商才能参与接下来的招投标程序。"

2014年12月9日，中国神华签署意向函，参与爪哇7号项目投标，并购买了资格预审文件。共8个国家的36家企业参加了资格预审。

2014年12月31日，国华电力公司报中国神华《国华电力分公司关于上报爪哇7号项目信息报告的请示》，提请中国神华根据中国《境外投资项目核准和备案管理办法》，在爪哇7号项目正式投标前，向国家发展改革委报送项目投资背景及基本情况、进展、计划等。

2015年1月7日，PLN召开爪哇7号项目资格预审会议。

2015年1月13日,中国神华授权国华电力公司签署项目资格预审文件。

2015年1月20日,国华电力公司报中国驻印尼大使馆《关于申请投资建设印尼爪哇7号煤电项目支持的函》,申请中国驻印尼大使馆出具对项目的支持函。

2015年3月5日,国华电力公司代表中国神华向PLN递交了资格预审文件。资格预审文件主要内容如下表所示。

表5-1 爪哇7号投标项目资格预审文件清单

索引	文件		备注
附件A	资格预审提交函		授权代表签署
附件B	资格声明书		授权代表签署
	A部分:申请人详细资料		—
	B部分:联合体角色及信息		—
	C部分:授权代表信息		—
	联合体牵头方需要达到标准	D部分-a:满足——1.净发电能力至少5000MW的项目中拥有总股权的所有者权益;2.净发电能力至少为2000MW的项目中拥有净股权的所有者权益	—
		D部分-b:满足——过去十年就某一IPP项目的开发筹措过至少5亿美元的资金	—
		D部分-c:满足——过去十年就IPP项目的开发筹措的资金总额至少达到10亿美元	—
		D部分-d:满足——总资产至少达到50亿美元;资产净至少达到10亿美元;提交——邓白氏5A1级证明	—
	申请人需要达到其他标准	E部分-a:O&M业绩证明(1个)	—
		E部分-b:EPC业绩证明(1个)	—
		E部分-c:项目取得社会与环境影响评估审批证明	—
	其他标准	F部分	—
	证明	G部分	—
附件B-1	公司章程(及英文译文)		公证
	营业执照		
	董事身份文件		
附件B-2	联合体协议		—
附件B-3	2011、2012和2013财年经审计的财务报表,以及申请人各成员的最新年报或同类文件		公证
附件B-4	进入监管或破产程序,未停止营业,也未涉及任何刑事程序的声明书		公证
附件B-5	不存在任何纠纷的证明文件,以及确认有关纠纷已在本资格声明书提交之日五年前已解决的确认书		—
附件C	授权代表委托书		授权人签署
附件D	银行资信函		—

2015年4月27日，PLN发函通知中国神华通过资格预审，有资质参与爪哇7号项目的投标工作。据了解，36家报名参加资格预审的单位中，共有15家联合体通过了资格预审，其中包含7家中国企业组成的五家联合体，分别是：中国神华（国华电力公司）；上海申能-中国电力工程集团联合体；中国华能-中国技术进出口总公司联合体；中国华电；广东粤电。其余10家联合体分别来自法国、马来西亚、韩国、泰国、印尼、新加坡、日本，项目竞争较为激烈。

三、招标文件要求

2015年5月18日，PLN发布购买招标文件的邀请函，邀请通过资格预审的投资商于2015年5月19日至2015年5月26日期间购买招标文件，且在购买招标文件前必须向项目采购委员会提交已签署的保密承诺函。

2015年5月20日，中国神华签署授权委托书，授权国华电力公司签署保密函并购买招标文件。招标文件中项目概况、关键内容、标书内容、特殊要求等如下。

（一）项目概况

爪哇7号发电项目主要相关方结构概览图如下所示。

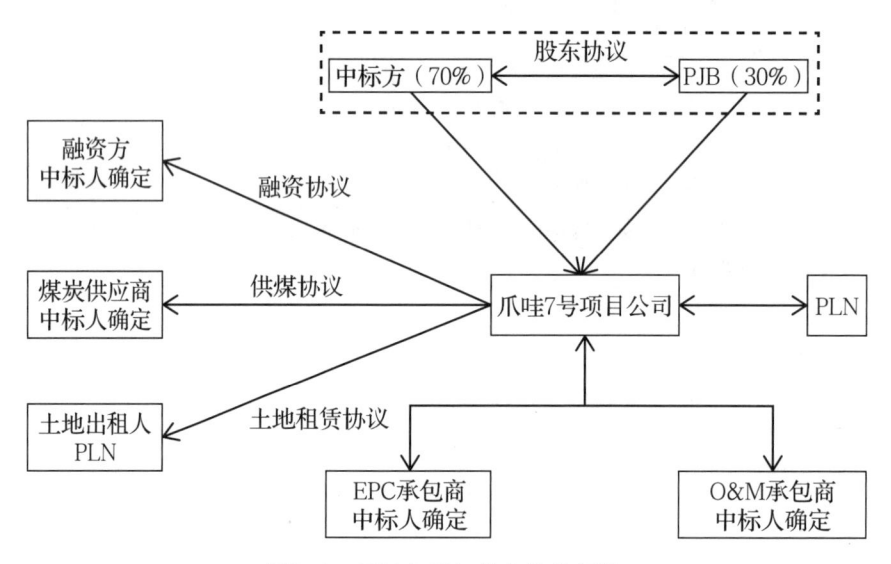

图5-1 项目主要相关方结构概览

（二）关键内容

招标文件列出了投标所需五大协议范本，包括：①购售电协议（PPA）——PLN提供了PPA初稿，原则上需要全部响应；②股东协议——中标方和PJB签订股东协议，明确各自的权利和义务；③土地租赁协议——项目公司和PLN关于项目场地租赁权利和义务的协议；

④运维最低规范——投标方按照最低要求提交的O&M条款；⑤EPC最低规范——投标方按照最低要求提交的项目EPC条款。

招标文件还列出了投标文件必须满足的几项关键内容，包括：①股权回报——约定PJB的股权内部收益率不低于12%；②融资计划——投标人负责在PPA签订后6个月内完成融资工作，并承担融资风险；③财务模型——提供财务模型，并在中标后接受模型审计；④技术文件——项目基础信息、技术内容等。

（三）标书内容

招标文件要求，投标文件应包括两个信封，信封一为技术，此部分将按照通过或未通过进行评估；信封二为价格标，包括价格标书、PJB股权内部收益率计划书、投标人的财务模型等三个文件。开标时，只有投标人的技术商务部分通过评审之后，才会开价格标，并以最低平准化电价且符合PJB权益IRR要求（12%）为最终评标标准。

1. 技术标（信封一）清单

技术标清单

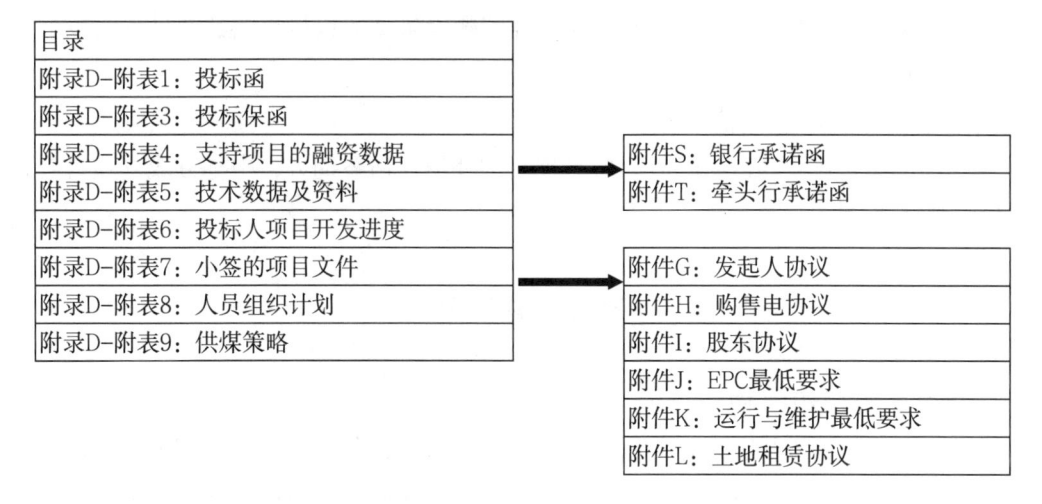

目录
附录D-附表1：投标函
附录D-附表3：投标保函
附录D-附表4：支持项目的融资数据
附录D-附表5：技术数据及资料
附录D-附表6：投标人项目开发进度
附录D-附表7：小签的项目文件
附录D-附表8：人员组织计划
附录D-附表9：供煤策略

附件S：银行承诺函
附件T：牵头行承诺函

附件G：发起人协议
附件H：购售电协议
附件I：股东协议
附件J：EPC最低要求
附件K：运行与维护最低要求
附件L：土地租赁协议

2. 价格标（信封二）清单

价格标清单

目录
附录E：价格标书
附录F：PJB股权内部收益率计划书
附录Q：投标人的财务模型

（四）特殊要求

1. 投标人须指定EPC承包商

招标文件明确要求投标人须在投标文件中明确指定EPC承包商（单一承包商或联合体），且对承包商有资质、业绩等方面的要求。

2. 投标人须指定运维承包商

招标文件明确要求投标人须在投标文件中明确指定运维承包商，并与PJB合资成立的运维公司整体负责项目运营、维护，招标文件对运维承包商的资质、业绩、人员配置均有明确要求。成立的运维公司关键人员中至少30%，全体员工中至少30%应由PJB安排。

3. 投标阶段须确定主机设备厂商

招标文件明确要求投标人须在投标文件中明确锅炉、汽轮发电机组主设备厂商，且要提供主机技术及设备出口的许可，属于自主技术的，则要提供专利证书或其他必要证明文件；属于引进技术的，要提供技术出口许可，且无论技术引进协议是否有效或过期，主机厂商都必须提供技术转让方出具的许可函。此项要求作为技术标的否决条件。

4. 投标方须提交融资意向文件

招标文件要求，投标人应向招标方提交附有详细融资条款的银行意向性文件作为投标人融资能力的证明。

5. 由指定单位开展环境评估

PJB已经指定印尼的ERM公司作为爪哇7号项目的环境评估咨询方，中标方成立项目公司时，须接手延续此合同。

四、投标准备阶段

（一）成立投标组织机构

2015年6月3日，国华电力公司正式成立爪哇7号项目投标组织机构，由国华电力公司董事长王树民担任投标领导小组组长，分管发展的公司副总经理耿育担任投标工作组组长、公司总经理助理平恒担任常务副组长。投标工作组设10个专业组及办公室，各专业组由相关职能部门经理作为第一责任人。

（1）综合组，向集团申请报批、汇报等工作；组织开展向商务部、国家发展改革委报送信息报告及备案文件等；组织开展投标联合体协议的审核、谈判；负责开展环境影响评估工作；负责投标书中企业介绍等资料的汇总、编制；参与PPA协议的审核。

（2）技术组，组织投标文件技术部分的编制及PPA协议中技术数据的确定；厂址的踏勘、确定及勘测；性能保证参数的确定；技术方案、数据、设备材料技术参数的提出；GHepc原则的确定；设计规范、设计标准、主要技术及关键设备业绩的准备；确定煤源、煤质资料和输煤方式，落实储量保证；码头建设方案及码头EPC总承包商的落实。

（3）商务组，组织PPA合同的审核、谈判；供煤意向和协议的谈判；协调煤矿公司取得煤炭基础价格的批复和确定燃煤煤炭价格。

（4）设备选型组，主机、主要辅机供应商的选择；参与主机设备商务谈判；投标书中主要设备运行经验资料的准备；设备采购计划、大件设备运输方案的编制；主机出口许可的核查和询价；大件运输方案和费用的确定。

（5）工程管理组，投标文件中工程组织方面的编制，主要包括项目的组织机构设置及人员配备；施工、调试、检测等相关规范、标准和规程的落实；工程网络进度的编制；施工业绩准备；参与PPA合同的审核；参与GHepc方案制定。

（6）财务融资组，确定融资方案，落实投标书中与融资、财务等相关的文件；财务模型的设计；财务顾问、保险顾问的落实；财务和保险方案的确定；参与PPA合同的审核；根据技术方案提出工程造价总额；价格标书的编制。

（7）生产运行组，投标书中运行与维护相关部分的编制；与机组安全稳定运行相关的数据的确定；各种运行参数的提出；检修和运行业绩资料的准备；运维方式的研究确定及运维商的选择；运维框架协议的起草、谈判；管理和运维组织机构设置及人员配备；PPA协议中运营维护部分数据、资料、指标的审核、确定。

（8）法律事务组，证照、授权书、公证、保密协议等文件的准备；对PPA合同、投标联合体协议等协议及各类文件的法律审核、修改、谈判；投标文件的总体审核；法律顾问的聘请；投标项目有关法律问题的落实。

（9）节能环保组，投标项目节能环保指标、参数的确定；投标文件中公司节能环保技术内容和宣传资料的编制。

（10）人事劳动保障组，投标工作人员的协调、保障；研究确定投标项目的基建期和生产期组织机构设置及人员配备；研究落实印尼劳动用工、保险等问题。

（11）投标工作组办公室，投标项目总体协调和进度控制；召集例会及向公司领导汇报；招标书、投标书等各类文件汇总、翻译、发放；GHepc合同框架的起草、谈判；投标书和支持资料的归档管理；向PLN投送标书。

（二）选定EPC总承包商

自PLN推介爪哇7号项目的相关信息以来，鉴于项目重大意义，几乎所有有志于海外发展的能源央企、国企纷纷独自或组建联合体开展投标前期准备工作，其中华能集团与中国技术进出口总公司、上海申能与中国电力工程集团很快分别组成了联合体，中国华电集团有限公司、国投电力控股股份有限公司、广东省粤电集团有限公司（2019年更名为广东能源集团）等也都在各自寻找优质合作伙伴，对各大企业而言，这是一个相互比选、相互成就的项目。

面对这种情况，国华电力公司也很快启动了与设计院、施工单位的相互比选、相互沟通工作，希望能找到最合适的合作伙伴，抱团出海。经过深入的调研、交流、比选，国华电力公司与山东院、浙江火电的"手"握到了一起。2015年5月，国华电力公司董事长王树民分别与山东院院长侯学众、浙江火电董事长俞成立等就开展爪哇7号项目投标开展了多轮次的深入商谈，为激励各方充分调动资源，确定了以"利益共享，风险自担"为原则开展投标阶段的前期工作，并明确投标阶段的费用各自承担。据此，国华电力公司选取了山东电力工程咨询院有限公司和浙江火电建设有限公司组成联合体，作为爪哇7号项目的EPC总承包商，展开投标前期的工作配合。

【亲历者说1】山东院的选择

赵忠明，高级工程师，山东院国际事业部副总经理，爪哇7号项目项目经理，从设计院、总承包商的角度全过程参与了项目的投标和建设，曾获得山东省"优秀项目经理"等荣誉称号。为了挖掘项目投标决策背后的故事，编者对赵忠明进行了专访。

（以下文字根据赵忠明的回忆整理）

自从2014年4月PLN推介爪哇7号项目的相关信息以来，海外首台百万机组究竟花落谁家，一直是国内能源央企、国企热议的话题之一。其中，中国华电集团有限公司、国投电力控股股份有限公司、国华电力公司等三家企业是山东院重点考虑、比选的合作伙伴。

山东院分别与三家单位进行了长时间的深入沟通、相互调研、相互比选后，领导班子对国华电力公司的管理能力、盈利能力、敬业精神、企业文化等高度认同。2015年3月初，山东院领导班子集体决策，山东院作为总承包单位配合国华电力公司开展爪哇7号项目投标工作。双方便紧锣密鼓地启动了相关工作。

2015年5月月初，IPP招标文件正式公布，招标条件较预期发生了变化，要求总承包商要在国外有火电660MW以上机组的业绩，山东院从大局出发，服务国华电力公司总体布局及安排，与国华电力公司一起邀请浙江火电共同开展IPP投标，并主动提出浙江火电作为总承包商的牵头方。

山东院、浙江火电、国华电力公司三方经过综合比选，特别是在国华电力公司董事长王树民、山东院院长侯学众、浙江火电董事长俞成立等主要领导的高瞻远瞩和深思熟虑之后，2015年5月月底，三方确定了以"利益共享，风险自担"为原则共同开展IPP投标工作，为最终成功打造中国电力企业"联合出海"的典范拉开了大幕。

2015年6月8日，国华电力公司在报中国神华《关于印尼爪哇7煤电项目投标有关问题的请示》文件中建议"经充分调研和比选，推荐在国内外均有良好施工业绩的浙江火电建设有限公司作为EPC施工单位；推荐对印尼电力市场比较熟悉，且在南苏1号投标项目上与国华电力公司有良好合作基础的山东电力工程咨询院有限公司，组成EPC联合体"（即推荐采用设计+施工组成EPC联合体方式）。

2015年7月20日，中国神华发文同意由山东电力工程咨询院有限公司与浙江火电建设有限公司为EPC总承包商。

（三）组建投标顾问团队

2015年7月至8月，中国神华先后发文同意选聘英国欧华律师事务所为法律顾问、达信（北京）保险经济有限公司为保险顾问、德勤华永会计师事务所有限公司为税务顾问、摩根大通为投标财务顾问。

（四）开展现场踏勘

2015年6月5日，PLN发布现场踏勘通知。2015年6月8日至12日，国华电力公司组织山东院、四航院等单位开展了技术组第一次现场踏勘，对项目的地理位置、厂区状况、海洋水文气象、厂址交通情况、周围项目情况、煤炭资源及运输、淡水水源、地材价格等进行调研，重点对厂址的地形地貌、地层结构、地震烈度等地质情况进行深入了解。

踏勘组成员包括：国华电力公司范新宽、韩晶、翟朝阳；山东院孙文、史本宁、王立波、吴永拓、胥江成、杨阳；四航院杨云兰、林向阳、刘阳阳。

主要踏勘情况如下。

（1）厂区状况。厂区已征地，海侧采用界桩、其余三侧采用围墙围护。厂址陆地区域由两部分组成：靠近海侧的废弃鱼塘和靠近陆地侧的荒弃稻田。

（2）厂址附近交通情况。从雅加达至电厂可沿1号高速公路（雅加达至默拉克港）行至芝勒贡市转19号公路，向北约3.5千米到达电厂。进厂及货运道路可由19号公路接引。1号高速公路为高速路，条件较好；19号公路厂址段为双向两车道路面。

（3）厂址周围条件。厂址西侧为19号公路，厂址西侧有商品混凝土搅拌厂，西南侧450米为村庄。厂址南侧为TRATE河。厂址东侧为爪哇海，东北侧为PT. SMI（PT. Samudra Marine Indonesia）公司在建码头和船坞。

（4）厂区地质。厂址区域西北是著名的苏门答腊地震带，该地震带内分布有苏门答腊断裂系统（SFS），该系统主要沿北西—南东方向展布，为右旋走滑断裂，断裂贯穿苏门答腊全岛，是影响厂址稳定性的主要构造。厂址位于该断裂带东侧，距离大于60千米。

（5）地形地貌。厂区处于爪哇岛西部滨海平原区，地势较低缓，地形起伏较小，高差2至4米。地貌成因类型为海积平原，地貌类型为滨海倾斜平地和潮间带。

（6）地层结构。上覆地层为第四系海积层，岩性主要为淤泥、粉质黏土；下伏基岩地层为火山角砾岩与安山岩。

（7）淡水水源。厂区南侧TRATE河与19号公路交叉的钢结构公路桥上游约120米处有橡胶坝，橡胶坝距离入海口2480米，距离电厂厂区西侧边界约800米。

（8）TRATE河河道厂区段为干潮河段，受海水入侵影响，公路桥处旱季一般为咸水，雨季一般为淡水。岛内众多企业，均没有采用地下水，一般采用海水淡化。

2015年8月9日至8月31日，国华电力组织山东院在厂址现场设置了2个测流点、3个水样点、5个海床砂样点、2个地质勘测点、1个潮位点进行投标初勘。

五、投标决策阶段

2015年8月10日，国华电力公司召开爪哇7号项目投标专题办公会，国华电力公司董事长王树民强调，"发展印尼项目、扩展海外市场是国华电力公司的重大发展战略，公司上下要对投标工作高度重视，各部门要将投标工作作为近期一项重点工作去落实。""投标技术方案要在机组参数、能耗指标、环保排放等方面具有先进性，整体设计工作要有创新，体现节约简约、以人为本。"这次会议吹响了投标的冲锋号角，为投标决策夯实了基础。

2015年8月10日，国华电力公司向中国神华报送《关于印尼爪哇7号项目拟选运维承包商的请示》，汇报"鉴于国华台电在地理位置、气候环境方面占据一定优势，并且满足招标文件要求；投资风险相对可控；有按国华管理理念建立起来的、成熟的生产管控体系和人员队伍可以利用，可实现管理层、操作层的无缝对接。建议项目中标后由国华台电与PJB成立运维公司，股比与项目公司保持一致（国华台电70%、PJB30%），负责爪哇7号项目运维工作"。

2015年9月10日，国华电力技术委员会专题听取了关于爪哇7号项目投标技术方案的汇报。国华电力公司董事长兼技术委员会主任王树民在会上提出，一要在满足招标文件要求的基础上考虑前瞻性，环保指标要留有适当余量；二要进一步提高能效，按照先进稳妥、实事求是的原则确定能耗指标；三要从规模发展、远期经营的角度综合考虑项目的平面布置；四要充分借鉴国华电力百万机组的成功经验和创新成果，充分考虑印尼社会经济的发展，充分认识到爪哇岛人口众多、电力紧缺和土地资源稀缺，在项目总平面布置、系统设置、设备选型等方面要不断开拓创新、树立国华标杆；五要契合国家"一带一路"倡议，原则上全部设备都要采用中国制造，采用中国的标准、技术和装备产品。这次会议为投标技术方案的最终确定明确了方向。

2015年9月15日，国华电力公司向中国神华能源股份有限公司报送《关于提交印尼爪哇7煤电项目投标文件的请示》。汇报"招标文件规定，主机设备如果采用引用技术，无论技术引用协议是否有效或过期，主机厂都必须提供技术转让方出具的允许出口许可函，否则可能导致投标书不被采纳。经与国内各大发电设备制造厂商密切沟通及书面函询，目前情况如下：汽轮发电机组，只有上海电气及西门子满足招标文件的要求；锅炉，只有北京巴威满足要求。因此，国华电力公司拟建议汽轮发电机组采用上海电气及西门子，锅炉采用北京巴威作为爪哇7主机投标配套厂家。"并提出"在投标合作单位的支持配合下，项目的基本技术方案已确定、投资测算已完成、PPA合同等协议已审核完成，投标文件的商务技术部分编制工作已经完成，已具备投标条件。"

2015年9月21日，中国神华召开总裁办公会，专题研究爪哇7号项目投标等事宜，同意国华电力公司代表中国神华投标，同意运维模式和主机设备供应商。

2015年9月25日，国华电力公司向中国神华汇报了投标价格测算情况，并获得批准。至此，爪哇7号项目的投标决策工作全部完成。

【亲历者说2】投标决策背后——"责任群"和"责任链"

平恒，国华电力公司总经理助理，国华电力公司印尼系列项目的拓荒者之一，爪哇7号项目投标工作组常务副组长。吴晓毅，国华南苏1号项目副总经理、总会计师，爪哇7号项目投标阶段财务、融资等工作的直接负责人。

平恒首先回忆说："爪哇7号项目招标工作启动伊始，国华电力公司董事长、投标领导小组组长、投标工作第一责任人王树民提出投标方案不仅要争取中标，更要确保中标后工程干得下来、项目持续盈利、风险可控在控、树立海外品牌形象，技术方案不仅要有先进性也要保证可靠性和经济性，经济方案不仅要打足风险也要保证风险计量的合理性。"吴晓毅补充说："我当时就在想，这些左右为难的目标，喊喊口号还可以，怎么落实呢？"

平恒坦承："确实，这不是一件容易完成的事，但我们在标书准备过程中，依托国华电力多年积累的建设和运营底蕴，依靠各级责任人的责任担当和科学决策，我们确实做到了！其中感受最深的便是'左右为难、局部最优、综合平衡、责任重于泰山'这四个关键词。"

（以下文字根据平恒、吴晓毅的回忆梳理）

第一个关键词"左右为难"。要以管理理念和决策艺术，取得平衡。

海外项目投标需要考虑的因素纷繁复杂，竞争压力大，面临的取舍众多。比如，如何在技术方案上解决技术先进性与经济性的冲突；如何在建设方案上解决业主与EPC承包商风险分配的冲突；如何在运营方案上解决低成本战略与运营风险的冲突；如何在标书编制过程中解决部门本位主义与投标整体目标的冲突，以及如何在投标宏观策略上在企业转型发展的动力、投资失败风险的压力、竞争对手的能力等情势间权衡，这些问题无不考验着国华电力公司领导班子的管理理念和决策艺术。

第二个关键词"局部最优"。要以每一个局部最优，保证整体最优。

在技术方案上，三大主机选型、机组参数、系统拟定等要体现技术先进性，同时要求选择成熟和有运行业绩的方案来体现可靠性，还要在全国同等级机组范围内做工程量对比分析，保证我们项目的主要工程量在已建成的同等级机组中是先进的，进而保证我们的造价是最优的，使技术方案的先进性、可靠性、经济性做到统一、兼顾。

年运行小时数的保证，是一个直接关系整个PPA 25年合同期年度电费收入或罚款的问题，我们结合国华公司行之多年的百万机组检修策略以及实际运行机组的执行情况，经反复仔细计算，确定了以平均89%的保证可用系数作为投标基准值，既保证了投标机组年保证运行小时数的先进性,也最大限度地避免了违约罚款的情况发生。

对运营费用的估算,在设计好的运行管理模式基础上,我们结合国华穆印电厂的实际运行成本和爪哇地区物价水平、外部资源等市场调研情况,完美体现了运营费用的先进性和经济性。

第三个关键词"综合平衡"。要用数据分析问题,按经济规律办事。

对EPC风险费报价过高问题,创新实施风险统一管理模式,提出了"风险与利润挂钩"和"风险由最有风险化解能力的一方承担"原则,将工期风险、质量风险与EPC管理费、利润统筹考虑;明确提出工程量变化风险由设计单位承担,工程单价变化风险由施工单位承担,汇率变化风险由业主承担,鼓励用措施消除风险,而不是靠盲目增加风险费来转移风险。

对决策支持问题,360度开展历史数据、类似项目的对比分析;投资与电价、电价与收益率等敏感性分析;竞争对手预测数据模拟分析,以及技术与经济互馈分析等,用数据不断优化投标方案,以数据分析为决策依据。

第四个关键词"责任重于泰山"。要以强烈的责任感、使命感,勇于担当。

作为投资总额过百亿的大项目,投标工作第一负责人必须有"责任重于泰山"的担当;要有"共建命运共同体"的格局,要有"心系国家事抗肩"的胸怀;要有"心系企业守初心"的觉悟,如此才能率先垂范、躬身践行,才能构建"责任群"、传递"责任链",系统性组织起投标工作,才有可能成功中标。

采访的最后,吴晓毅深情地说:"可以说,我们用'左右为难'明确了要兼顾的目标;用国华电力公司多年的积累,用分工负责、'局部最优'保证了投标文件的整体最优;用'综合平衡'、靠数据分析来实现决策的科学性和前瞻性,正是在投标领导小组组长王树民以及各方各级责任人"责任重于泰山"的担当和引领下,才实现了成功中标。"

"没有压力的井不出油!爪哇7号项目投标成功的根本原因是国华电力公司管理团队,尤其是投标工作第一责任人的管理理念和责任担当。其他方面,总结起来,一是得益于国华电力公司长期建设运营经验的积累;二是得益于国华电力公司长期企业责任文化的建立;三是得益于这次投标组织体系的顶层设计。"平恒颇有感触。

六、项目成功中标

2015年9月28日,国华电力公司向PLN了提交技术标书及价格标书,共有7家联合体按时递交了标书。随后,投标组根据PLN发出的技术澄清要求,组织完成了5批38个技术标澄清问题的答复。最终,有包括国华电力公司在内的6家联合体通过了技术标评审,获得了价格标开标权。

- 新加坡恒久能源投资公司 – 国投电力控股公司
- 华能国际 – 中国技术进出口总公司 – 印尼PT WIKA
- 泰国叻电 – 泰国万普电力 – 印尼印多矿业
- 中国神华能源股份有限公司（国华电力公司）
- 申能股份有限公司 – 中国电力工程有限公司
- 中国华电

2015年11月17日，PLN组织价格标开标，6家通过技术标评审的联合体全部出席，并按照程序顺利完成了开标流程。

2015年12月10日，PLN正式发布中国神华能源股份有限公司（国华电力公司）以小幅领先第二名的商务报价成功中标。

2015年12月15日，国华电力公司与PLN签署了中标意向函。

【亲历者说3】中标时刻

（以下为吴晓毅的回忆）

2015年11月17日下午2时（印尼时间），爪哇7号项目价格标在雅加达PLN总部开标。招标方在公示完"信封二"的密封情况后，依次打开并宣读了通过技术标的6家投标人价格标的各项数据。我方参加开标会议共三人，国华电力公司总经理宋畅作为授权代表在主桌参会，我和印尼代表处商务经理袁仲举在主桌后排记录各投标人数据、计算最终评标电价。

当招标方宣读完最后一份价格标后，我们已经将各投标人的评标电价计算完毕。"我们可能中标了！"，会议中我怀着既激动又忐忑的心情小声向宋畅耳语。激动，是因为数十人倾注了半年多心血的项目终于成功了；忐忑，是因为担心仓促计算发生错误导致空欢喜一场。

回到雅加达Pullman酒店后，大家在酒店大堂又对开标数据进行了反复核对和计算，最终确定"我们中标了"！

忐忑的心终于放下后，我们第一时间电话向一直在北京坐镇指挥的中国神华副总裁王树民等领导汇报。正当大家你一言我一语筹备庆功晚宴时，项目组接到了王树民的电话——尽快将开标情况进行汇总和分析，正式上报集团公司。

当晚，大家在酒店房间深入总结了本次投标的经验教训，分析对比了其他投标人的报价情况，形成了开标专题报告，其中总结出的投标成功经验包括：中国政府相关部门的高度支持；印尼国家电力公司的高度认可；国华电力公司优秀的海外项目专业化团队、外部资源的整合能力等。具体到投标竞争力上包括：合理的EPC造价、合理的内部收益率、有竞争力的融资成本、成功的低成本战略、优良的本地化策略、雄厚的专业技术能力等；与竞争对手相比，我方最大的优势在于国华电力公司的先进的管理理念、企业文化和管控体系，具体体现在项目造价、机组能耗、运维成本等几乎所有重要指标均处于各投标人的中上游水平。

吴晓毅最后感慨万千地说：项目的成功离不开领导团队的运筹帷幄，离不开工作团队的勤勉尽责和专业素养，任何一个环节都缺一不可！只有环环相扣、环环紧扣，才能勇夺桂冠！

七、现场踏勘定调

2015年12月16日，中国神华副总裁王树民主持召开总裁办公会议，组织中国神华、国华电力公司相关职能部门、EPC总承包商相关单位专题研究爪哇7号项目推进事宜。王树民指出，国华电力公司积极响应国家"一带一路"倡议，践行神华集团"1245"清洁能源发展战略，继2015年11月9日成功中标印尼南苏1号项目后，2015年12月15日又一举中标印尼爪哇7号百万千瓦超超临界火电项目，对神华集团国际化发展有着重要示范意义。国华电力要有历史责任感、紧迫感，有追求、负责任，对接中国"一带一路"倡议和印尼"全球海洋支点"战略构想，确保项目建设的前瞻性、先进性和示范性，把项目建设成为中国和印尼两国国有企业合作的示范窗口。工程推进全过程中，要把国华电力"管控团队专业化、资源配置集约化、组织架构扁平化、管理平台信息化"的"四化"管理模式落实到位。希望各方同心同德、团结一致，把项目建设好、发展好。

2015年12月21日上午，中国神华副总裁王树民、山东电力工程咨询院院长侯学众、山东电力工程咨询院副院长艾抗、中国能源建设集团浙江火电建设有限公司副总经理俞玮、国华电力公司副总经理李瑞欣等到项目现场考察。王树民在现场提出，爪哇7号项目要按照2019年年底实现双投的目标安排部署各项工作。国华电力、各参建单位要加快勘测、场地平整、地基预处理和桩基工程实施方案编制等工作，要把前期工作做得更加精细和深入，坚决杜绝返工；力争2016年现场有大的形象变化，确保总工期的实现。王树民强调，项目各单位要加强与印尼驻华、中国驻印尼有关机构的沟通和协调。爪哇公司要特别加强与股东方PJB公司及其母公司PLN的交流和沟通，尽可能争取PJB及PLN对爪哇公司注册、项目行政许可、建厂条件落实、用工指标申请等方面的大力支持。

图5-2　2015年12月21日，中国神华副总裁王树民（左4）、山东电力工程咨询院院长侯学众（左2）、山东电力工程咨询院副院长艾抗（左3）等在爪哇7号项目现场踏勘

八、PPA合同签订

PPA合同是爪哇项目建设及运营过程中最重要、最核心的文件，其内容涵盖融资、基建、运维、购售电、煤炭供应、土地租赁等，明确合同双方的全部权利义务，且对技术指标、建设要求等进行详细约定。可以说，PPA合同是项目建设和运营的"纲领性文件"，建设和运营的整个过程其实就是"履约"的过程。

爪哇7号项目中标后，国华电力公司组织技术、商务、法律、商务等工作小组，在PPA合同模板基础上与PLN进行多轮次磋商，在违约责任、担保、技术参数、利用小时数等方面提出了合理建议和意见，得到了PLN的认可，并在规定时间内完成了签署。

（一）PPA合同谈判签订过程

印尼电力招标项目在确定中标后，PLN发出中标意向函（LOI），并要求中标方立即与其商定PPA合同谈判流程，在规定时间内完成PPA合同签订工作。

在接到爪哇7号项目中标意向函后，国华电力公司迅速成立项目谈判小组，负责组织和开展爪哇7号项目的PPA合同谈判工作，主要包括爪哇公司成立前联合体协议、股东协议、公司章程、购电协议、煤炭供应框架协议等谈判工作，提前全面明确了谈判难点，及时制定了相关谈判策略,为谈判顺利推进与成功闭环奠定了坚实基础。

2015年12月21日下午,PLN组织了9个IPP项目的PPA集中签约仪式,中国神华副总裁王树民见证了国华电力公司中标的爪哇7号、南苏1号两个项目的PPA签字。按照印尼法规要求,PPA须在项目公司成立后,正式签订合同,并确定合同正式生效日。2016年3月29日,国华爪哇公司与PLN正式签订了PPA合同(内容与2015年12月21日签订的版本无变化),2016年4月7日PPA合同正式生效。

图5-3　2015年12月21日下午,中国神华副总裁王树民(右6)、山东电力工程咨询院院长侯学众(左6)、山东电力工程咨询院副院长艾抗(右3)、中国能源建设集团浙江火电建设有限公司副总经理俞玮(右2)、国华电力公司副总经理李瑞欣(右4)等在签约仪式前与PLN副总裁Iwan(右7)合影

(二)PPA主合同条款

序言

第1条:定义

第2条:项目(协议)

第3条:签署协议后开始的某些义务与先决条件

第4条:项目的实施

第5条:项目的施工

第6条:启动与调试

第7条：电厂的运行与维护

第8条：电力的销售与采购

第9条：结算和支付

第10条：计量

第11条：协定

第12条：保险

第13条：赔偿和责任

第14条：不可抗力

第15条：终止

第16条：陈述与保证

第17条：争议的解决

第18条：PLN的项目选购方案（成本和节省）

第19条：转让

第20条：监督、记录、报告、审计

第21条：其他

（三）PPA合同附件清单

附件A：项目说明与设计条件

附件B：技术限制

附件C：项目里程碑进度计划

附件D：融资日期文件

附件E：最低保险要求计划

附件F：终止后果

附件G：付款计算

附件H：某些事件的调整（要求文件）

附件I：专用设施

附件J：试验、接管和可靠净容量试验

附件K：电能计量和试验程序

附件L：运行程序

附件M：活动报告

附件N：环境要求和程序（移交程序）

附件O：PLN附加义务

附件P：发票及付款流程

附件Q：许可

附件R：专用设施用地及政府授权

附件S：煤炭供应商采购方案（煤炭定价）
附件T：场地及地役权（取消债务）

（四）PPA合同工期要求

根据PPA合同，项目建设里程碑包括4个日期，即融资关闭日、临时验收日、首台机组商业运行日（COD）、项目商业运行日（COD）。

爪哇7号项目PPA合同生效之日为2016年4月7日，以此作为项目里程碑基准日。融资关闭日为基准日之后6个月，即2016年10月7日；临时验收日即专用设施移交日，为基准日之后36个月，即2019年4月7日；首台机组商业运行日为基准日之后48个月，即2020年4月7日；项目商业运行日为基准日之后54个月，即2020年10月7日。

（五）PPA合同违约条款

如果因为爪哇公司或其承包商的缘故，本项目未能按期实现商业运行，爪哇公司应根据PPA向PLN支付违约赔偿金。根据延误的阶段不同，违约赔偿金分别按首台机组延误至本项目COD期间、本项目COD延误至其后180天期间、本项目COD后181天至275天期间三个阶段递增。

九、印尼方面期望

2015年12月22日下午，印尼总统佐科·维多多在雅加达国家宫统一会见了该国约150家发电厂的投资者，以加快推进35000MW电力规划项目。

以下内容引自印度尼西亚共和国内阁秘书处的官方网站。

佐科总统强调，电力发展不仅仅是PLN的事，而是国家的事、政府的事。"为什么会这样？因为我每次去任何省份的一个地区，群众抱怨的内容都是一样的。经常发生停电，一天两次，一天四次，甚至一天八次，这就是我在每个地区遇到的情况"佐科总统说。

佐科总统表示，随着工业增长和经济发展，印尼政府坚信35000MW电力规划项目最终必须且能够实现。"这就是我们现在正在做的事情。所以今天下午的会议，我想再次强调35000MW电力规划项目是十分必要的。"

佐科总统强调，他将密切关注电力项目的发展进程，并制定具体计划。他向电力投资者承诺，印尼各相关部门会在土地征用、许可办理等方面提供支持和帮助，希望35000MW电力规划项目能够尽快得以实施。

"我们将提供帮助，因为有了电，特别是偏远的地方，我们的孩子就可以晚上读书了，村子里的小服装厂也可以晚上开工了。这不再是一个商业问题，这是人民利益、电力的问题。"

（主要内容印尼语原文）

Presiden menegaskan, urusan listrik sekarang ini bukan hanya urusannya Perusahaan Listrik Negara (PLN), tetapi sudah menjadi urusan negara, urusan pemerintah. Kenapa harus seperti itu? Karena setiap saya ke daerah di provinsi manapun, keluhannya sama. Listriknya byarpet, sehari mati empat kali, sehari mati delapan kali, sehari mati dua kali, listriknya mati, listriknya kurang. Itu yang saya temui di setiap daerah, kata Presiden Jokowi.

Dengan pertumbuhan industri, dengan pertumbuhan ekonomi yang sudah dihitung, menurut Presiden, kebutuhannya 35.000 megawatt. Presiden meyakini, kita mampu memenuhi target itu. Dengan catatan, izin-izin yang terlalu ruwet itu harus dipotong. Izin-izin yang terlalu lama,potong. Baik yang di PLN, baik yang di Kementerian, baik yang di pusat dan di daerah.

Itu yang sekarang ini kita lakukan. Jadi pertemuan pada sore ini, saya ingin menekankan lagi, jadi 35.000 megawatt itu kebutuhan. Itu kebutuhan, tegas Presiden Jokowi.

Presiden Jokowi juga menyampaikan kesiapannya untuk membantu investor yang menghadapi pembebasan lahan. Ini Pak Menteri (Agraria/Kepala BPN) ada disini, Kita akan bantu. Karena dengan adanya listrik ini terutama di tempat terpencil, anak-anak kita akan bisa belajar malam hari, industri kecil-kecil garmen di kampung-kampung juga bisa bekerja di malam hari. Ini bukan urusan bisnis lagi, Ini urusan kepentingan rakyat, listrik ini, tutur Presiden Jokowi.

活动过程中，印尼总统佐科听取了中国神华副总裁王树民对爪哇7号项目建设及准备情况的汇报，对中国神华在技术管理、项目融资、人才培训等方面的充分准备表示满意。佐科总统希望爪哇7号项目能够提前投产，成为35000MW电力规划项目的典范。

2017年10月5日，印尼总统佐科到爪哇7号项目现场视察，出席了爪哇7、9、10号发电项目（PLTU）的集体开工庆典以及万丹电厂的落成典礼，佐科总统与能矿部部长Lgnasius Jonan等共同按下了开工按钮。

以下内容引自印度尼西亚共和国能矿部的官方网站。

佐科总统表示，三年前，每次他访问各地区，人们总是抱怨缺电。然而，现在这些抱怨已经听不到了。"三年前，每次我去各省，投诉都是一样的。无论是在加里曼丹、苏门答腊、NTB、NTT、马鲁古、巴布亚地区，投诉总是一样的，缺电。但三年后，今年我再次来到各省，我再也听不到那些声音了。"

佐科总统还强调了投资的重要性，因为许多基础设施开发项目可以吸收大量工人。

"早些时候有报道，爪哇7号发电项目吸收了大约10000名工人。为什么需要投资，因为它吸收了劳动力，减少了失业。这一点很重要。如果我们增加这样的大型项目，在加里曼丹岛，或者在苏门答腊岛，将会减少很多失业。"

与此同时，能源和矿产资源部部长Ignasius Jonan解释说："爪哇7号发电项目的电价，是迄今为止印尼最便宜的，每千瓦时4.2122美分，这是印尼电价的里程碑，是民众能够负担得起的电价。此外，该项目预计的商业运营日期将由2020年4月提前到2019年年底。"

Ignasius Jonan部长进一步说："爪哇7号发电项目可以为200万家庭提供电能，这是一个巨大的数字。"

（主要内容印尼语原文）

Presiden Joko Widodo menyampaikan bahwa tiga tahun lalu, setiap melakukan kunjungan ke daerah, masyarakat selalu mengeluhkan kurangnya listrik. Namun, saat ini keluhan tersebut sudah tidak terdengar lagi.

"Tiga tahun yang lalu tiap saya pergi ke provinsi, keluhannya sama. Baik di Kalimantan, di Sumatera, NTB, NTT, Maluku, Papua ke Kabupaten juga, keluhannya selalu sama liatriknya kurang. Byar pet. Tetapi setelah tiga tahun, tahun ini saya muter lagi, saya ga mendengar lagi suara-suara itu," ungkap Presiden.

Presiden juga menekankan pentingnya investasi, karena dengan banyaknya proyek pembangunan infrastruktur dapat menyerap tenaga kerja dalam jumlah yang besar.

"Tadi dilaporkan Proyek PLTU Jawa 7 menyerap tenaga kerja kurang lebih 10 ribu. Kenapa investasi itu perlu, karena menyerap tenaga kerja, mengurangi pengangguran. Ini penting. Kalau ditambah proyek-proyek besar seperti ini, Kalimantan ada, Sumatera ada, itu akan mengurangi pengangguran yang banyak," tegas Presiden.

Sementara itu, Menteri ESDM Ignasius Jonan menjelaskan bahwa PLTU Jawa 7 memiliki tarif paling murah, yaitu 4,2122 sen per kwh, sehingga menjadi tanda tarif listrik yang terjangkau bagi masyarakat. Selain itu, proyek ini juga diperkirakan selesai lebih cepat dari waktu yang ditetapkan.

"Pembangkit PLTU Jawa 7 dibangun dengan tarif yang sampai hari ini itu paling murah, 4,2122 sen per Kwh. Dari estimasi Commercial Operation Date (COD) yang seharusnya April dan Oktober 2020, bisa maju sampai akhir 2019. Ini jadi landmark tarif listrik agar harga listrik kepada masyarakat bisa terjangkau," jelas Menteri Jonan.

Menteri Jonan juga melaporkan bahwa PLTU Jawa 7 (Kapasitas 2000 Megawatt/MW) "Proyek PLTU Jawa 7 kalau dikonversi ke rumah tangga yang menyerap listrik itu 2 juta rumah tangga. Kalau per rumah tangga dihitung 900 VA (Volt Ampere)," jelas Menteri Jonan.

第六章　核心理念

习近平主席多次提到"共生""多元共生""和合共生"的理念，从不同角度阐释其意义及价值，并强调："人类是一个整体，地球是一个家园。面对共同挑战，任何人任何国家都无法独善其身，人类只有和衷共济、和合共生这一条出路。"

共生模式、和合共生是人类自然意识、政治文明或者人类文明向更高阶段发展的一种哲学理念，既涵养人与自然的关系，也涵养中华文明与其他人类文明之间的关系。

爪哇7号发电项目作为中国"一带一路"倡议与印尼"全球海洋支点"战略构想对接、和合共生大背景下的典型项目，从投标到建设的整个过程，都得到了神华集团领导班子及各部门的高度关注和倾力支持。时任神华集团董事长张玉卓指示："要放眼世界，积极落实中国'一带一路'倡议，主动对接印尼'全球海洋支点'战略构想，推动能源清洁低碳智能高效利用；要发挥国华电力专业优势，统筹各方资源，战胜困难挑战，体现中国质量、中国标准、中国速度、中国品牌，建成中印尼两国国有企业合作的创新工程、安全工程、生态工程、人文工程和示范工程。"

一、战略性定位定调

爪哇7号项目投标工作正式启动后，国华电力公司领导班子以集团领导的指示为引领，带领国华电力团队群策群力、同心同德，组织参建各方共商共建、精准谋划了爪哇7号项目的核心理念。

2014年4月至2015年11月的投标期间，国华电力公司董事长王树民组织召开了包括投标工作会、项目推进会、总平布置研究会、技术委员会等各类形式的12次专题会议，对项目投标及整体建设规划做出战略性、系统性、全局性的策划。

2015年11月至2018年9月，王树民先后组织召开了中国神华总裁办公会、项目现场协调会等10次专题会议，进一步明确了项目的设计方案、建设模式、管控措施，持续通过先进技术和科学管理来推动项目战略定位的落地生根和生动实践。

爪哇7号项目投标、建设、运营过程中，王树民先后7次到项目现场检查、研究解决问题，指导爪哇7号项目团队以共生模式为基调，统筹做好项目建设运营工作，特别强调要协同中印尼各方资源、抢抓机遇。国华电力公司其他领导也十分关心爪哇7号项目，宋畅4次、李巍4次、陈寅彪8次到现场督导工作，解决问题。

历次专题会议确定的项目核心理念摘要如下。

1. 战略引领

项目建设的设计思想，要统一到落实我国"一带一路"倡议和印尼"全球海洋支点"战略构想，落实到神华集团"1245"清洁能源发展战略。要在战略引领下，选准项目建设目标，明确项目定位，做到发电厂创造价值、建筑物传承文化，打造中印尼合作的窗口和艺术品，要如期建成长期盈利、国际一流，具有印尼文化特色的现代电站。

2. 中国品质

爪哇7号项目的全部主机、主要辅机，尤其是控制系统，要利用中国的高效先进产能，要充分展示技术创新，要坚持中国设计、中国制造、中国标准、中国品质。

3. 前瞻性

总平面布置要放眼未来，把发展放在第一位，设计上按照多期建设统筹考虑，充分利用项目173公顷土地的宝贵资源，总平面布置要按照近期6台、远期8台规划考虑；总体上要有从一期干到三期的统筹考虑，要对未来20年的总平面布置问题统筹策划。

图6-1 2015年12月21日，中国神华副总裁王树民（中）、山东电力工程咨询院有限公司院长侯学众（右）、国华电力公司副总经理李瑞欣（左）在爪哇7号项目现场踏勘

4. 示范性

爪哇7号项目对中国神华海外发展具有重要的示范意义，国华电力公司要有历史紧迫

感、有追求、负责任，要从讲政治的高度系统思考问题，要树品牌、建窗口，确保本项目建设的先进性、前瞻性和示范性，使项目成为中印尼两国国有企业合作的示范窗口。

5. 可靠性

爪哇7号项目要实现价值创造，重点在项目的可靠性、经济性、环保性上下功夫；设计方案要满足招标文件技术要求，采用国内成熟设计和技术，理性创新；设备方案要采用性能好、效率及可靠性高的设备，持续优化系统、降低设备冗余，确保设备和装置的可靠性、结构和基础的安全性。

6. 经济性

要把投资分析工作做细、做实，在控制成本和造价上做到心中有数，在EPC模式下，把工期、质量和造价结合好，把设备的可靠性、经济性、环保性平衡好。

7. 环保性

清洁和高效是国华电力公司发电项目的标志和特色，爪哇7号项目要按照印尼环保法规和环评的要求，践行"绿色发电，主动革命"和"节能环保用加法，系统冗余用减法"的理念，做好环保设施建设工作，确保环保和环境的合法性，并在环保排放指标优于印尼国家标准的基础上，考虑印尼排放标准提高时的条件预留，比如预留脱硝设备空间等。

8. 集约简约

工业设计要集约化、简约化，把每个建筑物、构筑物的空间布局统筹好，把本期工作和长远发展结合好。

9. 创新驱动

实现创建世界一流目标，必须靠创新驱动。爪哇7号项目是中国"一带一路"倡议与印尼"全球海洋支点"战略构想对接的标志项目，意义非常重大，要从项目全寿命周期考虑，不断进行设计优化，抓住创新和优化空间，创新项目管理模式，要珍惜项目发展机会，经得起历史考验。

10. 价值创造

项目建设的设计思想，要统一到追求卓越、创新创效、创造价值上来，做到发电厂创造价值、建筑物传承文化。

11. 命运共同体

在项目的总平布置、接入系统、输煤系统等方面都要与时俱进地进行技术创新，要把项目作为一个生态系统、生命体来建设，对项目今后的发展负责。

12. 充分应用国华专有技术

爪哇7号项目的海水淡化、上煤系统等，要充分吸收、应用国华电力公司的建设经验，结合印尼特点，充分应用国华专有的技术和专利等。比如，输煤系统可考虑采用国华研究院全封闭输煤专利技术，并根据爪哇煤质挥发分含量高、易自燃的情况，在调研寿光电厂的基础上进行优化；烟囱可考虑采用国华研究院烟囱淋滤液收集技术；海淡可考虑采用国华专利技术——带蒸汽热压缩器（TVC）的6效两级逆流工艺低温多效蒸馏（MED-TVC）海水淡化方案等。

13. 体现印尼文化特色

爪哇7号项目要统筹现场色标色系，体现印尼特色；厂内建筑物要考虑印尼文化特色，厂区景观设计也要与印尼文化结合，结合园区绿化统筹考虑建设连廊。

14. 尊重宗教信仰

爪哇7号项目要尊重宗教信仰，在工作、生活建筑物的设计上要有相应配置。

15. 基建生态文明

设计要遵循"尊重自然，依山顺水，生态文明"的理念，充分利用地形，做到有当地特色，尊重原有生态环境，利用和保护红树林，规划建设好水务中心，并建设小型水族箱。

（上述定位定调的战略性、原则性、纲领性要求，均原文摘录自王树民担任国华电力董事长、中国神华副总裁、神华集团副总经理、国家能源集团副总经理期间组织召开的历次项目专题会上的讲话。）

二、全过程生态环保

（一）国华电力环保实践

坚持"环保领跑、效益领先、创新领航"是国华电力公司执着追求的科学发展方向。

国华电力首提并践行煤电机组"近零排放"是在"十二五"中后期，全面实施并取得成果是在"十三五"时期。2014年6月25日，国华舟山电厂4号燃煤机组顺利投产，成为国内第一台"近零排放"新建燃煤机组，这是国华电力经过两年多的探索实践，结合自主创新和集成创新，形成的"燃煤发电机组除尘、脱硫、脱硝的烟气节能环保一体化处理技术方案"在国华舟山电厂率先完成的工程实践。这也是继国华北京热电2000年在国内第一家投运脱硫设施；国华台山电厂、定州电厂2004年在国内第一家投运600MW等级的脱硫系统；国华太仓电厂2006年在国内第一家投运脱硝设施；国华徐州电厂2011年在国内第一家百万千瓦机组采用"烟塔合一"技术之后，国华电力在环保减排、创新引领方面的第五个全国第一。2015年6月4日，国华电力公司所属三河电厂等7家电厂同步举行"绿色发电，低碳生活"环保开放日，环境信息正式上线公开接受社会各界监督。此举标志着国华电力公司在履行社会环保义务方面成为国内第一家公开全公司环境信息系统的发电企业。截至2018年3月，国华电力国内在役的61台煤电机组，全部达到了"近零排放"标准，其中7台新建机组按新标准一次建成，54台在役机组完成超低排放改造，这在国内全国性大型发电企业是第一家。

继2018年实现所有机组近零排放后，国华电力继续坚持"主动环保"和"环保领跑"，2019年年初开展了"攻坚2020、展望2025"节能降耗高品质行动计划，通过"系统深度优化、燃料精细管理、技术升级改造"三条路径,力争供电煤耗达到国内领先水平。

截至2020年年底,国华电力累计环保投入258.8亿元,其中对现役机组进行超低排放和通流提效改造投资130亿元,这绝对是大手笔,尤其是对成本管控素以"干毛巾拧出水""抿鱼刺"著称的国华电力来说,更凸显了"正其义不谋其利"的责任担当。国华电力始终以实际行动提供清洁能源,解决老百姓"心肺之患",呵护碧水蓝天。

煤电也能做到和燃气发电一样清洁,不仅是技术突破,也改变了社会认知,更给了行业一个方向,为践行"四个革命、一个合作"能源安全新战略和深化供给侧结构性改革提供了范例,这与国华电力一直致力于国产化技术和设备的应用一样,除了追求投入产出比,更有民族情感和央企使命在里面。

日历还是返回爪哇项目投标暨顶层设计阶段,2014年12月29日,"神华近零排放机组问世,中国迎来煤电清洁化时代"入选《经济参考报》"中国能源十大新闻"。因为敢为人先所以榜上有名,国华电力以创新引领清洁高效煤电发展之路,越走越开阔。

(二)招标文件生态环保要求

印尼PLN十分重视生态环保,在标书主文件中对能耗指标、污染物排放指标进行明确要求,要求必须满足下列法规。

- 环境部长第Kep.13号法令(Men LH/3/1995)
- 固定污染源排放标准,附件I-B
- 环境部长第122号法令(2004)
- 环境部长第48号法令(Men LH/11/1996)
- 环境部长有关蒸汽锅炉排放标准的第7号法规(2007)
- 环境部长有关热电厂排放标准的第21号法规(2008)
- 有关环境影响评估的第27号政府法规(AMDAL)(2012)

此外,招标文件中单独设置了附件M:AMDAL(Analisis Mengenai Dampak Lingkungan),即印度尼西亚环境影响评价,对投标方在环保方面的要求进行了系统性阐述,主要包括以下内容。

(1)投标方在中标后,要与PT.ERM公司签订环评合同,聘请ERM公司收集相关数据、编制环评报告。

(2)投标方在中标后,负责办理AMDAL的组织、编制、审核等工作,依规办理并获得印尼相关政府部门对AMDAL的批准。

(3)投标方在项目建设过程中,要重点对污染物排放、废水排放、固废处置、噪声、海洋及河流生物多样性保护等方面制定专项措施,并确保生态环保工作满足各项要求。

(三)爪哇7号项目环保理念

国华电力公司坚持将"生态优先"和"环保领跑"的理念贯穿于爪哇7号项目投标、规划、设计和建设阶段,以及运营和后续各个环节。

投标启动后，国华电力公司第一时间成立了包括节能环保组在内的投标工作组织机构。节能环保组由国华电力公司总工程师陈寅彪分管，在山东院、浙江火电、主机厂等相关单位的支持下，以生态环保方案为基础，负责爪哇7号投标项目节能环保指标、参数的确定，负责编制投标技术方案等工作。

2015年8月10日，国华电力公司董事长王树民组织召开爪哇7号投标项目专题办公会，确定"在环保排放等方面要具有先进性"。

2015年9月16日，国华电力公司董事长王树民组织召开国华电力技术委员会，提出"环保指标的选取上，在满足招标文件要求的基础上，要考虑前瞻性，烟气量等设计参数，要留有适当余量。"明确"要增设低温省煤器，进一步提高能效。能耗指标要按照先进稳妥、实事求是的原则确定。在考虑海水淡化用气、增设低压省煤器等因素后，100%负荷和80%负荷供电标煤耗按不高于288.6g/kW·h、295.8g/kW·h水平考虑。"

2016年5月6日，中国神华副总裁王树民主持召开总裁办公会议，专题研究了爪哇7号项目的相关事宜，明确了清洁和高效是神华煤电的标志和特色，爪哇7号项目要按照印尼环保法规和环评的要求，践行国华电力"绿色发电，主动革命"和"节能环保用加法，系统冗余用减法"的理念，做好环保设施建设工作，预留脱硝设备的空间，做到一次到位。

2017年4月1日，中国神华副总裁王树民主持召开总裁办公会，再次提出要尊重原有生态环境，利用和保护红树林，规划建设好水务中心。

三、共生模式为基调

和合共生理念坚持正确义利观，主张超越零和博弈、非此即彼等思维方式，在命运共同体的整体构架中实现各自的利益和共同利益，实现共同发展、共同幸福。和合共生理念的思想、文化资源与人类命运共同体理念相通，同时也是人类命运共同体这个倡议和实践的一个重要文化支撑。

聚焦到爪哇7号项目的投标工作，共生模式可细化为：以文明交流超越文明隔阂、以文明互鉴超越文明冲突、以文明共存超越文明优越。

（一）主动作为，深化共生模式

国华电力公司通过国华穆印电厂在印尼的长期实践，逐步形成了践行"共商共建共享"的国际化发展核心理念，坚持同舟共济、权责共担、利益共享，努力做到最短的时间、最高的标准、最低的成本实现最大的价值。这一贯的理念和做法可以确保项目及相关方目标的高度一致性和共同利益最大化。

在爪哇7号项目的设计和建设中，国华电力公司董事长王树民提出"要把项目作为一个生态系统、生命体来建设，对项目今后的发展负责"。可以说，国华电力公司投标伊始就明确要在爪哇7号项目延续、发扬、深化共生模式，打造共生样板。

（二）以人为本，实现共生共赢

王树民在投标决策阶段，通过专题会议等形式统一思想、群策群力，陆续提出了以下几项核心要求。

（1）合作共赢。要统一思想和认识，创建"团结协作，和谐向上，合作共赢"的文化氛围，建设以中印尼共生共赢为底蕴的"互助合作，共荣共赢"工程建设文化。

（2）双方协作。国际化合作项目是巨大的系统工程，项目各相关方要充分发挥自身优势，协同解决实际问题、提供最佳方案。对爪哇7号项目而言，一方面是通过股东协议、PPA合同来落实两国合作企业之间的协同，并严格按照合同约定履行责任，通过建设、运营期的全方位合作，达到强强联合、相互学习、优势互补；另一方面是依靠项目印尼方的董事及本地员工，对相关外部问题进行协调沟通和矛盾化解。

（3）全员协力。唯有用心，才能搭建沟通的桥梁；唯有沟通，才能实现双赢的结果。项目中标之后的建设、运营期间，组织更多的印尼员工与民众参与到项目建设中。

（4）共享成果。爪哇7号项目要采用中国先进、环保、数字化的火力发电技术，要通过与PLN子公司的合作开发进行相关技术转让，力争助力印尼电力结构升级，争取有效提升印尼电力建设和运营水平。

（5）躬行实践。纸上得来终觉浅，绝知此事要躬行，明确了共生共赢的理念之后，投标工作组要躬行实践、知行合一，逐项、逐条将共生理念分解落实在技术方案、建设模式、运维方式、财务投资、生态环保等具体方面。

上述要求，为爪哇7号项目成功中标和高标准建设运营夯实了基础，更为项目在建设、运营过程中逐渐勾勒、描绘出共生模式的美丽画卷确定了基调。

第七章 技术方案

一、工程设计的特点难点

（一）自然条件恶劣

1. 工程位于赤道附近的海边，"五防"问题突出

项目位于赤道附近的海边，累年平均雷暴日112天，面临防高温、防高湿、防强紫外线、防多雨（雷电）、防海边盐雾"五防"的问题，结构、设备及管道的"五防"要求高，需要专题研究针对性措施。

2. 厂址表层存在深厚印尼特有的火山灰淤泥层，处理难度极大

厂址区低洼、整个厂区均为鱼塘、存在大面积积水，同时表层存在深厚淤泥层，淤泥中含有大量火山灰，含水量高，孔隙比大，黏粒细且含量多，淤泥性状与国内淤泥层特性明显不同，国内淤泥预处理的经验不能完全参考。同时，为满足防洪要求，整个厂区还要在预处理的基础上回填3至4米砂层，桩基设计需要考虑软土引起的负摩阻力影响。如何在工期紧张的情况下，进行有效加固、有效控制工后沉降，具有极大的挑战性，需进行大量试验及专题研究。

3. 多地震，地震烈度高，厂址地震加速度高

印尼为多震国家，且地震烈度高，厂址区地震加速度高，且存在深厚淤泥层，首次在如此复杂地基、如此高地震加速度场地上设计建造百万千瓦机组，结构设计难度极大、对设备的抗震性能要求也极高。另外，由于地震影响大，使得锅炉及主厂房等钢结构断面增大且要求支撑增加较多，对工艺管道的布置及支吊架的设置等影响较大，需对全厂的抗震设计方案和施工措施开展专题研究。

（二）PPA指标和可靠性要求高

1. PPA考核严格，指标要求先进

印尼电力供应紧缺，根据招标文件，PPA要求净上网容量不小于2×991MW，净上网容量（MCR工况下）低于2×991MW时，每1kW违约金为1650美元。此外，机组年可利用系数不低于86%（7533小时），否则面临巨额罚款。PPA要求在所有环境条件下均能达到要求的净出力，但海水温度无历年基础数据、设计及校核煤质需假定，这些外部因素影响机组最终净出力。高水平的指标要求、不确定的外部条件及高额的违约金给设计工作带来极大挑战。

2. 设计使用年限长，系统和设备可靠性要求高

招标文件要求爪哇7号项目设计使用年限为40年、机组年可利用系数不低于86%（7533小时）。爪哇7号项目是印尼最大的机组，印尼电网薄弱、电网频率波动大且波动频繁，"大机组、小电网"问题突出，这些均对系统及设备的可靠性设计提出极大挑战。

（三）燃烧印尼低热值褐煤

招标文件要求燃烧印尼高水分褐煤，印尼褐煤为高位（HHV）发热量4000至4600卡每千克、含水量28%至38%、一次风率约32%至39%，中等或严重结渣煤种，给锅炉炉膛的燃烧组织及制粉系统磨煤机的选择带来很大困难，同时还需要重点考虑防止炉膛结焦等问题。

为此，需设计、采用世界体积最大的褐煤锅炉（出力3100吨每小时，重3.7万吨）、最大电站中速磨煤机。

（四）海工工程设计复杂

项目涉及的海洋水文基础观测资料严重匮乏。厂址北侧SBS码头已填海至爪哇7号项目对应岸线的海域内、南侧MNA（炼油厂）也有新建码头的计划，爪哇7号项目的循环水排水设计方案需要随着周边企业情况的变化而不断变化。如何在三侧受限的狭窄海岸线范围内优化、布置海工工程是一大设计难点。

厂址附近海滩平缓，码头距离岸边远，码头需布置于距岸边约4千米的海域，是世界海上输送距离最长、煤炭输送量最大的输煤廊道，存在如何选择经济、环保的输送方案问题。另外，输煤引桥/引堤沿线海床表层存在火山灰淤泥层，存在满足输煤廊道不均匀沉降要求地基处理问题。

（五）其他设计难点

1. 同时实现APS和FCB功能的电站

招标文件要求机组要同时具备FCB及APS功能，且是必须真正实现的功能，这对主辅机设备选型和热力系统配置提出了很高要求，更大大增加了机组控制逻辑的设计难度。

2. 工程淡水采用海淡制水，需要最大限度提高水资源利用率

印尼属热带气候，全年气候每6个月改变一次，分旱、雨两季，一般旱季为5月到10月，雨季为11月到次年4月，全年降雨不均，河道流量保证率较低，厂址附近河道污染严重，若利用河道淡水作为电厂淡水水源则需要建设调蓄水库并进行水质处理，造价很高。综合比选后，爪哇7号项目采用了海淡制水。如何充分利用宝贵的水资源、最大限度减少电厂新鲜水耗量，是设计中的一个重点课题。

（六）以创新应对难点

面对挑战，国华电力以设计为龙头，对标国内外电站先进水平，从投标阶段就多维度开展设计优化和创新，在地基预处理、总平面布置、系统设备选型、建筑环境设计、节能保护等方面采用了50多项先进技术。以下为投标阶段即明确的主要创新点。

（1）采用多水合一技术，将分散厂区各处的水处理设施建成一座水务管理中心。

（2）全厂地下管网及设施全部采用三维设计，优化平面布置，节省用地，节约资源。

（3）将码头引堤与取排水相结合，以取水明渠为码头运输航道，采用近岸明渠排水、远端明渠取水的布置形式，码头引堤兼作隔热堤，降低投资。

（4）投标时就确定了在海外采用国华电力公司拥有自主知识产权的海水淡化技术方案，设置2套每日产水4000吨的低温多效蒸馏（MED）海水淡化装置，满足2×1050MW机组锅炉补给水和工业水、生活水用水需求。

二、投标前解决主要难题

（一）精心勘测确定设计基础

为查明场区工程地质条件并评价，以便给工程投标设计及工程可行性研究提供工程地质资料与设计所需的岩土计算参数，国华电力公司组织山东院与四航院，在获得PLN书面批准后，于2015年8月至9月进行了投标阶段的陆域、海域岩土工程现场勘测。

勘测报告表明，爪哇7号项目厂区陆域地形总体呈西高东低，从西向东主要由长满杂草、灌木的陆地和池塘组成，从西向东陆地标高由3.0米（MSL）到0.0米（MSL）过渡。横向分布约5条水沟与海域连通，水沟的水流主要受潮汐影响，涨潮时水流由东向西，退潮反之。陆地与耕地的分界线是一条较大的水沟，呈南北走向，与厂区南面特拉特河相连。

海域地形总体趋势同样呈西高东低走向，从西向东海底标高由0.0米（MSL）到-8.6米（MSL）过渡。海域中部有一浅水区呈圆形小岛状。海域与场区南面特拉特河相连处有一条西南至东北走向的泥坝。

整体而言，项目处于火山和地震活动并存地区，地质条件复杂且恶劣。针对这个情况，投标组提出了采用真空堆载预压等一系列创新性地基预处理方案开展相关工作的设想，为后续工程中标及实施，奠定了基础。

（二）总平面布置按照6台机组规划

招标文件原本仅要求按照2台机组进行规划，国华电力公司在完成实地勘测之后，公司董事长王树民提出要充分利用好项目173公顷土地的宝贵资源，总平面布置要按照至少6台机组的规划考虑，充分利用现有厂址，在接入系统、输煤系统等方面都要与时俱进地进行技术创新，要把项目作为一个生态系统、生命体来建设，对项目今后的发展负责；强调要深入研究总平面布置、海域进出口等问题，把每个建筑物、构筑物等的空间布局统筹好，把本期工作和长远发展结合好。总体上要有从一期干到三期的统筹考虑，要对未来20年的总平面布置问题统筹策划。

投标工作组汇总了国华寿光、华能莱芜、国投湄洲湾等百万机组资料，并调研了海门、玉环、泰州等百万机的方案，根据爪哇7号项目的工程特点进行了多方案的技术经济比较。结合多项制约因素后，开展了4+2的6台机组总平布置。

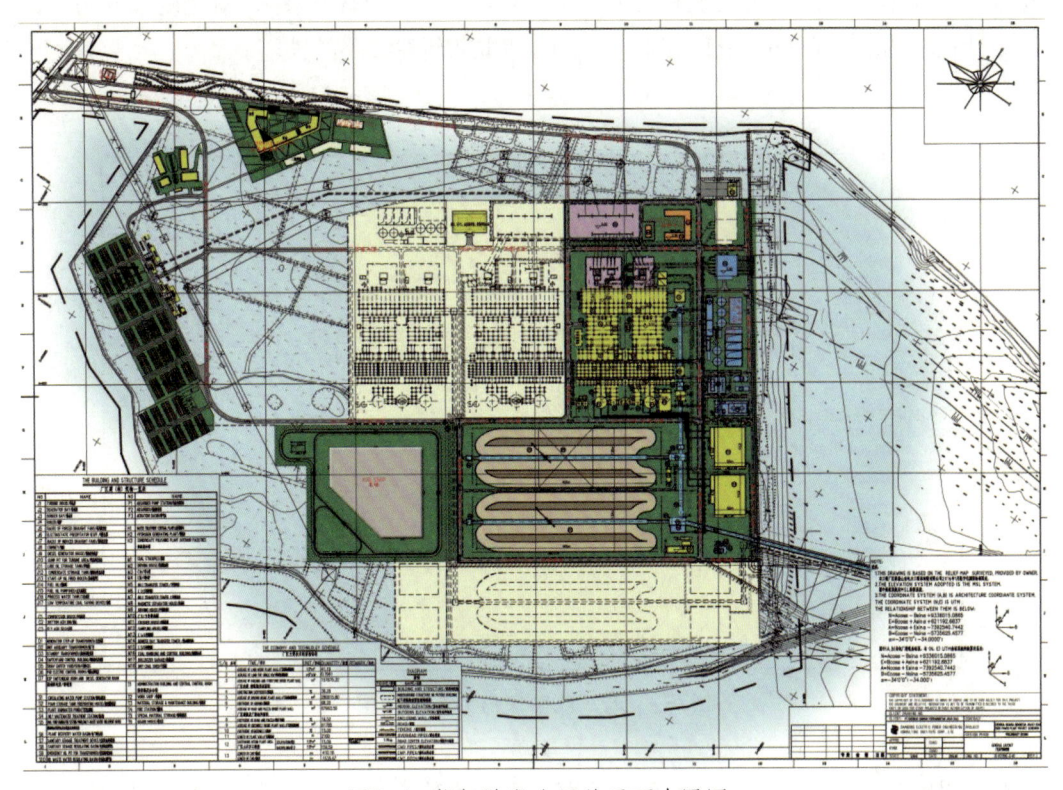

图7-1 投标阶段全厂总平面布置图

确定的投标技术方案中，全厂按4×1000MW机组规划布置，同时留有再扩建2台机组的可能。厂区从西北向东南呈三列式，依次布置500kV开关站、主厂房、储煤场，取水口位于厂区东北侧、排水口位于东南侧，卸煤码头距厂区东侧约4千米。

总平面布置方案具有衔接顺畅、布局规整、布置紧凑、因地制宜和以人为本的特点。

（1）主厂房平行岸线呈三列式布置，从西北到东南布置500kV开关站－主厂房－煤场、灰场，向西北出线。

（2）主厂房固定端朝东北，辅助附属建筑布置在固定端侧。

（3）煤、灰、油、氢及废水处理设施集中布置在厂区东南侧（全年主导风向的下风向），实现净污分区。

（4）厂区设两个出入口，主入口布置在厂区东北侧，货运通道设在厂区西南侧，实现客货、人车分流。

（三）送出线路方案的选择

根据6台机组的总平规划及本期装机规模、单机容量及供电范围，投标方案中，以500kV接入电网，接入系统方案考虑为：高压电以500kV进行传输，2×1000MW级机组分别经双卷变接入电厂500kV配电装置，500kV本期出线4回，采用一个半断路器接线，预留扩建条件。开断（π接）接入现有500kV Suralaya-Balaraja双回线路，新建两条同塔双回线路，共计长度约2×1.65km。R1~R4、L1~L4为本期新建线路的铁塔。

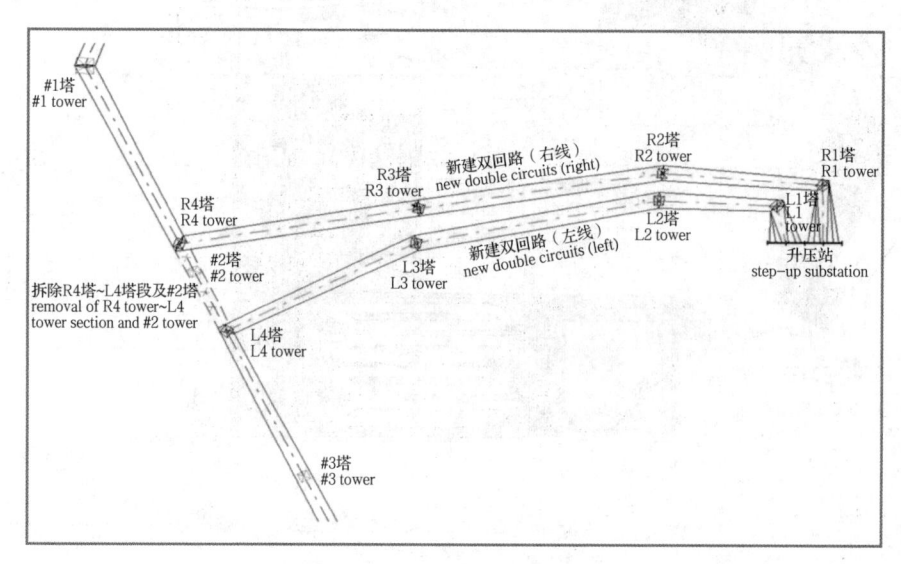

图7-2 电厂线路送出系统示意图

根据招标文件，厂内升压站及输电线路（专有设施）需在运行前1年移交PLN管理，且各方面技术标准、验收标准均需满足印尼电网要求。其中，线路保护、GIS开关量直跳传输、电量计费信息、调度信息传输通道等与中国国内差异较大，接口复杂多样。

此外，印尼电网要求功率因数为0.85（滞后），与国内有很大不同。为此，爪哇工程采用了世界最大容量发电机（视在功率1262.7MVA）、最大容量三相一体变压器（1330MVA）及最大容量断路器等设备。

为了适应印尼电网的要求，投标阶段，投标技术组对机组的接入电网方案及设计参数进行了深入细致的研究，出具了多个专题方案后才最终确定。

（四）主机厂商的选择

相较于印尼原有的IPP项目，爪哇7号项目的招标文件中增加了一个废标条款——主机设备厂家须提供技术许可，具体条款为"采用其设备具有有效或过期设计许可的锅炉、汽轮机和/或发电机供货商的投标人，必须递交一份许可人提供的信函，信函中须说明许可条件以及说明是否存在设备生产和印尼进口限制。如果遗漏这些可能导致投标书不被采纳。"即主机设备属于引进技术的，须提供技术出口许可，且无论主机设备的引进技术协议是否有效或过期，主机厂都必须提供技术引进方出具的许可函。另外，主机设备属于自主技术的，须提供专利证书或其他必要证明文件。

针对这个特殊的严格要求，投标工作组分别与国内的几大主机厂进行了深入沟通。情况反馈如下。

（1）上海电气：汽轮机及发电机取得西门子出具的书面许可函；上海锅炉的技术引进方为阿尔斯通，阿尔斯通反馈其已与马来西亚的某家公司合作投标爪哇7号项目，明确不向国华电力提供许可函。

（2）北京巴威锅炉：与美国巴威合资企业，满足招标文件要求。

（3）东方电气：汽轮机及发电机均与日立签订了引进技术协议，协议已到期，按照招标文件要求，须取得日立的许可函，因种种原因，投标前东方电气未获得日立许可。

（4）哈电集团：哈电集团表示其采用的是自主研发技术，尤其汽轮机，采用了新机型，但其新机型没有投运业绩，不符合招标文件的要求。

（5）武汉锅炉股份有限公司及阿尔斯通北重（北京）电气装备有限公司：均为阿尔斯通合资企业，明确表示在本项目不与国华电力合作。

（6）西门子汽轮机、发电机：没有引进技术问题。投标组与西门子进行了深入交流后，西门子表示愿意直接合作参加爪哇7号项目的投标，也同意向上海电气出具书面许可函。

2015年9月15日，国华电力公司报请中国神华能源股份有限公司《关于提交印尼爪哇7煤电项目投标文件的请示》，提出"招标文件规定，主机设备如果采用引用技术，无论技术引用协议是否有效或过期，主机厂都必须提供外方出具的允许出口许可函，否则可能导致投标书不被采纳。目前，汽轮发电机组，只有上海电气及西门子满足招标文件的要求，锅炉只有北京巴威满足要求。因此，国华电力公司拟建议汽轮发电机组采用上海电气及西门子，锅炉采用北京巴威作为爪哇7主机投标配合厂家。"

2015年9月21日，中国神华能源股份有限公司召开总裁办公会，同意国华电力公司绑定上海电气集团和北京巴威作为三大主机的设备供应商联合投标。

【亲历者说4】知识产权的捍卫者

翟剑萍，国华电力公司基建项目部业务经理，爪哇7号项目投标阶段设备选型的主要负责人。

（以下内容根据翟剑萍的回忆整理）

国华电力公司一直都注重对知识产权的保护，在爪哇7号项目投标准备工作伊始，投标工作组常务副组长、国华电力公司总经理助理平恒就反复跟大家说，"我们要从思想上尊重知识产权，认识到知识产权保护的重要性。国际项目，尤其要高度重视知识产权保护，要充分吸取既往项目的经验教训，确保不出现知识产权方面的问题。"

爪哇7号项目的IPP招标文件发布后，果然如先前预测的一样，标书对知识产权有明确的要求，且为废标条款，"对于引进技术，即使引进技术的协议过期，也需要技术转让方的出口许可函"，这比以往其他国际项目的标书要求都更加严格。

三大主机是整个投标技术方案的基础，主机供应商需要在投标初期尽早确定下来。看到标书后，平恒带领投标团队立刻对国内外主机厂展开了调研，要求大家一方面认真仔细地研究各大主机厂提供的资料，另一方面要通过各种渠道了解各厂在国际上是否有知识产权纠纷的相关案例。

平恒和大家一起对每一份材料、每一个案例都进行了充分的研究讨论，最终对各大主机厂的知识产权的情况有了全面的了解，提出了主机供应商选择决策建议：基于知识产权许可方面的考虑，只有北京巴威的锅炉、上海电气的汽轮机和发电机这一组合，满足PLN招标文件的要求，建议按此组合方案进行选择。方案上报后得到了国华电力公司领导和上级单位的支持和批复。

同时，投标团队对爪哇7号项目所有可能涉及知识产权的设备和技术，包括所有辅机设备进行了研究，确保不出现知识产权方面的质疑。事实证明，投标期间对知识产权的充分重视，使得爪哇7号项目投标以及项目执行期间没有遇到知识产权方面的纠纷。

在这个过程中，团队成员对知识产权的认识有了进一步的提升，坚定了尊重知识产权、保护知识产权的思想认识，并在工作生活中自觉维护知识产权，做知识产权的捍卫者。

（五）中国标准的引入

招标文件要求采用ASME标准或等同标准进行设计、制造及建设，但国华电力公司在投标初期就立志要带动中国标准走出去，在海外展示"中国设计、中国制造、中国标准"。为此，国华电力公司开展了三部分相关工作。

第一个是投标技术方案准备阶段，投标工作组对技术方案中所有涉及的标准，进行了系统性梳理，重点对火力发电领域中国标准（GB等）和美标（ASME等）进行了分析和比较。总体来说，中国标准与美国标准在火电领域的技术要求和标准规范，除了个别方面外，基本等同。

第二个是投标技术方案中，国华电力公司在各技术文件中增加了"美标或等同标准"的描述，并且附上了中国标准（GB）与美标的对比分析报告。（注：正式的投标技术文件中并无GB标准的描述）

第三个是中标后的PPA谈判阶段，国华电力公司提出中国标准（GB）在绝大多数领域是等同美标的，属于投标文件中"美标等同标准"的范畴，建议在PPA中明确采用中国标准。印尼方提出PLN目录里没有中国标准，坚持工程的设计、建设、验收都要采用美标。投标工作组持续与印尼方深入沟通交流，并邀请PLN及其聘请的欧美技术支持团队多次来中国实地参观国华电力公司建设、运营的电厂，最终获得了印尼方的认同，把中国标准正式签进了PPA。

具体为，除了下表中系统、设备的设计、制造采用美标或其他标准外，其余均采用中国标准（GB及相关的中国行业标准）；且全部安装、调试、验收标准均为中国标准。

表7-1 部分设计标准清单

序号	系统、设备	执行标准
1	锅炉（包括炉膛和受压部件）	ASME
2	给水系统的设计压力和温度	锅炉本体部分：ANSI/ASME B31.1 其余部分：ASME
3	锅炉大气式扩容器及储水箱	ASME
4	主蒸汽、再热蒸汽及高压给水管道	ASME
5	高压加热器	ASME
6	汽轮机及管道防水等级（WIP）	ASME TDP-1
7	低压加热器和除氧器设计	性能设计HEI （制造和检验按GB标准）
8	凝汽器设计和制造	性能设计HEI （制造按GB标准）
9	除氧器和加热器液位控制装置	ASME TDP-1
10	空压机储气罐设计、认证和钢印	ASME
11	氢气贮存罐设计、制造	ASME
12	安全淋浴器	美标ANSI/ ISEA Z358.1-2014 "Emergency Eyewash and Shower Equipment"
13	二氧化碳贮存罐设计、制造	NFPA
14	消防	NFPA
15	电缆桥架	NEMA
16	发电机断路器	ANSI
17	阀门、执行器、配电盘	IEC
18	发电机绕组的绝缘材料要求	IEC
19	500kV升压站设计、制造和检测	IEC
20	接地设计	IEEE
21	设备盘柜及仪表外壳	IEC
22	FSS and ETS	IEC
23	全厂火灾探测及保护系统	NFPA
24	锅炉保护和燃烧器管理系统	NFPA
25	通风、空调及除尘系统设计	ASHRAE
26	HDPE防渗膜	美国环境保护局要求
27	环保排放	印尼国家标准

三、投标的主要技术方案

（一）建厂条件

（1）厂址条件：位于印尼爪哇岛万丹省，雅加达西北约100千米。厂址由PLN提供，总面积约173公顷，主要为废弃鱼塘和荒弃稻田。

（2）煤源煤质：主要来自印尼东加里曼丹岛，海运约850海里到厂。燃煤高位发热量限定为4000到4600 kcal/kg。

（3）燃煤运储：配套建设2×1.4万吨卸煤码头，露天条形煤场按30天储量考虑。

（4）水源供水：机组冷却采用海水直流供水，锅炉补给水等生产、生活淡水由海水淡化提供。

（5）接入系统：场内设500KV升压站，接至距离厂址约1.6千米的已建的2条500kV线路，出线4回。

（6）灰渣处置：综合利用为主，厂内设储量1年的备用灰场。

（7）工程地质：厂区属于爪哇岛西部滨海平原区，地势较低缓，地形起伏较小，高差2~4米，地貌类型为滨海倾斜平地和潮间带，厂址地震烈度为8度。

（二）设计原则

（1）电厂的可靠性、可用性和可维护性将符合招标文件要求。

（2）发电厂的设计及设备选型将确保在整个预计的环境条件范围可进行可靠的基本负荷运行，而不限制电厂的产出。

（3）发电厂设计主要进行基本负荷运行，如果需要，也能够降负荷连续运行。发电厂保障可在高净出力下运行。

（4）发电厂的设计将达到同期同类先进发电厂的可用性和可靠性水平，设计寿命为40年。

（5）发电厂与PLN电网系统的所有接口将符合PLN、爪哇-巴厘电网准则及招标文件的相关要求。

（6）按照NFPA标准及所有印尼法定的、相关部门约定的要求设计消防系统，为整个发电厂提供保护。

（7）发电厂将完全按照相关健康和安全工作规程、相关法律法规、条例的要求建造、安装和调试，并运行和维护。

（8）设备位置和布置将确保一旦在正常运行和维护过程中发生火灾或其他危险，人员可通过不少于两条逃生路线逃生。

（9）设备上的所有铭牌都将采用印尼语和英语书写。从项目设计到运行期结束的整个项目期，都将采用KKS编码系统。

（三）工程设想

（1）主机条件：招标文件要求机组净出力为1800MW到2200MW，本工程选用2×1050MW一次再热超超临界机组。锅炉为露天布置、固态排渣、全悬吊钢结构的π型锅炉，汽轮机主蒸汽压力27MPa、主蒸汽和再热气温600℃。发电机为水氢冷却的三相同步发电机，运行频率48.5到51.0Hz，功率因数0.85（滞后）到0.95（超前），短路比不小于0.45。

（2）总平面布置：全厂按4×1000MW机组规划布置，同时留有再扩建2台机组的可能。厂区从西北向东南呈三列式，依次布置500kV开关站、主厂房、储煤场。

（3）热力系统：采用中速磨直吹式，每台炉配7台磨机，6运1备。汽轮机采用十级回热系统，每台机组配置2台50%容量电动给水泵组。

（4）输煤系统：按招标文件要求，系统出力按2×250%容量，即2×3000t/h设计。码头配置4台1500t/h的桥式抓斗卸船机，设1座储煤量30天的条形煤场，煤场配置2台3000t/h的斗轮堆取料机。

（5）除灰系统：采用正压浓相气力除灰系统。两台炉设2座钢结构灰库，每台炉设1座钢结构渣仓。

（6）供水系统：采用海水直流供水冷却方式，每台机组配置3×33%容量循环水泵，循环水排水温度小于40℃。

（7）脱硫系统：采用海水脱硫系统，脱硫用海水取自循环水系统。

（8）海淡系统：淡水耗量按150t/h设计，配置2台3600t/d出力的低温多效海淡系统。

（9）电气系统：每台机组以发电机-变压器形式连接至500kV开关站。发电机出口装设断路器。高压厂用电系统采用10kV，低压厂用电系统采用380/220V。

（10）热控系统：采用炉、机、电及辅助系统（车间）集中控制方式。

（11）土建与建筑：主厂房及其他建构筑物采用钢结构，地基处理按灌注桩考虑。

第八章 建设方案

一、项目建设模式的选择

（一）选用EPC模式的背景

爪哇7号项目IPP招标文件要求投标人在投标文件中必须确定有约束性的EPC总承包商，并对EPC总承包商的资格、业绩提出了明确要求。鉴于此，国华电力公司充分调研后，确定由山东电力工程咨询院有限公司与浙江火电建设有限公司组成的联合体作为IPP投标的EPC总承包商。

（二）EPC模式及发展简述

EPC（Engineering Procurement Construction）指总承包商受业主委托，按照合同约定对工程建设项目的设计、采购、施工、试运行等实行全过程或若干阶段的承包。通常承包公司在总价合同条件下，对所承包工程的质量、安全、费用和进度负责。

20世纪80年代初，集设计、采购、施工于一体的EPC模式一经出现，就由于其资源配置和综合效益特点受到业主的青睐，在以美国和英国为代表的西方国家电力投资建设项目中开始广泛应用。近些年来，东南亚、非洲、南美等新兴市场，特别是印度尼西亚、印度、越南、南非等急需大规模电力工程建设的国家，也开始广泛应用工程总承包模式。

（三）国华电力公司对EPC模式的探索

从2014年5月起，国华电力公司启动EPC总承包建设模式的调研、分析和策划工作。王树民董事长策划构建了具有国华特色的EPC总承包建设模式——GHepc模式，要求坚持"小业主、大咨询、大社会"的理念，体现"专业化、创新和创造价值"的原则；吸收借鉴国内外发电工程EPC建设模式、FIDIC条款、世行亚行国际工程招标经验；融合国华电力公司企业文化、基本建设理念和管理经验积淀，将国华电力公司建设目标理念、管理制度、技术标准落实到GHepc招标文件和合同中；注重前置管理和顶层设计，明确GHepc承包招标前进行建设总体策划、设计优化、投资控制的原则措施。系统性指明了GHepc模式的指导思想、基本原则和具体要求。

2015年5月27日，国华电力公司以国华电基〔2015〕12号文下发《国华电力公司发电工程实施Ghepc总承包建设模式的原则意见》。核心内容如下。

（1）基本原则：小业主、大咨询、大社会；专业化、创新和创造价值。

（2）基本目的：适应新的发展要求，改进和变革生产关系，提高劳动生产率，将价值创造贯穿于工程建设的各环节和各阶段。

（3）建设目标：实现性能指标先进、安全质量受控、工期造价合理、发电厂寿命周期效益最大化。

（4）管理体系和资源配置：主体责任层——项目公司；咨询服务层——设计咨询、业主工程师、设计审查、性能试验等单位；工程监管层——设计监理、施工监理；建设实施层——GHepc总承包商及其分包商、专项EPC承包商、单项工程承包商、设备物资供应商等。

GHepc总承包项目组织管理体系如下图所示。

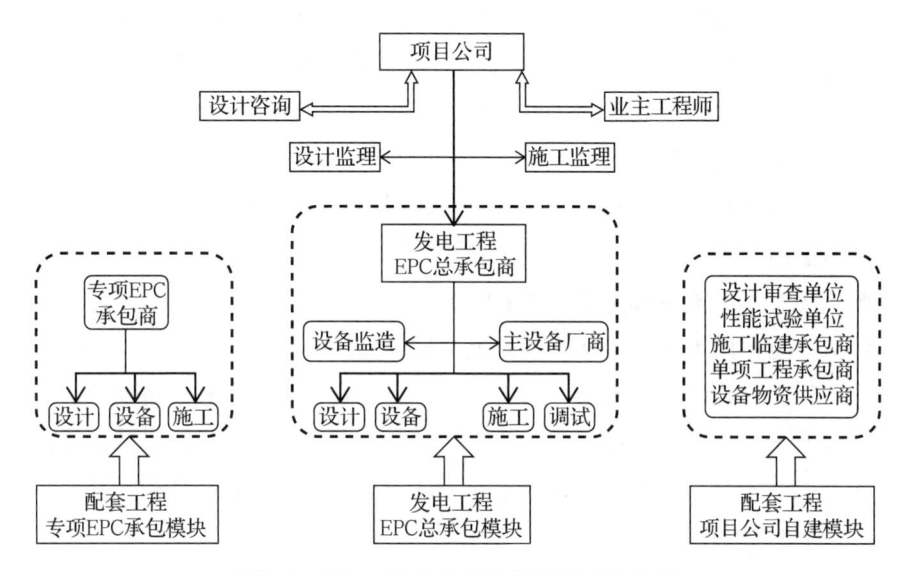

图8-1 GHepc总承包项目组织管理体系图

（四）爪哇7号项目EPC模式的总体架构

国华电力公司董事长王树民在2015年9月16日召开的国华电力技术委员会上，明确提出，"在爪哇项目的投标、建设、运行过程中，要充分借鉴、运用国华电力在基建、生产实践中取得的经验；要基于GHepc创新项目管理模式，在工程推进全过程中把国华电力'管控团队专业化、资源配置集约化、组织架构扁平化、管理平台信息化'的'四化'管理模式真正落实到位。"

据此，国华电力公司参照《GHepc总承包模式的原则》，并结合海外项目特点，按照合同约束、权责一致、协同高效、制约制衡的原则，从投标阶段就系统性构建了爪哇项目的组织管理体系，按照专业化原则，合理配置工程建设的内外部资源。

主体责任层面的项目公司，负责融资、外部环境协调、保障及时付款事项。监管层面的设计监理、施工监理由项目公司委托，行使监理监督职责。建设实施层面的EPC总承包商及其分包商、设备供应商、专项EPC（EP）承包商负责项目建设和移交。性能试验、技术监督、质量监督等单位由项目公司委托，承担第三方性能验收和监督职责。

二、工程建设理念和目标

（一）工程建设理念

建设"创造价值，传承文化"的"现代工业艺术品"；建设"低碳环保，技术领先、世界一流的数字化电站"；建设"安全、清洁、高效、智能"的环保型美丽电站；以人为本、生命至上、风险预控、守土有责、文化引领、主动安全。

建设"理性创新、高效简约，经得起历史考验的可靠洁净工程"；打造"追求卓越、铸就经典，一次成优、同步归档"的优质工程；打造"风险预控、安全可靠，主动安全、过程受控"的放心工程；打造"目标引领、调度有方，诚实可信、如约如期"的诚信工程。

（二）工程建设目标

建设总目标：建设具有印尼文化特色、长期盈利的国际一流示范电站。

1. 安健环目标

（1）政治安全：不发生影响项目形象的事件。

（2）经济安全：用审计和纪检的眼光全过程管控。

（3）生产安全：确保人身安全、消防安全、交通安全、机具和设备安全。

（4）环保安全：环保设施确保满足"三同时"原则，并优于投标时的设计标准。

（5）职业卫生安全：不发生职业伤害、无职业中毒事件，以员工健康工作、幸福生活为目标，做好职业卫生健康管理。

2. 质量目标

实现机组高标准达标投产，投产移交后长周期安全稳定运行。确保设备和装置的可靠性、系统和技术的先进性、结构和基础的安全性、环保和环境的合法性。

3. 进度目标

自PPA生效日后48个月首台机组商业运行（COD），54个月后项目商业运行期（PCOD）。

现场前期施工开始至主厂房开工（浇筑混凝土），预计需18个月。假定以2016年1月1日为起点，推算主厂房开工日约为2017年7月1日。

根据国内百万机组的经验，首台机组从主厂房开工到投产约为30个月，第二台机组约为30+4个月，若主厂房开工日为2017年7月1日，首台机组预计投产为2019年12月30日，第二台机组预计投产为2020年4月30日。

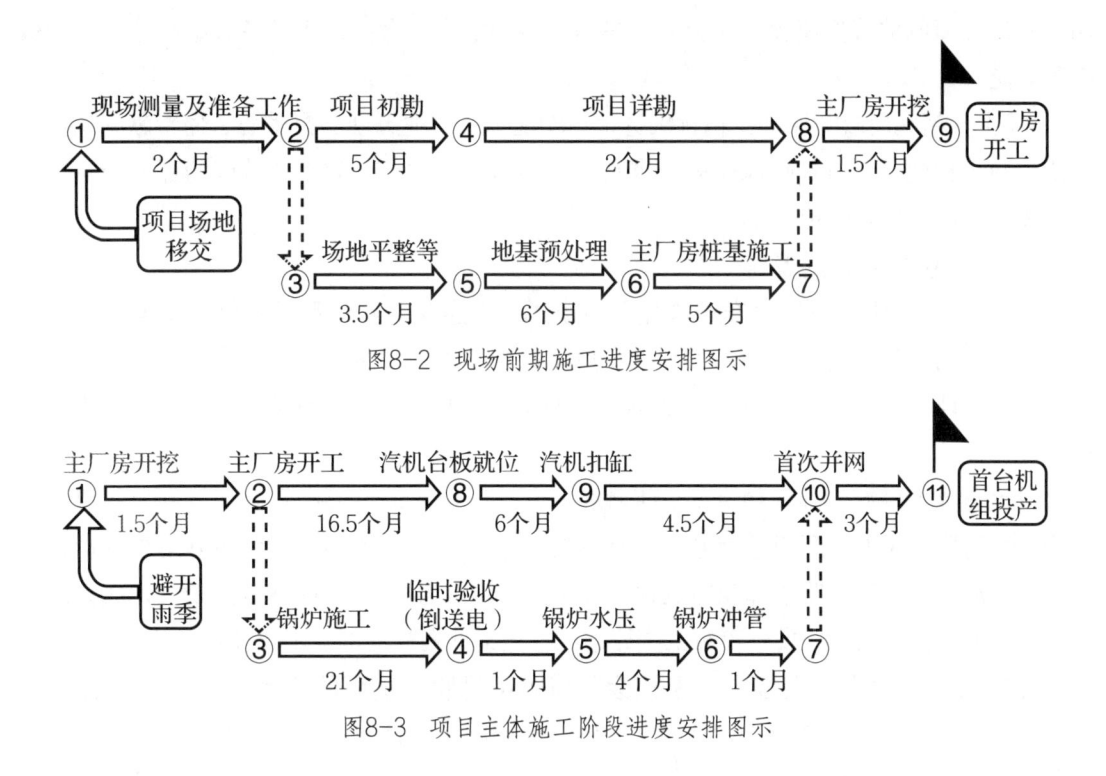

图8-2 现场前期施工进度安排图示

图8-3 项目主体施工阶段进度安排图示

三、组织机构及管理体系

（一）基本管理原则

（1）目标导向原则：以"建设具有印尼文化特色、长期盈利的国际一流示范电站"为指引，各单位、各级人员做长远思维和长期打算，强化目标一致性，坚定不移地将爪哇7号项目建设成一个中印尼两国国企合作的示范窗口。

（2）依法合规原则：以法律法规为底线，以制度为红线，以流程为法线，按法律办事、照合同执行，以制度管人、以流程管事。

（3）合同约束原则：强化合同在工程建设管理上的效力，管理依据合同、控制依据附件，建设过程中所有协商结果形成补充协议，纳入合同管理。

（4）履约守信原则：围绕工程建设理念和目标，各相关方积极履行合同的约定和承诺，自主加压、自我管理、追求卓越。

（5）合作共赢原则：统一思想和认识，创建"团结协作，和谐向上，合作共赢"的文化氛围，建设以民族情怀为底蕴的"互助合作，共荣共赢"工程建设文化。

（6）责权一致原则：以合同和协议的条款为依据，工程建设过程实行协商制，充分尊重各方的权力和利益，有礼有节地开展工程建设，实现权、责、利的高度统一。

（7）效率效能统一原则：依照EPC模式，建立科学高效的管理制度，以及好用、耐用、实用、简约的管理流程，充分激发参建人员的活力和潜能，提升各级组织和人员的效率和效能。

（8）"精兵简政"原则：精挑细选，组织能力强、业务硬、有爱心、懂奉献的人员和队伍参与工程建设，打造作风硬朗、求真务实的组织机构，以效率、效能的评估为抓手，实现体系运作的高效运转。

（二）组织机构设置

1. 按照全过程"基建生产一体化"的模式，搭建项目公司责任主体管理架构

项目公司是工程建设的全面管理责任单位，全面管理与协调工程建设事项，负责总体规划、总体计划，负责PPA、EPC、监理、咨询等合同履行，全过程监管工程安全、质量、进度、投资。

设置行政人事部、计划物资部、工程技术部、安健环监察部和发电部等五个部门，项目公司精简配置30人。厂用电带电前6个月发电部转为生产技术部，国华爪哇运维公司开始参与工程建设，安健环监察部职能兼顾基建与生产；机组全部移交生产前6个月，成立经营财务部；项目移交生产、投资等竣工决算结束，撤销计划物资部、工程技术部。

2. 按照"小业主、大咨询、大社会"模式组建监管层面的设计监理和施工监理

设计咨询（监理）按初步设计、司令图、施工图、设计变更（变更设计）等阶段，全过程审核设计文件及审核设备采购技术文件，负责工程设计输入条件、设计质量、设计深度、设计进度、设计范围和接口等技术管理工作。

施工监理承担工程建设全过程施工监察工作，履行"四控、两管、一协调"（安全、质量、进度和造价控制，合同管理和信息管理，组织协调）的职能职责。施工监理在印尼现场工作，按照法律法规、规范、规定要求开展现场施工监理工作，在安全、质量、进度、设备、测量、技经、合同等方面认真履行监理职责。

3. 按照GHepc管理原则设置EPC现场项目部

EPC联合体遵照PPA合同约定的法律法规、规范、规定，按照合同约定的范围组织管理工程建设；负责合同范围内的设计、采购和建设工作，并对工程安全、质量、工期和投资全面负责；负责主体工程与专项工程、单项工程的设计拿总和设计接口配合管理；对设备供应商、设备监造单位、施工调试承包商以及其他服务商进行管理。

EPC联合体要设置工程建设设计、采购、过程管理和控制组织机构，设置计划部、工程建设部、物资部、安健环管理部、综合部五个部门，配置约60人的管理队伍。

4. 其他技术服务单位

根据EPC模式特点，由项目公司委托具有相应资质的技术监督单位和性能试验单位，负责技术监督和检测、性能试验等工作。依据合同开展相应的全过程监督、检查、检测和试验，编制定期和阶段性报告，向项目公司如实、及时报告在监督、检查和试验过程中发现的偏差，并负责纠偏的闭环核查和签证。

（三）组织体系管理

（1）建立健全项目公司法人治理机制，规范股东会和董事会事务管理，做好与PJB股东方沟通和协调，充分发挥董事会、股东会的领导和决策作用，重要事项需要通过股东会和董事会决议，持续加强法律工作在项目公司管理中的作用。

（2）建立以项目公司监管、监理单位监控、EPC总包单位全面负责的工程建设管理体系，EPC总包单位按照合同约定，依据工程建设组织程序组织开展工程建设。

（3）设计咨询（监理）工程师作为设计方面的雇主代表人，对设计工作、设计成果全面审核；施工监理工程师作为施工方面的雇主代表人，按照法律法规、规范、规定及合同约定对工程实施监查工作，并拥有签发暂停令的权利。

（4）EPC总包单位依据《建设工程项目管理规范》《建设项目工程总包单位管理规范》和合同约定，编制项目实施规划，建立完善的项目组织管理、质量保证、安全管理等体系，合理配置资源，满足工程实际需要。

（四）管理体系运作

（1）在工程开始前收集、整理中国和印尼法律法规、国家标准、PPA协议认可的标准，下发到各级组织，同时开展法律法规风险分析和评估，制定、调整相应的管控策略，保证工程建设依法合规。

（2）以国华基建管控体系为依据，结合EPC总包单位的管理体系，准确定位建设方、监理方、EPC总包方的责任和权力，在EPC合同签订后6个月完成基于EPC合同的管理体系文件的编制，明确项目公司、施工监理、EPC总包单位和其分包商之间的管理流程，实现管理流程化、表单化和信息化。

（3）在工程开工前和每年年初，组织安全、质量、进度、投资和社会稳定等方面的风险辨识和评估，不断完善以科学逻辑为风险辨识基础的风险数据库，制定专项风险预控措施，并进行有效管控。

（4）搭建国际化EPC模式下的项目信息管控平台，结合EPC总包单位信息化管理平台，建设责任明确、界面清晰、系统流畅的信息化管控模型。构建信息应用系统间的联动，逐步实现业务全面覆盖、过程异地监控、信息集成共享，实现各级决策系统、工程管理过程的信息化、重要信息报表自动化，实现基建智能建设的管理要求。

（5）按照"基建生产一体化"管理模式，生产人员参与设计、制造、施工、试运和性能试验全过程管控，参与工程的图纸会审、技术方案评审、关键验收，对关键技术环节的标准、接口协调、质量控制起到把关作用。

（6）建立工程建设周、月度工程协调会议机制，项目公司及时掌握工程进展、沟通工程信息、协调重大事项和问题处理；设计咨询（监理）、施工监理、EPC总包单位、设计、施工和调试单位应提交月度书面工作报告。

四、工程建设的核心要求

（一）开工前准备

由EPC承包商组织设备采购、初步设计和施工图设计，总承包商和施工单位进场，并组织编制施工组织总设计、创优规划细则、金牌班组实施细则等。按照国华电力公司《基建工程施工单位现场生活区设置指导意见》，统筹规划和建设现场配套生活设施。按照国华电力公司《开工管理规定》和《开工条件检查表》的要求，组织落实项目开工条件，报国华电力公司审核确认。

（二）安全管理

（1）根据国华电力公司《基本建设本质安全管理体系》，树立"以人为本、生命至上，文化引领、风险预控"的安全理念；强化责任制建设、制度建设、安健环文化建设和执行力建设；明确界定项目公司安全监管责任、施工监理的法定监管责任和EPC总承包商的主体责任；构建完善的项目安健环监督体系和保障体系。

（2）组织成立现场安健环委员会，实施《安健环三年行动计划》，每月组织开展现场检查、风险评估活动。针对施工、调试阶段的重大危险源，明确应急管理程序，确定应急演练项目，制定应急预案，并按计划开展应急救援演练。

（3）项目公司要与EPC总承包商、承包商和分包商全部签订安全管理协议，安全管理机构和人员资格符合法定要求。承包商和分包商组织制定安全管理实施计划、落实责任并接受检查监督。

（三）质量管理

（1）实施《质量管理三年行动计划》，确定月度专题，组织开展质量宣贯、检查和评价活动。质量评价指标、机组性能指标、环保指标和可靠性指标，在同期同类型机组中处于领先水平。

（2）实施"设计策划标准化、加工配置工厂化、施工作业专业化"。招标文件要明确加工配置工厂化和施工作业专业化清单，并在过程中实施管控。

（3）执行国华电力公司《火电项目工业艺术品细部工艺图集》及《土建艺术品细部工艺标准图集》，依照样板开展细部工艺设计和施工。

（4）落实国家强制性条文、《防止电力生产事故的二十五项重点要求》、国华电力公司《基建技术质量问题负面清单》，在招标文件和合同中明确责任。工程开工前确定本地化的质量问题负面清单并进行动态管理，落实到设计、设备采购和施工调试各阶段、各环节。

（四）进度管理

在EPC总承包合同中要明确里程碑和一级进度计划；里程碑节点由国华电力公司管

控，一级进度计划由项目公司管控。如一级进度计划延后15天，总承包商须在原计划日前20天上报项目公司；如里程碑节点延时，项目公司应按规定及时上报国华电力公司审批。

（五）调试和投产管理

按照国华电力公司《调试深度管理规定》和《基建项目投产条件检查表》，全面开展机组深度调试。严格对厂用受电、化学清洗、蒸汽吹管、机组整套启动、168小时满负荷试运等关键节点进行确认，实现高质量投产。

（六）考核与验收

（1）对机组性能保证、环保性能保证、各系统性能保证进行考核，考核试验由项目公司委托第三方进行。

（2）按照事先约定和过程审核的管理原则，加强对性能试验条件和结果修正办法（曲线）合理性的确认，并在性能试验中尽可能不修正或少量修正。

（3）工程保证工期的考核是对EPC总承包商履约管控的主线。招标文件应以先进合理的原则，设置主厂房开工考核节点、进度考核节点和竣工考核节点，作为刚性工期考核节点，并配套设置考核节点提前补偿金和延期违约金。

（4）严格执行关键部件和工序验收合格才能进入下一道工序的管控原则，对施工现场发生安全、质量事故，或经风险辨识确认存在的安全和质量事故隐患，项目公司有权责令总承包商局部或整体停工整改，因此延迟的工期责任由EPC总承包商承担，以实现工程安全和质量保障与工程保证工期考核的挂钩。

第九章 运维方案

一、运维方式的投标应对

(一) 招标文件对运维的要求

经梳理,爪哇项目招标文件中关于O&M(运维)承包商有以下三个核心要求。

(1) 投标人指定的运维商要与PLN下属公司PJB在印尼注册成立公司,负责爪哇7号项目的运维工作,拟选的运维承包商可在新组建的运维公司中持有70%~49%的股份,剩余30%~51%的股份由PJB持有,具体股权比例在与PJB签订股东协议前确定。PJB与中标方共同设立的运维公司将与爪哇7号项目公司签订运维合同。

(2) 运维公司设立后,PJB安排至少30%关键人员和至少30%员工;进入运营期后,PJB安排50%的副职管理职位和至少3个管理职位(管理职位不包括董监事);须安排骨干员工的轮岗,使得商业运营后10年内,PJB安排的人员担任运维公司董事以外的所有管理职位、高管副职及其他关键职位。

(3) 运维承包商的资质要求:成功运维过至少2台燃煤发电机组,且每台机组总容量至少为500MW,各机组商业运行不少于1年。

(二) 从投标文件出发对运维模式的考虑

国华电力公司综合考虑运维公司的投资风险防范、运营管理等因素,经审慎研究后,拟由下属的神华国华粤电台山发电有限公司与PJB成立运维公司。国华台山电厂的主要优势包括:地理位置离现场相对较近;气候环境与项目现场类似;各方面资质满足招标文件要求;有按国华管理理念建立起来的、成熟的生产管控体系和人员队伍,可以实现管理层、操作层的无缝对接。项目公司和运维公司均由国华电力公司管理,能较好地领会并落实国华电力公司的管理标准和工作要求,实现项目建设运营目标。

2015年9月21日,中国神华总裁办公会确定《研究国华电力分公司印尼爪哇7煤电项目投标等事宜》后,投标文件中明确由神华国华粤电台山发电有限公司与PJB成立运维公司,运维公司股比与项目公司保持一致(中方70%、印方30%),并且响应招标文件对运维公司人员配置、运营管理模式的各项要求。

二、运维公司定位及定员

（一）战略目标及职责定位

（1）国华爪哇运维公司战略目标：将爪哇7号项目运营成为"印尼最优，世界一流"的燃煤发电示范电站。建立一套融合国华管理、符合印尼文化的电厂管控体系；培育一支高素质的国际化人才队伍；如期实现员工本地化战略。

（2）国华爪哇运维公司生产准备期职责定位：是生产准备的责任主体，负责生产准备的策划和组织实施；是"基建生产一体化"的重要组成部分，深度参与基建，为机组高品质投产保驾护航。

（3）国华爪哇运维公司生产运营期职责定位：是安全生产责任主体和成本控制中心，负责贯彻执行国华电力发电本安管理体系，负责生产承包商管理，对年度安全生产、可靠性、经济性负责。

（二）组织机构及定员方案

投标阶段，基于国华电力公司多年的"基建生产一体化"经验及招标文件的印尼本土化要求，经过对印尼当地具有代表性的电厂展开多轮深入调研，本着"安全第一，成本领先"的原则，对国华爪哇运维公司组织机构、岗位设置和定员等方面设计进行了反复讨论和优化，最终确定了组织架构与岗位定员——国华爪哇运维公司生产期设行政人事、经营财务、安健环、生产技术、运行、维护6个部门，定员166人。

并响应招标文件要求，设计了在第一台机组COD后10年内，将运维公司董事以外的所有中国员工全部替换为印尼员工的方案。

三、运维低成本战略策划

应用国华电力国内外电厂的成本管控经验，通过成本解构，对商务报价涉及的成本参数从总体目标向下层层细化分解，进而形成众多相互交叉又相对独立的决策单元，由上级决策单元统筹下级决策单元，并落实每个决策单元的责任主体，做实做细每一项成本费用的策划和优化工作。

大力开展本地化策划。依托国华电力强大的技术能力和人才资源，策划在国华台山发电公司、国华三河发电公司设立印尼籍员工培训中心，大力开展印尼员工培训，实地开展生产准备工作；开展虚拟DCS及高精度仿真培训，快速培养本地化运维队伍，将中国派遣员工比例控制在总员工的8%左右，在保证机组运行质量的同时大幅降低人工成本。

大力提高设备自动化水平，提高机组可靠性的同时降低用工数量。例如，在机组启停控制方面，常规APS指"一键启停"，可以实现机组智能启动和停运，从整体上提高机组自动化水平，但考虑到运维人员大部分是印尼员工，经验相对较少，因此，爪哇7号项目从APS功能设计阶段就提出了"全程启停和智能运行"的新理念，将APS智能控制由一键启停扩展至机组正常运行阶段全过程智能运行，实现锅炉点火到满负荷全程自动控制。

深入调研当地市场环境，不断优化成本发生方式。根据国内百万千瓦机组和国华穆印电厂的成本项目、成本水平，调研爪哇7号项目周边市场情况，开展运维成本策划工作。例如，针对发电副产品即灰渣的处置，投标组结合项目周边有水泥厂的条件，预计未来对粉煤灰的需求旺盛，灰渣处置成本策划按照在周边低成本消纳考虑。

四、煤炭供应的总体策划

煤炭供应工作是火力发电项目运营期的重要工作之一，很大程度上直接影响电厂的运维。为此，国华电力公司在投标阶段对煤炭供应工作进行了系统性策划。

（一）招标文件对煤炭供应的要求

按照招标文件，煤炭招标采购由项目公司负责，采购过程分为批准煤炭供应计划、批准煤炭供应商、批准供应合同和批准替代供应商四个阶段，PLN对采购进行监管和审批，煤价执行到项目公司自建码头的CIF价（到岸价）。

煤源的选择分为两个阶段。第一阶段为投标阶段，投标方应根据招标文件的煤质要求及招标方的供煤策略选择适当的意向供煤商进入供应商名单，供应商名单中应包括一级供应商、二级供应商及优选替代供应商。第二阶段为项目实施阶段，中标后项目公司应立即启动对名单中的供应商的资格预审及招标程序，并在融资日之前完成与PLN一同选择价格最低的供应商作为本项目的供煤方。

投标阶段，国华电力公司针对煤炭供应做了总体策划，并以《爪哇7号投标项目供煤策略》专题报告作为投标的重要支撑。虽然项目执行过程中PLN提出燃煤采购由招标阶段确定的项目公司自行采购变更为由PLN公司直接采购（"发电运营"篇将说明如何应对此项变化），但投标阶段的供煤策略仍具有较高的参考价值。

（二）煤质要求及应对

1. 招标文件对煤质的要求

高位发热量4000～4600kcal/kg

水分＜38%

干燥无灰基含硫量＜1.5%

灰分＜6%

2. 投标方对煤质的控制

为了更好地响应PLN对煤质的要求，国华电力公司在投标设计方案中对煤质参数进行了进一步的优化以保护环境、降低能耗，最终将设计煤质主要参数拟定如下：

高位发热量4000～4600kcal/kg

水分＜30%

干燥无灰基含硫量＜1%

灰分＜6%

(三) 煤源地的选择

爪哇7号项目厂址位于印尼爪哇岛万丹省西冷市与芝勒贡市之间，厂址东北距孔雀港（又名默拉克港）约13千米。以质优价廉为目标，首要考虑的是尽可能选择距离项目最近的煤源，其次从煤质考虑。楠榜省的煤源距离较近，但多为低热值煤；南加里曼丹岛的煤源热值较高，但运距较远。因此在煤源地的选择上，综合考虑楠榜及南加里曼丹两个省的煤源，混合掺配，实现质优价廉的目标。

(四) 煤炭的运储方式

煤炭采用海运方式，码头接卸，通过栈桥送至煤场，也可直接进主厂房。在距岸约4000米，水深-8米处建造2个14000吨级泊位。卸船采用抓斗式卸船机。厂内设两个煤场，满足2台锅炉30天耗煤要求。煤场配有悬臂斗轮堆取料机、装载机和推煤机。同时设置干煤棚，储量满足2台锅炉3天耗煤要求。

综合考虑技术要求和经济性因素，如有多个煤源供煤，需要对燃煤进行混煤作业，可采用斗轮机混煤方式。输煤皮带采用双路布置，一路运行，一路备用，并具备双路同时运行的条件。码头至厂区输煤栈桥安装简易防雨棚，厂区内输煤栈桥按露天式加封闭盖考虑。

(五) 煤炭的检验方式

煤质检验方式为厂方化验，项目公司设立专门的岗位，负责日常的检质检斤工作，并委托第三方进行定期设备校验。

(六) 建立合格供应商库

为使煤炭持续稳定供应，投标方将成立专门的燃料管理机构，通过资格预审建立合格的供应商库，并获得合格供应商的供煤意向函。入库供应商包括以下两类。

未开采煤炭供应商：目前拥有勘探状态下适当煤种的供应商，优势在于开采重点针对本项目，可以依据项目的建设情况、运行情况合理安排煤炭供应，确保稳定供应。

已开采煤炭供应商：目前已经开采了相应煤种的供应商，优势在于对煤质的情况掌握准确，可随时向项目公司供应合格的煤炭，可以确保及时供应。

PPA协议生效后4个月内，投标方与PLN一同编制合格供应商名单（煤炭供应商一览表）。煤炭供应商一览表列出一级供应商、二级供应商，以及合格备选供应商，且该表每半年更新确认，若任何一方提出合理要求，可多次更新确认。

(七) 煤炭采购方式

与一家供应商签订主要供应合同全权负责供应，与若干家煤炭供应商签订应急供应合同补充备用。

1. 主合同采购

项目公司将采用招标的方式,从合格供应商库中确定一家供应商全权负责供应发电项目的全部用煤。不能足量供应时,由该供应商购买质量符合要求的煤炭补足。主供应合同期限为10年,第二合同期限为15年,在此期限内每个供应年度结束前90日,由PLN、项目公司、该供应商协商下一供应年度的煤炭价格,如价格协商不一致,按PLN的要求重新招标,主供应合同废止。该主供应合同到期后,根据PLN的要求续约或重新招标。

2. 应急合同采购

项目公司将在合格供应商库中选择若干家供应商签订应急采购合同,在主供应商不能按合同规定足量供应且不能补救的情况下,由应急供应商向发电项目临时供应适合的煤种。

(八)供煤保障措施

国华电力公司在投标文件中强调了供煤策略的目标。一是确保煤炭供应的连续性,提升发电机组的可用率,不发生任何因为煤炭供应产生的负荷波动,做PLN最稳定的发电供应商。二是尽力降低入炉煤硫分,保护印尼的自然环境。三是将PLN的C部分购电成本降至最低。

第十章 投资方案

爪哇7号项目的投资决策,在招标方和投标方既定的政策边界内,按照科学、细致、尽可能贴近实际的工作方法,在基建投资的测算、融资架构、税务架构和运维成本的策划、风险控制等方面努力实现高质量管理、低成本运行,发挥中国管理优势,吸纳国际一流经验,并最终体现在以业务为导向、以双模型验证为保障的财务模型中,形成严格保密的投标商务报价。

一、投资决策边界

爪哇7号项目是PLN以国际公开招标方式优选投资人的IPP项目,希冀通过公开招标形式增加透明度和公正性,吸引更多的投资者参与,在增加竞争性、提高投资效率和项目质量的同时,也有效保护投资者的权益,降低投资风险。

(一)招标方的主要经济边界

从招标方角度,希望所有合格投标人的方案具有较好的先进性、经济性。

(1)项目开发模式。项目按照"建设-拥有-经营-转让"的BOOT模式开发,PLN与项目公司签署为期25年的"照付不议"购售电合同(PPA),PPA到期后投资人以1000美元的象征性价格将项目转让给PLN。

(2)投资运营模式。PLN全资子公司PJBI公司将与中标人共同组建项目公司、运维公司,且PJB将在两个公司中各持股至少30%。

(3)工程建设模式。项目应采用EPC模式建设,项目公司应在签署PPA合同后54个月内实现商业运行。如果项目无法按时完工,项目公司将被按日征收违约金,直至PLN解除PPA。

(4)项目融资模式。PLN不会为项目提供政府担保,项目公司应采用对PLN无追索权的融资方式,且应在签署PPA合同后6个月内实现融资关闭。

(5)电价机制保障。包括照付不议、美元计价、加速回收投资三项投资激励政策,最主要的投资回收电价(A电价)采用照付不议(Take or Pay)规则,电费采用美元计价印尼盾支付,允许采用逐次降低的三阶段电价(第二、第三阶段电价不得少于第一阶段电价的60%)加速投资回收。

(6)收益率要求。项目的资本金内部收益率应≥12%并向招标方提交财务模型进行验证。

（二）投标人的主要经济边界

（1）准入要求。符合中国境外投资产业政策（主要包括国家发展改革委、商务部、国资委、外汇管理局等相关部门的政策要求），并遵守投资所在国（地区）法律和政策。

（2）出资要求。境外投资项目实行资本金制度，资本金比例、来源必须符合国家境外投资的有关规定及投资所在国（地区）的要求。

（3）收益要求。境外投资要有利于提高母公司的国际竞争力，且能够实现合理的投资收益。境外投资生产经营性项目原则上要求全投资内部收益率（税后）在10%以上，且累计经济增加值（EVA）现值大于零。

（4）风险管控。境外投资项目需充分辨识、分析和评价项目风险，严格执行风险管理制度，加强风险管理和风险预警，做好项目可行性研究、尽职调查、风险处置。

二、基建投资测算

爪哇7号项目基建投资测算范围包括电厂设计、设备采购、建安工程、海工工程、分系统及整套调试及其项目管理工作，以及根据招标方格式要求包括在总投资内的电厂煤炭库存、备品备件等。为保证投资测算尽可能贴近实际，投标阶段在EPC合作伙伴报价之外，国华电力公司开展了大量的设计优化、工程量分析、设备材料及人工询价等工作。

（一）建安工程费

（1）工程量。电厂建安工程量是在IPP技术投标方案的基础上，由设计各专业提资确定，并参照近期同容量总承包工程的施工图工程量，进行对比、复核后确定的。

（2）费用测算。建安工程费的测算基本采用实物成本法，即根据既定的工期及施工方案策划，编制人工、机械等资源方案，再根据海外实施的各项费用计算、测算整个项目的执行费用。

（二）设备购置费

根据IPP投标方案确定的系统配置、设备选型和数量，大部分设备参照近期类似设备采购价，小部分设备参照询价，按照印尼进口环节免税考虑，进行报价。其中，三大主机经国华电力公司和山东院联合询价，由国华电力公司确定；海水脱硫系统设备以北京龙源提供的价格信息并经多轮沟通后计列；海水淡化系统以国华电力研究院提供的价格信息计列。

（三）其他费用

1. 物流费

（1）计费吨单价。计费吨（FRT）单价是在对多家具有国际物流运输资质的物流公司进行询价的基础上综合取定，包含国内港口港杂费、出口清关、海运费、进口清关、内陆运输至现场车板交货的费用，不含印尼进口关税、增值税及运输保险。

（2）货量。货量根据中国境内采购的货物范围进行测算，逐项明确了电厂设备和材料、海工工程设备和材料的货量、集装箱量、起运港等信息。

2. 设备监造费

电厂工程设备参照当时海外总承包项目监造人工日单价，并向多家国际、国内知名监造公司询价后进行计价。

3. 设备招标代理服务费

参照国内同等容量机组工程实际发生的设备采购招标代理服务费及费率，根据本项目设备预计采购价格，计算本项目的设备招标代理服务费。

4. 勘察设计费

在根据工程勘察设计收费计算标准进行测算的基础上，综合考虑实际市场价格水平、国外工程等因素计列。

5. 风险费用

计列了不可预见费、设备涨价风险费、设备应急采购风险费、当地政府地方关系协调费、工期考核风险费、净出力和全厂热耗性能指标考核风险费、汇率风险费。其中，工期考核风险费、净出力和全厂热耗性能指标考核风险费，与EPC承包商的管理费、合理利润等统筹考虑，并经国华电力公司与EPC承包商多轮次协商后确定。

三、融资架构设计

（一）资本结构

资本结构指项目的股权资本与债权资本的比例关系，资本结构合理与否关系到项目的偿债风险和盈利水平。爪哇7号项目设计资本结构时，考虑如下。

（1）招标文件要求：最高债务资金比例80%。

（2）资本稀释规定：最高债务资金比例80%。

（3）银行信贷政策：最高债务资金比例70%。

为充分发挥税盾效应、提高财务杠杆、实现权益价值最大化，爪哇7号项目最终设计的资本结构为股权资本20%、股东贷款（银行视为权益资本）10%、债务资本（银行贷款）70%。

（二）债务融资结构

投标阶段，融资结构的设计综合考虑投资风险、母公司资信能力、融资成本竞争力、金融机构风控要求、招标方担保和追索条件、融资关闭时间要求等情况，以及鉴于爪哇7号项目具有良好的PPA保障，且工程建设没有征地、建设送出线路、煤炭运输等海外投资中常见的外部协调难题，项目实施风险较小且效益可靠，采用了介于股东融资和项目融资之间的"准项目融资"模式，即基建期由股东方为项目公司提供连带责任完工担保，同时EPC总承包方向项目公司提供完工担保，运营期以项目现金流为贷款偿还的主要保证，并购买中国出口信用保险公司的海外投资政治险产品，以及由股东方承担一年的政治险产品保费支付的有限担保责任，寻求风险和效益的最大平衡。

基本融资结构如下图所示。

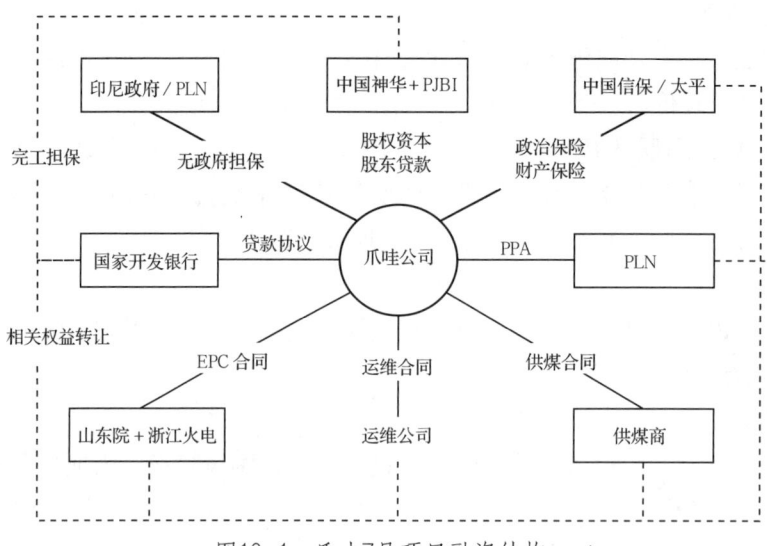

图10-1 爪哇7号项目融资结构

（1）爪哇公司即项目公司是项目融资的借款人，以其全部资产、未来现金流、重要合同项下的权益、银行账户质押等作为取得融资的保证。

（2）"中国神华＋PJBI"是项目公司的股东，为项目公司注入符合贷款银行要求比例的资本金，并为项目公司取得融资提供完工担保等增信措施。

（3）国家开发银行是项目融资的放贷人，在完成令其满意的风险分配基础上向项目公司发放贷款。

（4）PLN是项目公司电力产品的唯一购买方，通过长期购电协议（PPA）保障项目公司经营现金流的稳定。

（5）EPC承包商、运维承包商与项目公司在投标阶段拟定主要的合同条款。

（6）中国出口信用保险公司为项目公司按照银行要求投保海外投资险的方案提供政策支持，中国太平保险公司为爪哇7号项目财产险承保。

在投标阶段融资结构设计和贷款条款清单的协商过程中，国华电力通过财务模型的试算不断与银行谈判、调整和优化融资条件，包括融资额度、提款和还款计划、融资费用计算方式、保证金账户安排、现金流瀑布、税费分担等，最终形成了详细的具有可操作性的银行支持函及相应的融资条款清单。

四、税务架构设计

爪哇7号项目投资涉及的税务架构主要是投资路径的税务架构和基建组织的税务架构。

投资路径的税务架构方面，基于印尼是"一带一路"倡议的重要参与国家，也是集团公司"走出去"战略的重要市场，且投资目的是进行实业投资，即长期持有、经营、获利，无显著的退出需求，因此选择由既有投资平台中国母公司直接投资。债务融资提供方国家开发银行是印尼政府认可的政策性金融机构，可享受利息预提所得税豁免的优惠，因此债务融资供给路径在税务层面对爪哇7号项目没有显著影响。

基建组织的税务架构方面，主要是EPC的组织方式。综合研判后，爪哇7号项目主要设备采购合同计划由EPC总承包商与设备厂家签署，爪哇公司仅就少量设备与厂家直接签署采购合同，从国内出口的设备均在中国开展出口退税；同时，按照东道国进口税收优惠措施，通过向印尼投资协调管理委员会申请Master List豁免、中国-东盟关税协定等方式，积极策划设备进口关税、增值税、预提所得税减免工作。

五、投资风险应对

（一）国际一流的顾问团队支持

根据招标文件要求，结合投标工作实际需要，为开展融资谈判、电价测算、风险识别和应对等，分别选聘了保险顾问、税务顾问、财务顾问、法律顾问等。

（1）财务顾问方面，与多家中资、外资知名机构进行了接洽、谈判，最终选定了摩根大通证券（亚太）有限公司负责就项目的财务结构、价格和其他条款及条件提出建议，协助建设财务模型，提供利率和汇率风险管理对策等。

（2）保险顾问方面，选聘了达信（北京）保险经纪有限公司，针对融资方提出的保险要求提供相应的解决方案。

（3）税务顾问方面，选聘了德勤华永会计师事务所有限公司，依据中印尼税收政策，协助投标小组对购电协议、贷款协议、担保合同等文件中的涉税条款进行审阅，并对投标工作中税务相关方面的内容提供咨询。同时，吸取国华穆印电厂在印尼多年的投资运营税务实践经验，对特许权资产认定、退免税等常见税务实操风险进行统筹考虑。

（4）法律顾问方面，在中国神华境外非诉讼专项法律服务机构库中选取了三家具有印尼法律业务经验的律师事务所进行谈判、询价，选聘了英国欧华律师事务所。

（二）汇率风险管理

爪哇7号项目潜在的汇率风险主要是基建期收入支出计价币种不匹配可能引发的风险。按照EPC固定总价承包模式投资建设，以人民币计价、美元支付，而资金流入端项目建设期所有的融资来源均为美元，因此项目建设期存在较大的汇率风险敞口。

由于EPC承包商对于采用EPC美元固定合同价格锁定汇率风险的报价较高，国华电力公司与EPC双方分歧较大，所以国华电力公司决定对汇率风险采用风险自留策略，通过借助金融市场相关金融掉期产品的市场报价进行估算和规避风险，即采用远期产品市场报价估算风险但不必然实际购买远期产品。

在2015年9月的投标阶段，人民币兑美元即期汇率为6.37，虽然当时1、2、3年远期汇率已分别达到6.47、6.64、6.70水平，但由于市场对汇率走势的看法存在较大分歧，项目开发建设时间跨度较长，而且我方对投标报价的其他成本的竞争力具有较强信心，因此在商务报价计算中并未使用远期汇率而是保守采用了6.37的即期水平，既为自留的汇率风险储备了十分充足的风险准备金，又为投资收益增长预留了空间。

（三）利率风险管理

爪哇7号项目采用Libor浮动利率美元贷款，利率风险管理策略与汇率风险类似，即通过相关金融掉期产品的市场报价进行估算和规避风险。在2015年9月投标阶段，Libor的即期水平为0.53%，掉期水平为2.70%，投标商务报价按照2.70%的掉期水平为利率风险预留准备金。

从中标后的利率走势看，虽然在美联储加息周期中利率在2018年下半年曾一度突破2.70%的投标预估掉期值，但其他时期Libor的即期水平和远期水平仍控制在投标预估水平之下，项目建设阶段取得了大量利率收益。

（四）融资关闭风险管理

融资关闭风险是众多海外项目面临的重要风险，招标方要求6个月内完成融资关闭，且投标人为保证按期实现融资关闭需提交3500万美元的银行保函，在印尼火电IPP市场中并无6个月完成融资关闭先例的情况下，对投标人来说具有较大的风险和挑战。为确保按期实现融资关闭，主要风险管控或缓释措施如下。

（1）股东方的支持。爪哇7号项目作为印尼推出的具有标杆意义的IPP项目，中印尼股东双方均高度重视，强大的股东背景加上股东为项目提供的工程建设完工担保，为银行注入了充足信心。

（2）取得银行的浓厚兴趣。爪哇7号项目向潜在贷款人展现的优良内外部投资环境，较低的投资建设风险，可观的收益率水平，使银行对项目产生兴趣浓厚，希望独家包销贷款，减少了银团融资的复杂性。

（3）投标阶段做细融资方案。在投标阶段即按照正式融资关闭的标准开展融资工作，最终与国家开发银行共同完成的银行贷款条款清单即达到22页，远超一般项目在投标阶段的工作深度。该项工作的实现，不仅是融资谈判深入细致的结果，更是项目EPC和运维合同关键条款谈判、财务模型分析支持等众多相关工作深化的结果，最终为正式启动融资关闭工作奠定了坚实基础，为后期融资谈判节约了大量时间。

因此，在该种融资模式下的融资关闭风险处于可控范围。

（五）超支风险管理

爪哇7号项目总投资中实际计列的预备费（计列的基本预备费以及汇率风险超过远期水平的裕度）比例超过7%，针对超支风险具备十分充足的风险消化空间。从实践看，建设和运营过程中的各项风险均处于预期水平之内，并成功消化了新冠疫情等突发风险。

（六）PPA风险管理

从招标方设计的PPA投资和收益架构方面看，PLN除了不提供政府担保、不承担融资的被追索责任外，电价机制、汇率调整机制、项目终止机制等条款设计均较为合理，而且综合分析近年来PLN的财务能力、电费支付履约情况和中国出口信用保险公司的海外投资政治险产品后，认为爪哇7号项目投资框架总体投资风险可控。

（七）政治风险管理

针对战争、征收、汇兑限制、政府违约（PLN违约）等境外投资政治风险，爪哇7号项目设计将债权、股权均向中国出口信用保险公司投保，赔付上限达到双95%。特别是将股权投保与融资方案进行契合，在对冲政治风险的同时，实现了将股权投保价值作为银行贷款的增信措施，进一步优化贷款条件，减少了股东方对项目的直接支持责任。

（八）其他风险管理

投资面临建设工期风险、机组性能风险、超支风险，如征地、地基预处理、桩基处理、海域使用、特殊气候、主机建造、劳工、资金到位等环节的工期延误导致巨额延期罚款、成本上升以及声誉损失，该类风险已通过EPC合同并配套EPC承包商母公司担保，在项目公司和EPC承包商之间进行了较为合理的风险分配。运维成本超支风险虽然在具有相同股权结构的项目公司与运维承包商之间通过长期运维协议完成了形式上的风险分配，但实质上运维成本超支风险的控制主要还是基于国华穆印电厂多年生产经营实践经验，通过做好成本策划来实现。

2020年年初爪哇7号项目建设接近尾声时，新冠疫情严重影响了2号机组的调试工作进展，导致项目工期后延（原计划可提前3到6个月投产，实际提前不足1个月），且PLN由于疫情导致的财务压力增加从而要求2号机组推迟9个月商业运营，虽然疫情风险属于意料之外的突发风险，对项目造成了一定的负面影响，但由于充足的风险准备金以及良好的应对措施，并未对项目投资造成重大不利影响。

六、投标财务模型

财务模型是投标商务报价的最终载体，其核心质量要求就是准确性。国华电力公司从2008年开始即聘请国际一流咨询公司开展电力项目投资经济效益评价财务模型建设，每年滚动评估新投资、已投资项目，在财务模型的建设和应用方面具有较为丰富的经验。有别于完全由中介机构建设的财务模型，爪哇7号项目对财务模型准确性的质量管理主要体现在四个方面。

（一）双模型验证机制确保计算逻辑的准确性

确保模型计算逻辑的准确性是财务模型的基本要求，爪哇7号项目采用双模型验证机制，即由国华电力公司和财务顾问摩根大通各自独立建设财务模型，然后相互校验、不断改进提升，而不是仅依靠财务顾问搭建模型。其关键点在于，投标方具备独立搭建财务模型的能力后，才能基于双模型机制深入开展相关工作。项目中标后，按照招标方要求开展的财务模型审计又进一步验证了模型的计算逻辑。

（二）以业务为导向的建模确保内容的全面性

虽然财务顾问在开展财务建模时会与客户沟通项目情况、搜集资料和参数，但由于存在沟通成本和沟通误差，财务顾问掌握的信息一般少于投标人，对项目的理解也低于投标人，因此财务顾问很难真正做到以业务为导向进行财务建模。

爪哇7号项目财务建模从惯常的"以财务顾问为主"转变为"以我为主，我以业务为导向，财务顾问为我服务"的思路，建立涵盖项目全寿命周期的业务模型，实现了财务模型更具全面性，达到了我方与财务顾问"1＋1＞2"的效果。

（三）充分发挥财务模型在经济性分析中的作用

爪哇7号项目投标过程中，涉及大量的设备选型经济性分析、成本策划、融资策划、风险管理、投标竞争力分析等经济性分析工作，"以我为主"的财务模型搭建不仅计算投标商务报价，更全面参与项目经济性分析工作，不仅被动响应经济性分析的工作需求，更主动提出了很多经济性分析课题，促进了项目经济性和财务模型质量的双提升。

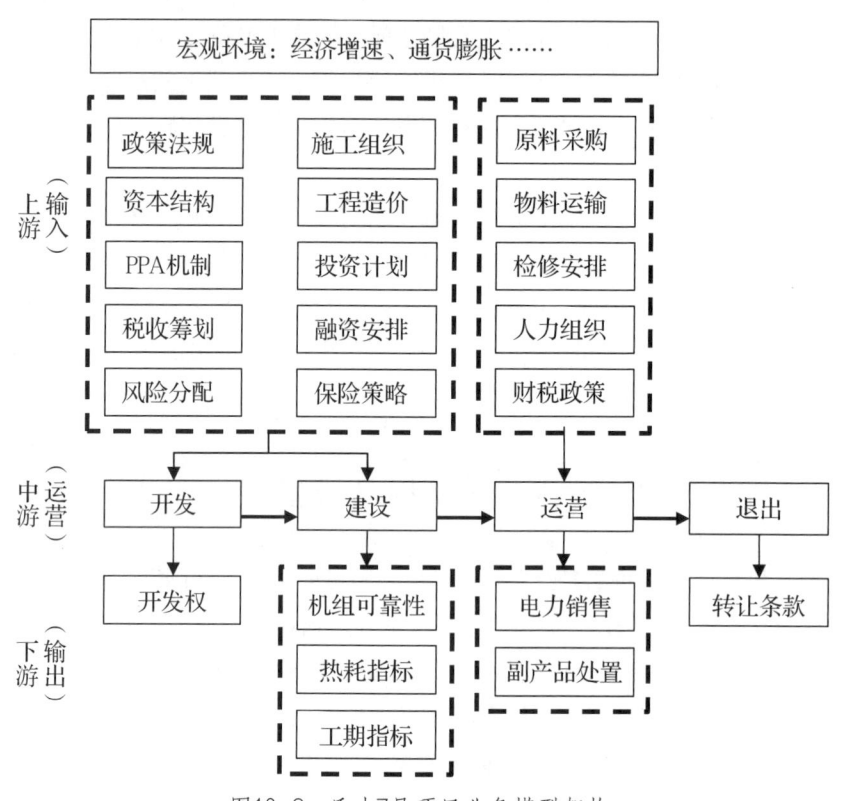

图10-2 爪哇7号项目业务模型架构

（四）严格落实财务模型信息的保密管理

爪哇7号项目投标涉及的标的额以及投标阶段所投入的人力物力均巨大，而且投标竞争十分激烈，因此投标保密等级要求较高。财务模型是各方信息的交汇中心和投标报价的计算中心，为防范泄密风险，对涉密人员权限范围的确定、信息的传输方式、涉密电脑等硬件设备的管理、中介机构的参与程度等方面均进行了严格控制，项目最终的全面信息、财务模型和投标报价控制在极小的知情范围内，以确保最终提交的价格标书万无一失。

共生模式
神华国华印尼爪哇7号 2×1050MW发电工程纪实

SYMBIOTIC MODE: RECORD OF SHENHUA GUOHUA INDONESIA JAWA 7 COAL FIRED POWER PLANT PROJECT 2×1050MW

3

第三篇
工程建设

第十一章　工程筹备阶段

一、成立组织机构

（一）组建爪哇公司

2016年1月13日，取得了在印尼设立公司的投资准字、临时电力准字、公司成立司法人权部批文、税务登记号、公司注册登记证、外国人员雇用计划批文、工作签证、进口准证号、海关登记号等9项基本证照后，中国神华与PJBI按照70%、30%比例共同组建了神华国华（印尼）爪哇发电有限公司，负责爪哇7号项目的建设和经营管理。

在国华电力公司的全面组织协调和指导下，爪哇公司在第一时间建立健全了基建组织机构，分别组建了行政人事部、计划物资部、工程技术部和安健环监察部。

图11-1　2016年3月2日，国华电力公司党委书记夏利（右2）、国华电力公司总经理助理平恒（左2）等在爪哇7号项目现场调研

（二）获得政府支持

作为中印尼两国能源基础设施重点合作项目，在神华集团的领导下和国华电力公司的组织下，爪哇7号项目的各方面业务均得到中国国务院国资委、商务部、银保监会、中国驻印尼大使馆等机构的高度重视和专业指导。2016年1月28日，项目取得中国商务部《企业境外投资证书》，2016年2月2日取得国家发展改革委《项目备案通知书》。

同样，本项目也备受印尼政府关注，印尼政府先后出台了一系列优化投资环境和税务优惠政策，以及简化行政审批程序的便利措施。尤其是，项目建设得到了来自印尼能矿部、国企部、经济统筹部、投资协调管理委员会等多部门的大力支持。

（三）落实公司法人治理

根据印尼公司法规定，公司在注册成立后60日需召开首次股东大会和董事会。国华爪哇公司成立后，认真落实国华电力公司年度工作报告中提到的"坚持稳健经营，坚守法治思维"相关要求，围绕首次股东大会、首次董事会积极开展工作。公司在国华电力公司领导和各职能部门的通力协助下，于2016年3月10日在雅加达召开首次股东大会暨首次董事会。中国神华股东代表、国华电力公司许定峰副总经理，印尼PJB公司董事长Bernadus Sudarmanta出席了股东大会，爪哇公司全体董事、部分监事会成员列席会议。按照公司章程，会议讨论通过了公司成立初期的相关议案并形成决议。

图11-2　2016年3月10日，爪哇公司召开第一次股东大会，国华电力公司副总经理许定峰（中间左）、印尼PJB董事长Bernadus Sudarmanta（中间右）等参会

会上,许定峰副总经理阐述了爪哇7号项目作为中国首台海外百万级火电机组的重大意义,要求项目公司与PJB公司保持密切沟通,继续双方未来深化合作,并对项目建设寄予厚望,希望项目保质、保量、按期建设投产。PJB公司董事长Bernadus Sudarmanta感谢中方建设者对项目的辛勤付出,希望本项目建设能够按照要求顺利投产,并期待双方股东立足当前、继往开来,携手创造更多合作机会。

股东大会结束后,爪哇公司举行了首次董事会,董事会全体成员对公司成立初期的相关问题进行了讨论研究并形成决议。此次会议的胜利召开具有里程碑意义,标志着国华爪哇公司已经完成公司成立所需的所有法律程序,成为印尼认可的法律主体,为依法在印尼从事项目建设和经营活动提供了法律保障。

二、建立管理体系

(一)编制总体规划

爪哇公司遵循国华电力公司在招标阶段确定的核心理念、战略定位和顶层设计,在公司组建之后,立即组织编制了《神华国华(印尼)爪哇7号工程建设总体规划》,从组织机构运作、EPC合同管控、设计和设备采购、施工和管理举措等方面构建管理体系。

图11-3 2016年3月1日,神华集团电力管理部总经理刘志江(左5)、山东电力工程咨询院有限公司副院长王作峰(左4)等在现场调研爪哇7号项目总体规划方案

项目采用主体责任（项目公司）-监管层（监理）-建设实施层（EPC总承包商）结构组织管理体系，组织EPC联合体、监理单位完成了机构建立、人员配置、管理文件报审等工作，确保各级管理体系正常运转。

监理项目部下设综合、土建、安装和调试等3个专业组；EPC联合体项目部下设综合、安全、质量、工程、采购、物资、设计、经营、文档等9个部门。

（二）构建制度体系

爪哇公司在《GHepc总承包模式的原则意见》的指引下，组织专项调查、持续研究和改进，在2016年4月完成了项目公司管理体系架构的建立，所有管理制度全部完成编制、审批和签发。按照"制度管人、程序管事，谁主导、谁负责"的原则，组织EPC承包商、监理等各参建单位制定了三级基建管控体系的模式，包括14个子系统的管理制度、177个管理程序和办法，并固化了中英文双语的流程表单。

图11-4　2017年6月9日，国华电力公司董事长肖创英（左3）、国华电力公司生产技术部兼节能环保部总经理卓华（左2）在爪哇7号项目调研

三、融资提前关闭

根据PPA的要求，在PPA协议签署之日后的6个月内必须完成项目融资，否则PLN有权没收3500万美元的项目履约保函，而项目融资需要经历法律尽调、实地查勘、融资谈判、

担保等一系列复杂流程，任务十分艰巨。

（一）融资面临的挑战

第一，海外项目融资工作涉及的内容纷繁复杂，但当时中国神华海外新建投资项目较少，系统内缺乏可供借鉴的融资经验，加之爪哇7号项目融资时间较印尼以往IPP项目1年的融资期限大幅压缩，时间紧、任务重、经验匮乏、沟通协调难度大等现实情况对公司的组织协调能力提出极大挑战。

第二，多达26项的融资协议要在极短时间内定稿。爪哇7号项目除融资协议外，还要完成大量相关工作，涉及融资主协议权益质押、担保、账户管理等一系列事项。公司在融资过程中需要将相关资料全部整理完毕，这些资料是在投标前国家开发银行提供的关键性条款（term sheet）基础上，细化、完善的融资协议签署的前置条件（CP）和后置条件（CS）。融资协议相关方谈妥CP和CS后，将二者融入融资协议文本后融资协议才能最终定稿。完成上述工作后，才能进入签署多份融资相关协议阶段。本项目涉及26份融资文件，其中英国法下10份，印尼法下13份，香港法下1份，中国法下2份。除融资主协议、PLN同意函、账户管理协议、中国神华担保外，其余协议均为权益转让类合同，主要涉及OM合同、CSA供煤合同的权益转让，国华爪哇公司资产抵押、账户质押等。

第三，利益相关方众多，协调困难。爪哇7号项目融资工作涉及主体多，相互之间的债权、债务、担保及商业交易关系错综复杂，工作环节和程序多，一旦协调不好将直接对融资推进产生负面影响。半年内，国华爪哇公司要协调融资相关方达22家之多，难度可见一斑。

第四，中印尼两国、中方外方股东的审批手续繁杂。外部审批方面，中国境内主要涉及国家发展改革委、商务部、外管局、国务院国资委的相关审批；印尼主要涉及印尼央行、经济统筹部、司法部、投资协调管理委员会、能矿部、工业部、贸易部的相关审批，涵盖了国华爪哇公司、EPC联合体等多家单位的投资、融资、环评、施工建设、外籍劳工、电价等审批。审批部门多，协调沟通难度大。公司内部审批方面，主要涉及国华爪哇公司和中国神华、外方股东PJBI公司对项目融资、PPA和EPC等重大合同及股权质押的审批。涉及国华电力、中国神华以及外方股东PJBI、PJB、PLN的同步审批，层级多，内部文件的审批流转时间长。此外，EPC联合体方面还涉及山东院和浙江火电项目部及其母公司对EPC合同、母公司担保的内部审批。

（二）融资应对措施

面对重重难题，唯有迎难而上，国华爪哇公司在国华电力公司领导下，通过采取一系列综合性措施，于2016年9月29日顺利完成项目融资工作。

第一，国华电力公司组织得力，提前安排融资工作。国华财务部于2016年1月牵头成立了爪哇7号项目融资工作小组，涵盖了国华电力公司相关部门、国华爪哇公司等人员，倒排计划，并对相关工作予以分工。

第二，国华爪哇公司内部再分工，进一步细化各部门职责。财务人员主要负责在北京与国家开发银行开展融资协议谈判，并协助国华电力公司相关部门完成国内和印尼方面的贷款审批，以及外方股东融资涉及财务领域的工作；计划部门在北京负责EPC合同部分；基建部门在印尼负责印尼政府的环评、建筑类等审批；行政部门负责贷款涉及的国华爪哇公司、中外方股东三会材料编制，以及法律意见书准备工作等。

第三，建立多方谈判机制，集中精力开展融资谈判。通过设立谈判小组，以视频会议、电话会议等形式与融资协议相关各方开展谈判，克服时空地域限制。小组针对谈判后期存在的问题，采取落实责任人、限期处理等方式，取得了良好闭环效果。

第四，确保印尼股东PJBI始终全程参与。2016年4月和7月，爪哇公司工作人员赴印尼与PJB通报融资概况及进度安排。2016年8月，国华电力公司邀请PLN、PJB工作人员来京进行融资待定问题谈判。始终与外方股东保持顺畅沟通，确保各方对条款能及时达成一致。

第五，合理安排融资协议前置条件。融资小组对协议签署前必须完成的前置条件进行认真梳理，将包括供煤协议、运维协议在内的20项前置条件调整为后置条件，确保融资协议签约前的前置条件顺利完成。

第六，以传签形式代替现场签署，加快文件审批速度。为保障融资工作在规定时间内完成，融资小组先签订了必要的7项协议，部分按照英国法下签署的协议通过"文件传签扫描"形式将涉及国家开发银行、中国银行、中国神华、国华爪哇公司等单位的签字页汇总，在满足法律要求前提下，加快了文件审批速度。

第七，专人盯办各方融资审批进度。例如，为确保内部审批进度能跟上融资工作节奏，国华爪哇公司主管领导多次在中国神华、国华电力公司盯办项目融资审批流转进度。正是这种忘我工作的钉子精神稳步推动了融资各项工作。

【微故事3】融资关闭

爪哇7号项目中标之后，项目融资成为爪哇公司亟待解决的重要事务之首。为确保如期完成项目融资，在财务总监余西友的带领下，财务团队开启了不分昼夜的拼命三郎模式。白天奔波于国华公司、国家开发银行、中国神华等单位之间；夜晚协同融资项目谈判团队通宵达旦修改融资协议。

为尽快完成融资关闭，财务团队赴印尼之后，租住在雅加达的一家酒店，每天奔波于PLN和股东方PJBI之间，雅加达交通拥堵严重，短短10千米的路程，有时需要花费四五个小时才能抵达。他们无惧困难，坚持跑办相关事宜，交叉使用印尼语和英语与印尼央行、投资委员会进行沟通。在此期间，财务团队经常一开会就是一整天。

经过数月艰苦的谈判与沟通，融资协议最终于2016年9月25日晚8点完成定稿并具备签署条件。当晚，余西友带领融资团队一行20余人奔赴公证处，一行人在凌晨见证了价值13.19亿美元的融资协议签署公证仪式，财务团队所有人悬着的心也终于落了地。

2016年9月29日，爪哇公司正式取得PLN关于爪哇7号项目融资关闭确认函，这标志着爪哇公司如约在PPA协议签署6个月内完成融资关闭,3500万美元履约保证函也当天予以解除。在与PLN确定融资关闭的会议上,PLN IPP项目部总监德尼赞叹道,"中国企业在如此短的时间内完成价值13.19亿美元的项目融资,着实令人惊叹,这是印尼电力史上第一个在6个月内完成如此规模融资的企业,中国人真了不起!"

图11-5　2016年9月29日,国家开发银行印尼代表处首席代表李云志(左图前排右)、爪哇公司董事长闫子政(左图前排左)、印尼公证处公证师(左图前排中)、国家开发银行印尼代表处处长董书友(左图后排4)、爪哇公司财务总监余西友(左图后排左4)与财务团队在融资关闭后合影庆祝,神华集团国华电力公司很快发来贺电(右图)

四、印尼许可办理

取得相关许可是项目合法合规建设与运营的前提与保障,爪哇7号项目总计办理了8大类94项许可,包括公司注册许可类、资源许可类、电厂工程许可类、海工工程许可类、专用设施许可类、生产许可类、EPC单位许可类、运维公司许可类。

(一)公司注册许可类

办理电力业务相关的公司注册许可需取得投资证明、章程认证、税号、注册证明等12项许可证照。PPA合同草签后,要完成准备公司成立所需的资料,经过印尼政府部门的联合审核,取得投资准字、临时电力准字、公司成立司法人权部批文、税务登记号、公司注册登记证等9类项目公司注册成立的基本证照,公司即视为成立。

(二)工程许可类

在印尼从事电力项目建设,未办理工程许可的建设均属违规,不准开工且不受法律保护。主要涉及电厂工程许可、海工工程许可共2类14项,其中开工必备的许可主要有7项:

土地使用许可、环境评估报告、规划许可、工程建设许可、码头管理许可、疏浚抛泥许可、烟囱高度许可、滋扰许可。几个核心的工程许可文件情况如下。

1. 环境评估许可

环境评估许可证是前置许可证，没有这个许可证，后续的手续都不能办理。根据印尼政府有关环境许可方面的法规及环境影响评估规定，爪哇7号项目建设与运营必须完成生存环境影响评估报告、环境影响评估报告以及环境治理与监测计划。

环评涉及陆域、海域、专用设施和连接点，本项目在实际办理过程中历经万丹省和西冷市两级政府的14个部门、渔民协会、2家相邻单位及9个行政村审核，最终得以送达印尼国家环保部门层面审批。在经过7个月的艰辛努力于2016年8月8日获得批复文件，为工程建设许可工作铺平了道路。

2. 规划许可

规划许可要在初步设计外审和收口之前办理，此阶段建筑物方案尚未最终确定下来，因此组织协调设计、施工单位准备申请所需文件材料非常重要。印尼政府部门在收到环评批复文件后，要对办理许可所需申报材料进行审核、对图纸进行审查、到现场进行核实等工作，完成相关手续后才能正式批复规划许可。

3. 工程建设许可

工程建设许可是开工建设的关键手续，工程建设许可办理需要各建筑物的施工图和结构计算，在初步设计尚未收口的情况下，存在巨大困难。还需要尽快收集办理支撑性文件和资料，在完成规划许可之后推进工程建设许可的上报手续。

4. 码头管理许可和疏浚抛泥许可

根据印尼法律，码头报建主要有自建码头（TUKS）及专用码头（TERSUS）两种，自建码头只要办理码头管理许可，专用码头须办理位置许可、建设许可以及运营许可。

办理码头管理许可和疏浚抛泥许可，相关准备工作可同步进行，但疏浚抛泥许可必须在项目码头管理许可办理完成后方能批准。码头管理许可办理需获得印尼省级海事局推荐函，爪哇公司在获得函文后将申报材料上报印尼交通部港口管理司，再由该部门判定申报项目归属于自建码头还是专用码头。如果实际位置与规划存在偏差，则需要省级海事局提供申报项目位置所属新规划区域内确认函，交通部港口管理司收到确认函后再按归属码头类别程序进行办理。

图11-6 2016年5月15日,印尼海事局工作人员到爪哇7号项目现场办理海域许可

5. 烟囱高度许可

电力项目烟囱建设要做到符合航空安全规定、保证通航安全,烟囱高度许可办理地为省(特区)航空管理局。航管局对项目现场的烟囱坐标进行实地勘测,并出具烟囱建设高度对航空领域飞航无影响的文件。爪哇公司按政府收费标准缴纳费用后到雅加达相关政府部门盖章获批。

6. 滋扰许可

滋扰许可主要是针对可能产生噪声和污染等的设备厂房,须对厂房建筑面积进行核对。在许可办理期间,爪哇公司安排专人多次前往印尼地方政府部门对建筑类别及建筑面积核对与确认,经过仔细核对及沟通协商,删减非滋扰建筑物的面积和相关费用,按滋扰等级收费标准缴纳费用后获得项目滋扰许可。

(三)资源类许可

资源类许可有8项,其中进口货物减免税清单(Master List,下称免表清单)办理、钢铁进口许可办理对项目建设影响较大。

1. 免表清单

根据印尼投资政策及相关法律法规,电力工业建设范围内资本货物、相关设备从国外进口到印尼,可享受印尼政府在进口关税、增值税、所得税等方面的减免。减免税办理涉及较多印尼政府部门,主要包括印尼投资协调管理委员会、能矿部电力司、贸易部、海关等。此外还需委托印尼第三方机构作为申办代理。

爪哇公司组织设计、施工、采购、商务、物流及第三方代理公司等各方人员参与免表清单编制，逐层提交至印尼能矿部电力司审核，获得了能矿部颁发的推荐函。最后将推荐函提交至印尼投资协调管理委员会（BKPM）接受审核后，成功取得了免表清单批复。

2. 钢铁进口许可

根据印尼法规，钢铁制品的进口需要办理专门的许可证书。爪哇公司组织对整个项目的进口钢铁制品数量进行测算，并最大可能地采购印尼当地产品，同时安排专人常驻雅加达与印尼工业部和贸易部沟通、协调。在跑办过程中对申报资料不断修订与提报，成功取得了印尼政府部门进口许可批复，确保关键材料可从中国进口。

（四）主要许可准证清单

表11-1　主要许可准证清单

序号	许可准证名称	颁发机构或颁发人
一	公司注册许可（12项）	
1	投资证明 Izin Ivestasi	投资协调管理委员会 BKPM
2	法律及人权部对公司章程的认证 Surat Keputusan	公证处和人权部 Notaris dan Kementerian Hukum dan HAM
3	公司税号 Nomor Pokok Wajib Pajak（NPWP）	税务总局 Direktorat Jenderal Pajak
4	公司注册证明 Tanda Daftar Perusahaan（TDP）	投资协调管理委员会 BKPM
5	海关登记号 Nomor Induk Kepabeanan（NIK）	海关总署 Dirjen Bea dan Cukai
6	公司注册地证明书 Suarat Keterangan Domisili Badan Usaha Kantor	Kota Ministrasi Jakarta Selatan
7	临时电力准字 Izin Usah Penyediaan Tenaga Listrik Sementara	能矿部电力司 Dirjen LPE
8	增值税登记号 Surat Pengukuhan Pengusaha Kena Pajak（SPPKP）PPN	雅加达Grogol税务局
9	所得税登记号 Surat Keterangan Terdaftar（SKT）PPh	雅加达Grogol税务局
10	工商注册证明（营业执照） SuratIzin Usaha PerdaganganBesar（SIUPB）	Bupati县长
11	营业场所许可 IzinTempat Usaha	Bupati县长
12	公司所在地地址证明 Surat Keterangan Domisili Perusahaan	Bupati县长
二	资源许可（8项）	
13	外国员工用工计划	投资协调管理委员会 BKPM

续表

序号	许可准证名称	颁发机构或颁发人
14	外国员工工作许可 Izin Mengerjkan Tenaga Asing（IMTA）	投资协调管理委员会 BKPM
15	生产商进口识别号码 Angka Pengenal Importir Produsen（API-P）	贸易部 Kementerian Perdagangan
16	关于项目进口设备和材料免征进口税、预提税、递延增值税和销售税的批文	财政部海关总局
17	生产商进口商登记号	投资协调管理委员会 BKPM
18	进口资本货物主清单 Fasilitas Bea Masuk	投资协调管理委员会 BKPM
19	限制进口登记号 Nomor APIT	投资协调管理委员会 BKPM
20	特殊进口商身份编码	海关总署 Dirjen Bea dan Cukai
三	电厂工程许可（8项）	
21	环境评估报告	万丹省环保局 Badan Lingkungan Hidup（BLH）Provinsi Banten
22	建筑施工许可和建筑使用许可	万丹省BKPMPT BKPMPT Provinsi Banten
23	规划许可 Rencana Pengelolaan Lingkungan Hidup（RKL）	万丹省BKPMPT BKPMPT Provinsi Banten
24	对该项目《环境管理举措》的决议	万丹省环保局 Badan Lingkungan Hidup（BLH）Provinsi Banten
25	电厂烟囱高度许可 Izin Pembangunan Chimney	交通部航空运输总局 Kantor Otoritas Bandar Udara Wil I Soekarno Hatta
26	允许卖方拥有、储藏和使用危险物品的许可证 Izin Memiliki, Menyimpan dan Menggunakan Bahan Berbahaya	环境和林业部 Kementerian Lingkungan Hidup dan Kehutanan
27	运输和储存危险废物 Izin Pengangkutan dan Penyimpanan Limbah B3	万丹省BKPMPT DPMPTSP Provinsi Banten
28	临时供电业务许可	国家电力公司 PLN
四	海工工程许可（7项）	
29	位置许可 Penetapan Lokasi	海洋管理总局 Direktorat Jenderal Perhubungan Laut Pusat
30	码头总体规划 RENCANA INDUK TERMINAL KHUSUS	海洋管理总局 Direktorat Jenderal Perhubungan Laut Pusat
31	建设许可 Izin Pembangunan	海洋管理总局 Direktorat Jenderal Perhubungan Laut Pusat
32	疏浚及填海许可 Izin Pengerukan dan Reklamasi	海洋管理总局 Direktorat Jenderal Perhubungan Laut Pusat

续表

序号	许可准证名称	颁发机构或颁发人
33	安装许可 Izin Pemasangan Sbnp	海洋管理总局 Direktorat Jenderal Perhubungan Laut Pusat
34	经营许可 Izin Pengoperasia	海洋管理总局 Direktorat Jenderal Perhubungan Laut Pusat
35	煤运停泊区域许可 Izin Sandar Kapal Pengangkut Batubara	通信部门、航海通信总署
五	专用设施许可（4项）	
36	专用设施建筑建设许可 Sertifikat Laik Fungsi	万丹省BKPMPT DPMPTSP Provinsi Banten
37	专用设施可靠性证明 Bukti Kepercayaan Fasilitas Khusus	国家电力公司证书中心 Pusat Sertifikasi PLN
38	专用设施所用计量系统认证 Sertifikat Laik Operasi Untuk Fasilitas Khusus	国家电力公司证书中心 Pusat Sertifikasi PLN
39	专用设施环境许可 Izin Lingkungan	万丹省环保局 Badan Lingkungan Hidup（BLH）Provinsi Banten
六	生产许可（14项）	
40	使用地表水（海水）的许可 Izin Penggunaan dan/atau Pemanfaatan Air Permukaan	万丹省BKPMPT BKPMPT Provinsi Banten
41	雇主海洋或河流污水排放许可 Izin Pembuangan Air Limbah ke Laut	环境和林业部 Kementerian Lingkungan Hidup dan Kehutanan
42	厂区避雷许可 Instalasi Penyalur Petir	万丹省劳工部 Dinas Tenaga Kerja Pemerintah Provinsi Banten
43	汽轮机使用许可 Sertifikasi Turbine	万丹省劳工部 Dinas Tenaga Kerja Pemerintah Provinsi Banten
44	锅炉使用许可 Sertifikasi Boiler	万丹省劳工部 Dinas Tenaga Kerja Pemerintah Provinsi Banten
45	电梯使用许可 Izin Penggunaan Lift	万丹省劳工部 Dinas Tenaga Kerja Pemerintah Provinsi Banten
46	柴油发电机使用许可 Izin Penggunaan Generator Diesel	万丹省劳工部 Dinas Tenaga Kerja Pemerintah Provinsi Banten
47	起重机使用许可 Sertifikasi Overhead travelling crane	万丹省劳工部 Dinas Tenaga Kerja Pemerintah Provinsi Banten
48	消防使用许可 Sertifikasi Instalansi Hydran Kebakaran	万丹省劳工部 Dinas Tenaga Kerja Pemerintah Provinsi Banten
49	办公楼电气装置使用许可 Izin Instalasi Listrik	万丹省劳工部 Dinas Tenaga Kerja Pemerintah Provinsi Banten
50	运行验收合格证 Sertifikat Laik Operasi（SLO）	国家电力公司证书中心 Pusat Sertifikasi PLN
51	供电业务许可 Izin Usaha Penyediaan Tenaga Listrik（IUPTL）	投资协调管理委员会 BKPM

续表

序号	许可准证名称	颁发机构或颁发人
52	电台许可 Izin Stasiun Radio	通信和信息部 Kementerian Komunikasi dan Informatika
53	压力容器许可 Sertifikasi Bejana Tekan	万丹省劳工部 Dinas Tenaga Kerja Pemerintah Provinsi Banten

【微故事4】印尼小伙子"三过家门而不入"

海外项目建设的首要要求是合法建设,在印尼,项目合法开工需要很多行政许可文件,缺一不可。

时间紧、任务重,国华爪哇公司许可办理团队员工磨破了嘴、跑断了腿,但有些环节还是必须由比较熟悉印尼情况的印尼员工办理。

负责公共关系的印尼小伙子Herdian Djuanda(音译:迪安)为了跑办许可证曾经数次往返项目驻地和雅加达,而他的家就在雅加达。迪安平时难得回家,好不容易到雅加达办事,但跑办任务紧张,小伙子愣是好几次过家门而不入。

当大家跟迪安讲中国"三过家门而不入"的故事时,这个精干的印尼小伙子腼腆地笑了。他说:"我是第一个进入爪哇7号项目的印尼员工,在印尼最大的煤电机组项目工作感到特别骄傲与自豪,和中国同事一起工作很忙碌、很充实,也很快乐。"

图11-7 2016年12月15日,印尼员工Herdian Djuanda(左1)与中印尼团队讨论许可证办理方案

五、签订EPC合同

爪哇7号项目成功中标后,EPC合同的谈判及签订成为爪哇公司最重要的工作之一。

从2016年3月正式启动EPC合同谈判开始,国华电力公司总工程师陈寅彪多次听取各相关方对EPC合同谈判情况的汇报,2016年5月12日组织召开专题会,明确了国华电力公司关于EPC合同签订及管控的原则,为EPC合同的正式签订确定了框架、奠定了基础。

(一)EPC合同的指导思想和基础

国华电力公司、浙江火电、山东院三方本着积极开拓海外市场的目的,共同确立了"携手合作、共同树立中印(尼)两国'国有企业'合作典范"的指导思想,投标前签订的MOU(合作备忘录)、EPC总承包联合体成员签订的联合体协议均是具有约束力的投标文件,要在EPC总承包合同中全面落实。

EPC总承包联合体承诺将把各自工程建设的最好手段和资源配置到本工程,把各自工程建设的最佳实践应用到本工程,负责建设和移交符合整体性能要求和相关技术标准规范,整体功能完整和生活设施齐全的燃煤电站。确保工程建设过程和结果得到印尼相关方、神华集团、中国能源建设股份有限公司和国家电力投资集团的满意。

爪哇公司履行项目业主的职责,负责做好融资、外部环境协调等工作,传承和发扬国华电力基建理念、品质和经验,规范管理、协调到位,并组织设计监理、施工监理等参建单位共同优化设计方案、提升管理水平、保障建设品质、实现各项目标。

本项目的IPP招标文件、国华电力公司的投标文件、PPA等是本项目EPC总承包合同签订的主要依据性文件。在EPC总承包合同执行过程中,各方应共同严格遵守。

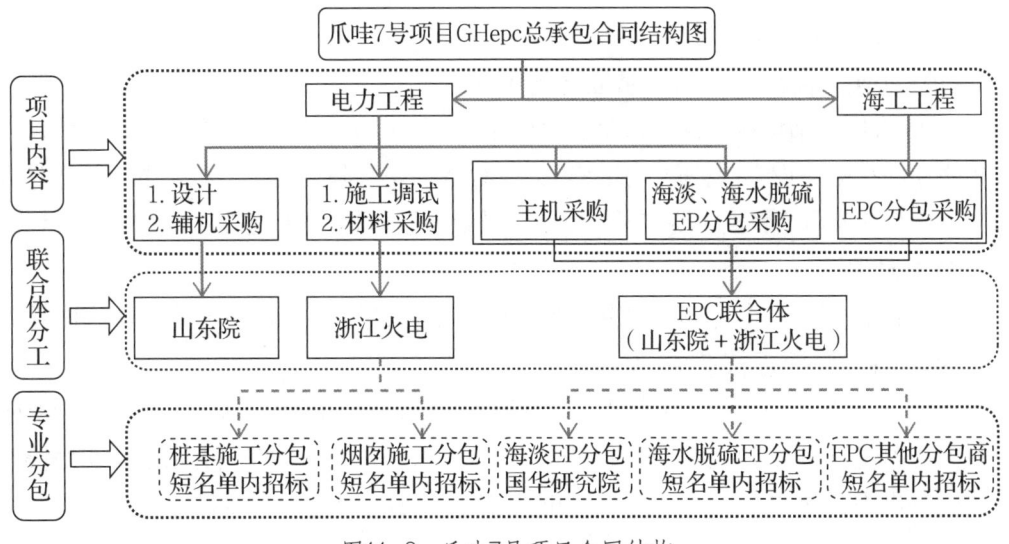

图11-8 爪哇7号项目合同结构

（二）EPC合同考核工期和目标工期

（1）根据PPA合同，2台机组完成商业运行日批复（COD）分别为2020年4月7日和2020年10月7日（PPA生效日后48个月和54个月）。按上述工期节点设置COD考核总工期，并设置工期延迟违约金。对EPC总承包单位总工期延迟违约金的数额按照PPA规定执行。为鼓励EPC承包商，合同按上述工期节点设置工期提前奖励金。工期提前奖励金按天计算，但以1号机组130天和2号机组220天为奖励上限。

（2）考虑到境外项目外部环境、资源配置和劳工政策的影响，EPC合同设立目标工期，目标工期按2台机组分别于2019年9月30日和2019年12月31日完成168小时试运考虑。EPC总承包商按目标工期倒排进度，具体目标工期如下。

主厂房开工：#1机组2017年6月30日
　　　　　　#2机组2017年6月30日
168小时试运完成：#1机组2019年9月30日
　　　　　　　　#2机组2019年12月31日
商业运行日（COD）：#1机组2019年11月30日
　　　　　　　　　#2机组2020年2月29日

（三）EPC合同架构

EPC合同采用离岸、在岸分离方案，即将EPC合同分成Offshore（离岸合同）和Onshore（在岸合同）两部分。

1. Onshore（在岸）合同（建设合同）

Onshore合同包括建设合同协议书及合同条件，以FIDIC条款为依据编制，由PT ZHEJIANG TENAGA PEMBANGUNAN INDONESIA、PT SDEPCI INDONISIA、PT CHINA HARBOUR INDONESIA与国华爪哇公司签署。主要包括土建、安装、调试、施工管理、机械装备以及印尼运输清关等内容。

2. Offshore（离岸）合同（供应合同）

Offshore合同包括供应合同协议书及合同条件，以FIDIC条款为依据编制，由中国能源建设集团浙江火电建设有限公司、山东电力工程咨询院有限公司、山东鲁电国际贸易有限公司与国华爪哇公司签署。主要包括勘察设计及设备、材料采购、监造、运输等内容。

3. 合同附件

共28个附件，其中16个为FIDIC通用惯例附件，12个为基于GHepc管理原则新增加的附件。

（四）EPC合同正式签订

2016年7月6日，在国华电力公司的指导和协调下，神华国华（印尼）爪哇发电有限公司、中国能源建设集团浙江火电建设有限公司、山东电力工程咨询院有限公司友好协商之后，在国华电力公司本部正式签订了爪哇7号项目的EPC合同，为项目的正式建设夯实了基础。

图11-9　2016年7月6日，爪哇7号项目EPC合同在国华电力公司正式签订，爪哇公司董事长闫子政（前排左5）、山东院副院长王作峰（前排左4）、浙江火电副总经理蒋晓明（左6）等合影

六、确定外部条件

（一）落实煤源

根据IPP招标书要求，爪哇7号项目设计煤种高位发热量为4000至4600kcal/kg，水分不得高于38.00%，含硫量不得高于1.50%，灰分不得高于6.00%。

经调研，印尼加里曼丹岛煤炭海运条件较好，煤矿煤层厚、品质高，符合要求。电厂每年需消耗783万吨煤炭，加里曼丹岛与爪哇岛隔海相望，从加里曼丹岛煤矿至本工程新建煤码头，海上直线运距约860海里。

煤源落实后，国华爪哇公司开展供煤协议签订工作，并根据协议提出完整的设计及校核资料，经国华电力公司确认后，作为下阶段设计及设备招标的依据。

2016年4月7日，爪哇公司正式发函给山东院，明确了设计煤质以便开展后续设计工作。2016年4月12日，国华爪哇公司与PLN召开了煤炭供应计划首次正式会议，启动了煤炭的供应商调研和煤炭采购流程。

(二)土地租赁

爪哇7号项目的建设用地在IPP招标之前已由PLN完成征地工作。2015年7月,本项目已由PLN取得印尼万丹省西冷市政府区域规划与住建局颁发的土地规划许可,厂区范围内无拆迁及移民安置问题。

2016年4月28日,爪哇公司与PLN正式签署了土地租赁协议。

(三)海域协调

爪哇7号项目厂址北侧为已建船坞码头(SBS公司),南侧为规划建设中的石化企业(MNA公司),两企业码头及栈桥与本项目海域存在交叉重叠,需统一规划设计,解决海域使用权问题。海域争议影响码头方案、码头方案影响环评、环评影响设计、设计影响施工组织以及后续融资工作,相关工作环环相扣,互相牵制。

为此,国华爪哇公司采取两条主线同步推进的策略,在敦促PLN加强海域协调工作的同时,开展码头可研、初步设计和相应评审工作,以达到可研收口条件。

2016年年初,爪哇公司启动海域使用范围的磋商工作,在一年时间内进行了30多轮谈判协商后,最终确定了海工工程的海域使用坐标范围,并与相关利益方签署海域使用协议,确保了可研收口及初设顺利开展。

2016年11月16日,项目取得印尼交通部签发的疏浚抛泥许可。

2016年12月23日,取得万丹省海事局签发的自建码头管理许可。根据印尼政府批准的总平面方案,爪哇7号项目陆续完成了码头工可评审、初设审查,取得了神华集团的开工批复文件。

第十二章　工程建设历程

一、施工前期准备

（一）场地清表，打通道路

万事开头难，只要肯登攀。2016年3月，当爪哇7号项目首批开拓者进驻现场时，映入大家眼帘的是杂草丛生、蛇虫出没的景象。现场散布着一块块布满淤泥、充满海水的池塘湿地，仅有的一条曲曲折折、坑洼不平的窄小土路，只能供人步行。

栉风沐雨，砥砺歌行。困难显然阻挡不住开拓者奋进的热情与匆忙的脚步，初抵现场的建设者深深明白，良好的开端是成功的一半。他们冒着炎炎烈日、忍着热带雨林蚊虫的叮咬，不辞辛劳地在泥泞的沼泽地跋涉、穿行。他们动用工程机械清理灌木和杂草、疏通排水沟道。在海水落潮时迅速填筑围堰、封堵沟道，以不到三个月的时间实现了临时道路通车，为后续工程推进开辟了道路。

图12-1　2016年1月24日，印尼工人正在搭设用于运送地质详勘设备的临时运输平台（现场水系纵横，有些地方道路无法到达，只能水运）

随后，地基预处理、道路施工等参建单位紧锣密鼓地展开协同作战，进厂路、货运路、施工路三条主要道路施工齐头并进，建设者一路插设排水板、抛填路基石，用两个月实现了进场的三条主通道全线贯通，满足了现场的运输条件，为项目建设全面、快速推进创造了有利条件。

（二）吹沙填筑，真空预压

由于厂址低洼，整个厂区先前均为鱼塘且存在大范围积水。同时，厂址土壤表层为深厚淤泥层，含有大量火山灰，含水量高、孔隙比大、黏粒细且含量多。因此，整个场地必须进行淤泥预处理。

厂区地质条件异常复杂，淤泥中含有大量火山灰，最大深度达17米，为摸清淤泥特性，在预压工期内完成处理并满足施工后沉降控制标准要求，设计院提前开展了淤泥特性、真空预压排水固结特性等研究。在此基础上，又在现场实地进行"真空+堆载"预压试验。由此确定了塑料排水板的型号、间距、深度、抽真空荷载及附加堆载，最终确定了工程区域"真空+堆载"的淤泥预处理方案，再根据不同的荷载要求采用不同型式的桩基进行处理。

图12-2　2016年12月15日，地基预处理期间爪哇7号项目现场航拍图

对处于关键路径上的主厂房区域来说,堆载土方运输时间较长,同时为减少主厂房区域处理后基坑开挖工程量,最终确定采用"抽真空80kPa+2米覆水堆载"的淤泥预处理方案。

把一片杂草丛生的沼泽改造为一个机械轰鸣的建设工地,需要技术,更需要智慧。参建者集思广益,在排水、晾晒过的淤泥上,铺设荆笆、土工布,覆盖沙土,巧妙解决了插板机行走作业难题。

为了确保地基预处理的安全可靠和达到设计预定目标,2016年12月5日,地基预处理成果专家评审会在爪哇7号项目现场召开,国华电力公司、爪哇公司及参建单位代表会同外部专家认真讨论并形成了评审意见:真空堆载联合预压地基处理效果明显,根据初步的监测资料,场地满足桩机施工机械进行作业的条件。

图12-3　2016年12月5日,爪哇7号项目召开地基预处理成果专家评审会

自2016年5月20日地基预处理开工以来,建设者以中国工艺创示范,优质高效地完成了面积达22公顷的主厂房区地基预处理,为主厂房桩基工程开工打开了良好局面。截至2018年6月30日,爪哇7号项目全部地基预处理历时25个月顺利完成,相关检测均为合格,各项指标满足设计要求,地基预处理效果良好。

根据评估及后期论证,相较于传统的真空预压、堆载预压、清淤换填或强夯等地基处理方式,创新、改进后的施工工艺有效减少了人力物力消耗,降低了机械和砂石等的使用,并有助于减少污染气体排放等。与此同时,"真空+堆载"联合预压处理较以往处理模式缩短四分之一工期,减少用电9万千瓦时,相较清淤换填法节省约5300万元费用。

地基预处理工作彰显了本项目建设者的"中国智慧",他们于沼泽和池塘遍布的沿海

135

滩涂之上开辟出了一片全新天地。

（三）桩基工程，奠定基础

日历翻过2016年，经过地基预处理后的主厂房区域早已不见昔日淤泥遍布的池塘、沼泽，取而代之的是坚实的地面，宽阔的场地上堆满了准备用于回填的山砂、海砂，形成了蔚为壮观的起伏状"沙丘"。

以一个较为形象的比喻来形容的话，如果先前的池塘、淤泥是"豆腐"，那么经过真空堆载联合预压处理，淤泥逐渐固化成较为坚固的土质，就如同将"豆腐"压制成了"豆干"。随后，桩基工程正式启动。

本项目厂区建筑桩基设计采用旋挖钻钻孔灌注桩，桩径包括0.6米、0.8米和1米三种类型，桩基设计为端承摩擦桩。根据各部位上部荷载及相应地质条件选择中粗砂或黏土层作为持力层，桩长因各部分不同荷载及不同地质条件而不同，桩长一般为9米至38米。

图12-4　2016年11月29日，神华集团纪检组组长卞宝驰（左6）、国华电力公司党委副书记赵世斌（左5）等在爪哇7号项目调研

为顺利推动桩基开工，项目管理团队科学组织，精心管理，与参建单位精心策划、充分准备、协调配合，先后完成桩基施工图交付、设计交底、图纸会审以及现场开工条件核查和准备工作。

与此同时，项目施工和生活用水、生产生活临建、施工电源、临时用地、排水系统、搅拌站和土建实验室、混凝土搅拌站及土建实验室等陆续投入使用,桩基工程开工前,现场已经具备交通方便、各项功能到位、环境整洁的施工条件。

图12-5 2017年1月16日,爪哇7号项目桩基工程开工典礼上,爪哇公司董事长闫子政(左5)、爪哇公司印尼董事Hendro Susilo(左6)、浙江火电爪哇项目经理顾巨红(左4)、山东院爪哇项目副经理翟忠振(左3)等共同庆祝

2017年1月16日,桩基工程开工仪式在主厂房区域举行。6台旋挖钻机同时开钻,喜庆热闹的鞭炮声和设备的轰鸣声交相呼应,标志着爪哇7号项目桩基工程正式开工。

2017年4月28日,主厂房区域桩基工程完成,本项目第二个里程碑节点准时完成,为后续主厂房开挖奠定了坚实基础。

2018年9月26日,经过1年8个月的不懈奋斗,项目桩基工程全面完成。据统计,全厂打设混凝土灌注桩10682根、混凝土灌注量12.79万立方米,打设混凝土预制方桩4130根、混凝土量3189立方米。共完成检测静载38根、高应变535根、低应变3745根。Ⅰ类桩98%,Ⅱ类桩2%,全面达到国家标准要求。

爪哇7号项目桩基工程量、混凝土灌注量之大,在同类型百万千瓦机组的电厂建设中实属罕见。这些骄人的成绩,离不开工程人夜以继日的默默奉献。他们的汗水、泪水和着混凝土灰水一同灌注入工程,颗颗心与根根桩凝聚成一股巨大的力量,支撑起庞大沉重的设备和高大宽阔的厂房。

二、设计工作历程

2015年6月4日,山东院受国华电力委托,开展爪哇7号项目投标设计工作,标志着本项目的设计工作正式启动。

2016年1月28日,电力规划设计总院对可研报告进行了审查,并于2016年4月26日完成可研收口审查。

图12-6 2016年2月25日,爪哇项目配套码头工程可研审查会于北京召开,会议由中国国际工程咨询公司主持,神华集团战略规划部、工程管理部、电力管理部、运输管理部、国华电力公司、国华研究院、爪哇公司、山东院、中交四航院人员及特约专家60余人参加了会议,图为国华电力公司总工程师陈寅彪在大会开场仪式上致辞

2016年4月18日启动初步设计,2016年8月30日电力规划设计总院对初设报告进行了审查,2016年11月18日完成初设收口审查;2017年3月3日取得了电力规划设计总院《关于神华国华印尼爪哇7号2×1050MW燃煤发电工程初步设计的审查意见》。

2016年12月15日司令图鸣放。

2016年12月开始施工图设计,2018年6月完成全部施工图设计,电厂侧施工图总计912册,发生变更957份(包括设计变更、变更设计),其中重大设计变更发生17项,均按照国华基建管控要求完成重大变更设计报审流程并获得国华电力公司批复。

2017年10月和2018年6月,国华电力公司分别组织"设计回头看"专项检查会,系统性梳理、检查了设计管理体系的执行情况,有效保障了本项目的设计质量。

三、项目正式开工

(一) 开工条件检查

为了能顺利实现2017年6月30日高标准开工的目标,爪哇公司根据印尼相关法律法规、神华集团及国华电力公司相关规定,于2017年1月月初编制了《爪哇7号项目开工条件检查表》,并将任务分解、落实到人,体系化运作,有力推动了高标准开工条件的落实。

图12-7　2017年6月30日,爪哇7号项目浇筑第一罐混凝土,项目正式开工

(二) 主厂房开工

2017年3月20日至21日,国华电力公司检查组赴印尼对爪哇7号项目进行开工条件和管理体系建设现场检查,高度评价爪哇公司自2016年3月进场以来,克服种种困难,软实力与硬条件两手抓所取得的成效。在软实力提升上,项目的策划规划、体系建设、专项管理、风险预控等做得扎实细致,管理有特色、有创新;在硬条件保障上,现场已完成主厂房地基预处理工程,为开展桩基工程、主厂房开工乃至实现目标工期,打下了坚实的基础。国华电力公司的检查结论是——项目已具备高标准开工和高水平连续安全文明施工条件。

2017年6月30日,是一个值得项目参建者铭记的重要日子,主厂房第一罐混凝土浇筑这一重要的里程碑得以在这一天实现，标志着爪哇7号项目建设正式全面展开。

四、整体进度情况

"没有检查点，工作难开展；不设里程碑，项目往后推"，工程建设里程碑是项目管理不可忽视的一部分，里程碑管理就像一双无形的手推动建设者不断实现各项进度目标。

爪哇7号项目从地基预处理完成的第一个里程碑节点，到整个项目投入商业运行的最后一个里程碑节点，共设了49个里程碑节点。爪哇公司工程管理人员以里程碑节点为中心，全面辐射各项工程进度，全面系统梳理进度计划，始终做到常抓不懈，与EPC联合体和监理单位随时保持密切沟通，定期盘点进度计划，确保一个个里程碑节点如期实现。

图12-8 2017年12月14日，国华电力公司副总经理陈杭君（左2）在爪哇7号项目现场调研

2018年1月15日，国华爪哇公司召开年度工作会，将爪哇项目的工程建设工作分为三个阶段的战役：2018年上半年设备及物资质量"保卫战"、2018年下半年安装及装修质量"阵地战"、2019年上半年调试及环境质量"攻坚战"，并吹响了"不忘初心、牢记使命，决胜全面建设国际一流燃煤发电示范电站攻坚战"的冲锋号。

爪哇公司闫子政董事长在当年的年度工作报告中吐露心声："在我的眼里，土壤是有温度的，石头是有生命的，机械是有灵魂的，那些钢架就像树一样在不断生长，那些坚固的混凝土就是设备安睡的温床,是我们亲自唤醒了海底沉睡几百万年的石头,而我们的汗水和泪水就是它们成长的营养液。"

爪哇7号项目的参建将士身处异国他乡,在资源条件奇缺、文化差异显著、信息交流不畅的情况下,披荆斩棘、攻坚克难、砥砺奋进,将对祖国家乡的思念转化为推动项目建设更快、更强、更优的驱动力,将对亲人的挂念转化为解决困难、化解危机的创造力,将不忘初心、不辱使命的意志转化为建设具有印尼文化特色、长期盈利的国际一流示范电站的执行力,创造了全过程"走得稳"的良好局面。

图12-9 2018年7月16日,国华电力公司总工程师陈寅彪(前排左5)、浙江火电副总经理俞玮(前排左2)、山东院项目总监周宝田(前排左1)等在爪哇7号项目现场调研

建设过程中,全体参建将士围绕统一的目标和使命勠力同心、孜孜不倦,"苦其心志,劳其筋骨",成功赢得"三大战役"的胜利,并最终提前完成了里程碑节点。

表12-1 爪哇7号项目里程碑节点完成时间

序号	里程碑节点	实际完成时间	
		#1机组	#2机组
1	主厂房区域地基预处理完成	2016-12-10	
2	主厂房区域桩基工程完成	2017-4-18	
3	主厂房区域开挖	2017-5-20	

续表

序号	里程碑节点	实际完成时间	
		#1机组	#2机组
4	主厂房浇筑第一罐混凝土（开工）	2017-6-30	2017-6-30
5	主厂房基础出零米（锅炉）	2017-9-15	2017-11-26
6	重件码头具备接卸条件	2017-7-31	
7	锅炉钢架开始吊装	2017-9-27	2017-12-6
8	受热面开始吊装	2018-3-29	2018-8-5
9	主厂房结顶	2018-7-15	2018-9-30
10	主厂房封闭	2018-12-31	2019-3-31
11	烟囱筒身结构到顶	2018-9-22	
12	集控楼具备安装条件	2018-11-30	
13	汽轮机低压下缸就位	2018-12-24	2019-3-25
14	煤码头交安	2018-10-26	
15	临时验收（具备外电输入条件）	2019-1-20	
16	DCS复原试验完成	2018-12-24	2019-3-17
17	厂用受电完成	2019-3-8	2019-7-30
18	海水淡化出水	2019-5-25	
19	化学制取合格除盐水	2019-4-22	
20	锅炉水压试验完成	2019-6-10	2019-8-22
21	煤码头具备卸煤条件	2019-6-10	
22	汽轮机扣盖完成	2019-5-20	2019-7-30
23	脱硫吸收塔防腐完成	2019-8-20	2020-01-19
24	循环水系统具备进水条件	2019-7-4	2019-11-12
25	脱硫系统冷态通风试验完成	2019-7-3	2019-11-25
26	锅炉化学清洗完成	2019-7-18	2019-12-15
27	锅炉点火开始吹管	2019-8-6	2020-01-02
28	机组开始整套启动	2019-8-28	2020-7-28
29	机组通过168小时试运移交生产（脱硫同步）	2019-12-12	2020-9-23
30	机组COD（PPA移交点）	2019-12-13	2021-7-8

说明：2号机于2020年9月23日通过168后，已具备进入COD的条件。综合各种因素，PLN与爪哇公司签署补充协议，2号机COD顺延到2021年7月8日，并以当日为25年运营期的基准日。

五、关键节点进展

（一）重件码头交工

2017年7月31日，爪哇7号工程重件码头按照目标工期如期完工、具备接卸条件，比考核工期提前了两个月，为工程进度及货物运输计划提供了强有力的保障。

图12-10　中交四航院董事长朱利翔（中间左6）、中交四航院副院长李华强（中间左4）、爪哇公司董事长闫子政（中间左5）等在重件码头交工仪式上合影庆贺

（二）1号机组锅炉主厂房出零米

2017年9月15日，爪哇7号项目1号机组锅炉主厂房出零米。

图12-11　2017年9月15日，1号机组主厂房出零米

（三）锅炉钢结构开吊

2017年9月27日，随着"起吊"令发出，在起重人员的指挥下，400吨履带吊将1号锅炉

第一根钢结构立柱成功起吊,紧接着找正、锁螺母、摘钩等工序逐个完成,1号锅炉钢结构首根立柱于9时28分顺利就位,标志着1号锅炉本体正式进入安装施工阶段。

图12-12 2017年9月27日,1号锅炉钢结构正式吊装

(四)1号机组锅炉大板梁吊装

2018年3月13日9点48分,1号机组锅炉大板梁顺利吊装,标志着爪哇7号项目1号锅炉钢结构主体安装基本完成,为锅炉受热面安装奠定了基础。

图12-13 2018年3月13日,1号机组锅炉大板梁吊装

（五）1号机组锅炉受热面吊装

2018年3月29日8时，重19吨、尺寸为8×21.6米的1号机组锅炉左侧包墙过热器缓缓起吊，拉开了1号机组锅炉受热面安装的序幕，比预期工程节点目标提前3天。

图12-14　2018年3月29日，1号机组锅炉受热面吊装

（六）烟囱结顶

2018年9月22日，爪哇7号项目210米钢筋砼烟囱外筒顺利实现结顶。这是爪哇7号项目一个地标性建筑，是中印尼双方精诚合作、奋战近三百个昼夜结出的硕果。

中印双方人员通力合作，迎风雨、战高温、抗暴晒，历时274天，绑扎钢筋815吨、浇筑砼7119立方米，圆满完成烟囱施工。烟囱外观清水砼颜色均匀、模板接缝顺直、表面光洁。截至2023年12月月底，烟囱累计总沉降量17.78毫米（允许沉降值200毫米），倾斜偏移量23毫米（允许偏差值95毫米），烟囱沉降稳定、结构安全。

图12-15 2018年9月22日，爪哇7号项目高达210米的钢筋砼烟囱外筒顺利实现结顶

（七）1号机组低压缸下缸就位

2018年12月23日，1号机组#1和#2低压缸下缸顺利就位，提前完成2018年12月31日的低压缸下缸就位节点，标志着汽轮机本体正式进入整体安装阶段。

图12-16 2018年12月23日，1号机组低压缸下缸就位

（八）1号机组DCS成功复原

2018年12月24日，1号机组DCS系统复原试验一次成功。DCS复原试验是工程建设的重要里程碑节点之一，爪哇公司邀请西安热工院人员在现场进行技术监督和实地见证，试验数据表明1号机组DCS系统各项技术性能指标均满足标准。

图12-17　2018年12月24日，1号机组DCS成功复原

（九）1号锅炉水压试验一次成功

2019年2月2日，爪哇7号项目1号机组锅炉水压试验一次成功，标志着1号机组锅炉受热面设备安装工作全面结束，成功完成了又一里程碑节点。

此次锅炉水压试验分一次汽系统水压试验和二次汽系统水压试验，一次汽系统设计工作压力为29.8兆帕，试验压力为44.7兆帕。经检查，58134道焊口无一处泄漏，各受压部件无变形、无破裂、无漏水，工艺质量等各项技术指标均达到设计要求。1号机组锅炉水压试验一次成功为后续的锅炉吹管、试运等工作提供了有力保障。

图12-18　2019年2月2日,1号机组锅炉水压试验一次成功

(十)1号机组厂用电受电完成

2019年3月8日,1号机组厂用电受电一次成功。为确保顺利完成此次受电工作,国华爪哇公司严把安全、质量关口,优化施工工序,提前谋划,精心组织,成立专项工作组,提前一个月开始对受电范围内的所有设备进行问题排查和整改闭环。

图12-19　2019年3月8日,1号机组厂用电受电完成

（十一）GIS升压站移交PLN

爪哇公司按照PPA约定建设完成了GIS升压站，并通过了PLN的验收，2019年3月11日，爪哇公司正式向PLN移交GIS。

PLN西爪哇区业务董事Haryanto W. S. 一行出席了GIS移交仪式。在移交现场，爪哇公司董事长温长宏发表致辞，热烈欢迎Haryanto W. S. 一行来到爪哇7号项目现场共同见证GIS移交的历史瞬间，并感谢PLN长期以来对项目建设提供的支持和帮助。Haryanto W. S.称赞了爪哇7号项目建设取得的成绩，并感谢各参建单位的辛勤努力，强调PLN将一如既往地对项目建设提供必要的支持和帮助。

图12-20　PLN西爪哇区业务董事Haryanto W S（前排左8）等在GIS现场合影

（十二）1号锅炉点火成功

2019年8月2日6时18分，试运指挥一声令下，当值运行操作人员执行油枪点火操作，集控室监视屏上显示熊熊燃烧的红色火焰，1号锅炉首次点火一次成功。这标志着整台机组全面进入调试阶段，对2019年年底实现机组投产发电具有里程碑式的意义。

图12-21　PLN西爪哇区业务董事Haryanto W S（后排左4）、爪哇公司董事长温长宏（后排左5）等见证GIS移交签字，前排签字者为PLN西爪哇区输电公司总经理WARSONO（左）、爪哇公司董事崔育奎（右）

图12-22　2019年8月2日，工作人员在集控室见证1号锅炉首次点火

六、守合同冲刺1号机组

2019年,爪哇7号项目建设进入了夺取机组投产发电胜利果实的全面总攻阶段。2019年3月8日,1号机组厂用电受电完成,超前23天;4月22日,制取合格除盐水,超前8天;6月10日,煤码头具备卸煤条件,超前51天;8月2日,1号机组锅炉首次点火一次成功,超前54天……各里程碑节点均超前PPA进度计划完成。

图12-23 2019年8月11日,中国驻印尼大使肖千(右3)等在爪哇7号项目调研

2019年8月28日,国华电力公司总工程师陈寅彪在项目现场组织召开了1号机组启动验收委员会,来自13家参建单位的近百名委员和代表参加了此次会议。会上,各参建单位分别就设计、设备、施工、调试、生产准备等整套启动前各项准备情况进行了详细汇报。随后,中国电力建设企业协会代表宣读了神华国华印尼爪哇7燃煤发电工程1号机组工程建设质量咨询意见,与会人员一致认为爪哇7号项目1号机组已具备整套启动试运条件,由启动验收委员会委员讨论并通过了启动委员会会议决议。

陈寅彪作为启动验收委员会主任,在总结发言时指出,爪哇7号项目战略意义非凡,全体建设人员使命光荣、责任重大,各参建单位要不忘初心、牢记使命,瞄准"世界领先、印尼第一"的工程建设目标不放松,高标准完成后续工程建设任务。

图12-24　2019年8月28日，国华电力公司总工程师陈寅彪主持召开爪哇7号项目1号机组启动验收委员会

图12-25　2019年9月6日，爪哇7号项目1号机组首次并网成功后，中印尼董事、员工交叉握手庆祝，温长宏董事长（左4）、赵志刚总经理（右3）、崔育奎董事（右5）、陆成骏董事（右1）、印尼董事Beton Karo Sekali（右4）、印尼董事Teguh Handoyo（右6）

【微故事5】实现高质量建设
——爪哇公司第一任董事长

闫子政，教授级高级工程师，爪哇公司第一任董事长，落实国华电力公司爪哇7号项目顶层设计的首任负责人。

从2015年12月到2019年2月，担任爪哇公司董事长期间，闫子政带领爪哇公司及参建各方的中印尼员工披荆斩棘、攻坚克难、砥砺奋进，高质量完成了阶段性的工程建设目标。2019年2月1日，闫子政在年度工作会上发言，充分表达了他对爪哇7号项目的深厚感情，也表达了中印尼员工的共同心声。

（以下为发言摘录）

一是"入山问樵，入水问渔"。

在印尼办企业，我们必须遵守印尼当地的法律，尊重当地人们的信仰，敬畏他们的风俗禁忌，懂得他们的惯例规则，融入当地社会，回馈当地社区。己所不欲，勿施于人，摒弃傲慢与偏见，转变思想和行为，才能拥有更广阔的空间和自由。微笑是人类共同的语言，如空气和阳光，受益而不觉，失之则难存，语言不通我们就报以微笑。"智者无忧，行者无疆，勇者无畏，仁者无敌"，我们要虚心向印尼同事学习请教，也要毫不保留地向他们传授知识技能。尊重、平等、爱会使我们收获亲如兄弟的异国朋友，也会使爪哇7号项目蒸蒸日上。

二是"能者善为，建则善成"。

这句话是中国能建的企业核心价值观，是基本建设者追求的最高境界。基本建设是合作各方的非零和博弈，一损俱损，一荣俱荣。各司其职、各负其责、携手共进才能实现共赢。项目公司是脑袋，出主意、定方向、定目标，各参建单位是躯体，抓执行，保落实，必须上下同欲。全现场各方齐心合力，理解各方利益不同但目标一致，要提倡换位，反对本位。

三是"致知力行，继往开来"。

2019年是爪哇项目基建转生产，基建生产经营并存的一年，是蜕变之年，基建与生产差异很大，真如"骏马能历险，力田不如牛；坚车能载重，渡河不如舟"，基建人与生产者要相互理解。基本建设是安全、质量、投资进度平衡的艺术，生产是动态的重复，依靠个人的能力和机械的执行，依靠制度和规章的"法治"。创业难，守业更难，建成"世界领先、印尼第一"的电厂是万里长征的第一步，为印尼社会带来优质能源，为股东方创造价值才是我们追求的终极目标。

在这布满荆棘的征程上，广大中印尼员工埋头苦干、默默付出、低调前行，贡献了智慧和激情、付出了汗水与泪水，我们的初心、我们的使命、我们的追求深深地烙印在了爪哇7这片难忘的土地上。今年，我们每一位中印尼参建员工都将在备尝艰辛与苦涩后收获成长的荣光。

共生模式：神华国华印尼爪哇7号2×1050MW发电工程纪实

2019年9月6日，1号机组首次并网一次成功，顺利并入印尼爪哇-巴厘电网。自2017年6月30日项目正式开工，历时不到27个月，爪哇7号项目的1号机组成为印尼首台并网成功的百万级超超临界燃煤发电机组，将在印尼电力建设史上留下重要的一笔。

图12-26 2019年11月10日，国华电力公司董事长宋畅（站立者右2）等在爪哇7号项目现场调研

2019年11月21日，1号机组首次实现了满负荷运行。

2019年12月12日11时16分，爪哇7号项目1号机组一次性通过168小时满负荷试运行。满负荷试运期间，机组主辅设备运行稳定，汽水品质合格，电气、热工保护投入率100%，自动装置投入率100%，主要经济技术指标达到或优于设计值，主要环保指标大幅优于当地标准，诠释了中国品质。

2019年12月13日，1号机组提前PPA进度4个月顺利投入商业运营（COD）。在国华电力生产调度指挥中心，国资委新闻中心副主任杨景百、国家能源集团副总经理米树华、国华电力公司相关领导，与来自《人民日报》、新华社、中央电视台、凤凰新闻、澎湃新闻、界面新闻等17家媒体的记者，通过视频连线见证了这一历史性时刻。

国华电力公司董事长宋畅从三个方面回顾了印尼爪哇电厂建设过程和国华电力海外项目发展历程：一是"高标准开工、高水平建设、高质量投产"，打造海外煤电建设的中国品牌；二是以"共商共建共享"精神，打造"一带一路"国际合作典范；三是"互信、互融、互通"，打造"民心相通"的美好未来。

图12-27　2019年12月12日，国华电力公司总工程师陈寅彪（左6）与爪哇公司领导班子共同庆祝爪哇7号项目1号机组通过168小时试运

图12-28　2019年12月13日，国华电力公司董事长宋畅（左）接受中央电视台的采访

【亲历者说5】勇担使命，履职尽责

陈寅彪，国华电力公司总工程师，教授级高级工程师，享受国务院政府特殊津贴，长期从事电力工程设计、企业管理及科技研发和创新工作。

爪哇7号项目建设期间，作为国华电力公司的基建分管领导之一，从投标阶段的顶层设计，到建设过程的基建管理，再到投产前的调试管控，陈寅彪勇担使命、履职尽责，前后8次到印尼现场指导工作，并见证了爪哇公司克服工期紧迫、任务艰巨、资源不足、文化差异显著等不利因素，出色完成各项里程碑任务节点的过程。特别是在2019年的1号机组调试过程中，陈寅彪1年内4次奔赴现场，指导爪哇7号项目1号机组勇夺印尼第一台百万机组并网纪录，见证爪哇7号项目1号机组提前4个月完成COD。

（以下为对陈寅彪的专访摘录）

陈寅彪首先回顾说："提前完成项目COD，特别是第一台机组的COD，是国华电力公司顶层设计、战略定位、总体统筹、整体谋划之后做出的科学决策。为此，爪哇公司及各参建单位披荆斩棘、攻坚克难、砥砺奋进，成功创造了一个又一个海外工程管理奇迹，工程安全、进度、质量控制平稳有序，投资进度管控科学合理，全面完成了"走得稳"的阶段性工程建设目标。2019年3月，我带领国华电力检查组到印尼现场开展调试受电前专项检查工作，见证了爪哇项目高标准、高质量调试工作的全面启动。"

陈寅彪可谓有感而发："工程建设，很难实现尽善尽美、面面俱到，国华电力公司董事长王树民多次讲，要抓住主要矛盾，并强调工期是最关键的。""国华电力公司一直秉承基建生产一体化、基建为生产、生产为经营的理念。爪哇项目进入调试期之后，国华电力公司组织了一系列的生产准备检查、安全文明生产检查等工作，发现爪哇1号机组现场仍存在一些问题。是全部整改规范之后再进一步开展整套启动？还是不管不顾'裸奔'直冲168？"

陈寅彪坦承："面对印尼方面的期望和机组COD的考核，当时国华电力公司的压力很大，有些领导要求暂停调试，方方面面整改完成后再进行调试。经过通盘考虑，我们确定了调试工期主线不放松、系统整改完善不放过的原则，组织各方面力量通力协作、共同推进，计划待各项条件均满足之后，立即开展1号机组整套启动。一方面我们从国华公司各厂抽调骨干力量，成立技术支持组开赴印尼现场协助开展相关工作；同时，以国华研究院各专业的专家为核心，成立了调试远程技术支持组，以国内国外同步的方式，从国华公司层面加大对项目的支持力度。另一方面，我们与各参建单位的高层领导进行深入沟通之后，给爪哇公司、参建单位下了军令状，要求现场加大资源投入，全面梳理设计、施工、调试的标准和规范，逐个系统整改完善、严格验收。此外，我们还组织了中国电力建设企业协会的专家赴现场开展1号机组工程建设质量监检工作，确保以高标准、高质量进入整套启动。"

2019年8月28日，到了交卷的日子，陈寅彪带队赴爪哇现场，与中印尼双方的股东及13家参建单位近百名启委会委员和代表,一起深入现场踏勘,详细检查工程的设计、设备、施工、调试、生产准备等整套启动前准备情况。与会人员一致认为爪哇7号项目1号机组已具备整套启动试运条件,启动验收委员会委员讨论并通过了启动委员会会议决议。

2019年12月13日,陈寅彪在印尼现场参加了爪哇7号项目1号机组投产仪式。陈寅彪回忆说:"爪哇项目1号机组的高品质投产不仅是国华电力公司完成PPA约定的第一步,也标志着国家能源集团走出去战略迈出了坚实的一步。在中印尼视频连线的1号机组投产仪式上,PLN、PJB和中国国务院国资委、国家能源集团相关领导对项目取得的成果给予高度评价。"

"最近与国华的老同事聊起爪哇1号机组试运投产往事,大家感叹爪哇7号项目建设充分体现了国华公司的契约精神和风险预控能力。如果没有提前发力抢抓试运,如果没有参建单位齐心协力克服试运中的种种困难,那么在2020年年初新冠疫情突发的情况下,1号机组要完成PPA的COD要求将是难以想象。"陈寅彪深有感触地说。

专访的最后,陈寅彪深情说道:"我参与了国华电力公司在印尼的穆印、爪哇和天健美朗三个煤电项目,项目的建设和成功来之不易。2011年,是国华穆印电厂投产年,我4次奔赴现场,带领保投产工作组和技术组与参建工程技术人员一起攻克高水分褐煤干燥难题,我至今仍记得全体参建员工一身汗、一身泥奋斗在工地的场景,春节期间在国华穆印电厂与中印尼员工过大年的欢乐画面又给我留下了永久的美好回忆。爪哇7号项目对我而言不单纯是一项工程建设项目,更是对中国技术和管理走向世界充满信心的感情投入。每次踏上爪哇7号项目现场,我都能感受到中印尼员工的奋力拼搏和携手共进,与印尼的合作伙伴共同奋斗、共同努力、共享成果和共同成长的过程中,我们建立起了深厚的友谊和信任。我为能够参与爪哇7号项目的建设深感荣幸,为中国先进发电技术走出国门立足世界感到无比自豪!"

七、战疫情决胜2号机组

爪哇7号项目2号机组整套启动调试时值新冠疫情形势严峻时期,可谓困难重重!国华电力公司贯彻落实国务院、国资委对中央企业境外疫情防控工作要求,迅速行动、主动作为,根据疫情变化形势,统筹各参建单位动态调整防疫策略,制定了一系列科学严密的防疫措施,及时补充了防疫物资,稳定了人心,做好了打防疫"持久战"的充分准备。

图12-29 2020年6月16日，爪哇公司董事崔育奎（右2）带领员工在新冠疫情发生后首次返回印尼，这是他们走出雅加达机场的场景

  爪哇公司董事、基建副总经理崔育奎作为新冠疫情发生后第一批返印尼复工的工作组组长，身先士卒，严格落实国华电力公司主要领导提出的"维护国华电力集体形象，确保一路顺畅平安"要求，在通航后第一时间组织国内人员历经多次转机、转车、隔离后，返回项目现场实现复产复工。2020年，爪哇公司先后平稳有序组织了20批次202名中方人员返岗复工，有效地推动了各项调试工作稳步推进，为2号机组顺利通过168试运奠定了坚实基础。

  2020年9月23日0时0分，2号机组完成168试运，爪哇电厂在克服了疫情影响及一系列困难和阻力后终于实现全面竣工，且比既定工期提前。在工程竣工仪式上，印尼能源与矿产资源部电力总局秘书评价说："爪哇7号项目战略意义非凡，不仅是印尼目前单机容量最大的电厂，也是印尼第一个采用低热值煤超超临界锅炉技术的发电机组，除了效率高，还更加环保，有助于提高印尼电气化率及电力能源的稳定供应能力。"

  2号机组投产再一次有力诠释了中国速度和中国品质。厂用受电、汽机冲转、并网发电、RB试验和168试运均一次成功，各项指标均优于设计值，环保指标印尼最优。

  2020年9月25日，2号机组投产暨工程竣工仪式以跨国视频连线方式在4个会场进行，主会场设在爪哇7号项目现场，国华电力、印尼能矿部、PJB公司总部设置视频分会场。国家能源集团总经理刘国跃、国华电力董事长宋畅在国华电力会场出席仪式；印尼能矿部电力司司长穆尼勒、PLN爪哇-巴厘区域业务董事哈里颜多、PJB董事长伊万分别在各分会场出席仪式。

图12-30　2020年9月23日，爪哇7号项目2号机组圆满通过168小时试运

图12-31　2020年9月25日，爪哇7号项目2号机组完成168小时试运暨一期工程竣工仪式现场

刘国跃在仪式讲话中代表国家能源集团向印尼能矿部、PLN、PJB、PJBI、新闻媒体等印尼各界对项目的关心和支持表示诚挚的谢意,向中国驻印尼大使馆给予的指导表示衷心的感谢,向全体参与爪哇项目的中国、印尼建设者表示亲切的慰问和热烈的祝贺。

图12-32　2020年9月25日,爪哇7号项目2号机组完成168小时试运暨一期工程竣工仪式国华电力本部现场

【亲历者说6】爪哇7号项目为什么能成功

Beton Karo Sekali（音译：伯顿）,2018年3月至2021年12月任爪哇公司董事,是在PLN工作30多年的印尼资深电力专家,曾任PLN绩效部（Company Performance Devision）总经理、Muara Tawar电厂董事长（Muara Tawar Gas Combine Cycle Power Plant,该电厂包括16台145MW机组、1台230MW机组、1台70MW机组）。

（以下为对伯顿的专访摘录）

伯顿先生在专访中首先说道："根据PLN以往的经验,欧、美、日、韩等国家在印尼投资建设的同类型火电项目,常规建设周期在60个月左右。爪哇7号项目从正式开工算起,1号机组建设周期29个月,从PPA签订算起,1号机组用了45个月,两个维度都是印尼火电项目最短建设周期,这在印尼火电机组建设历史上是绝无仅有的！"

在谈到爪哇7号项目为什么能成功时,伯顿先生认为可以用三个关键词来总结。

一是"一致性"。伯顿先生说："爪哇7号项目之所以能够如此高效率完成建设,最主要得益于我们的中国股东方、管理方国华电力先进的管理理念,得益于国华电力所规划的、贯穿始终的项目顶层设计和建设思路。先进的管理理念和统一的建设思路在爪哇7落地后形成了具有高度凝聚力和广泛认同感的企业文化和具体举措,基于此,参建各方凝心聚力、同心协力、稳步高效推进了工程建设。"

二是"专业性"。伯顿先生感慨地说:"项目的成功也得益于国华电力公司科学的人力资源管理,选派的中方员工都可以独当一面,专业性极高,与项目实际人力需求十分吻合,员工个体与团队组织间高度契合,各尽其责、各司其职,打造出了工作效率极高的项目建设团队,这大概就是中国《孙子兵法》里面所说的'上下同欲者胜'吧!"伯顿先生微笑着回忆起与中方同事共同工作的经历,继续说道:"在爪哇7号项目工作的这段时间是我非常难忘的经历,中国人特有的准时、高效、专业等特点给我留下了非常深刻的印象,他们在工作中严格执行流程规范,施工过程中高度重视工艺达标、质量达标,使得所有的施工工序能够有条不紊地高速推进,这是值得我们印尼电力建设者学习的。"

三是"融合性"。专访过程中,伯顿先生多次强调,基于他在PLN工作30多年的经验,爪哇7号项目的企业风格与之前的电力项目完全不同,不仅与印尼本土电力企业不同,与欧、美、日、韩各国在印尼投资的电力项目也不同。他说:"爪哇7号项目的各级中印尼管理者和一线员工相互融合、相互帮助、相互支持,使项目得以高标准、高质量建成,这是极具中国特色的一种新的模式。我们在共同工作过程中,和中国人建立了深厚的友谊,变成了真正的朋友。"

专访的最后,伯顿先生感慨万分地说:"在爪哇7号项目,中国人与印尼人相互理解、彼此尊重、相互信任,中国人的高尚的职业道德带动了印尼工人的积极性。爪哇7号项目是中印尼建设者共同努力的结果,所有的建设者和参与者都应该被铭记!"

图12-33 2021年1月1日,爪哇公司组织迎新年植树活动,公司董事伯顿先生亲手种下承载中印尼员工深厚友谊的榴梿树

第十三章 基建管理特点

一、设计管理

（一）设计工作划分

爪哇7号项目的工程设计工作分电力工程（含输电线路）及海工工程两部分。山东电力工程咨询院有限公司负责电力工程设计，即与发电工程整体功能相关的所有内容的勘察设计，包括电厂全部系统和附属系统、专项设施（升压站及输电线路）、辅助生产设施等。中交第四航务工程勘察设计院有限公司（四航院）负责海工工程设计，即配套码头及海域取排水工程设计。山东院负责整个工程的设计纳总，即山东院负责电力工程与海工工程总体布置协调及技术接口，并负责与海水淡化、海水脱硫的布置协调及技术接口。

（二）设计管理经验及特点

爪哇7号项目的设计管理总体思路是遵循国内电力建设的传统方法，贯彻执行国华电力公司基建管控体系，结合海外EPC项目的实际特点，以统一设计管理体系等方面为发力点，以设计作为"龙头"，对工程安全、质量、进度、投资正向拉动。

1. 设计管控体系化

（1）共建设计管理体系，制度统一、运作有序。

由于参建单位的管理体系各有不同，所以项目伊始必须统一管理体系、优化固化管理流程。爪哇7号项目按照"制度管人、流程管事"的原则，组织总包、监理等单位共同构建设计管理体系，编制了14项涵盖设计业务全流程的制度及程序。全体参建单位严格遵循，为项目的有序运作打下了良好基础。

（2）设计专委会为核心，"体系化""持续性"管控设计质量。

以"设计质量管理专业委员会"为核心，建立了"国华爪哇公司、EPC联合体、设计院"三级设计质量管控体系，定期（每月一次）组织召开设计管理专委会，不定期召开重大设计专题会、设计变更评估讨论会、设计质量事件调查分析会等一系列会议，重点对设计变更的原因和影响进行讨论。

此外，设计专委会针对各阶段工程管控重点，多次组织运维公司、设计院、主辅机厂、大宗材料厂举办设计设备回头看等活动，分阶段地再次检查设计、设备方面的问题落实情况，以查促管，持续提升设计质量。

（3）设计监理全流程、多举措开展技术审查。

在爪哇7号项目工程建设的全过程中，设计工作均由设计监理审核设计原则、输入条件、设计成品文件等。从设计监理招标阶段，就对设计监理的全过程配置进行了系统规划，通过设计监理合同来约定各项要求，主要有以下举措。

1）设计监理工程师均由设计院在职主设人、具有百万千瓦超超临界机组业绩及具备高级工程师及以上职称的技术骨干担任，保证了设计监理团队的高素质。

2）赋予设计监理"业主代表"的权利，在初步设计、司令图阶段，组织设计监理工程师常驻设计院与设计人员合署办公，全面深入审核设计文件，保证了初步设计的高质量。

3）设计监理除了对常规的设计成品审查外，还要对设计条件输入、阶段性成果（专题方案、技术规范书）等环节审核把关，并在所有审查图纸加盖设计监理章。

4）在地基预处理、机组出力、机组厂用电率等重大技术问题上，组织设计院、设计监理背靠背独立编制专题报告，确保工程重大设计的严谨性。

（4）爪哇公司技术人员全流程深度参与设计工作。

从可研到施工图的各设计阶段，国华爪哇公司全过程、深度参与各类技术方案确定、设备规范书审核、专题调研、施工图及PID图纸审核等，对审核意见闭口签字确认。

2. 设计标准明确化

（1）设计标准严格执行PPA合同要求，制定专项闭环管控措施。

在设计工作启动之后，国华爪哇公司就组织设计单位对PPA合同中的设计标准进行了梳理，重点研究PPA合同中与国内常规设计有差异的内容，并全部落实在初步设计及施工图中。制定了PPA合同专项闭环签证表，经主设、设总、设计监理、国华爪哇公司各专业工程师签证后，方可完成闭环。通过责任的细化，将所有环节的设计管理人员均纳入管控流程中，确保PPA合同各项条款全部落实。

（2）细化EPC合同附件的顶层设计及具体内容，严格落实执行。

EPC合同是总承包项目的最核心协议，是项目执行的最有力依据。爪哇7号项目在完全平移PPA合同相关要求的基础之上，根据电力行业强条规范以及上级单位的相关企业标准，优化EPC合同附件的顶层设计，细化具体技术要求，以EPC合同的形式明确约定工程整体设计标准及各个专业的具体设计要求。

（3）系统性、全流程开展负面清单、事故案例管控。

负面清单管控是可以贯穿项目全过程的质量管理行为，在设计、采购、施工、调试各个过程中，持续开展负面清单的执行落实、检查核查、闭环监督等工作，可避免发生同类型事故、问题重复发生，有效提高系统设备的可靠性。

在全面借鉴其他工程在设计、施工、调试等阶段出现的具有参考价值的技术质量问题的基础上，爪哇公司组织各相关单位整理相应预控措施，累计发布了5版1300条的负面清单。此外，为深度借鉴国内各工程的质量事故教训，爪哇7号项目组织编写了《电力建设质量问题导致生产事故案例汇编》，收录了各发电单位与基建工程质量直接相关的137个事故报告。通过对1300个负面清单及137个事故案例问题的管控，规避了本项目基建期设计、采购、安装、调试等各环节可能发生的典型问题及重复性隐患。

3. 设计管理精细化

（1）依据里程碑节点，制定详细出图计划。对设计需要的审查纪要、水文、勘测、试桩、模型试验、水质、接口等进行审核，确保准确后作为附件下发，保证基础设计输入资料的正确性；施工图设计之前与印尼现场确定可在当地采购的材料及其特性，避免设计返工。

（2）从招标开始，对PPA合同中的设计标准进行专题梳理，重点研究PPA与国内常规设计的差异部分，编制专项闭环签证表，分解到各专业对应的施工图卷册中，形成专题管控表，全部落实在初步设计及施工图卷册中。

（3）严格按国华司令图设计导则要求进行司令图设计，将国华及设计监理专项审查意见逐条关闭。

（4）由山东院纳总"三海"（海工码头、海水脱硫、海水淡化）设计，对全厂的建筑做法、建筑及设备/管道色彩、材料选择、"五防"方案、KKS编码等进行统一。

（5）注重设计接口管理，山东院作为主体设计院，与"三海"设计方（四航院、东锅、国华研究院）、各设备厂商间存在设计接口，与PLN管辖的专项设施存在接口。为此，制定了设计接口、图纸会签/确认流程及规定，确保各单位、各系统间接口的统一性、正确性。

（6）对全厂所有地下设施、综合管架均进行三维设计，避免发生碰撞。

（7）为减少现场开孔及焊口数量，提高管道清洁度和安装质量，爪哇7号项目打破常规，对中低压管道进行配管设计、工厂化预制，实现对疏水、放气、取样加药、热控测点等开孔的工厂化预制。

（8）严格管控变更，图纸升版等同变更。爪哇7号项目以国华管控体系为基础，结合海外EPC项目的实际特点编制了《设计变更与变更设计管理程序》，参建各方统一执行。主要规定：变更的分类、等级与国华电力公司一致；所有变更均须经设计监理、施工监理、国华爪哇公司审批；凡涉及EPC合同费用变化的，须经国华爪哇公司计划物资部审批；设计单位提出的设计更改，执行"设计更改通知单"；业主、监理、施工单位提出的变更设计，应发起"变更设计申请单"，完成审批后，由设计院执行；图纸升版按照变更进行管控，有效地确保了设计变更的严肃性。

（9）对标优秀开展设计优化，专题研究破难题。爪哇7号项目组织各专业对系统设计进行全程跟踪，将设计优化贯穿基建全过程，持续对布置及工艺系统进行优化，对系统及设备的冗余进行合理确定，同时协调设备厂进行优化。在对国内同类型机组运行情况调研和国华基建负面清单的基础上，吸收各电厂的系统设计经验，对标优秀，对各系统进行梳理，提出优化建议。先后提出包括厂用电率优化在内的设计优化项169个，编制专题论证报告46个。通过优化，机组的各项指标均优于PPA、EPC技术要求，比如，厂用电率从初设阶段的5.72%优化为施工图阶段的5.05%。

发挥国华"小业主、大咨询、大社会"的管理理念，邀请行业内知名专家，组织参建单位的相关技术人员在国内外召开了一系列技术专题会，重点解决技术难点、关键点，并将会议成果严格落实到设备招标技术规范书、施工图当中。

图13-1 2016年6月2日，国华电力公司总工程师陈寅彪（前排左3）、国华基建项目部总经理谢林（前排左4）等带领国华研究院、爪哇公司工作人员到山东院开展设计管理交流

二、设备管理

（一）设备采购模式及要求

爪哇7号项目是按照EPC管理模式进行设备采购范围划分的，原则上所有设备类采购由山东院负责及执行合同，材料类采购由浙江火电负责，海工设备采购由四航院负责。

山东院负责的辅机设备采购包括6个批次133项。三大主机、海水淡化、海水脱硫的合同款采用暂列金方式列入EPC合同中，其余辅机合同款均在山东院的合同范围内。爪哇项目基建期的物资管理、库存管理由EPC单位按照EPC合同及仓储协议相关条款代保管，基建期结束后移交爪哇公司。

项目的总体采购计划由EPC总包单位编制，并按照实际采购情况不断更新采购计划。在重要设备招标前，按照EPC合同附件"辅助设备、材料选择清单"对投标供应商进行短名单管控，并报爪哇公司审核。招标文件由EPC总承包单位依据总承包合同、PPA协议、本单位的管理实际状况，参考神华集团和国华电力公司发布的招标文件范本编制，并报爪哇公司审核、确认后，发布招标公告。开评标过程由爪哇公司组织本公司人员、国华电力研究院等单位参与、审查。

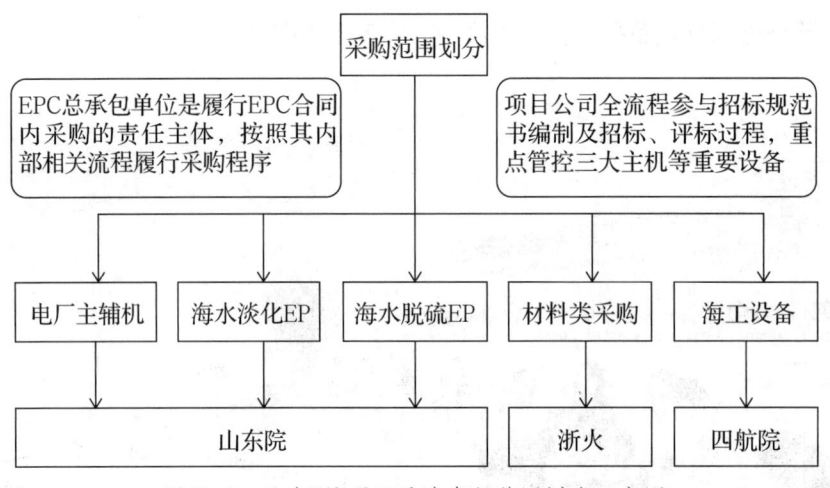

```
                          采购范围划分
                               │
              ┌────────────────┴────────────────┐
    EPC总承包单位是履行EPC合同            项目公司全流程参与招标规范
    内采购的责任主体，按照其内            书编制及招标、评标过程，重
    部相关流程履行采购程序                点管控三大主机等重要设备
              │                                  │
    ┌─────────┼─────────┬─────────┬─────────┐
  电厂主辅机  海水淡化EP  海水脱硫EP  材料类采购  海工设备
              │                          │         │
            山东院                      浙火      四航院
```

图13-2　爪哇7号项目采购责任范围划分示意图

（二）设备管理经验及特点

1. 确定设备质量管控原则及目标

经过研判，爪哇公司确立了紧紧围绕"建设具有印尼文化特色、长期盈利的国际一流示范电站"建设总目标，积极构建项目业主、运维公司、监造商、金属监检、供应商等多方齐抓共管的设备质量管控一体化大团队和体系，在满足PPA和EPC合同原则基础上，努力实现装置国际一流设备的质量目标。

全流程"高标准策划、严要求管控、高品质出厂"，不仅注重设备内在性能质量，也要提升设备外观质量，力争实现设备"零缺陷、零缺件、零货损、零延误"，力争设备质量创优、达优，努力打造中国装备的优良品质、形象。

项目集合了国华爪哇公司、EPC总包、监造、制造、技术监督、运维等各方的质量技术优势，分设计阶段审查、制造阶段监造、出厂放行阶段验收、物流运输督察等4个阶段打赢了设备质量保卫战。横向实施了"一个抓手"，以负面清单为抓手；"两个授权"，对监造服务商工厂检验和供应商现场监装充分授权；"三不发生"；"四个零"，力争"零缺陷、零缺件、零延误、零货损"；"五防"；"六个关口"，把好原材料入厂关、加工制造检验关、负面清单闭口关、整机试车验收关、包装发运查证关、开箱验收交接关。全流程、网格化开展设备质量管理。

2. 优选合作伙伴

EPC总承包商、三大主机设备供应商、海水淡化设备供应商，绑定参与IPP项目投标并与EPC合同同步完成合同谈判和启动,为项目执行奠定了基础。主辅机设备采买以满足设计提资和合理生产制造周期为目标,快速启动,快速完成招评定标,优选一流供应商。采用中国标准,扩大中国设备和材料的选用范围,保证设备质量和进度可控。

为统一设备质量管控目标,提升供应商质量管控意识,爪哇公司着手组织供应商及相关单位召开了以"诚实守信、履约践诺、携手共赢"为主题的设备质量创优动员会,共53家单位,140余人参会。

通过创优宣贯强调项目建设意义和责任,让设备供应商意识到其肩负着展示中国电站装备制造能力的重任,肩负着展示电力建设能力、建设水平,塑造中国企业海外形象的重任。

图13-3　2017年8月29日,爪哇公司在爪哇7号项目现场召开设备质量创优动员会

3. 细化设备质量管控措施

(1)建立设备质量控制体系。建立质量管理策划、开工会、质量交底、质量负面清单、设备质量控制手册、监造管理、合同执行台账的体系文件,以制度和体系来管理,并延伸至对设备供应商体系运行的有效性进行严格管控。

(2)设备技术规范书的消化和分解。要求供应商将技术协议书进行分解,落实到设计工艺中,最终体现在生产车间各工艺卡中。

(3)加强供应商分包外购管理。合同签署阶段择优选择,视情况进行源地评审,合同执行阶段进行专项管理,针对每项设备编制分包外购管理台账,将合同要求落到实处。

(4)注重重点工艺和重点环节的管理。对经常出问题的焊接工艺,对WPS、PQR等进行审核检查，编制项目设备焊接工艺专项控制方案；对文件资料加强过程搜集和整理等。

（5）监造商管理。择优选择国际知名第三方监造商，大幅扩大了监造设备范围、增加了检验项目和检验比例。实施过程中，又根据设备质量风险等级动态调整了部分设备监造方式，进一步调整检验设备的数量项目和比例。DL/T586-2008《电力设备监造技术导则》[1]规定监造设备24个，爪哇7号项目实际委托监造设备85个。检验项目平均为DL/T586的2到3倍。例如，锅炉241项，是DL/T586的2.41倍；汽轮155项，是DL/T586的2.3倍。

（6）最大化试验。为确保海外工地无间断连续施工，爪哇项目在"试"和"验"上做文章，实行最大化工厂试组装和试验，比如，所有转动设备不得采用试验电机试验，都与配套电机一对一组装试验。此外，将设备的合同性能指标作为底线、红线，重新设定更高要求的目标性能指标，确保设备在工厂性能指标优良。

（7）严把设备出厂放行最后关口。出厂放行是设备质量管理在厂内的最后关口，采取多种举措，确保出厂设备都是精品。一是引入核电设备验收理念，对所有设备从原材料到成品产生的验收项全部梳理、验证准确无误后签字确认放行；二是实施联合验收制度，在质量专委会的框架下，组织6个相关方成立联合验收组，从不同的关注点对设备进行全面检验、验收；三是实行"三个一致"审查，审查图纸和实际货物清单一致性、货物清单与所发货物一致性，通过图、单、货一致审查，确保设备数量、规格的准确性。

（三）物流运输管控要点

爪哇7号项目以船运计划管理为核心，实现了"作业组织高效化、运输管理专业化、单证管理表单化、设备交接规范化"，成功打造了中国海外电站项目的物流标杆。

1. 物流前期准备

爪哇公司于2016年3月进行物流踏勘后，选定Merak港（孔雀港）作为卸货港，明确了普货通过内陆运输，大件设备通过驳船海运的运输方案。

爪哇公司与四航院对大件码头的设计进行了重点优化，根据拟选用驳船的型号和配载吃水，重新确定码头的航道、前沿高程、护栏高度等参数，确保现场大件码头可用、好用。

开展对进口优惠政策的调研，包括进口许可证、进口免表、绿色清关通道、现场清关等，在印尼从无到有，充分调研了各项优惠政策，并且顺利地完成了进口免表、本地成分、现场清关及钢铁进口许可证的办理，为爪哇7号项目物流的顺利实施提供了有力保障。

2. 物流计划管控

爪哇7号项目采取一系列措施实现了物流按计划发运，不仅满足了现场的物资到货需求，并且化解了节假日、许可证到期对发运工作的影响，确保了项目发货组织可控在控。

一是在满足现场到货需求的情况下，大件设备集中发运，增加了资源集中度，减少了物流运输风险。二是合理拆分各船次发运设备和货量，妥善分解高峰期的运输压力，既保

---

[1] 该导则有1995年版、2008年版、2017年版，爪哇7号项目开始执行为2016年，该导则2008年版为项目执行版本。

证满足现场设备的到货要求，又平稳地度过发货高峰期。三是采用每三船提前滚动更新船运计划的模式，促进设备合同执行，以合同执行的实时信息调整船运计划。四是建立"集港计划"共同编制、共同执行模式，搭建沟通顺畅的发运信息平台。

图13-4　2017年8月11日，国家核电技术公司副总经理侯学众（前排右4）、神华集团电力管理部总经理刘志江（前排左5）、招商局集团中国外运股份有限公司副总裁吴学明（前排右3）、山东电力工程咨询院总经理王海（前排左4）、国华公司基建项目部总经理靳华峰（前排左3）、爪哇公司总经理李立峰（前排右2）等在爪哇7号项目物流发运启动仪式上合影

3. 港口运输管控

爪哇7号项目在集港工作方面做到了组织跟踪有序，卸货、仓储资源准备及时，启运港集港工作安排及时、跟踪有序，集港通知发布准确。

爪哇7号项目的卸货港为Merak港，港口条件较差。爪哇公司通过每天定时发布、及时更新到货信息，做到了项目现场物流工作统筹协调运转；通过对印尼当地工人进行安全作业宣贯，增强安全意识，降低了货损及安全事故的风险；通过绘制分发卸货路线图，使外部车辆入场安全、有序。通过多措并举和积极协调，成功实现了现场卸货及时高效，到货巅峰时段，现场每天可完成50余车的接卸任务。

4. 大件运输管理

大件运输组织有序是爪哇7号项目物流的一大亮点，也是整个项目的定心丸，运输团队编制并实施了周密的大件集中发运计划和大件运输方案；组织外部专家参与评审大件运输方案，确定驳船的选型、大件运输顺序、现场路线及卸货场地；组织浙江火电进行道路拓宽及硬化；货到现场前组织运输车辆对现场路线进行模拟行驶等，最终成功克服承运船舶有限、出厂进度与施工进度衔接偏差、进口免表延期、目的港泊位紧张等重重困难，实现了两台百万机组大件设备6批次159件圆满完成运输，其中发电机定子重513吨、主变压器重520吨，设备重量大、货值高。

图13-5　2019年1月9日，1号机组发电机定子通过重件码头运抵现场

【微故事6】山东院爪哇7号项目部锅炉钢结构催交突击队

爪哇7号项目工期紧、货量大、物流环节多、运输难点多，现场安装主线上的锅炉钢结构设备对整体进度的影响尤为明显。山东院于2017年7月28日成立了锅炉钢结构催交突击队，实施从钢结构设计排产开始到集港装船为止的有计划、可追溯、主动预警、当日纠偏的全流程进度管控。

在人员配备方面，范明波担任突击队长，齐光才、张勇、姚伟、沈兆飞、李冠霖、臧孟等队员组成精干的催交团队。突击队在以下几个方面狠抓落实，砥砺前行，全力确保项目建设按计划顺利推进。

一是多措并举，树文明新风。团队以座谈会、交流会等形式营造积极向上、朝气蓬勃的氛围，点燃团队勇于创新、拼搏奉献的激情。

二是真抓实干，模范带头。针对钢结构存在货量大、工厂遍布浙江三市四地、管理链条长、厂内项目多、排产紧张等不利因素，积极协调北京巴威向华业钢构提供资金支持，突击队先后12次前往钢结构厂召开进度协调会。

三是勇挑重担，砥砺前行。本项目钢结构分包厂家因原材料成本上涨亏损严重，执行困难极大，姚伟、张勇在关键时刻挺身而出、勇挑重担，主动驻厂催交。2017年9月29日，张勇赶回济南办理家中老大的出院手续，第二天就迎来了二孩的出生。老大生病住院期间，他妻子一个人挺着大肚子照顾，二孩出生后，张勇毅然背上行囊继续驻厂催交。突击队员克服了家庭困难，坚持"5+2""白加黑"工作模式，冲锋在生产第一线，完成了一次又一次催交任务。

四是通力合作，力保节点。印尼法律规定，入境印尼的钢铁制品必须办理钢铁制品许可证，本项目钢铁制品许可证有效期截至2018年5月30日，可到了当年5月，仍有总计3500余吨钢结构未发货。时间紧、任务重，突击队成员各司其职、通力合作、精心组织、倒排计划，对各环节严格把控，圆满完成了2017至2018年度的钢铁制品进口工作。

五是艰苦奋斗，谱写青春华章。一年的钢结构驻厂工作，365个日日夜夜骑着自行车往返于宾馆和工厂之间，克服夏日的潮湿、冬日的阴冷，习惯了厂内漂浮的粉尘和油漆的味道，汗水湿透的工作服……结束了一天忙碌的工作，晚上抽空与家人视频通话后，突击队员又转身继续加班，他们坚信，唯有奋斗的青春才有意义，唯有拼搏的人生才更加美丽！

随着钢结构生产结束和本项目建设的推进，山东院爪哇7号项目部锅炉钢结构催交突击队又迅速投入其他设备的攻坚战中，为打造海外精品工程奉献全部力量，谱写青春华章。

图13-6　2017年10月6日，山东电力工程咨询院董事长王雷鸣（前排左8）在爪哇7号项目现场调研

（四）完成本地成分指标

1. 本地成分指标简况

依据印尼工业部《本地成分（TKDN）的规定和计算》（16/M-IND/PER/2/2011），本地成分指印尼国内发生的总生产成本之和在项目总投资中的占比，印尼国内总成本为印尼国内

生产或提供的原材料、设备、工具设施、服务，以及其他间接成本的总和。

计算公式为：

$$本地成分（TKDN）=\frac{印尼国内总生产成本}{项目总生产/总投资成本}\times100\%$$

依据印尼工业部《关于使用印尼产品建设电力基础设施的规定》（No.54/M-IND/PER/3/2012），各电站项目须满足该条例规定的本地成分指标，否则将被处罚。其中，第二十七条规定，在项目最后阶段，本地成分（TKDN）低于规定值时，将予以经济处罚，具体为：未达标每0.01%，征收合同总额0.00003%罚金；未达标最高为5%，罚金最高为合同总额的10%；若未达标值超过5%，予以经济处罚和行政处罚，并列入黑名单两年。

2. 电站项目落实本地成分的常规流程

PLN是印尼电站项目本地成分的考核执行单位，一般会从项目开始阶段就向IPP方发函，要求定期对项目本地成分情况进行报告、备案，并在项目完成后，由审计机构出具最终的本地成分审计报告（Post Audit）。

第三方审计机构出具的最终审计报告（Post Audit）将是项目COD的必要条件之一。电站项目落实本地成分的执行过程一般分为5个阶段：自我评估 → 比例优化 → 指标豁免 → 过程控制 → 最终审计。

3. 本地成分指标豁免及最终审计

根据印尼当地法律，电站项目可以申请本地成分指标豁免。爪哇7号项目经过自我评估后，通过印尼专业的本地成分审计单位具体实施指标豁免，多次组织各方向印尼工业部、印尼各相关协会汇报、沟通，积极协调。2018年3月12日，印尼工业部出具批复函，爪哇7号项目的本地成分指标成功获得豁免。

2021年1月12日，PLN发函至爪哇公司，要求启动本地成分审计工作。针对本地成分工作的重要性、特殊性，爪哇公司持续组织各参建单位按照审计单位的要求，提供EPC总包、分包商对应的成本数据和证明材料；配合审计单位对分包商、供应商的采购渠道、采购数据走访核实。

2022年1月18日，经过整整一年的工作，审计单位完成了对总数超过100家的三级分包商走访、查验后，最终出具了爪哇7号项目的本地成分审计报告，审计结果优于印尼工业部批复的指标，圆满完成了既定目标。

三、安全管理

海外项目受所在国政治、社会、文化环境，以及人力、技术、服务等各类资源条件影响，存在发生许多在国内难以想象问题的可能，给安全管理带来了极大难度。中印（尼）

安全监督管理团队认真落实国华电力公司的安全生产方针和管控体系要求，严格执行国华电力公司的安全质量"三一行动"，并结合属地和项目实际情况，采取了"168，520"安全理念、"461"安全支持体系等一系列行之有效的安全创新管理手段，实现了风险预控措施的高效落地。

爪哇7号项目交出了国外火电项目建设期1700天、超500万工日 "人员零伤害、火灾零发生、设备零事故、环保零事件"的安全管控成绩单。

（一）安健环体系建设及运作

1. 建立管理体系——谋定在前，体系先行

为确保项目基建风险预控管理体系的适应性、执行的符合性和有效性，依托国华电力公司基建管理成熟经验，结合EPC承包商的成功实践，从2016年6月进驻爪哇7号项目现场之初，爪哇公司就组织编制了《爪哇7号项目基建阶段安健环管理暨安全文明施工总体策划方案》，作为指导基建期全过程安健环管理总体工作的纲领性文件和行动指南，明确了安健环工作方针、总体目标、管理体系、制度文件、台账资料，以及各阶段安全文明施工条件、管控要点等各方面要求。

爪哇公司、施工监理和EPC联合体分别负责监督管理层面、施工监理层面和现场作业层面的制度、标准编制，经审批后发布了包括53个中英文对照的安健环管理制度，文件发布即开始宣贯执行，做到了即发布即实施，并根据工程进展和现场的实际需求及时对制度文件进行更新和补充，确保管控体系及时更新，持续有效运行。

爪哇公司牵头组建工程项目安健环委员会，并不断完善项目安健环委员会组织机构，由初始的5个专业委员会扩增为包括施工安全、机械及特种设备、交通安全及治安保卫、消防安全、施工用电、网络信息、应急管理、职业健康、环保管理的9个安全专业委员会，委员会每季度召开安委会会议，不定期召开安委会专题会议，确保安健环体系高效运行。

2. 风险预控管理——风险预控，主动作为

EPC联合体所属的分包施工单位数量众多，人员更替频繁，当地员工生命理念和价值观念等与国内差异显著，现场安全管理难度极大，特别是在爪哇7号项目施工资源配置顶峰的2019年，现场施工人员数量超过5000人、印尼员工占2/3以上，大型机械130多台，现场的安全形势面临极大挑战。

项目安全管理团队始终保持如履薄冰、夜半惊醒的状态，以临事而惧、好谋而成的心态，以风险预控为抓手，结合现场工程进度、关键任务辨识和策划实施风险管控措施，逐步推广发电企业员工人身安全风险分析预控，组织国华爪哇公司、EPC联合体施工监理现场主管领导和负责人对项目涉及的土建、锅炉、汽机等10个专业、261项分部分项工程及自然风险、管理风险进行讨论审核，细化风险划分、危险类别，完善控制措施，结合各区域作业项目，每个月下旬评估下一个月作业风险。

严格监督承包商班组每日早班会及安全交底制度。相继由国华爪哇公司、施工监理牵

头,定期组织开展包括安全体系资料、职业健康、个人防护用品、班组建设、高风险作业、应急管理及应急物资、大型机械及脚手架验收、特种作业人员持证上岗在内的承分包管理专项检查,全部下发检查通报,规定时间反馈整改,并做到有案可查。通过这些日常现场巡查及专项检查对措施落实进行验证,实现年、月、日风险控制常态化,为工程项目全过程作业安全推进打下了良好基础。

(二)安全管理特色创新做法

爪哇7号项目采取了"168,520"安全理念、"461"安全支持体系、现场安全管理"双语卡"、高空作业"三绳一网一人",车辆机械和脚手架"挂牌营业"、起重机械"一停二看三行车"、临抛管理"九个必须"、设备防风"三不"、违章行为"随手拍"、分包单位"安全退场奖励"等一系列行之有效的安全创新管理手段,实现了风险预控措施的高效落地。

1. 目标引领,"168,520"工程建设安全管理理念

项目以工程建设"一个目标"、施工监理"六个关口"、施工机械管理"八专"、施工现场安全"五个必须"、项目基建安全"二十条禁令"(简称"168,520")为安全管理抓手,与项目的安健环组织制度体系、基建阶段安健环管理暨安全文明施工总体策划方案有机结合,强化了项目安全管理的基础,效果显著。

2. 协调资源,创建基建现场"461"安全支持体系

相较国内建设工程,爪哇7号项目的治安保卫、医疗急救、消防应急、器具检测等社会化服务资源不足,从各方面对工程建设的安全稳定进行形成了严重制约,为解决这个问题,项目结合当地资源构成及现场实际情况,因地制宜,创建了现场"461"安全支持体系。

四个系统:门禁出入系统、视频监控系统、交通测速系统、电子巡更系统;六个中心:对照标准和标杆建设安全教育中心、应急指挥中心、安保监控中心、基建消防中心、卫生健康中心、工器具检测中心;一个基地:安全技能培训实操基地。

【微故事7】给安全员老毛点赞

清晨六点半,当你挣扎着要从温暖的被窝里出来的时候,已经有人开始了一天繁忙的工作。下午六点半,当天边出现最后一抹晚霞的时候,你在饭后悠闲散步,有人依旧在忙碌着。在爪哇7号项目现场,有很多这样的人,无论是雨季还是旱季,无论是暴雨还是暴晒,他们用一分责任、一分坚韧、一分勤劳,铸就了十分的付出、十分的安全,为爪哇7号项目保驾护航。

"工作中,从不喊累。"在安装二队,有这样一位安全员,大家亲切地称他老毛,老毛全名毛洪赞,从事现场一线作业长达13年。说起自己在印尼的工作,老毛黝黑严肃的脸上,绽放出了笑容。在现场,老毛负责1号锅炉的安全监察,每天爬上百米高的锅炉,全靠一步一个脚印,"现场电梯现在虽然已经通到最高层了,可是我是负

责安全监察的，必须覆盖到每个角落，走遍每个地方"，在回答累不累的问题时，老毛说："一天上下四次锅炉，晚上回来，腿也是会疼的，可是在工作的时候，根本就没在意这回事儿，喊累那就不是基建人了。"不怕苦，不怕累，不只是一个口号，老毛用他的实际行动，守卫着现场的安全，得到了大家的一致好评。

"跟印尼员工沟通，要用真诚的心。"项目地处印尼，存在中印尼作业人员文化理念不同、语言不通等情况，可到了老毛这里，都不是问题。对现场作业的印尼员工，如何既尊重他们的信仰，又不影响工作，老毛说："目前工程施工任务重，时间紧，哪里能有半点懈怠？我们每天早六点半上班，晚六点半下班，中午还经常在现场，晚上有两班倒，印尼员工有自己的文化和宗教信仰，他们也都是在饭后的休息时间祈祷，他们都很珍惜这份工作。"怎么和印尼员工沟通呢？"我们有很多办法，现场有小黑板，每天都会做安全提醒，在监察的时候，通过简单的印尼语和手语，很容易沟通明白。"在"老毛们"日积月累的努力下，爪哇现场一线的印尼员工会说一些汉语，中方一线作业人员会说一些印尼语，俨然已经是一家人。

3. 化繁为简，通过特色文化有效落实安全措施

为解决语言沟通障碍，每个班组配备翻译员，每天利用班前会进行交底培训，增强员工安全技能意识，同时针对重要作业环节，将安全措施要点提炼精简为浅显易懂的口诀并全部翻译为印尼文印刷下发。如起重机械"一停二看三行车"、高空作业"三绳一网一人"、设施防风"三不"、安全骑行"两行一停"、临抛管理"九个必须"等。

4. 打造智慧化工地

利用电厂三维可视化模型，采用"互联网＋大数据"技术，实现门禁系统智能化、视频监控区域化、信息记录全时化的工程建设管理，现场部署69个摄像头，巡警23个，片警18个，岗警28个，通过有线和无线方式远程遥控，对现场全域实施分级（类）监控，高风险作业24小时监控，将通过视频发现、纠正违章和监督闭环作为重要手段，对全现场违章行为形成威慑。

四、质量管理

（一）质量管理总体思路

爪哇7号项目深入贯彻执行中国和印尼法律法规和行业标准，落实国家能源集团（中国神华）及国华电力公司的各项管理要求，按照"科学规范管理、建设示范电站"的质量方针，既遵守国内成熟的火电建设规程和规范，也严格履行中国神华与PLN签署的购电协议（PPA），满足国际化标准和国际工程惯例要求。

以"全过程达标创优""国家能源集团精细化管理要求"和"爪哇7号工程质量管理

12345678"为纲领,通过"顶层设计、超前策划、强化执行、技术保障、样板引领、规范验收、责任落实、监督评价、有效激励"等手段,提升质量管理水平,确保机组高质量投产。

爪哇7号项目充分发挥质委会4个专业委员会和质量监督检查工作组在设计、设备、施工、调试质量管控中的主导作用,以《爪哇7号工程质量管理实施纲要》为指引,全面落实《施工组织总设计》《工程创优规划》《达标投产规划》《质量保证方案》《质量管理三年行动计划》等指导性文件。

(二)质量管理组织机构

爪哇7号项目的质量管理机构包括决策管理、监管监查、质量保证三级,国华爪哇公司最高领导是工程质量管理第一责任人,工程技术部是质量管理归口部门,工程技术部设置专人负责项目质量管理。

爪哇公司各专业主管、监理单位专业监理工程师、EPC总承包方专业负责人是各自单位的质量保障体系直接责任人;国华爪哇公司质量主管、监理单位专业副总监、EPC总承包方质量管理部经理是各自单位的质量监察体系责任人。

爪哇7号项目质量管理委员会于2017年4月12日正式成立,下设设计、设备、施工、调试4个专委会及质量监督检查工作组,有效地统揽了设计、设备、施工、调试等方面的质量管理工作,对整个工程的质量管理工作起到了坚强的组织领导作用。每个季度召开质委会会议,对质量管理重点工作进行安排。设计、设备、施工和调试专委会每个月召开例会,协调解决专委会工作中存在的问题。成立了机、电、炉、控等9个专业小组和一个工程建设质量协调委员会,加强全过程质量的专业管理,协调工程建设中的质量问题。

图13-7 2019年3月20日,国华电力公司董事长宋畅(左2)在爪哇7号项目现场了解工程质量管控体系

(三)质量管理纲领措施

爪哇7号项目不断探索、创新国际化项目质量管理理念和思路,创新体制机制,根据项目建设目标和印尼当地特点,创造性地提出了质量管理的"12345678"举措,最终圆满达成项目质量管控目标。

一个目标:建设具有印尼文化特色、长期盈利的国际一流示范电站。

两个抓手:达标创优、质量监检。

负面问题"三不发生":全国同类型机组发生过的事故不发生;同一个设计院设计的同一类型系统的问题不发生;国华系统内各种类型机组发生过的问题不发生。

质量控制"三不发生":本企业以往发生过的问题不发生;同行发生过的问题不发生;爪哇7号工程负面问题清单上的问题不发生。

设备和装置管理"四无":无缺陷、无缺件、无延误、无破损。

"五防":防高温、防雷电、防紫外线、防雨、防盐雾。

施工监理"六个关口":资源配置审查关、资源进场检验关、施工过程旁站关、施工转序验收关、设施使用证件关、设备试运签证关。

设备监造"七个关口":材料的入场关、加工制造的检验关、负面清单的闭口关、整机试车的验收关、包装发运的查证关、文件资料的签证关、开箱验收的交接关。

质量管理"八不":没有经过会审的正式图纸不施工、作业前交底不清不施工、专业能力(资质)不满足不施工、作业环境不达标不施工、原材料验收不合格不使用、无标准(样板)不全面施工、无验收签证不转序、质量验收不合格不使用。

图13-8　2019年6月17日,中国能源建设集团有限公司董事长汪建平(左4)、浙江火电董事长俞成立(右2)、国华电力公司总工程师陈寅彪(左1)等在爪哇7号项目现场调研

五、进度管理

爪哇7号项目以"里程碑进度计划"为工程进度主要抓手,在工程建设协调指挥部下设进度管理委员会负责工程项目进度管理工作,利用P6将进度目标分解至可控的四级进度计划,形成合理的工程分解结构。同时,科学地编制工程进度计划,定期召开进度管理协调会,编制周、月和专项计划,定期梳理盘点关键点工期计划,及时总结分析、辨识制约工期进度的风险,并及时采取措施,确保工期计划的执行刚性。

(一)进度管理举措

工程建设之初,国华爪哇公司编制了《工程进度管理办法》《施工进度管理制度》并发布,在建设期间严格执行相关要求。

EPC总包单位成立进度管理机构,配备进度管理专职1名,各施工标段通过P6软件进行进度管理。EPC总包单位为本工程提供P6网络版软件和服务供整个工程使用。P6工程网络计划中加载图纸、设备资源,与国华基建MIS建立接口,MIS系统通过前锋线图系统显示进度和预警。

项目充分利用P6进度管理软件的资源配置功能,突出其在资源协调上的作用,得以及时掌握整体的实际进度与计划进度之间的偏差,并针对存在的偏差,结合现场的施工进展及设备供货、招投标等情况,对里程碑计划进行调整,及时协调施工资源,保证施工进度。

定期召开周协调会,对进度滞后情况及影响进度的因素进行通报,及时总结分析、辨识制约工期进度的风险,梳理主线任务,并及时采取措施,保证进度计划的刚性。控制关键路径,分析、确定各任务作业和施工步骤的相互制约关系,制定合理有效的人力、物力和财力工作计划,以确保完成项目任务。

强化预警管理,通过对单项工期或总工期的风险预判,设置提前量控制,督促负责专业落实措施,确保按时完成任务,调动一切资源减小任务滞后对工程进度的影响。

细化交叉施工管理,结合施工周期的长短和难易程度,分区域合理安排施工工序,尽量减小对工程总体进度的影响。

(二)进度管理经验总结

1.海外项目须强化设备供应工作

(1)海外项目整体设备供货进度按照需求计划提前9个月开展策划,集港运输和清关时间按照最少3个月考虑,设备尽量在现场安装需求节点半年前到达,才能有效规避设备供应不及时导致的工程进度不受控风险。

(2)海外项目要考虑现场设备安装的返工风险。设计和选型尽量采用成熟的方案,提高成套和一体化程度,加大国内组装、测试和试转力度。

(3)提前与设备厂商制定陆运、装箱、航运计划,严格落实催交,协调海关,借助报关、绿色清关的便利，缩减入海关时间。

图13-9　2020年2月29日，印尼PLN总裁Zulkifli Zaini等在爪哇7号项目调研

2. 海外项目施工人员配置直接影响工程进度

施工单位的中方人员成本较国内相对较高；印尼员工比例较大，但技能和经验水平相对不高。本项目部分安装单位由于中方人员不足，施工员工相对较少，外围、消防、保温等进度受到影响。

对印尼员工的管理，要尊重当地宗教信仰、风俗习惯，避免劳务公司拖欠工资，定期组织EPC单位检查参建各方工资发放情况，规避纠纷。

3. 雨季施工对进度风险的影响

爪哇7号项目所在地终年高温，湿度高，雨季降雨量大。给土建、焊接施工造成一定影响。为此，爪哇公司成立工作专班，以应对雨季施工、防汛应急、安全质量、临时用电和设备用电等问题。

主要经验包括：要合理安排施工进度，不宜雨季施工的要提前或暂缓，不能间断施工的（如土方、基础、地下构筑物）要集中力量快速施工；要提前做好人员、设备、机械等资源储备工作，最大程度避免影响雨季施工进度；要及时掌握气象情况，采取对应措施保证施工安全和施工质量，恶劣天气要及时通知现场人员采取应急措施。

4. 施工机械造成的进度风险

爪哇7号项目现场的施工机械，以当地外租为主，国内运输为辅。外租以从当地机械公司月租为主，成本与国内市场相当。部分当地不具备的施工机械，需要从国内运输，从国内运输到当地周期较长，一般考虑为3个月。受进出口限制，入当地海关存在时间风险，从国内运输的机械临时出口期限为2年，应综合考虑工期进度的要求。

【微故事8】爪哇海边追赶太阳的人
——浙江火电印尼爪哇7号项目经理顾巨红

2020年9月，两台1050MW机组源源不断输出巨大的电流，为爪哇岛能源供应带来了新活力，浙江火电印尼爪哇7号项目经理顾巨红，就是浙江火电完成这一壮举的团队领头人，是一个在爪哇海边追赶太阳的人。

精于策划，谋定而启动。有着17年项目工程管理经验的顾巨红，深知设计方案决定着最终工程质量和施工难度，更决定着工程实施成本。顾巨红潜心总结同类机组工程施工中遇到的问题，组织工程技术骨干，从优化单项设计方案减少工程设计缺陷和加强工程整体系统衔接入手，提高设计方案的实用性、技术性和安全性，为科学把控工程建设进度、成本和质量奠定了坚实基础。

以核电品质，铸电力丰碑。顾巨红充分发挥自身的核电施工管理经验，牵头建立了较为完善的项目质量管理体系。坚持在"精"字上提高认识，在"细"字上下足功夫，在"实"字上做好文章。在一次现场巡视时，汽机房内一个施工点焊工未将焊条筒通电保温，顾巨红立即请一同巡视的质量部主管将焊接技术主管和施工负责人叫到现场，严肃指出了存在的问题，提出整改要求，要求按照"四不放过"原则进行全面调查，并要求该分项施工重新进行技术交底。

用心服务，为客户创造价值。顾巨红强调，要实现良好的经营目标，实质是干好工程。他基于自身丰富的经验加强与国华爪哇公司沟通，积极出谋划策，实现互利共赢。结合以往机组试运经验，浙江火电项目部在中低压阀门等物资采购中，主动采购比国华爪哇公司要求更高等级的产品，虽然增加了项目经营成本，但有效降低了机组调试期间出现问题的概率，缩短了机组调试周期，确保了机组后续稳定运行。

无私奉献，舍小家为大家。事业成功的背后，饱含着顾巨红对家庭无限的愧疚。自从参与本项目建设，顾巨红与家人总是聚少离多，回家探亲也只是趁着回国出差时短暂与家人小聚。来去匆匆的他，对家庭来说"就像客人"一般。儿子上大学、考研究生他都无暇顾及，爱人有事找他商量，他回复一句："我实在没时间回家，你定吧。"他总是将全部身心和精力投入项目建设中。

在全体参建员工的共同努力下，本项目1号机组比合同工期提前4个月优质实现投产，2号机组比合同工期提前1个月投入运营。如果把电力工程建设比作阳光工程的话，那么顾巨红就是在爪哇海边追赶太阳的人。

图13-10 浙江火电董事长俞成立（右2）在项目经理顾巨红（左4）等的陪同下在爪哇7号项目调研

六、监理管控

（一）设计监理工作范围及要点

本项目的设计监理是中国能建广东省电力设计院有限公司（广东院），工作范围包括项目的初步设计、司令图设计、施工图设计全过程的审查（含初设概算审查、技术规范书审查、勘测报告审查等）。

依托广东院强大的专业技术力量、管理能力和科学的组织机构架构，本项目设计咨询监理项目部采取强矩阵式组织形式。驻现场总监与各专业监理师负责具体工作的策划、实施，向院专管领导负责；院领导层协调院本部各专业部门配合现场监理人员开展设计监理咨询工作。

设计监理不仅要对设计成品及阶段性成果（图纸、计算书、专题方案、技术规范书等）的质量审核把关，对设计过程中的边际条件输入、专业提资会审资料等过程中质量、进度控制环节同样要审核督促。

（二）设计监理工作执行情况

2016年4月初步设计启动后，设计监理采取了"合署办公"的方式，即广东院专业监理工程师到山东院与设计人员一起工作,全程参与初步设计和司令图的原则审查、方案拟定、方案评审以及成品审查等工作,对初步设计和司令图设计阶段的输入条件、过程计算、互提资料、方案成品、审查意见落实等进行跟踪审查。设计监理投入1145人工日,参与评审会、专项调研、专题审查89次,共提出审查意见300余条。

进入到施工图阶段后,设计监理工作以审查施工图为主,审核施工图、竣工图、技术规范书、专题报告、设计变更单等共3330份,提出设计审查意见3436条,被采纳3333条,采纳比例97%,所有意见均已关闭,重要的审查意见232条。

(三)施工监理管理体系

中南电力项目管理咨询有限公司是本项目的施工监理,项目监理部成立后,立即建立了以项目总监为第一责任人,以各专业经验丰富的负责人为骨干的监理工作核心团队,建立了总监全面负责制的高效的直线制监理机构。

监理团队对项目监理质量控制、进度控制、投资控制、安全管理、文件信息管理、合同管理、协调工作进行了详细分析与策划,编制了《工程管理程序》《监理规划》等80余份项目监理文件,与项目建设单位、工程总承包单位管理体系进行全面衔接与融合,保证了项目管理层级清晰、分工明确。此外,项目监理部及时、详细审核了工程的施工组织设计、施工方案及作业指导书等,确保方案先进、措施可靠、作业指导书可操作性强。

施工监理在工程施工管理过程中,以全心全意为工程服务为宗旨,严把质量控制"六个关口"。一是以现场实测等方式严格控制进场原材料质量,对进场材料及构配件不符合设计要求或合同要求的一概不批准使用,严把质量源头关。二是对关键部位、薄弱环节、隐蔽工程、新技术、新工艺、新材料等加大监督力度,采取巡视、平行检验、旁站监理等主动控制手段进行重点监管。三是发现质量问题后,组织召开监理例会、专题会,发出监理工程师通知单、监理工作联系单、工程考核单等,持续督促改进,有效保证了施工质量。

在工程验收、试运、缺陷处理、保修等事后控制环节,施工监理严格履行工程验收程序,严把验收质量关。开展四级质量验收,严格要求施工方进行三级自检,报总包复检监理验收;严格执行经审批的"施工质量检验项目划分表"规定,进行工程项目的验收签证和验评,验收合格率100%。

(四)施工监理工作成效

监理先后编制签发监理文件1008份,审核工程文件5965份,发出会议纪要533份,旁站1847人次,定期检查"两中心""两基点"保证规范运作。对真空预压、桩基、烟囱、脱硫防腐等危大工程作业全天候连续跟踪旁站,对管道洁净化安装进行了全面检查。通过旁站监督、实体检查、试验检验、实测签证,做到了监督到班组,有效地保证了工序施工过程高标准验收质量。

【微故事9】使命与责任

——爪哇7号项目施工监理项目部总监董广君

"什么是使命？什么是责任？接了'一带一路'工程，责任就是完成任务，使命就是尽可能把工程做得更好。"施工监理项目部总监董广君对于工作心中有一团火，激情燃烧在海外工程项目中。

功夫不负有心人，功勋颁给匠心人。2018年3月，董广君获颁"巴基斯坦政府杰出贡献奖"。当问及如何获得此项荣誉时，董广君十分淡然，他说："其实没有什么，只要你按照法律、规程规范、制度、设计图纸等的要求来做，这些奖项自然而然就有了。尽心尽力去做，保质保量完成。"从他嘴里听到这样的话，似乎获奖是一件轻而易举的事情，其实并不然，其中的艰辛，怕是只有亲身参与工程建设的人才能明白。

一直在路上的"战斗状态"已经成为董广君的工作常态，巴基斯坦萨希瓦尔项目结束后，还没来得及休整，董广君就再次担负起公司的重托，赶赴爪哇7号项目建设现场，为"一带一路"上的国际项目续写新的辉煌而努力。

埋头苦干，砥砺前行。从业30载的董广君，早已形成认真负责的职业自觉，一到现场，他就率先垂范，白天黑夜，"两点一线"钉在项目上。很快，他便熟悉了现场情况，与各参建单位协调配合，良好完成各项任务。

严谨踏实，兢兢业业。董广君对工作事无巨细，悉究本末，积极与现场管理人员沟通、交流，及时消除质量、安全隐患。在他的心里，工程建设无小事，很多小问题都可能对工程建设造成重大影响，施工现场出现的问题都要第一时间整改。"董总在施工过程中经常工作到深夜，带领项目员工轮班坚守在现场，恪尽职守，是我们的榜样。"监理部的同事都十分钦佩这样一位总监。

凝聚力量，转变理念。"走出国门，我们代表的是国家、是中南电力的企业形象，一言一行都影响着当地人对中国人的印象。在施工现场开展监理工作时，一定要注意与印尼朋友的交流和沟通方式，避免因语言障碍和肢体动作理解差异造成误会，影响个人、团队，甚至项目建设整体。"董广君严格要求团队所有成员尊重印度尼西亚的宗教文化和生活习俗。

"一带一路"中印尼友谊之花的种子已经撒下，一群像董广君一样的匠心人正在用自己的智慧和汗水，夜以继日地辛勤栽培。

七、调试管理

（一）调试管理思路

爪哇7号项目调试工作的核心思路是：以"我们最认真，我们最重视"的调试态度，围绕"一个目标"（建设具有印尼文化特色、长期盈利的国际一流示范电站），遵照"一个规定"（国华深度调试管理规定），通过"两个手段"（APS、FCB），管控"三不发生"

共生模式：神华国华印尼爪哇7号2×1050MW发电工程纪实

（同类型机组发生过的问题不发生，各参建单位自身发生过的问题不发生，爪哇"负面清单"中的问题不发生），保证"四个回归"（回归设计值、回归行业标准值、回归厂家保证值、回归合同要求值），落实"五防要求"（防高温、防雷电、防雨、防紫外线、防盐雾），贯彻"一交底，三检查，二调整"（技术交底，冷态、热态、满负荷检查，静态、动态调整），结合项目现场环境、印尼规范标准等实际情况，最大化地模拟投产后40年可能遇到的各种工况、各类异常，通过调试工作确保爪哇7号项目能够向印尼提供绿色可靠的优质电能。

爪哇7号项目要求所有参建人员深刻理解调试工作的内涵：调试是一个检验过程，以确保设备及系统按照设计意图、厂家说明书安装；调试是一个排查过程，通过各种手段对机组进行查错、排错，保证正常工况下机组的安全；调试是最后一道关口，是对设计、制造、安装的最后检验；调试是在保护值未整定、自动不完善情况下进行的。

爪哇7号项目要求调试做到以下几个方面：一是最大化地试验各种工况，谨慎找出设备、系统的边界，找到各类定值的最优值；二是模拟事故工况下机组的自我调节、联动联调能力；三是通过自动调节品质优良、保护联动准确无误，提高机组可靠性，实现无人值守。

2017年11月30日，国华电力公司工程建设部、国华研究院、国华爪哇公司、国华爪哇运维公司、EPC联合体、杭州意能（调试单位）等18家单位，共68人参加爪哇7号项目调试大会。

图13-11　2017年11月30日，浙江火电副总经理俞玮（前排左5），爪哇公司董事长闫子政（前排左6），董事陆成骏（前排左4）、副总工曹明生（前排右4）等参加爪哇7号项目调试大会并在现场合影

(二) 调试职责分工

(1) 调试单位是调试工作的牵头组织单位、调试纳总单位,应学习和消化各种资料、文件,做到对项目了然于心;须熟知PPA的相关要求,确保满足PLN对送出接口的各项要求;负责收集调试负面清单,并按照统一要求进行管控;确保调试指标、调节品质的目标值优于设计值和标准值;确保调试管理流程、程序的合理性;负责培训运行、维护人员。调试单位负责做好七个前置——提前完成调试大纲、提前策划调试创优细则、提前提出安装要求、提前宣贯调试操作及检查的任务清单、提前对热工保护进行检查及复核、提前检查和优化MCS控制逻辑、提前明确所有关键节点的调试条件。

(2) EPC总承包方是调试工作的总负责单位,全面负责调试期间的组织、协调、管理工作;负责主持机组调试各阶段的工作检查、交接验收等工作;负责参与逻辑审查并确保逻辑与设计文件的一致性;确保油质、汽水品质等所有工质合格。

(3) 运维公司负责核查生产运行的准备情况,包括运行规程、各类工作票和操作票、生产标准化配置情况等;负责在调试单位指导下进行机组的运行操作;负责参与接线、对线等相关工作;负责仿真机的实施工作。生产人员的所有要求均应前置,应在调试文件的编制中将品质、指标、程序等相关要求进行充分表达和落实,杜绝在调试过程中随意调整要求。

(4) DCS厂家负责组态编程,确保逻辑与设备文件、设备说明书、运行规程的一致性,确保DCS系统元器件的质量,并最大化地进行DCS通电热态试验,确保仿真机与DCS全过程、全镜像一致。

(5) 设备制造厂负责提供准确、完整的说明书等资料,参与DCS逻辑组态及设计联络会,参与调试文件的编制、审查,监督并指导调试过程,对相关工质的品质是否合格进行监督。

(三) 编制调试大纲和管理制度

爪哇7号项目按照国华电力公司《调试大纲编制审批管理规定》和《火力发电建设工程启动试运及验收规程》等内容编制了调试大纲,由国华电力公司于2019年1月9日组织专题评审后,经试运总指挥批准生效。调试大纲明确了调试过程中各类问题的处理原则、试运程序、管理制度等,规范调试工作管理和参建各方的行为,确保调试工作有序开展。

在调试大纲的框架下,为使各项调试工作有据可依,切实有效进行过程控制,做到职责明确、流程清晰,达到标准化、规范化管理,爪哇7号项目组织调试单位对会议、试运简报、分部试运、整套启动、设备停送电、缺陷、工作票、逻辑审批、工程师站等各项调试相关的工作均编制了相应的管理制度。

爪哇7号项目按国华电力公司《调试文件包管理规定》高标准编制了调试方案、调试文件包,并严格执行分部试运和整套启动文件包签证制度。

图13-12　2019年11月16日，参建各方齐心协力精细化开展1号机组调试工作

（四）调试管理特色举措

1. 提前推演重大试验

为有效把控本项目各试验风险点，对涉及多专业合作开展的试验，均组织联合全过程推演，特别是重大或危险性试验，如锅炉吹管、RB试验。通过多次推演，达到如下效果。

一是促进多专业、多参与方技术交流，从各个角度发现问题，提出解决方案，减少疏漏。二是对试验的特点、难点、重点进行全面剖析，充分论证试验的合理性、可行性，并制定相应对策。三是明确试验边界条件，对边界参数、风险因素、防范措施进行定性定量说明，形成文字说明，为后续安全技术交底提供依据。

2. 持筹握算保护定值

爪哇7号项目自2017年年底开始整理热工定值，在参照设备厂家的图纸及说明书、DCS逻辑设计说明、同类型电厂热工定值的基础上，结合以往的调试经验，于2018年3月提出了第一版热工定值，包括汽机、锅炉和辅网系统三部分。紧接着，根据会议和资料变更，形成第二、三、四版热工定值，并于2018年12月，基于各设备厂家等相关方逐条审核并回复的基础形成了第五版定值，经国华爪哇运维公司审核后正式发布。

3. 反复推敲逻辑组态

为确保逻辑的准确性，爪哇公司组织DCS厂家、设计院、调试所等单位从研发、设计、制造、调试、运维等角度，采用"全面优化逻辑提升DCS功能，精细化管控提高可靠性"的技术路线，对热控逻辑进行了系统性梳理和讨论。

多方收集国内外同类型机组热控逻辑的100多项负面清单，逐一进行原因剖析、制定专项措施。过程中,组织召开20余次大型逻辑专题讨论会。各参建方参与逻辑讨论,反复推敲,畅所欲言,形成一份份经典逻辑,有效保障了机组稳定运行。

4. 主动增加动力场试验项目

动力场试验的主要目的是,检查风烟系统、制粉系统、燃烧系统设计、安装的可靠性和正确性。爪哇7号项目设计为全褐煤燃烧,极易发生炉内结焦,本试验对锅炉安全、稳定运行具有重要意义,为燃烧调整提供重要依据,同时也是机组调试过程中的重要节点。

本项目在国华调试深度的基础上,主动增加动力场试验项目,共完成17个试验项目(常规7项),历时8天8夜,最终圆满完成锅炉动力场试验。

【微故事10】从"技术支持"到"七梁八柱"
——爪哇7号项目工程技术部经理助理史国青

黑沉沉的夜空,仿佛有无边的浓墨重重涂抹在天际,空气中弥漫着热带地区独有的闷热气息,路灯拉得人影老长,星星的微光照着拖着疲惫身体的工程技术部经理助理史国青走在回宿舍的路上,他刚刚处理完厂房区域内火灾报警。

"丁零零……"寂静的夜晚,突然响起的手机铃声显得格外刺耳。疲惫的史国青赶忙接通电话,电话那头传来同事焦急的声音:"史工,Telkom线路又出现故障,原因未知,赶紧过来看看吧!"听到这儿,史国青马上调转方向,朝着办公楼一路小跑。此时,已经是半夜两点。

这已经不是史国青第一次遇到这种情况了。进入3月,印尼迎来了一年中的雨季,频繁的降雨已经多次导致国华爪哇公司到雅加达的专线发生故障中断,这就需要信息人员到现场进行网络专线的手动切换操作。为了不影响正常的生产经营秩序,每有故障发生,不管多晚,史国青都在第一时间赶到现场,完成线路切换及故障排除。2019年5月,46岁的他积极响应国华电力公司技术支援爪哇7号项目的号召,随技术支持组来到爪哇7号项目,负责热控、信息化和火灾报警建设等复杂的事务性工作。

2020年年初,他把春节假期回家的名额让给了别人,谁承想新冠疫情突发,水陆航路中断,爪哇7号项目现场人员极为短缺,许多具体的执行性工作面临无人监管的问题。两名信息运维人员无法返岗,基建现场、办公区、生活区所有信息化的工作只剩下他和一名印尼籍员工支撑,信息化工作面临空前压力。

此外,在厂家无法到印尼现场开展工作,且现场缺少相应备品备件的情况下,火灾报警系统面临着巨大挑战。史国青无所畏惧,摸索着进行故障处理和系统完善,成功完成了输煤区域、化水区域、二氧化碳区域的调试工作。

2020年7月12日,为了在2号机组整套启动前完成厂房区域内火灾报警投入的目标,在厂家及调试人员无法到场情况下,史国青率先打破单位界限,协调组成4人调试小组,根据现场实际情况,协调厂家完善设计偏差,修改控制逻辑,指导施工单位进行缺陷处理。

经过连续多日的加班加点，史国青和他的团队终于赶在7月28日前完成了厂房内火灾报警和IG541气体消防的调试工作，为爪哇7号项目2号机组试运投产夯实了基础。

正是有了广大像史国青一样敢于创新、敢于作为、甘于奉献的"七梁八柱"优秀建设者，爪哇7号项目才能在异国他乡描绘了一幅幅抗压、抗热、抗难的动人画卷。

图13-13　2019年12月13日，史国青（左）与工程技术部信息主管张海军（右）合影留念

八、性能试验

（一）性能试验内容

根据EPC合同，机组的性能考核试验由爪哇公司委托有相应资质的第三方单位承担。据此，2018年1月，爪哇公司与西安热工研究院有限公司签订了《性能试验及现场技术监督合同》，主要性能试验项目包括：机组性能，锅炉效率、汽轮发电机组热耗、厂用电率、机组最大出力、锅炉最低稳燃负荷、汽轮机轴振等；系统性能，系统出力、系统性能指标等；环保性能，粉尘、二氧化硫、氮氧化物、噪声、废水排放指标等。

（二）性能试验完成情况

2017年年底，爪哇公司完成了性能试验测点的设计与采购。

2019年6月，西安热工院完成第一台和第二台机组的现场测点安装和确认工作。

2019年8月，爪哇现场召开爪哇7号项目机组性能试验协调会。

2019年10月6日，西安热工院试验人员于1号机组整套启动前到达项目现场，进行性能试验大纲的审批工作和试验准备工作。

2019年12月1日—24日,西安热工院完成1号机组性能考核试验现场工作。

2020年9月16日—10月6日,西安热工院完成了2号机组性能考核试验现场工作。

表13-1　爪哇7号2×1050MW机组主要参数性能试验指标

指标名称		单 位	设计值	性能试验数据	
				1号机	2号机
发电煤耗		g/kW·h	273.1	270.7	270.5
供电煤耗		g/kW·h	287.6	282.6	282.2
综合厂用电率		%	5.05	4.21	4.26
汽机热耗		kJ/kW·h	7360	7341.2	7344.7
锅炉效率		%	92.6	93.46	93.6
烟尘排放浓度		mg/Nm³	≤100(印尼标准)	19.3	18.3
SO₂排放浓度		mg/Nm³	≤550(印尼标准)	100.2	45.5
NO₂排放浓度		mg/Nm³	≤550(印尼标准)	197.9	152.6
主蒸汽压力		MPa	27	26.98	27.0
主蒸汽温度		℃	600	601.2	600.3
再热蒸汽温度		℃	600	600.1	600.2
轴瓦振动	汽轮机	mm/s	报警值:9	最大:3.2	最大:1.8
			跳闸值:11.8	(注:5瓦位置)	(注:4瓦位置)
	发电机	mm/s	报警值:9	最大:4.0	最大:3.9
			跳闸值:14.3	(注:6瓦位置)	(注:6瓦位置)
轴承温度	汽轮机	℃	报警值:110	最大:106	最大:104
			跳闸值:130	(注:4瓦位置)	(注:4瓦位置)
	发电机	℃	报警值:90	最大:88	最大:86
			跳闸值:107	(注:7瓦位置)	(注:7瓦位置)
海水淡化造水比		—	9.5	10	
汽水品质合格率		%	100	100	
自动、保护投入率		%	100	100	

共生模式：神华国华印尼爪哇7号2×1050MW发电工程纪实

图13-14　2019年12月28日，西安热工院爪哇7号项目团队在完成1号机组性能试验后合影，从左至右为：张孟刚、张章、任海锋、孙国磊、刘雨佳、李亚亮、杨越、何涛、白小锋、刘玺璞、余昭

【微故事11】实现高标准竣工投产

——爪哇公司第二任董事长温长宏

温长宏，爪哇公司第二任董事长，他以国际化的视野、总揽全局的谋略、过硬的综合素质，准确判断项目主要风险，协调统筹各方资源，带领中印尼两国建设者秉持"共商、共建、共享"的合作精神，历经艰难险阻，圆满完成了爪哇7号项目竣工投产、基建期平稳过渡到生产期的工作任务。

发扬"钉钉子精神"，他从"小白"变成"国际通"

2019年年初，刚过完春节，温长宏接到了国华电力公司要求其赴海外主持爪哇7号项目建设运营的任务，当时项目正处于基建尾声和调试试运的攻坚阶段，现场工作千头万绪，任务艰巨。温长宏简单跟妻子交代一番便踏上征程，奔赴爪哇，到现场第二天便投入紧张的工作中。他先是深入项目的设计、施工、调试、生产准备等各单位进行调研、沟通，了解项目进展情况和存在的问题，然后集思广益，组织各方共同商讨应对之策，遇到难解的事，茶不思饭不想也要研究透。在他的坚持下，现场工作得以快速推进。

IPP项目有与国内常规基建项目不同的特点，印尼项目又有印尼的现实情况，想要依法经营必须将合同吃透。初到爪哇7号项目，温长宏经常将不同层面的管理者请到他的办公室，共同研究和探讨PPA合同等文件。为了理解读透枯燥合同每个条款及其背后的意义，他废寝忘食；为了能够随时探讨问题，他将白板和电视投影放在了办公室。靠着这股"钉钉子"劲儿，温长宏很快吃透了合同文本，处理问题也就更加专业、自信，更能服众，印尼方人员也称赞他是项目里最能研究、最能学习、最懂合同的"国际通"。

调动各方资源，指挥千军万马泰然自若

海外项目建设要求管理者破除狭隘的利益观，有国际化的视野和思维。为贯彻落实国华电力对爪哇7号项目的顶层设计，温长宏将站位提升到与项目合作伙伴共生共赢、构建命运共同体的高度，将"家"文化融入爪哇7号项目印尼员工的工作和生活中，用建设"世界一流、印尼最优"的目标、用共建美好生活的愿景来团结一切可以团结的力量。面对PPA重述、煤炭采购、灰渣处置、劳资关系等一系列复杂问题，温长宏以充分的尊重和诚意求同存异，带领大家摒弃意见和分歧，尤其是调动起了印尼股东方领导及爪哇公司印尼董事的主动性和能动性，调动起了印尼本地员工的热情，协作解决了一个又一个难题。

印尼董事德古说："温长宏身上有一种特殊的魅力，让人觉得这个项目不是中国的或印尼的，而是'我们共同的'，让大家愿意跟他一起去完成一件有难度的事情，在攻克难关的过程中相互信任，团结奋斗，在成功后体会成就感，这种融合调动的能力让人钦佩。"

承担社会责任，带领中印尼员工实现企地和谐、共生共赢

除了稳步推进项目建设运营，贡献税收，吸纳就业，温长宏积极承担社会责任，投身公益事业，组织爪哇公司为当地修建学校、清理河道、慰问困难村民等，向印尼人民传递了中国的亲善。"爱出者爱返"，印尼员工把企业当成家，企地和谐助力了项目的顺利推进。

2020年9月23日，2号机组完成168试运，爪哇电厂在克服了新冠疫情等一系列困难和阻力后终于实现了全面竣工，且比既定工期提前。在工程竣工典礼剪彩的那一刻，温长宏终于露出了久违的微笑，温长宏说："爪哇7号项目超越了行业、国界，给'一带一路'带来了发展机遇，给中印尼员工、项目周边民众带来了获得感和幸福感，实现了更广泛意义上的合作共赢。"

第十四章　生产准备情况

一、严格落实投标顶层设计

2016年2月，国华电力公司根据投标阶段的顶层设计方案，启动了国华爪哇运维公司的组建工作。2016年5月30日，国华电力公司批准了运维公司的组建模式，并报请中国神华审批。2016年7月12日，中国神华正式批准设立国华爪哇运维公司。

2016年10月26日，经印尼司法人权部批准，国华爪哇运维公司在雅加达正式成立。

图14-1　2018年2月12日，爪哇运维公司董事长李立峰（前排左3）在国华台电与参加2018年度工作会的全体中印尼员工合影

根据投标阶段的顶层设计，国华爪哇运维公司成立之初就确定了以下目标和策略。

生产准备期目标——贯彻落实"基建生产一体化"战略，深度参与基建过程管理，高质量完成生产准备工作，为高品质投产保驾护航；生产运营期目标——推广实践以国华电力安全生产风险预控体系为代表的中国电力标准体系，落实安全生产主体责任，实现项目长期盈利。

2017年1月16日,爪哇7号项目发文成立生产准备委员会,明确了国华爪哇公司、国华爪哇运维公司的职责划分。同时,明确以国华台电1000MW机组生产现场为基地,成建制培训至少4个能独立当班的运行值和相当数量能承担1000MW机组日常维护和C修的检修维护人员,为爪哇7号项目培训、输送中印尼生产运维人员。

二、生产准备资源提早配置

(一)精心设计组织架构,提前完成人员配置

2017年3月13日,国华电力下发《关于神华国华(印尼)爪哇运维有限公司组织机构及定员设置方案的批复》,明确了运维公司组织架构与岗位定员方案,设行政人事、经营财务、安健环、生产技术、运行、维护六个部门,定员166人(含86名印尼员工)。

根据该方案,考虑到PPA中关于电厂运营5年后印尼本土员工比例要实现80%的要求,运维公司精心组织生产准备人员配置和招聘工作,对每个岗位的语言要求、技能要求和中印尼员工搭配方式等,逐一进行了反复研究和精心设计,平衡项目基建生产承接稳定和公司长远发展、本地化等各种因素。最终确定了中方人员以技术专家、骨干为主,毕业生为辅,印尼员工以学生为主,经验员工为辅的人员配置方案。

最终,运维公司比国内一般火电项目提前一年半顺利完成生产准备人员配置。

图14-2　2017年9月30日,第一批参加培训的印尼员工抵达国华台电培训基地

另外，贯彻"成本领先"原则，结合爪哇项目实际需要，对部分生产业务分成三个标段进行外委，分别为负责机组日常检修维护的A标段，负责燃料系统运维及灰硫化系统运行的B标段，以及负责生产区构建筑物监测、维护和道路维护的C标段。特别值得一提的是，运维公司组织各标段承包商比国内常规火电项目提前半年左右组建项目部，提前配置生产骨干人员，并与运维公司生产人员一起参加国华台电基地培训，全程参与爪哇电厂分部试运及系统调试，为投产后机组稳定运行奠定了坚实基础。

图14-3　2017年10月20日，国华电力公司总经理李巍（右1）到国华台电看望中印尼员工

（二）提前落实生产准备资源配置

海外项目在生产资源配置方面与国内电厂明显不同，一个备件缺失或者一件工具准备不到位，都可能导致现场调试工作或者生产活动暂停。所以，爪哇公司高度重视生产工器具、备品备件、物资资源配置工作，成立专门组织机构负责协调该项工作。

运维公司在调研台山、宁海、徐州等成熟百万机组的储备经验基础上，历经专业汇总、逐项讨论、审核把关确认，以3年期备件的名义，在EPC承包商的主设备采购合同中，与主设备一并履行招投标流程，报国华爪哇公司确认后采购，相关费用由爪哇公司另行支付给EPC承包商。

生产各专业主管严格按照现场工序环节多次梳理，2018年4月即完成了生产工器具、实验室设备及仪器仪表、运行维护大宗材料采购申请。物资于2019年3月运抵项目现场，实现了物资与工程进度配置到位。

三、建立健全生产准备体系

（一）建立生产准备管理体系

运维公司以国华电力公司基建生产一体化的思想和《生产管理子系统》《强化生产准备的重点要求》等文件为指导，认真落实执行爪哇项目《生产准备规划大纲》和爪哇项目《OM合同》要求，坚持目标一致，坚持一体化管控，坚持资源共享。

运维公司详细编制了生产准备网络图，明确了涵盖人员招聘、培训、参与基建等13条生产准备工作主线，并制定相应节点计划。每年编制"生产准备1号文"等指导性文件，谋划当年生产准备任务，并采取与各生产准备部门签订"年度目标责任书"的形式对1号文实施任务分解等保障措施，确保各节点任务有人抓、有落实、有闭环，工作计划执行到位，机组调试质量管控到位。

运维公司以《国华电力管控体系》为基础，结合印尼法规、行规标准，按照简单、清晰、实用的原则，高规格完成"管理标准""岗位标准""技术标准"建设；通过"制度流程化"和"流程表单化"实现"强化表单管理"和"弱化经验依赖"，进而规避人员技术力量不足的风险。

运维公司以体系制度本地化、标准化、表单化要求，在生产准备阶段完成发布37个双语生产制度，并在生产工作中严格执行；编制发布运行规程、系统图、检修规程，卡、包、票等技术标准，并结合生产基建一体化进度不断优化；相关制度、标准、表单以中英双语版发布，外围相关制度、标准、表单执行中印尼双语版。

（二）建立专业技术管理体系

运维公司深入贯彻国华电力公司"生产专业化"管理要求，于2018年7月成立专业技术委员会，并设立机、炉、电、热控、环化、燃料等10个专业技术组。确立了APS、FCB、锅炉无炉水泵安全启停、机组长周期高负荷安全稳定运行研究等30个技术攻关项目，相应成立30个技术攻关小组，每个月有计划及总结、每个星期有任务分解，由生产技术部归口监督任务落实闭环情况，持续推进任务目标落实。

（三）深入开展专题研究

运维公司认真研判项目生产管理和生产技术上需要攻克的重点和难点问题，有针对性地确定了30个技术攻关课题，并明确攻关实施组织机构和人员责任分工，建立任务定期盘点机制，推进各课题扎实开展。总工程师每个月向各课题负责人沟通了解课题进展，其中全激励式仿真机、锅炉无炉水泵启动、褐煤燃烧等一些重点课题由总工程师亲自组织，亲自参与技术路线设计、方案措施拟定及调试实施等环节。

通过扎实推进，30个技术攻关课题均取得重要突破，其中全激励式仿真机课题，在机组调试期及投产后发挥了重要的实操培训和逻辑验证平台作用，该套仿真机系统还作为中印尼产学研合作项目在印尼大学仿真试验室成功组建，成为印尼高等教育和电力行业重要教学研究平台。

四、创新生产人员培训举措

（一）整体培训情况

爪哇运维公司成立之后，陆成骏副总经理明确提出："运维公司要搭建人才'成长的阶梯'，坚持语言融合、文化融合、管理融合，推动中印尼员工开阔国际化视野、迈开步子、人心相通。"

基于这个原则，运维公司组织制定了《国华爪哇运维公司培训实施方案》。从2017年9月到2018年年底，分入职教育阶段（主要开展企业文化、行为规范、管理制度、安全教育、素质拓展方面的培训）；语言、理论集训阶段（主要开展英语强化训练和印尼员工汉语入门培训、电厂专业理论集训）；分专业实习阶段（主要开展台电现场跟班组实习、设备厂家学习及参与基建锻炼）；考评定岗阶段（主要开展人员岗前集训，开展实习结果综合考评及人员定岗）四个阶段进行生产准备培训工作。

图14-4　2018年6月8日，运维公司印尼员工Teguh Setyo Pambudi（左1）、Iman Satriawan Pratama（左2）、Dhiya Dini Azmi（左3）、Ahara Septawan（右1）在培训期间的运动会上获奖

（二）注重中印尼文化融合

对中印尼文化习俗差异，运维公司编制了两国工作生活指南，要求中方员工学习并尊重印尼当地宗教习俗及风土人情，帮助印尼员工了解中国国情及中华优秀传统文化。专门编制了《促进中印尼文化融合主题活动策划书》，旨在全面指导文化融合工作开展。

运维公司倡导"尊重、宽容"理念，全方位贯彻落实两国员工对彼此文化习俗的尊重，多次组织全体中印尼员工共同参与中国中秋节、春节、元宵节及印尼开斋节、宰牲节等传统文化节日庆祝活动，使两国员工加深对彼此的文化认同，增进相互间的友好情感。

运维公司提倡"协作、激情、尊重、担当"的企业文化，在紧张的培训和工作之余，通过组织"春季运动会""中英文演讲比赛"等活动，增强彼此协作，陶冶员工情操，有效增进了中印尼员工友谊。

运维公司组织中印尼两国员工开展"结对子（Pair-Partners）"互助，开启"白+黑"模式，白天开展基础理论、语言培训，晚上开展英语角等中印尼员工互动活动，强化员工双语听、说、读、写能力，使教与学相长、知与行合一，为打破语言沟通障碍奠定了坚实基础。

【微故事12】"一帮一，结对子"——"Pair-Partner"

为了迅速打开培训的局面，爪哇公司开展"Pair-Partner"。

具体做法是一名中方员工和一名印尼员工结成"对子"，中方员工帮助印尼员工学技术，印尼员工帮助中方员工练英语。如此一来，很好地实现了双方员工优势互补，共同进步。同时，通过不断切磋交流，拉近了双方员工情感和友谊，使他们在工作中成了好同事，生活中成了好兄弟。

在培训总结交流会上，中方员工袁永飞说："以前在学校学的都是哑巴英语，真跟外国同事打起交道来，始终张不开嘴。通过'Pair-Partner'结对互助学习，印尼兄弟法兹一直鼓励我，帮助我，现在我的英语说得流利多了。"坐在一旁的法兹接过话茬："飞哥技术上为我提供的帮助很多，原先我对电厂相关专业知识了解得不是十分透彻，现在不仅知道发电机组是怎么运行的，还增强了安全意识和风险意识……"

（三）多措并举开展语言培训

为了更好地解决爪哇7号项目语言不通这一特殊困难，运维公司专门委托IT公司开发了"金丝桥"语言学习APP软件，该软件基于国华电力编制的电力三语词汇库，具备汉、英、印尼三国语言发音学习、词典、自助练习及在线考试等功能，方便员工学习电力外语。

运维公司开设了"汉语培训班"和"英语强化班"两个培训班，分别以HSK标准教材和剑桥商务英语教材为基础，开展三个月的语言强化培训，最大限度消除语言障碍。

（四）理论培训

运维公司与国内电力高校签订培训协议，由上海电力大学派出经验丰富的师资到台山基地为公司中印尼员工开展全英文发电技术理论知识培训，做到语言、技术理论同时强化提高。

图14-5　2018年3月20日，运维公司语言培训班结业合影

（五）全镜像模拟值班实习

充分发挥台电百万机组培训基地优势，扎实开展技术技能培训。中印尼员工进入台电百万机组现场班组后，采取中印尼员工"结对子"方式解决"师带徒"培训问题，结对子人员与台电班组的师傅签订师徒合同。

为了确保国华电力公司安全生产及安全风险预控管理要求在爪哇7号项目百分之百落地，创新开展了"全镜像模拟值班"的培训模式，生产人员学完台电百万机组的设备系统后，按照"三票三制"镜像模拟台电现场生产活动，模拟执行交接班、巡检、定期工作、操作票、工作票操作，使培训学员能够真正"入境"，中印尼人员得到快速成长。

五、落实基建和生产一体化

（一）制定参与基建工作方案

运维公司深入贯彻"基建生产一体化"指导思想，编制了《生产参与基建工作指导方案》，明确了"以设备管理为核心纽带"的全过程深度参与基建工作原则，明确了参与形式和标准，注重过程管理，强化参与质量，树立"我是设备主人"的主人翁意识，统一思想、明确责任，自源头上建立"谁主管谁负责"的责任追溯机制。

运维公司切实发挥专业组人员在生产准备和参与基建各环节的关键性作用，明确工程技术部专业人员在项目COD后的岗位职责。发挥工程技术部各专业人员的工作积极性，在完成工程建设任务的同时参与生产准备工作，与生产人员相互补位，共同实现基建生产一体化目标。

运维公司推动建立了技术监督网络建设，定期组织技术监督会议，将技术监督工作贯穿到设计、安装、调试、生产运行、检修、试验的全过程，保证技术监督管理从基本建设期到正常生产期的连续性。与调试单位、厂家等紧密配合，切实发挥业主方作用，推动项目实施，解决难题，监督产品质量，并形成一套生产技术标准。

（二）设计设备阶段全程参与

生产准备人员积极参加设计联络会，通过该平台与山东院、四航院、西安院、国华研究院开展专业交流，形成互动交流机制。深入解读爪哇7号项目发布的负面清单，学习近年来系统内电厂调试、技术亮点和问题借鉴，开展设计优化变更，提出基建、调试各阶段工程建议167项。积极参与招标书、图纸、设备清册等审核100本册，提出意见212条。参与设备技术协议谈判15次，从生产角度对技术协议提出优化建议。参与DCS、四大管道、热控阀门等各项设备评标23次。

（三）持续完善逻辑和定值

生产准备人员全过程深度参与DCS逻辑审查及DCS硬件出厂验收工作。从2017年7月25日启动爪哇项目DCS到出厂验收，生产人员全程深入参与逻辑方案构建、逻辑组态核查工作，共提出优化建议295项，发现逻辑组态错误132项，全部落实整改闭环。

从2019年5月现场分系统调试开始，热控人员、运行人员、调试人员、DCS逻辑组态人员四方联合，对已经审议定稿的逻辑，结合现场实际情况进行再论证和反推工作，每周二、周六晚上安排两次逻辑讨论会议，发现逻辑组态问题145项，提出优化建议87项，履行审批流程后全部完成整改。

电气二次保护定值由调试单位委托国内优秀资质单位计算，生产人员全程参与编制和审核，在厂用电受电前完成审批发布。

热控专业保护、报警定值清册由调试单位组织专题讨论会，山东院、国华爪哇公司、生产人员及各设备厂家进行四次交叉讨论后确定，形成《国华（印尼）爪哇7号2×1050MW机组热工报警、联锁、保护定值清单》，经审批后于2019年5月在系统试运前完成发布。

爪哇公司制定了逻辑及定值变更管理程序，要求必须由运行、维护、调试、工程四方主管人员审核通过并经总工批准后方可执行，有效避免了逻辑及定值整定的随意性。

（四）提早投用仿真机

爪哇7号项目的仿真机是按照"深化仿真机应用、验证逻辑组态、提升运行实操能力"的要求建设的。在各方的积极推动下，仿真机在项目反送电之前即正式投入使用，不仅在运行模拟值班、技能培训、上岗取证等方面发挥了重要平台作用，同时也有力地支持了热控逻辑组态、校验工作。

2018年3月，仿真机建设正式启动，2018年6月具备应用条件，生产准备人员在台电实习基地即可开展逻辑组态验证及反推、仿真实操等工作，这在国华基建项目历史上属于首次。

2019年3月，仿真机平台随着生产人员进驻现场同步搭建完成，可继续开展逻辑验证及实操培训。1号机组168前的各项重大试验，均提前在仿真机上演练，挖掘出问题并整改闭环，确保了重大试验均能一次性通过，未出现逻辑原因或操作失误导致机组跳闸，为机组顺利投产做出了积极贡献。

六、基建生产实现无缝衔接

（一）体系化运作，突出"调试纳总"，确保上下游环节有效衔接

生产各部门明确由一位部门领导负责调试工作。分部试运、整套启动全过程，及时协调各EPC单位工作接口，解决施工和调试矛盾，保证调试工作顺利开展。

（二）强化调试质量管控，确保调试质量和进度两手抓

公司总经理亲自部署调试质量管控，按照国华电力公司《火力发电厂启动调试深度管理规定》，结合爪哇7号项目实际情况，制定爪哇7号项目调试质量管控措施，确保机组高标准投产。运行部与调试单位对接，成立12个调试跟踪小组，全程参与调试、严把系统调试质量验收关。维护部与安装单位及工程部对接，派出6个主要专业主管加入工程部，同时维

护部成立14个专题质量验收小组，严把设备质量验收关。生产承包商A、B标段专业骨干力量加入维护部专业组，与安装单位对接，提前介入调试期消缺处理、设备维护工作，有效锻炼承包商人员技能，提升整体战斗力。

（三）机组整组启动，顺利过168及COD，实现完美收官

进入机组整套启动试运阶段，生产体系整体联动，实质性地进入生产工作状态。公司的生产早会先于调试会议半小时召开，生产技术部统辖应急值班管理，各部门、各专业设置应急值班人员并落实签到，每日20：00召开应急值班会议，值班公司领导到会，针对较大风险的操作及作业制定控制措施，确保机组安全可靠实现COD目标。

确立三个"最大化"试运目标，即"最大化设备系统恢复启动""最大化开展试验验证""最大化运行方式检验"，尽早充分暴露问题，尽早消除缺陷及问题，确保设备系统不带影响安全运行的问题进入生产阶段。规范系统启动试运流程、落实签证管理、严格把关控制。执行《系统试运申请单》《系统启动试运条件确认单》《机组启动条件确认签证单》等，不打无准备之仗，确保机组设备安全。

从一个辅助系统的油站，到整台机组COD相关测试，生产准备人员参与了全部172项调试试验，摸清了设备性能及边界条件，为机组投产安全可靠运行积累了原始数据及经验支撑。

【微故事13】相知，拉近彼此的心

2018年，48岁的聂鑫加入了爪哇7号项目。"每天除了工作就是睡觉，最大的消遣就是看看日落"，聂鑫感到在海外的日子孤独、艰难。他注意到，经常坐在高处同他一起看日落的还有个印尼小伙子，因为语言不通，从来没打过招呼。他不曾想到，两人生出了一段跨越国界的师徒情。

随着机组临近投产，爪哇公司决定将中国"导师带徒"制度搬到印尼，提升印尼员工的整体技术水平。聂鑫要选自己的第一个外国徒弟。他在印尼员工中一眼就认出了那个跟他一起看日落的身影。"他叫什么？"聂鑫问身边的同事。"Anjar，你叫他小安就行。"

一头雾水的小安被拉了过来，聂鑫指指他，又指指自己，做了个抱拳的手势。小安这下明白过来了，激动得两眼冒光。

因为语言不通，聂鑫只能在实战中一遍一遍给小安示范，并将设备检修中应该注意的操作细节手把手教给他。业余时间，他俩还相互学习语言，慢慢地，两人用中

文、印尼语、英语，加上手势，基本能实现日常交流。小安的聪颖、勤奋和印尼人特有的热情，让聂鑫对这个徒弟颇为喜欢。

功夫不负有心人，经过3个月的不懈努力，小安终于能够基本完成设备检修工作了。第一次独立完成设备检修并得到师傅认可时，他第一时间跟父母、兄弟和未婚妻分享这份喜悦。小安的父母特意让他从家里带来20个鸡蛋，作为感谢聂鑫的礼物，这让聂鑫深受感动。小安说："中国人是师傅，是朋友，是家人，我向往中国。"

图14-6　中印尼师徒在爪哇7号项目现场共同学习的画面处处可见

共生模式
神华国华印尼爪哇7号
2×1050MW发电工程纪实

SYMBIOTIC MODE: RECORD OF SHENHUA
GUOHUA INDONESIA JAWA 7 COAL FIRED
POWER PLANT PROJECT 2×1050MW

第四篇
发电运营

第十五章 安全生产

一、安健环管理

（一）秉承国华电力安全文化理念

秉承国华电力公司"以人为本、生命至上、风险预控、守土有责、文化引领、主动安全"的安全文化理念，结合印尼特色，系统性构建爪哇公司的安全文化理念和各项举措。

（二）坚持风险管控，提升管理水平

严格遵守中印尼安全环保法律法规，贯彻落实上级单位的决策部署，落实全员安全生产责任制，落实"三管三必须"要求，树立底线思维和红线意识，统筹安全和发展，围绕"强基础，抓安全，转作风，提品质"工作思路，稳中求进，稳中求精。

坚持风险管控是重中之重，抓牢问题导向、目标导向和结果导向，开展源头治理、系统治理和综合治理，从根本上消除风险隐患；以"严、真、细、实"的作风，夯实安全基础，有序推进安全生产标准化落地执行，提升安全环保保障能力和管理水平。

（三）建立以人为本的企业价值观

以人为本，就是要关注员工的需求和福利，提高员工对企业的归属感，不断激发员工的工作积极性和创造力。爪哇7号项目落实以人为本理念主要有以下措施。

（1）为中印尼员工提供舒适、安全、健康的工作环境。无论是生产人员还是管理人员，都需要安全、健康、温馨的工作环境。

（2）加强劳动保护。针对不同岗位特点，设计合适的工作环境，为员工营造安全、卫生的符合印尼法律法规的劳动保护环境，合理配置劳动设备。

（3）关注员工的职业培训和技能提升。员工的职业素质和专业能力的提升，是员工职业前途及企业发展的重要保障。因此，要加强员工培训，制定个性化的职业技能培训计划，营造勤学精进、持续创新的良好环境，不断提升员工的素质和能力。

（4）关注员工的个性和价值观。每个员工都有自己的个性和价值观，尊重每位员工，提供适合的工作岗位，充分发挥员工的潜能和创造力，培养团队合作精神，增强协作沟通，有助于营造共同奋斗、共同发展的积极氛围。

（四）打造中印尼特色安全文化

统筹企业发展和安全，将安全和生产运营同考虑、同部署。坚持"两个至上"和底线思维、红线意识，从思想认识、能力作风等方面对标对表，把"防风险、保安全、护稳

定"安全要求贯穿于各项工作全过程。梳理发现并解决安全生产存在的深层次、系统性问题，把从根本上解决安全生产问题、消除事故隐患作为工作落实的检验标准。

结合中印尼安全生产政策法规和文化习惯实际，加强安全文化引导，开展"安全生产月""事故现身说法""职业病预防宣传""典型案例分析""观看事故警示教育片"等活动，推动全员成为安全管理的参与者、安全文化的实践者、安全成果的受益者，打造积淀具有中印尼特色的安全管理文化。

（五）压实安全生产责任体系

以中印尼安全法律法规为基本准则，落实管业务必须管安全、管行业必须管安全、管生产经营必须管安全的"三管三必须"原则，根据岗位业务范围形成岗位安全生产责任清单，将岗位责任、岗位目标、评价标准形成手册。

落实各级人员"现场、现实、现在"的安全责任，透过问题看责任落实，将安全事故、缺陷管理、隐患整改、巡检和定期工作标准化等落实情况与员工晋升、薪酬待遇挂钩。各级管理人员坚持每周有计划、有深度、有重点地开展安全管理活动，发挥示范带动作用。

图15-1　2022年6月23日，爪哇公司组织开展消防安全演练

（六）严控"三违"现象

广泛采用安全规章制度上墙、安全教育视频、安全案例学习等多种手段，加强全员安全培训教育，树立遵规守纪意识。大力倡导人人都是安全员，现场作业互相提醒、互相监督，坚决纠正各种不安全习惯和"三违"现象。专职安全监察人员加强现场管理性违章、

行为性违章和装置性违章检查，通过安全展板、网络平台、微信群等方式加大违章事件曝光力度，形成齐抓共管反"三违"工作氛围。

（七）做好应急管理体系建设

坚持"预防为主，快速反应，协调应对"应急管理原则，针对地震灾害、极端天气、火灾事故、重大设备损坏和全厂失电等情况持续进行应急处置预案修订完善。每年定期开展各层级演习演练，公司层面开展4次以上综合演习，提升应急响应速度和各单位协同能力。各生产部门和承包商每月至少组织一次应急演练，总结经验，规范流程，提升应急处置能力。由生产职能部门牵头，定期开展内外部应急资源盘点和补充，还与周边地区警察局、消防队、医院等单位建立应急协调机制，地企联合应对大型紧急事件。

【微故事14】较真的印尼员工

"印尼员工学习力和执行力都挺强的，给你讲个故事吧！"爪哇公司安健环主管穆永刚打开了话匣子。

爪哇7号项目1号机组顺利完成首次并网一次成功后，开始进行停机保养，此时A标的维护队伍刚刚组建，主要任务是对代保管的1号机组设备开展全面检查养护。

有一次，一名班长（中方员工）带着印尼员工和翻译进行捞渣机旁的电机控制柜盘内卫生清扫。清扫工作结束后，班长请印尼员工阿龙（Akung）5分钟后进行摘牌送电，苏亚迪（Suryadi）完成最后的工作后，锁上现场控制配电柜。看似很正常的工作安排，两位印尼员工却拒绝执行。开始还认为是印尼员工不明白工作任务，没想到印尼员工却说："安全主管组织学习安全施工规程时，有禁止'约时送电'的安全规定，我们要按照规定办事。"

穆永刚稍微停顿了一下说："他们跟我讲这事的时候，我脸都红了，后来安健环主管对班长进行了安全教育，再后来，班长对两名坚持不违规作业的印尼员工和翻译进行了表扬并对班组进行了奖励，还号召班组全体人员向两名印尼员工学习。"

一线生产人员就要坚持原则，不违反工作规程作业，要严格执行规程和工作程序，对任何错误指令都必须严厉拒绝。安全隐患就像看不见的敌人，只有严谨的工作作风，才能回报一份让人心里踏实的安全感，这一点印尼员工做到了。

（八）重视环保管理

做好环保设备运维，守住生态环保底线，优化运行方式，提升环保设备可靠性。将大气排放数据接至印尼当地环保部门环保管理系统，主动接受环保监管。加强烟气CEMS系统维护校验，并增加汞监测项目，确保环保排放数据全面、准确，满足印尼环保监管政策要求。切实管控废水排放，实现废水零排放，精准掌握印尼固废管理政策，合法合规处置固废。在取得印尼环保部蓝牌评价的基础上，持续加强生态环保治理，争取更高评价等级。

（九）建设健康企业

以职业病防治法律法规和印尼职业健康与安全管理系统（SMK3）为基础，贯彻落实集团职业病防治专项规划和印尼当地职业健康管理理念和要求，强化职工健康监护，提高个体防护用品标准，深入开展作业场所职业病危害因素检测评价，实施职业卫生分类分级管理。定期开展工作场所职业危害检测评估，推动粉尘、有毒有害气体、噪声和电磁辐射等危害因素检测和治理。重视正确使用劳动防护用品宣导和监督，将耳塞、防尘口罩等防护用品正确佩戴情况检查纳入每日现场安全监察。加强员工职业病防范，组织员工做好年度职业病专项检测筛查工作并组织心理健康科普教育、安全心理培训、心理健康评估等。大力创建工作场所规范友好，职工身体平安健康、心理阳光愉悦的健康企业。

二、发电运行管理

自2018年2月发电部成立，运行管理走过了"建立、成长、稳定成熟"的发展历程，依托爪哇公司平台，中印尼员工实现了共建共享、共融共生、共同发展，为国华爪哇公司的安全、和谐发展奠定了坚实基础。

（一）夯实人员技能基础

爪哇公司成立之初，生产人员印尼员工占比为57%、中方员工占比为43%。两国员工教育背景不同、技能水平及工作经历不同，语言文化存在障碍，一同开展百万千瓦机组运行维护技能培训，在集团公司尚无先例，没有成熟经验可以借鉴，唯有积极探索、踏实前行。

（1）根据公司国际化定位、本地化战略特点，首先明确了以英语作为工作语言的目标，技术培训再紧迫，也必须先从语言及理论培训入手。

（2）充分发挥台电百万机组培训基地优势，采取了两国员工"结对子"的方式解决"师带徒"培训难题，结对子人员与台电班组的师傅签订师徒合同，有效提升了培训效果。

（3）按照《生产准备节点网络图》的节点计划安排，分四次组织生产人员上岗考试，在国内实习基地，邀请台电专业主管作为第三方主考，确保合格的人员进入现场。

1）2018年10月，组织第一次台电上岗考试，通过率40%。

2）2018年11月，组织第二次台电上岗考试，通过率90%。

3）2018年12月，组织第三次台电上岗考试，全员通过。

（二）积极推动机组调试

爪哇公司以《生产准备1号文》《安全生产1号文》为指引，确立"保设备安全、设备可靠性是生命线"的安全生产责任意识。充分发挥部门经理、专业主管及值长等核心岗位人员作用，精准管控风险，积极推动两台百万机组调试工作，确保"全系统、全设备工况、最大化运行方式"的深度调试。

2019年3月，全体运行人员进驻印尼爪哇7号项目现场。当月，仿真机平台即同步搭建完毕，运行值班员利用仿真机开展厂用电系统受电、分系统试运、锅炉吹管启动、整组启动及168小时满负荷试运等节点的仿真演练操作。所有分系统均实现在仿真机完成演练并熟练操作后，才在现场实际调试启动。同时，专业人员利用仿真机开展逻辑验证及逻辑反推工作，确保现场每个系统在调试启动前逻辑正确无误。由于该项工作扎实开展，爪哇公司在调试期间及投产后未发生逻辑问题导致机组非计划停运及异常降出力事件。

（三）实验室资质认证

2019年5月，爪哇公司化学实验室完成设备仪器调试并正式投用，运行部化验班在1名中方主管带领下，7名印尼籍化验员均完成化验员资质取证，正式上岗并开展汽、水、煤、油品质化验工作，这也是运行部最先实现全印尼员工操作的班组。

2022年11月28日，印度尼西亚国家标准局（BSN）所属国家认证委员会（KAN）授予爪哇公司化学实验室燃煤化验标准资质，标志着化学实验室燃煤化验认证工作圆满完成，爪哇公司成为印尼具备燃煤化验标准资质的四家发电公司之一。

（四）运行管理规范化

结合机组实际运行情况和印尼本地特征，持续规范提升运行管理水平。总结历次启停机和事故处理经验，爪哇公司形成了一套机组停运、保养、启动试运及试验的标准化程序，对评估出的174项操作风险进行分级管控，将风险控制关键点全部落实到运行操作票中，形成可完全打钩执行的双语标准操作票686张，确保运行操作的安全性和规范性。

坚持固本强基，对巡检和值班操作员两个基础岗位，按照"分区分块"模式开展技能培训，确保基本操作及基础工作的安全。对值长及主值两个核心岗位，由专业主管人员编制主机及重要辅机故障应急处置操作卡32张。

（五）高标准建设仿真机培训中心

进入运营期后，爪哇公司高度重视值班员培训工作，于2022年高标准建设了印尼爪哇公司仿真培训中心，通过"全系统、全工艺流程、全镜像、全激励"的仿真方式，对电厂运行值班员和管理人员开展机组启停、正常运行和事故处理的双语化、手册化、实操化模拟仿真培训。依托仿真培训中心，爪哇公司有的放矢地组织开展了多类型的事故应急处置演练培训，比如针对电网故障导致电厂失电等突发问题，值班员如何正确应急处置等。

此外，印尼爪哇公司仿真培训中心具备承接外部培训的功能，多次为PLN、PJB其他电厂的印尼员工提供培训服务，提高了爪哇公司在印尼电力行业的品牌形象。

图15-2　2022年12月31日，国能国电电力总经理贾彦兵（左）与爪哇公司董事长赵志刚（中）共同为爪哇公司仿真机培训中心揭牌

三、检修维护管理

爪哇7号项目作为印尼爪哇－巴厘电网单机容量最大的发电厂，一旦机组停机，不仅对公司经济性影响很大，而且对印尼爪哇－巴厘电网的冲击也很大。因此保证设备处于良好的运行状态是提高项目经济性、安全性和可靠性的关键。爪哇电厂检修维护部门通过状态分析诊断，定期工作驱动，夯实设备维护基础，以质量为根本，落实检修精细化管理。

（一）状态分析诊断

设备的可靠运行不仅离不开良好的设备检修质量和合理运行操作，也离不开设备状态的分析诊断，只有发现萌芽状态的设备缺陷，才能把事故消灭在萌芽阶段。状态检修是确保设备可靠、经济、安全运行的一个重要手段。爪哇公司状态分析诊断的基本思想是：维修方式从事后维修向以点检定修制为核心的预防维修发展，其目的是使生产得以合理安排。这种维修方式，可以避免和减少设备故障停机，有效提高设备管理水平。

（二）检修精细化、标准化

爪哇公司检修维护部门将各项工作按照"岗位定期工作"和"设备定期工作"两个维度进行任务分解，以国标行标、技术监督、反措及说明书为依据制定任务标准表单，以任务表单为载体，驱动各项生产工作的执行和风险管控，形成"流程管，表单抓"的生产体系运作局面，推进实现"维护检修精细化、专业管理纵深化、现场作业标准化"。

一是抓关键设备，专题分析、专项治理。以零非停、零障碍为目标推动管理提升，制定实现防磨防爆零非停、电气热控零非停、重要辅机零二类障碍等表单化措施；对故障率高的制粉系统、输煤系统、给水系统从设计选型、日常运维进行分析治理，提升辅机可靠性。

二是强化专业组运作，打破部门、班组等行政管理界限，围绕解决专业难题、提升专业管理扎实开展工作。

三是结合技术监督开展设备巡检与参数巡检相结合，明确正常运行标准值范围及责任分工。每日检查分析设备系统参数变化，每周对系统运行情况进行分析总结，通过参数分析发现问题、解决问题、预防问题，切实抓好设备健康状况分析预警工作。

四是建立隐患排查长效机制。对照集团公司非停快报、不安全事件通报等将隐患排查与日常巡检、安全检查、技术监督等定期工作有效结合，每月开展问题清单治理回头看。

五是强化检修现场组织管理、质量标准过程管控，吸收借鉴行业及集团内设备检修质量原因不安全事件经验教训，从设备评估、检修立项、物资采购、质量验收、工艺控制等方面，推动维护检修作业精细化。将定期工作、设备消缺纳入检修管理，推动维护作业文件包、工艺卡、工作票标准化、双语化。

六是根据印尼实际情况，认真梳理各类台账，因时因地科学合理储备备品备件，探索与制造厂家直采模式，做好备品备件日常管理，确保备品备件"备对、备全、备足"。

【微故事15】不服输的小费
——爪哇公司生产一线员工费志博

"幸福都是奋斗出来的，奋斗本身就是一种幸福。"作为爪哇7号项目电气设备工程师，也是派驻爪哇公司4位女员工中唯一一位工作在生产一线的员工，费志博的奋斗经历为爪哇7号项目的建设增添了一抹亮丽的色彩。

2020年9月2日，正在项目2号机168试运前紧锣密鼓的调试期，费志博缺席了慰问座谈会。国华电力公司总经理李巍提出想见见她，"就是要看看她到底有什么与众不同，难道是铁骨钢身？"最终见到的"小费"却是一头短发，身穿维护黄色工服，脸上挂满了女孩的羞涩。

爪哇7号项目1、2号机组电气设备安装和调试过程中许多难度大、时间紧的任务大多与费志博有关。2019年年初，项目1号机组正处于紧张的基建期，回忆起当时的艰苦环境，很多人谈之色变。初来乍到的费志博因为水土不服，过敏、闹肚子，但她硬是凭着一股不服输的劲头挺了过来。在首次与印尼当地电网联系1号机组厂用电系统受电工作中，她凭借自身过硬的技术水平、语言和团队协作能力，顺利完成倒送电一次成功任务。

印尼电力工程能力证书（SKTTK）资格认证考试时，当地考官因"好奇生产一线怎么会有女工程师"而连续不断提问,费志博用娴熟的英语从变压器、发电机、开关柜结构讲到具体检修试验流程,事无巨细,赢得了考官的认可。印尼考官最后还不忘嘱咐:"请一定要把这些知识都传授给印尼员工。"

星光不负赶路人,2号机组终于顺利通过168试运。银色的月光投射出众多电力"平凡人"舍己忘我的身影,费志博也是其中之一。她的脚步匆匆,依然一副忙碌的姿态。因为她知道,对于一台机组来说,168试运只是迈出了一小步,想要行稳致远,乘风破浪,后面要走的路还很长……

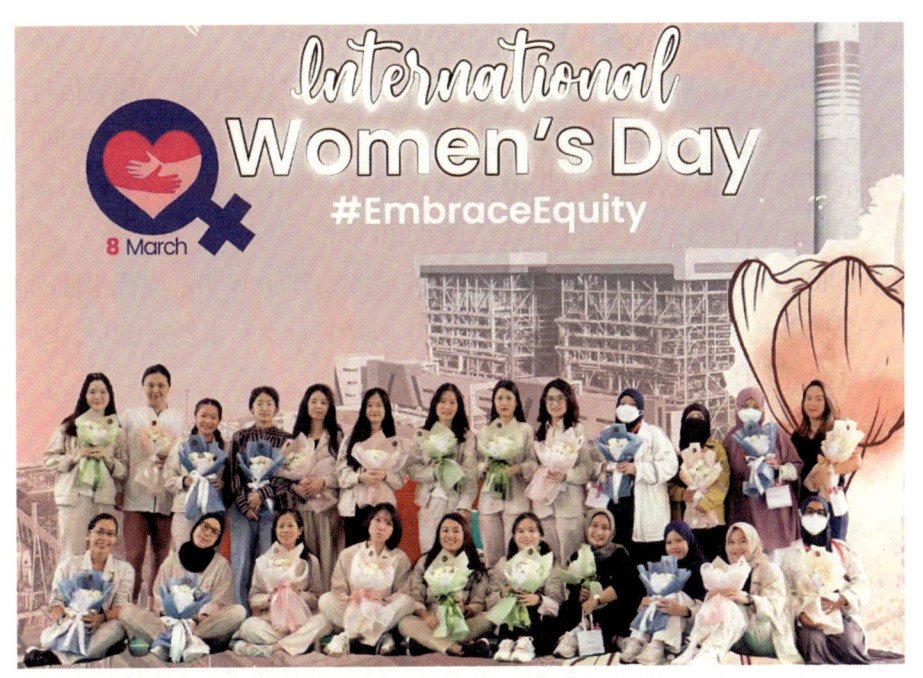

图15-3　2023年3月8日,爪哇公司中印尼女职工在国际妇女节合影,后排左2为"小费"费志博

四、运营指标情况

(一)可靠性指标

2021年等效可用系数完成98.92%,2022年等效可用系数完成100%,2023年等效可用系数完成100%,机组零非停非降。机组主设备及各主要辅机状态性能良好,投产以来锅炉未发生"四管泄漏"问题,六大风机未发生跳闸或限出力事件,热控及继保设备运行可靠,未发生设备质量导致的误动、拒动等异常,与印尼某同等级容量机组75.43%的数据对比,爪哇两台机组可靠性优势明显。

（二）经济性指标

2021年度，爪哇电厂2×1050MW机组供电煤耗完成289.7g/kW·h，完成年度290g/kW·h目标值。当年国能国电电力百万等级机组供电煤耗均值292.2g/kW·h，爪哇电厂机组优于该均值2.2g/kW·h。

2021年度，爪哇电厂综合厂用电率完成4.68%，完成年度目标值5%（设计值5.05%）。高于2021年度国能国电电力百万等级机组综合厂用电率均值（4.6%）0.08个百分点。

2021年度，爪哇电厂两台机组单位发电水耗完成0.07kg/kW·h，未超过年度目标值0.1kg/kW·h，且优于设计值0.08kg/kW·h。据中电联公布的资料，近两年全国1000MW等级火电机组水耗平均水平为0.64kg/kW·h，爪哇公司机组优势明显。

2022年，爪哇公司在确保机组可靠性前提下，继续通过燃烧调整、加氧运行及运行指标竞赛等多种手段挖掘节能降耗潜力，提升机组经济性。2022年，在负荷率同比降低19.89个百分点的情况下，供电煤耗和厂用电率仍得到较好控制，与同负荷下机组设计参数相比，供电煤耗优于设计值8克，厂用电率优于设计值0.2个百分点。

2023年，爪哇电厂2×1050MW机组供电煤耗完成288.78g/kW·h，完成年度289g/kW·h目标值；综合厂用电率完成4.82%，比设计值低0.23个百分点；水耗完成0.07kg/kW·h，未超过年度目标值，且优于设计值0.08kg/kW·h。

（三）环保指标

与中国环保排放标准相比，印尼标准相对宽松。根据印尼2008年颁布的火电厂排放标准，厂尘硫氮三项排放限值分别为烟尘≤100mg/Nm³、SO_2≤750mg/Nm³、NO_x≤750mg/Nm³，爪哇7号项目2015年投标及2016年签订PPA时即按此执行。

根据印尼2019年颁布的火电厂排放标准，标准颁布前设立或运行的电厂尘硫氮三项排放限值分别为：烟尘≤100mg/Nm³、SO_2≤550mg/Nm³、NO_x≤550mg/Nm³，标准颁布后设立的电厂尘硫氮三项排放限值分别为：烟尘≤50mg/Nm³、SO_2≤200mg/Nm³、NO_x≤200mg/Nm³。

2021年，爪哇电厂三项指标累计排放均值：粉尘排放浓度26.2mg/Nm³、SO_2为57.61mg/Nm³、NO_x为207.08mg/Nm³。

2022年，爪哇电厂三项指标累计排放均值：粉尘排放浓度29mg/Nm³、SO_2为67mg/Nm³、NO_x为233mg/Nm³，均大幅优于印尼政府的排放标准限值。

2023年，爪哇电厂三项指标累计排放均值：粉尘排放浓度27.92mg/Nm³、SO_2为108.32mg/Nm³、NO_x为159.90mg/Nm³，均大幅优于印尼政府的排放标准限值。

（四）安全生产运营成效

在全体人员共同努力下，爪哇公司克服各种影响，科学制定经营策略，攻坚克难，稳中求进，投产以来爪哇公司未发生人身伤害、火险及环保等不安全事件，未发生一般及以上设备事故及重大设备损坏事件。

2020年，爪哇公司一手抓新冠疫情防控，一手抓生产发展，全体人员舍得付出，舍得辛苦，精心呵护实现1号机组投产后连续稳定运行302天，创国内外百万千瓦新投产机组连续运行最长纪录。

图15-4　2023年2月1日，国能国电电力党委书记罗梅健在爪哇7号项目现场调研

2021年，爪哇公司做到防疫生产两不误，以持续稳定的发电供应确保了印尼爪哇－巴厘电网的安全。2021年当年完成发电量120.35亿千瓦时，负荷率86.54%；全年计划可用系数（AFp）为86%；实际可用系数（AFa）达到87.71%，超额完成PPA目标。等效可用系数（EAF）98.92%，可靠性在印尼爪哇-巴厘电网火电机组排名第一。

2022年，国际煤价大幅波动，印尼当地动力煤受政策限制，供煤长时间处于吃紧状态，爪哇公司克服外部困难形势，再次实现机组零非停非降，EAF达到100%，当年印尼爪哇－巴厘电网全网火电机组平均EAF为81%，爪哇电厂机组遥遥领先。2022年AFp均值88.75%，AFa达到88.75%，完成PPA目标值。在煤炭供应不足的情况下，爪哇公司仍发挥了大容量机组优势，全年完成发电量119.12亿千瓦时，对印尼爪哇－巴厘电网发电贡献排名第一。

2023年，全年完成发电量再破新高，达到132.63亿千瓦时，对印尼爪哇－巴厘电网发电贡献排名第一，同时供电煤耗再创新低，经济效益显著提高

爪哇公司自2020年1号机投产至2023年年底，各项生产运营指标如下表所示。

表15-1　爪哇公司2020—2023年生产运营指标

指标	单位	2020年	2021年	2022年	2023年
发电量	亿千瓦时	77.78	120.35	119.12	132.63
售电量	亿千瓦时	74.1	114.92	112.91	126.31
原煤消耗量	万吨	407	622	630	700
负荷率	%	80.39	86.54	66.65	81.77
等效利用小时数	h	6278.46	5730	5672	6315.53
供电煤耗	g/kW·h	290.72	289.7	291.99	288.78
等效可用系数（EAF）	%	99.51	98.92	100	100
计划可用系数（AFp）	%	86	86	88.75	89
实际可用系数（AFa）	%	86	87.71	88.75	89.1

截至2023年年底，1号机组安全生产1480天（2019年12月12日1号机组通过168小时试运开始计时），2号机组安全生产1194天（2020年9月23日2号机组通过168小时试运开始计时）。首台机组投产以来至2023年12月月底，两台机组累计发电量449.98亿千瓦时，各项指标在印尼爪哇–巴厘电网火电机组中持续保持领先。

2022年12月31日，国能国电电力总经理贾彦兵到爪哇公司调研。贾彦兵认为，爪哇7号项目全体干部员工坚守海外，克服一系列困难和挑战，艰苦奋斗，追求卓越，取得了非凡成就，为国家能源集团海外事业积累了丰富的国际化经验，树立了良好的品牌形象。贾彦兵提出，爪哇公司在做好安全生产运营的同时，要担当区域发展责任，立足印尼当地实际情况，通过管理能力、专业技术、设备潜力以及对周边的影响力，在新能源开发、综合能源转型等方面拓展发展空间，促进印尼当地社会经济发展，提高能源利用效率和效益。贾彦兵强调，爪哇公司要打造国际化人才培育基地，努力培育更多专业化人才和国际化人才。

【微故事16】实现高水平安全生产
——爪哇公司第三任董事长赵志刚

2021年10月，赵志刚走马上任，履职爪哇公司第三任董事长。彼时，正是印尼新冠疫情最严重的时候，爪哇7号项目的生产运营面临着难以想象的困难，在集团公司及国电电力的关心和支持下，赵志刚身先士卒，带领广大员工深入落实国能集团"防控疫情扩散、保安全生产、保职工健康、保能源供应"的工作部署，围绕"防疫"和"安全生产"两条主线，组织编制并督促落实新冠疫情防控预案，动态调整疫情防控措施，安排关键岗位人员提前返岗，协调保障防疫及生产生活物资，获得项目现场病毒"零感染"、劳务"零纠纷"、安全生产"零事件"的"战疫"成果。

与此同时，赵志刚带领广大中印尼员工深入贯彻国能集团安全生产"六十条"措施，落实全员安全生产责任制，坚决守住安全生产底线，实现了机组零非停、零非降；健全完善法治合规管理体系，深化降本增效，发挥机组大容量高效能优势，实现了经营绩效连年稳定增长，售电市场占有率、负荷率、等效可用系数等在印尼电网始终保持领先。

此外，赵志刚带领爪哇公司员工主动向印尼员工家庭和项目周边地区宣传、推广科学防疫措施和成功经验，捐赠防疫物资等活动，维护民众安全健康，实现与印尼当地社群的共生共赢，赢得印尼政府机构及社会的普遍理解和认可，构建了良好的民企关系。

赵志刚说，爪哇公司将继续紧密团结全体中印尼员工，坚持以"抓铁踏石夯基础，精益求精提品质，风清气正树形象，绿色转型谋发展"为纲领，艰苦奋斗，开拓进取，共建人与自然和谐共处的美好生态电站。

第十六章 经营管理

一、采购管理

(一) 采购组织体系

爪哇公司采购管理最高决策机构为采购管理委员会，成员为公司董事会成员。采购管理委员会下辖生产运营部和采购部两个部门，负责采购日常管理工作。

生产运营部是爪哇公司生产计划安排与控制、经营活动、涉网技术监督、发电成本管控、战略资源（煤电）落实职能部门，负责供电协议、电网及生产管理环境的联系与协调、采购（服务类、工程类、燃料、粉煤灰、废物处置等）、合同管理、电费结算、灰渣处置、企业绩效、经营统计分析等工作。

采购部是国华爪哇运维公司下属部门，是受国华爪哇公司委托，执行各类物资、材料的采购及仓储的部门，负责物资、材料的采购、合同执行、仓储管理等相关工作。

(二) 采购制度情况

爪哇公司非常重视采购管理相关制度建设，自2016年公司成立之始，即开展了采购管理制度编制工作。作为国华第一个海外EPC建设项目，在神华集团、国华电力公司相关制度基础上，爪哇公司充分借鉴国华穆印电厂等项目成熟的管理举措，依据爪哇公司实际情况，编制并下发了采购管理办法，明确了相关职责范围和流程体系，使爪哇公司的采购管理工作从一开始就处于高起点、高标准的有利态势。随着公司的发展变化，公司部门、人员均进行了相应调整，2018年、2020年和2022年分别进行了一次制度修订，以更好地适应现实状况和管理要求。爪哇公司充分发挥制度的规范引领作用，将制度规定作为采购工作开展的行动指南，强化底线思维和红线意识，确保采购管理日趋规范、高效。

(三) 海外采购平台

2022年10月，在上级单位的正确领导和大力支持下，面向印尼市场的海外统一采购平台在爪哇公司率先正式投入试运行，2022年12月1日正式投入运行。该平台依托国内成熟的管控理念和信息技术，结合印尼采购市场情况，实现了单位、币种、语言等方面的完美兼容。

二、煤炭供应

（一）初始煤炭供应模式

2016年4月7日，爪哇7号项目购电协议由PLN与爪哇公司签署并正式生效。根据投标要求及PPA约定，煤炭采购由爪哇公司负责，PLN对采购过程进行监管和审批。

爪哇公司成立后第一时间就成立了煤炭采购工作组，在国华电力公司指导下，专人专责推进煤炭采购相关工作。煤炭采购分为批准煤炭供应计划、批准煤炭供应商、批准供应合同和批准替代供应商四个阶段。

2016年4月12日，爪哇公司与PLN IPP项目管理部、煤炭事业部召开煤炭供应首次会议。2016年8月6日，PLN批准爪哇公司煤炭供应计划，第一阶段工作完成。

第二阶段为"批准煤炭供应商"，爪哇公司于2017年5月正式提交资格预审文件，其间与PLN就煤质等进行了多轮次谈判。

2018年2月28日，爪哇公司主要领导与PLN主管煤炭采购的董事Iwan先生座谈，表达了对煤炭采购的迫切需求，并于2018年4月2日再次以正式函件形式签发至PLN，表达了希望PLN能尽快说明煤炭供应保障措施。

PLN对于煤炭有了新的战略布局和考量，2018年5月21日，PLN正式发函爪哇公司，表示PLN将全面负责爪哇7号项目的煤炭供应。爪哇公司向国华电力公司汇报有关情况后，立即启动了PPA重述和供煤合同协商工作，全力配合PLN完成有关事项。

（二）煤炭供应模式变化历程

2018年8月1日，爪哇公司收到PLN发来的关于重述PPA的相关修订文件，随即爪哇公司成立了"重述PPA"专项谈判小组，组织商务、技术、工程、律师等方面专业人员，在国华电力有关部门的领导下，对修订文件进行了全面的研究与讨论。

2018年8月16日，爪哇公司召开了PPA重述工作内部评审会。此次会议明晰了各方的职责，明确了我方相关修改意见，修改意见涉及由PLN负责供煤后煤炭的取样检测、计量称重、煤质要求、供煤计划、煤炭装卸期、煤炭中断，以及热耗考核机制等相关条款并对PPA重述下一阶段工作的开展提出了指导意见与要求。

2018年8月21日，国华电力公司组织召开了关于PPA重述的评审会议。会上国华电力公司职能部门提出了对煤炭存损指标、机组老化系数、计量称重机制的修改建议。会后爪哇公司立即对相关建议进行研究讨论，重新调整了相关修改意见。

2018年9月5日，国华电力公司再次组织召开PPA重述专题评审会议。会上明确了煤炭存损指标、机组老化系数等相关修改意见，提出了COD提前补偿条款等新修改意见，随后编制终稿提交PLN审核。

2018年9月13日，爪哇公司与PLN召开了第一次正式会议，讨论谈判修改意见初稿。接下来，爪哇公司与PLN进行了为期三个月的正式与非正式谈判，对重述PPA中各项细节、条款进行了深入的讨论与谈判。

2019年5月14日，在PPA重述谈判会议上，PLN提出，经PLN董事会商议决定煤炭供应模式将发生重大改变，并描述了基本框架——因PLN本身不具备煤炭销售资质，爪哇公司将与PLN BB（PLN煤炭公司）、指定的煤炭供应商直接签订CSA（供煤协议），煤价由PLN决定，煤款通过C电价转移模式支付爪哇公司。但具体的供应模式及相关细节，PLN仍在编制中。此重大变化，可能严重影响爪哇7号项目首批煤炭于2019年6月中旬抵达的计划，导致无法及时满足项目用煤需求。

2019年5月15日，爪哇公司与股东方PJBI董事长古纳万先生就煤炭供应模式的改变召开了会议，讨论了此变化带来的影响并交换了双方意见。爪哇公司将这一模式的改变及股东方意见立即向国华电力公司汇报，随即开展了与PLN的PPA重述二次修改谈判及与PLN煤炭公司PLN BB的CSA谈判。

2019年5月31日，爪哇公司与PLN BB就供煤协议初稿进行了谈判，就取样检测、计量称重、煤质要求、供煤计划、煤炭装卸期、运输方式、仲裁、结算、考核等各方面的问题进行探讨。经历一个月的谈判，双方就很多细节问题未达成一致意见，同时，由于PLN BB公司持有煤矿缺乏，对供应能力、质量没有足够信心，供煤协议仍处于胶着谈判阶段。当时1号机组已具备进入调试阶段的条件，煤炭的需求是重中之重，各方又承受着完成重要节点的巨大压力，在这万分紧急的情况下，PLN采购部、PLN煤炭部、PLN BB、BKL（PLN BB子公司煤矿）与爪哇公司通力合作，共商解决办法，制定了"煤船先发货、合同同步谈"的策略。

随后PLN又指定煤矿BIB及IC为临时供煤商，爪哇公司立即与这两家临时供煤商同步谈判临时供煤协议。与此同时，爪哇公司抓紧PPA重述以及与BKL供煤协议的谈判，最终于2019年7月分别完成PPA重述签署，与BKL的供煤协议签署。随后加快步伐，仅一个月时间就完成了与BIB、IC两家临时供煤商的供煤协议签署。

2019年7月1日，那是激动人心的一天，爪哇7号项目煤码头成功接卸的第一艘煤船，就是来自我们最早的供煤商BKL，那天也是正式启用爪哇7号项目煤码头的历史性日子。正是有了BKL、BIB、IC等印尼合作伙伴的临时煤炭供应，1号机组才能够于2019年12月13日成功投产。

（三）煤炭供应正式开展阶段

虽然BKL的煤船及时抵达了爪哇7号项目码头，但仍存在很多问题。

BKL的煤种为褐煤，存放时间长易风化碎裂，加上BKL煤矿所处位置偏远，煤矿到内河港口仅有一条泥土路，需要货车倒运至内河港口的驳船，内河水位影响煤船运输等不利因素，导致运输周期过长，煤船抵达爪哇7号项目码头时，煤炭已发生碎裂现象，接卸煤炭时，出现大面积的煤粉扬尘，造成空气、海水的污染。

问题出现后，爪哇公司立即组织专业团队展开分析调研，主要领导带队前往BKL煤矿与BKL团队共同寻找解决方案，在各方的积极配合下，通过调整碎煤机等设备的参数、化学药物控尘等方法成功地解决了扬尘这个大问题。

随着1号机的正式投产，煤炭的需求量直线上升，已有的紧急供煤商供应量将难以满足。在新供煤模式的框架下，重述PPA约定项下，爪哇公司与PLN分工合作，积极履行各自职责义务，PLN通过招标、指定方式寻找合格供煤商，爪哇公司与确定的供煤商一家一家谈判供煤协议，签署供煤商协议。

爪哇公司在和每家供煤商谈判时，由于面对的情况都不同，遇到了各种各样的问题，如供煤商的煤质、供应能力、运输、煤款结算、违约机制等问题，对协议条款存在不同争议，语言沟通、理解差异等问题，爪哇公司积极与PLN各有关部门、供煤商通力配合、群策群力，完成了2020年至2021年的长协、临时供煤协议的签署，极大地保证了供煤的稳定性、持续性，为完成各项指标目标奠定了良好的基础。

爪哇7号项目于2021年7月8日正式进入PCOD（全厂商业运行），双机运行正式启动，日均耗煤量大幅度上升。PLN及时加快了长期供煤商及策略紧急供煤商的采购，这一举措极大地缓解了双机运行需煤量大压力，与各供煤商尚处于供煤合同谈判阶段时，所需煤炭就已安排运输至爪哇7号项目，充分保障了机组的持续安全稳定运行。

（四）疫情防控期间煤炭供应情况

2021年，煤矿经营深受新冠疫情的影响，全球煤价长居高位、恶劣气候影响运输等不利因素直接导致印尼爪哇-巴厘电网各电厂面临严重的煤炭危机，煤炭供应无法保障、煤炭库存日趋下降。爪哇公司同样受到巨大影响，煤炭库存可用天数长期处于5天以下，最低甚至仅为2天，机组随时面临停机的重大风险。

面对严峻的煤炭危机，各方群策群力、众心成城，调度中心P2B通过负荷控制稳定日均耗煤量，PLN与能矿部积极协调、与PLN各下属电厂及其供煤商通力配合，采取"煤船转运爪哇公司"的紧急方案，极大地稳定了煤炭库存。

2022年1月，为了进一步巩固并提高爪哇7号项目煤炭库存，保障机组的用煤需求，在印尼能矿部、PLN等有关单位的安排下，在以PLN BB Niaga（PLN BB的子公司）为总负责单位的协调下，爪哇公司积极配合，将从PLN的电厂转运来的一大艘船的煤炭，仅在10天内就完成了汽车接卸工作，接卸煤炭数量达6.8万吨，爪哇公司煤炭库存可用天数成功达到15天运行标准。

2022年，印尼煤炭市场形势依然严峻，煤价依然高居不下，根据印尼能矿部的规定，印尼电厂用煤销售价格最高约为70美元（印尼标煤），在此背景下，印尼煤矿商普遍加大出口量，降低本地销售量，这对爪哇项目燃煤供应的稳定性产生了很大影响。在如此严峻的情形下，爪哇公司与PLN、供煤商及相关政府部门各方持续沟通、协调，成功完成了2022年至2023年长期供煤商的采购及签约，基本保障了爪哇7机组持续运行的用煤需求。

【微故事 17】印尼姑娘的成就感

2018年，印尼姑娘Minerva Rusliana（中文名：李嘉华）入职爪哇7号项目行政人事部，负责会务管理和翻译工作，她将每次翻译都视为学习提高的机会，一遇到新的术语她总会马上记下来。凭着这股认真劲儿，李嘉华的专业翻译水平快速提高。成长中的李嘉华也见证了项目建设的成长。随着项目进入调试阶段，煤炭供应工作越来越急迫，李嘉华被调到策划部，参与煤炭交易工作。面对急需煤炭的情况，相关部门多次组织与PLN等相关单位的协调会议。李嘉华尽最大努力帮助各方传递想法、建议，有力推进了煤炭交易工作进程，促进各方达成了一致意见并制定了临时过渡期的燃煤供应方案。

2019年7月1日，看到首艘运煤船缓缓靠岸，李嘉华感到无比激动："能和团队一起学习、成长，并一同品尝胜利的喜悦，浑身上下都充满了成就感和幸福感。"

（五）煤炭供应经验总结

爪哇公司的供煤模式在印尼各IPP（独立发电厂）电厂中属于先例及特殊模式，在长时间的实际操作中，各方都在摸索与积累经验，不断改进与提高。

在新的供煤模式下，PLN负责供煤商的直接采购，由于供煤商的供应能力、煤质情况都有不同，爪哇公司需及时与PLN沟通了解，并根据PPA中关于煤质的约定以及机组实际燃煤状况提出相关意见，保证来煤的煤质情况符合机组要求。

实际操作中，燃煤供应的稳定性受到许多非控因素的影响，包括季节、燃煤市场状况、运输环境、国家政策等。通过长时间的实践，在此独特的供煤模式下，爪哇公司、PLN、供煤商及相关政府部门各方配合、沟通、协调，建立了一套高效的信息沟通机制，以PLN煤炭部、IPP事业部为核心协调部门，爪哇公司及时反馈重大问题事项，通过爪哇公司印尼方董事与PLN高层领导汇报事项取得支持理解，联合各供煤商、参与单位、政府有关部门信息共享、群策群力、通力配合，保障爪哇7号项目燃煤供应的稳定性、持续性。

三、电量调度

（一）电价结构

根据PPA约定，本项目采用容量电价和电量电价相结合的电费计价模式，其中A电价和B电价为容量电价，本项目达到约定的86%可用系数及1982MW的净容量即可取得全部容量电价；C电价和D电价为电量电价，根据实际售电量计算。A电价部分为在运营期25年中分前5年、6至13年和14至25年3段逐渐递减的阶梯电价。

（1）A电价为投资回收电价收益，包括还本付息、收回股东投资、取得投资收益、缴纳所得税等。

（2）B电价为固定运营成本回收电价，包括修理费用、人工成本、保险费用、除所得税以外的税费、行政办公类费用等。

（3）C电价为燃煤成本电价，计算C电价的基本公式为"上网电量×煤价×煤耗"。其中煤价每月通过各供煤商的"典型煤质基准CIF单价"与对应供煤商的燃煤卸货量间的加权平均数得出；根据PPA协议中约定的热耗表，结合各供煤商典型煤质的热值指标，通过差值法得出煤耗指标，最终折算出C电价，由PLN支付给爪哇电厂。

（4）D电价为变动运营成本补偿电价，包括运行材料费、海水淡化费。

（二）电价分析

正常情况下，仅A电价产生利润，B、C、D电价实现盈亏平衡。全年平均可用系数约定为86%，实际发电年均负荷率超过86%，超过部分A电价按原来电价的50%结算，B电价不结算，C电价和D电价据实结算；实际负荷率低于86%（调度原因），A电价和B电价按照86%可用系数视同发电并结算电费（即照付不议电费），C电价和D电价部分据实结算。

（三）调度协调

为更好地与调度P2B等机构沟通协调，爪哇公司创新工作机制，专门成立了由PJB派出人员组成的调度协调小组，负责日常调度沟通协调等工作。该小组的成立，强化了沟通效果，减少了信息不对称等沟通障碍，加深了与调度P2B等机构的相互了解，为爪哇公司机组运行优化做出了积极贡献。

（四）电量结算

电量结算工作需要直接面对PLN、P2B等印尼机构，每月办理相关确认、结算、支付等。爪哇公司为确保该项工作顺利进行，及时回收电费，专门安排两位经验丰富的印尼股东方派出的员工负责。根据爪哇7号项目PPA约定，设计了科学合理的结算表单，由专人计算、专人校核，确保电量收入颗粒归仓，准确无误。

第十七章　人力资源

一、组织机构沿革

（一）公司和部门的历史沿革

工程建设伊始，项目组织架构主要包括责任层面的国华爪哇公司；监管层面的监理；负责生产准备的运维公司；负责建设实施的EPC总承包等。为了保障工程建设的顺利开展，基建期按照生产一体化模式，国华爪哇公司全面负责发电厂的工程建设工作，由运维公司开展生产准备工作。

2017年3月，由国华电力公司正式批复国华爪哇公司成立行政人事部、计划物资部、工程技术部、安健环监察部；2017年5月，批复成立综合管理部和生产准备部。

随着工程建设和生产准备工作的深入推进，2018年3月，运维公司成立行政人事部、运行部和维护部，同时撤销综合管理部和生产准备部；2018年5月，国华爪哇公司成立经营管理部和生产技术部；2019年3月，国华爪哇公司成立策划部、公共关系部和经营财务部，同时撤销经营管理部和生产技术部；2019年4月，运维公司成立综合管理部、采购部和生产技术部，撤销行政人事部、经营财务部和安全技术部；2020年5月，国华爪哇公司成立内控管理部，策划部更名为生产运营部；2020年8月，安健环监察部整体由国华爪哇公司调整至运维公司。

基于一体化管控模式的探索，国华爪哇公司和运维公司进行人工成本费用一体化管理，按人员所在公司分别列支，薪酬、福利等按照统一标准体系执行。

（二）董事会和领导班子的运作机制

在遵守中国、印尼相关法律法规，符合国华爪哇公司、运维公司《公司章程》，符合PPA协议规定，符合公司法人治理结构规范的前提下，国华爪哇公司和运维公司按照同一领导班子一体化管理的机制运作。

根据印尼公司法和公司章程，项目公司和运维公司分别设立董事会。项目公司董事会由6人组成，中国股东方（中国神华）推荐董事4人，印尼股东方（PJBI）推荐董事2人，其中董事长由中方股东推荐。运维公司董事会由3人组成，中国股东方（国华台电）推荐董事2人，印尼股东方（PJBI）推荐董事1人，其中董事长由中方股东推荐。

在公司管理层面，通过两公司之间的运维合同明确责任界限与业务流程，项目公司履行业主责任，运维公司履行生产运维承包责任。项目公司、运维公司依据印尼公司法相对独立自运营。

图17-1　2023年8月9日，爪哇公司2023年度第三次股东大会准备会在北京召开，国能国电电力副总经理朱江涛（左5）、PJBI董事长Amir Faisal（左6）代表中印尼股东方参会，其他参会人员有：爪哇公司董事Eko Ariyanto（左1）、爪哇公司董事Doddy Nafiudin（左2）、爪哇公司董事长赵志刚（左3）、国能国电电力国际部副主任马志明（左4）、PJBI董事Ponti Silitonga（左7）、PJBI财务部经理Muhammad Fariz Anugraha（左8）、PJBI董事会秘书Frita Afrianty Triswara（左9）、爪哇公司董事Tumpal Pangihutan Sirait（右1）

二、人力资源配置

（一）印尼劳工政策

印尼有完整的劳工政策，内容丰富、结构严谨，涉及劳动用工管理的各个方面，主要通过国家法律、总统法令、部门条例等构成，从管理对象的角度，可以分为外籍劳工政策和本国劳工政策。

1. 外籍劳工政策

外籍劳工政策主要包括从业禁止政策、工作签证政策，以及成为合法外籍劳工后的其他配套政策。

（1）从业禁止政策。印尼政府禁止外籍劳工任职任何和人力资源管理相关的岗位，印尼劳工部2019年349号部长令中，以列表的方式明确了相应的禁止岗位，包括分管人事的董事、人力资源部经理、人事管理、职业生涯规划、员工培训等18个岗位，涉及全部的人力资源从业人员，旨在通过岗位限制保护本国劳工在外资企业中的合法权益。

（2）工作签证政策。工作签证可以办理6个月和12个月两种，12个月工作签证原则上只发放给董监会、经理会以及管理层、办公主要代表等人员，可以申请延期；6个月签证提供给一般的外国专家，不可以延期。

（3）其他配套政策。根据印尼社会保险法规定，在印尼工作的外籍劳工，需要参加印尼的社会保险。取得工作签证，在印尼工作超过183天的外籍劳工，需要向税务局登记居民纳税资格，取得税卡，按照印尼居民身份申报个人所得税。

2. 本国劳工政策

印尼劳工政策的基础是2003年13号劳工法，该法律由国会颁布（高于总统法令），2003年3月25日正式开始实施，该法律系统性规定了劳动用工的方方面面，主要包括就业平等、人力资源计划、培训教育、人力资源配置、扩大就业、外籍劳工使用、工作关系、职工保护、劳工关系、解除劳工关系及补偿、争议解决、劳工调解及仲裁等内容。

印尼的社会保障体系，主要包括两大部分，一是针对全体国民的医疗保障体系（称为全民医疗保障体系），二是针对职工的系列保障计划（合称职工保障体系），职工保障体系包括工伤死亡保险计划、退休保障计划、养老储蓄计划和医疗保障（包含在全民医疗保障体系中）。

（二）任职能力体系建设

为确保公司生产经营的规范和效率，在遵守国家法律法规和上级公司管理制度规定的前提下，国华爪哇公司编制了岗位说明书，明确各岗位的任职资格条件及岗位要求，最大化进行劳动用工管理，科学地进行人力配置，做到人尽其才、人岗匹配，优化企业的人力，使人才能力得到最合理、最充分的发挥。

（三）员工招聘

国华爪哇公司的用工范围包括国内派出员工、国际员工和当地雇员。外派员工从系统内各个电厂选派，负责生产经营，主要配置在公司领导、各部门负责人、技术骨干等岗位，工作满两年可轮换回国。

国际雇员指由国华爪哇公司招聘的具有中国国籍的员工，以中国在印尼的留学生为主，主要配置在物资采购、财务税务等需要对外沟通协调的业务岗位，发挥对外沟通的桥梁作用。

当地雇员指公司在印尼本地招聘的印尼国籍员工，主要配置在生产运行岗位，支撑公司运行本地化工作。印尼籍员工中懂中文、印尼文的华人，与留学生作用相当，主要配置在对外协调、行政管理等岗位。考虑到印尼籍员工稳定的需要，当地雇员主要面向国华爪哇公司所在的爪哇岛招聘，包括新毕业的大学生和来自周边几个电厂的社会人员。印尼籍华人员工主要在印尼几个主要的华人聚集城市招聘，包括棉兰、泗水、山口洋等。

同时，国华爪哇公司建立《员工招聘管理办法》，遵循以人为本、量才适用，梯队配置原则,采用国内派出与当地招聘相结合的方式进行招聘。

(四)职位职级管理

国华爪哇公司为规范职位设置和职级管理,健全完善人才成长通道体系,拓展员工成长空间,发挥职位激励和目标价值导向作用,结合项目实际情况,建立了《职位设置及职级管理办法》,对员工的职业发展进行详细的规划。

公司职位职级设置总助级及中层序列、职能管理序列、生产管理序列、运行序列、维护序列等,包括总经理助理、副三总师、部门总监、部门主任(经理)、部门副主任(副经理)、主任工程师、高级工程师(主管)、工程师(主管)等,并根据工作性质、任职资格、绩效标准等,将岗位划分为管理类(M)、专业技术类(T)和技能类(S)三大类。

国华爪哇公司每年开展一次职级晋升评定工作,包括360测评、专业考试,并结合年度绩效评价情况等,总助级、中层管理人员职级晋升由公司董事会另行决定。

图17-2 2018年5月5日,国华电力公司总经理助理韩贵生(左5)到爪哇项目调研人力资源、管控体系等工作

三、薪酬福利制度

国华爪哇公司与运维公司实施一体化管理，统一收入分配及福利，针对用工结构复杂的情况，加强内部分配的公平性和导向性，将"挣工资"理念落实在具体工作中，将收入分配切实向业绩佳、效率高的部门和岗位倾斜，并在薪酬制度、福利制度等保障方面采取了适应性的调整。

（一）薪酬制度

薪酬制度方面，对国内单位派出人员、国际雇员、股东方派出人员和当地招聘员工建立了同平台、同制度下的薪酬待遇体系，在排除海外补贴、专项补贴等政策性补贴后，实现同岗位级别、同工作内容、同岗位贡献，同薪酬待遇目标。

（二）社会保险

社会保险方面，对中国籍员工按照中国国家规定足额缴纳医疗保险费、养老保险费、失业保险费、工伤保险费和生育保险费等，为每位职工缴存住房公积金；全部员工在印尼按照印尼社会保险法律规定，足额缴纳JHT（养老）保险费、JKK（工伤）保险费、JKM（死亡）保险费、JKN（医疗）保险费，并购买意外伤害保险，保障员工权益。

（三）企业福利

在福利制度方面，参考印尼当地大型能源企业和跨国公司的做法，在符合国家法律法规、上级公司相关规定的前提下，对员工交通出行、家庭照料、退休养老、医疗保健等方面制定了有针对性的福利政策，提高了员工对福利保障的满意度，同时也提高了员工对企业的满意度。

四、人力资源开发

爪哇公司一直把人才视为公司最宝贵的资本，因此，公司秉持着人才至上的理念，不断推动人力资源开发，提升员工素质，激发员工潜能，以实现公司的长期目标。

（一）人才队伍建设

面对国际竞争，国华爪哇公司把岗位胜任能力要求作为人才引进的首要条件，在人员配置上不唯来源、不唯宗教、不唯种族、不唯国籍，尊重人才的个体差异。人才引进渠道主要包括国内单位派出、股东方单位派出、国际雇员和当地招聘。

在人才使用方面，国华爪哇公司提出"四支人才队伍"建设和培养工作目标，第一支队伍是具有国际化思维和国际视野的管理人才队伍；第二支队伍是精通高参数、大容量燃煤发电技术的技术专家人才队伍；第三支队伍是精通国际经贸、财税、法律、国际劳动关系并精通中、英、印尼语的职能管理技术人才队伍；第四支队伍是专业过硬、技术精湛、操作技能水平高的本地技术技能人才队伍。

在员工来源和配置方面，管理人才、技术专家、管理技术人才大多为派出员工和国籍雇员，技术技能人才以当地员工为主。国华爪哇公司"四支人才队伍"人员构成和特点实施差异化职业发展规划。

（二）本地化人才培养

首先，在本地化人才的招聘与选拔方面，深入了解本地市场的特点，通过灵活多样的招聘方式，吸引和选拔人才。同时，注重挖掘和培养本地优秀人才潜力。为本地化人才提供良好的职业发展平台，使他们能够在企业中充分发挥自己的才能和潜力。

其次，国华爪哇公司尤为重视本地员工的培训和发展，提供全面、系统和定制化的培训计划，旨在提升本地员工的专业素养、技能水平和创新能力。同时注重培养员工的跨文化沟通能力和市场洞察力，使他们能够更好地适应本地化市场的变化和需求，也鼓励员工参与外部培训，提高他们的综合素质和职业竞争力。

最后，完善职位职级体系，明确职位职级以及晋升路线，建立职位、技术技能双通道系统，选育专家、首席师。加强岗位胜任能力系统建设，引导当地员工在明确和规范的体系内通过努力提高自身综合能力和技术技能水平并提升职位职级，推进本地人才的培养。

五、员工成长成才

（一）员工成长成果

爪哇公司借鉴国华电力成熟的"生产基建一体化"理念和应用经验，将基建与生产准备工作分为生产准备、准备生产、调试运营等三大阶段，将员工培训工作融入三大阶段中，全流程、高效、高质量促进员工成长。

在生产准备阶段，高度重视生产人员安全生产理念教育和技术技能储备，精心制定生产准备培训计划，并将国华广东台山电厂作为百万机组对口运维培训基地。自2017年9月月底第一批34名印尼籍员工抵达台山电厂，先后四批共80名印尼籍员工在台山电厂接受培训。

在准备生产阶段，培训重心回到爪哇生产现场，以员工持证上岗、跟踪现场设备安装及单体调试等工作为抓手，促进员工技能提升。根据印尼政府及电力行业的有关要求，组织生产人员参加技能培训和取证，在进入机组整套启动前，取得SKTTK（电力技能认证）证书130人；取得SIO（特种设备操作资质）证书31人；取得AK3（安全管理资质）证书6人，保证了生产人员的各项岗位资质符合行业监管要求。

在调试运营阶段，自2019年年初反送电，全员进入生产现场，历时三个季度，在现场跟踪设备安装，参与设备调试。通过与各参建单位技术、管理人员的日夜接触，全过程参与安装质量验收、问题排查和施工缺陷消除，建立完善设备台账等工作，生产人员技能水平大幅提升，逐步具备全面迎接机组移交生产的能力。

（二）员工成才经验

爪哇公司始终把印尼员工的成长视为公司第一要务和项目的未来，设立了印尼员工成长研究专题，通过优化机制建设，促进印尼员工成长成才。经验主要有如下几点。

1. 成长导向，文化引领

公司各项业务都以员工成长为要务。持续培育"协作、激情、尊重、担当"（TPRR）的工作文化和学习氛围，引领所有员工积极开展工作，从每个人自身的岗位责任出发，主动学习，快速成长。

2. 坚定推行英语作为项目工作语言

声入心通，语言是沟通的纽带和桥梁，爪哇公司持续坚定推行英语为工作语言，中文和印尼语作为沟通辅助用语。只有沟通无障碍了，管理和技术交流等工作的信息传递才能避免衰减与丢失。坚持工作中使用英语，确保各环节指令、措施的准确性，可提高沟通效率和有效性。

3. 推进国华电力公司管控体系在印尼落地

国华电力公司管控体系是多年管理经验的结晶，也是公司竞争力的根本。推进国华电力公司管控体系落地和全面执行，可以把风险预控、精细化管理的理念落实到每一个流程和生产环节，影响每个岗位、每个人，真正实现提高效率、风险可控、可持续改进。同时，依靠体系运作，在规范各项工作的管理过程中可培养人才。

4. 转变观念，坚定信心，接受成长的烦恼

一个组织、一个人的成长，需要下定决心，脚踏实地，但也要认识到成长的过程必然经历瓶颈甚至挫折。管理者应坚定信心，放手让员工承担任务，积极指导，让员工在实干中学习、成长；通过多种手段，让员工的个人成长观念从"要我学"向"我要学"转变；坚持严格的工作标准，注重细节和实操技能，循序渐进，日积月累；大力营造"我要传授"和"我要学习与成长"的良好氛围。

5. 落实责任，坚持和完善培训绩效评价

员工成长的主体责任要落实到部门和班组，部门经理是部门内员工学习与成长的第一责任人，班组长是班组成员成长的第一推动者。继续坚持和完善"结对子""导师"机制，并具体体现于绩效评价中，不仅对员工学习成长情况进行评价，同时也将员工的成长状况与导师的绩效挂钩，可促进各级管理者真正落实培训责任；同时要激励主动贡献和分享知识、经验的员工，督促学习态度差的落后者。

第十八章　财务管理

一、财务管理机制

（一）财务团队组建

爪哇公司财务团队主要负责资金管理、会计核算、税务管理、预算管理、报表管理、资产管理、出纳等工作。为满足中印尼股东方管理要求，根据国华爪哇公司股东协议，财务总监由中方股东指派，财务经理由印尼方股东指派。在国华爪哇公司成立初期，财务团队由中方财务总监、印尼方财务经理、中方财务经理助理、中方财务主管等四人组成。

随着财务工作的深入以及业务的全面展开，财务团队无法满足"不相容岗位相分离"的基本原则，为确保财务管理高效、有序推进，2017年年初陆续招聘了2名财经专业的中方留学生和2名印尼籍财务人员，财务团队基本架构形成。

（二）管理机制建立

国华爪哇公司成立以来，财务管理主要从基础工作向外延伸，逐步形成一套全面、有效的财务管理机制。主要从以下几方面开展工作。

一是开展财务制度体系建设。根据上级公司财务管理办法，制定了国华爪哇公司《差旅费管理办法》《费用报销管理办法》等制度13项，明确财务管理的具体要求。为提高制度的执行效率，财务团队每季度定期开展费用报销、差旅费、资金预算、业务预算等制度培训，建立财务制度咨询机制，为全体员工全面讲解制度建立的初衷，循序渐进促使公司中印尼员工熟悉财务管理流程，规范个人报销等业务，使员工逐步接受、认可财务规章制度。

二是开展财务岗位体系建设，编制《财务岗位责任书》，对出纳、会计核算、资金管理、税务管理等人员的工作内容进一步细化分解，梳理工作职责和标准，确保"不相容岗位相分离"。

三是开展财务授权体系建设，明确财务总监、财务经理、财务经理助理等岗位的业务审批权限；设立由出纳、资金主管、财务经理、财务总监等层层把关的网银审批机制，确保境外资金支付安全。

四是建立财务人员培训的长效机制。国华爪哇公司基层财务人员主要为印尼中国留学毕业生和印尼本地员工，存在财务基础知识薄弱、工作经验欠缺、文化差异大等问题，为快速高效实现财务人员熟练上岗，制定了财务人员"一帮一结对子"等帮扶机制，中方财务人员每周组织会计专业培训，印尼财务人员每周组织税务管理培训，通过双向学习，互帮互助快速提升财务人员的综合业务水平。

五是逐步推进财务人员本地化进程。因地制宜，在财务管理过程中逐步提升印尼员工的作用，印尼员工在语言、文化方面有着天然优势，充分发挥印尼财务员工的作用能够快速提升财务管理的水平。

二、财务运营指标

爪哇7号项目自2019年投产至2022年年底，累计完成发电量321亿千瓦时，累计实现利润总额31亿元；平均供电煤耗290g/kW·h；年均利用小时数5893小时；平均可用系数86%；平均净资产收益率22%；资产负债率呈现逐年下降态势；各项指标均满足PPA协议设计值。

（一）资金管理成效

1. 完成资本金及时注资，为项目建设保驾护航

自爪哇公司成立之日起，尽早协调股东方注资便成为财务部门的首要任务。由于爪哇公司为境外企业，在资本金注入环节涉及股东及中、印尼政府部门审批，手续复杂且办理过程冗长，需要全程专人进行办理、协调。为加快审批流程，财务团队将资本金注入涉及环节进行层层细化，逐一落实。过程中采用专人"蹲点"盯办方式，每日跟进审批进度，尽一切可能协调完成审批。在相关部门支持下，爪哇公司如期收到股东方注入的资本金，为项目建设奠定了坚实的资金基础。

2. 多层面监管，确保资金链安全

境外项目财务管理的重中之重是资金链安全，为强化资金风险管控，建立长效监督机制，在银行网银支付环节采用四级审批（出纳提单－资金主管审核－财务经理复核－财务总监/董事长审批），开通大额资金支付银行电话核实及短信通知功能；银行账户的开立、注销均按集团规定执行审批、报备，全部账户皆开通网银功能；柜台付款采用"双签"审批流程；严格根据资金需求办理提款，每月编制现金流滚动预算，实行资金预算刚性管理，确保资金收支相匹配，最大化降低资金成本；每天编制银行存款余额盘点表，每月初编制银行余额调节表，每季度开展银行余额调节表审计。同时，调整电费应收款和燃煤应付款项时间，推进燃煤结算周期与电费回收周期相匹配，保证资金链安全，降低财务费用。

3. 优化融资结构，深挖资金管理效益

2020年以来，受新冠疫情等因素影响，全球利率市场波动加剧，为有效管控利率风险，降低财务风险。财务团队在国华公司财务部门的协助下积极协调国家开发银行进行融资协议谈判，从贷款利率、还本周期、贷款总额等方面进行优化提升，2021年5月，顺利将贷款利率固定部分由原来的2.85%下降为2.4%；还本周期由原来的6个月缩短为3个月，沉淀资金持有量显著降低；贷款总额由原来13.187亿美元调整为11.161亿美元，取消贷款承诺费等约定；融资协议优化后，预计节约财务费用超过3000万美元。

为提高国华爪哇公司的经营效益，财务团队在资金优化方面挖潜增效。基于爪哇公司账户资金情况，与中国银行雅加达分行协商谈判，将美元活期存款利率由原来0.25%提高至0.95%；印尼盾活期存款利率由原来0.75%提高至3%；土地押金账户转为定存账户，将存款利率由原来0.75%调整为4%。与国家开发银行香港分行协商谈判，将偿债准备金账户存款利率由0.01%调整为3.42%；偿债账户办理协定存款，分别开展1个月、2个月、3个月等定存操作，提高存款利率。

（二）税务管理成效

1. 依法合规申报纳税，严控涉税风险

境外项目，税务风险是管控的重点，如果对当地税法认识不足，掌握不清，很容易发生重大税务风险。国华爪哇公司成立之初，财务团队就充分认识到税务管理的重要性，第一时间聘请税务中介参与日常税务管理，设税务专员开展税务申报缴纳工作。每月月初由税务专员整理汇总涉税事项，交由税务中介审核确认，财务经理复核，确保涉税事项准确、无误；每月10日前及时高质量完成税务缴纳。基于良好的日常税务管理，截至2022年年底，国华爪哇公司未发生一起税务罚款事件。

2. 依法合规办理免税，降低税务成本

财务团队深入研究印尼本地税收政策，对财税政策保持高度敏感性，在项目建设期间，针对基建物资进口环节，协助业务部门通过中印尼双边贸易协定、钢铁许可、免表清单、Form-E等税务优惠政策依法合规减免进口物资关税、增值税、所得税等；在基建物资进口期间，财务团队共完成物资免税300多批次，显著降低了投资成本。

2018年5月，印尼财政部发布了关于企业所得税优惠政策的文件，财务团队第一时间启动免税申请办理，印尼籍财务经理Alfret依托其印尼本地人优势，积极协调投资委员会、财政部、税务总局，最终于2018年10月顺利取得印尼税务局"15+2"企业所得税免税函（运营期前15年全额减免企业所得税，后续2年减半征收），爪哇公司成为当次印尼所得税免税政策发布之日起第一家取得免税函的企业。

2021年3月，财务团队在印尼新冠疫情高发期间，顺利协调印尼税务总局完成项目投资现场审计，并取得最终免税批复。

三、预算管理举措

（一）投资预算管控

1. 设计阶段

在设计阶段，通过可研评审、初设评审、司令图评审及各专题评审，对技术方案进行技术经济比较，确保设计方案的经济性；充分借鉴外部专业技术力量，进行设计优化工作，从设计源头控制工程投资。最大限度节约工程投资，发挥设计咨询（监理）的设计技术作用，提高设计质量、优化设计方案、控制工程造价。

加强设计过程监督，及时提出要求，不断优化设计，推促设计院内部主设人与技经人员形成有机整体，以达到设计优化超前、动态控制投资的目的。

2. 施工阶段

在施工阶段，实行项目负责制，在项目启动开始，计划物资部、工程技术部均明确项目管理责任人，对工程合同签订、履行、结算的全过程效果及结果负责，切实落实合同管理责任。

以概算投资规模为工程建设控制标准，通过管住工程量，控制工程造价，不断提出管理警示，尽量减少或避免超概算标准建设事件。

严格按照合同条件付款，确保资金支付的准确性；及时发现、分析施工进度的偏离，提出相应的资金管理措施；跟踪、检查承包商资金使用情况，监督对分包合同的价款支付。

加强印尼税务政策研究，依法合规进行税务策划，合法退税和免税，节约工程造价，多渠道降低投资成本；参建各方密切配合，力争提前投产，节省建贷利息。

加强变更价款及结算价款审核管理，强化工程量和支持性文件审核，保证结算数据准确，控制工程投资；根据合同规定，做好合同索赔、反索赔工作，合理维护项目公司的经济利益。

（二）运营预算管控

在制度建设方面，严格按照上级公司有关预算的制度编制本公司《全面预算管理办法》《资金预算管理办法》，将上级公司的成熟预算管理体系融入公司日常管理过程中。强化预算刚性机制、财务监督机制、预算考核机制，在预算管控过程中不断优化预算管理制度，确保预算管理为企业管理赋能创效。同时，广泛听取印尼本地员工的合理化建议，汲取兄弟单位的宝贵经验，并借鉴印尼股东方预算管理经验，取其精华，构建一套真正符合印尼本地的预算管理体系。具体举措包括以下几点。

一是预算编制。每年年中根据市场和公司实际运营情况，设置预算编制边界条件，组织各部门编制年度业务预算和财务预算，经财务部门汇总平衡后，报董事长办公会审议、股东大会审批。对审批后的年度预算进行预算分解并落实到各部门，财务监督预算归口部门有序均衡相关业务。

二是预算执行。每月中旬财务部门组织各部门根据年度预算分解表及上级公司的经营目标编制下个月的资金预算和业务预算，经董事长办公会审议后，下达各部门执行。财务部门以"刚性"管控为原则，逐项逐笔监督业务的发生，确保月度经营目标实现。对预算外特殊事项，以"特事特批"原则，报董事长办公会审议通过方可执行。

三是预算考核。每月月底，财务部门对各部门预算执行情况进行汇总分析，对预算偏差原因进行深入研究，在预算执行中不断完善预算管理制度、流程，确保预算管理高效、有序。每个季度，财务部门组织召开经济活动分析会，总结分析各部门预算执行情况，对预算偏差部门提出考核意见。

（三）过程投资管理举措

一是统筹资金计划，提前组织EPC总承包单位编制年度投资计划，国华爪哇公司根据年度投资计划编制融资预算，提前与上级公司确认年度资本金注资金额及注资时间，同时与国家开发银行、神华海外资本沟通确认年度提款计划，统筹安排融资提款。在年度融资预算基础上，编制月度及周度资金预算，严格管控资金使用。

二是执行节点付款，进度款支付采用与形象进度相结合的节点付款方式，EPC合同付款节点主要按单位工程设置节点，根据单位工程投资额大小设置不同节点，简化了合同付款流程，加快了工程进度款的审批速度，减少了承包商资金压力，有利于工程进展。充分实现了节点设置与合同价款、合同工期相匹配。

三是规避金融风险，积极应对金融市场变化，多方位管控资金安全，积极落实集团境外风险管理、隐患排查工作要求，开展资金内查、账户清理工作，完善资金安全体系；及时关注利率及汇率市场动向，与各大银行保持良好沟通。为应对利率风险，定期编写利率风险报告，利率掉期分析报告，实时了解利率市场，筹划风险管控方案；定期关注汇率及利率变动对投资的影响。

（四）会计核算

爪哇公司依据印尼财经法规，采用服务特许权准则进行会计核算，这相较于国内电厂普遍采用的固定资产准则，存在显著差异。为便于财务人员理解和操作，财务团队编制了《会计核算手册》，采用分阶段、分业务等方式对整个服务特许权准则的核算过程进行明确；为了便于财务系统账务处理，对服务特许权准则涉及的会计科目进行优化配置，统一核算标准，提高会计核算标准化水平。

共生模式
神华国华印尼爪哇7号 2×1050MW发电工程纪实

SYMBIOTIC MODE: RECORD OF SHENHUA GUOHUA INDONESIA JAWA 7 COAL FIRED POWER PLANT PROJECT 2×1050MW

第五篇
创新驱动

第十九章　科技创新成果

一、创造纪录项目

面对工程设计使用年限长达40年（常规30年），年利用小时不低于7533小时（常规5500小时）的高要求，爪哇公司汇聚了中国电力工程设计、装备制造、施工建设、运营管理等方面的优势力量，创造了多个百万千瓦火电机组的世界纪录。

1. 创造世界最大褐煤锅炉纪录

PPA要求燃烧印尼褐煤，这种煤发热量低、含水量高，两台机组年耗煤量约791万吨，为此，配置了北京巴威公司生产的世界最大褐煤锅炉（出力3100吨每小时，重3.7万吨）。

2. 创造世界最大中速磨煤机纪录

为支撑世界最大的褐煤锅炉，配置了最大中速磨煤机，采用北京电力设备厂最大型号ZGM133G-III型中速磨煤机7台，分离器直径超过6米。

3. 创造百万千瓦火电机组世界最大发电机纪录

印尼电网对发电机功率因数0.85（滞后）的特殊要求，使发电机设备选型与常规百万千瓦机组有较大不同。在保证PPA净出力要求前提下，TMCR工况额定出力为1073.3兆瓦，常规百万千瓦机组已不能满足选型要求，最终配置上海电气1260兆瓦机组，以满足工程需要。该发电机是世界最大单轴全速发电机。

4. 创造百万千瓦火电机组世界最大三相一体主变压器纪录

由于发电机较常规百万千瓦机组容量大，对发电机出线的GCB、封母、出口CT选择与常规工程有较大区别。为此，本工程配置了常州东芝变压器有限公司生产的1330兆伏安三相一体主变压器，容量世界最大，运输重量575吨。

5. 创造煤电项目中最长距离的大管径圆管带式输送机纪录

通过对系统设计、参数选型、输送线路优化、驱动布置和功率平衡、智能控制等方面进行研究，成功应用福建龙净环保股份有限公司生产的圆管带式输送机，在印尼保持长度最长、速度最快、管径最大纪录，整体设备技术、安装难度处于世界领先水平。

二、首次首创项目

爪哇公司从"示范性、可靠性、环保性"等方面落实国华电力"创新引领"理念，多维度开展设计优化和科技创新，在地基预处理、总平面布置、系统设备选型、建筑环境设计、节能保护等方面采用了50多项先进技术。

1. 首次在印尼特有的深厚火山灰淤泥层建设电站

创新性开发了"真空堆载预压＋换填砂石垫层＋局部预制小方桩复合地基和混凝土镇墩加固""管道分期施工＋预留沉降量＋与建（构）筑物接口安装""码头引堤结构半开挖、半回填"等一系列技术方案。

2. 首次在海外百万机组工程中采用多水合一技术

水处理系统采用多水合一技术，将分散于厂区各处的水处理设施建成一座水务管理中心。节约占地面积约2.5公顷，节省构筑物体积约8960立方米，节约投资1850.7万元。

3. 首次实现全厂地下管网及设施全部采用三维设计

优化厂区平面布置，节省用地，节约资源。获评中国电力规划设计协会电力工程科学技术进步奖，并获得其他多个奖项。

4. 首次系统性对中低压管道进行配管设计及工厂化预制

项目全部高、中、低压管道均为国内工厂化制作、配管、酸洗钝化并封口，特别是放气、放水和仪表管接管座同时进行制作，国外现场直接组装，极大减少了现场开孔及焊口数量，提高管道清洁度和安装质量，加快了现场施工进度。

5. 首次在国外百万千瓦机组同时实施FCB和APS

首次选用60%旁路＋PCV阀方案实现机组FCB功能，同步实施带断点的机组APS，实现了机组启动和停运过程的自动化，提高机组的安全可靠性和经济性。

6. 首次在电力行业内系统性开展全厂"五防"设计研究

制定统一的五防"防高温、防雷电、防紫外线、防雨、防盐雾"标准。首次对锅炉节点板进行防腐以减少锅炉"锈泪"问题、首次选用镁铝锰板＋氟碳涂层的保温外护板以解决传统彩钢板锈蚀问题等措施。设计、设备、安装等全流程执行"五防"要求，效果良好。

7. 首次在海外应用自主知识产权海水淡化技术

首次在海外采用国华电力公司自主知识产权海水淡化技术，设置了两套低温多效蒸馏（MED）海水淡化装置，满足2×1050MW机组锅炉补给水和工业、生活用水需求。

8. 首次在海外应用自主知识产权DCS系统

首次在海外采用国家能源集团自主知识产权EDPF-PLUS DCS系统，机组投运以来始终安全稳定运行，未因DCS系统发生设备故障。

9. 首次在火电机组使用ASME标准高温憎水岩棉

首次采用全石料不掺杂铁矿渣ASME标准高温憎水岩棉，消除了以往保温材料易引起皮肤瘙痒的问题，绿色环保、以人为本；机组运行期间四大管道保温外表面温度仅41℃，环境温差11℃，远低于25℃标准值。

10. 首次在海外百万机组采用不带启动循环泵的锅炉启动系统

取消锅炉启动循环泵，设置启动疏水泵后至除氧器的支路来回收启动过程中的热量，既满足机组启动要求，又减少投资和检修维护费用。

11. 首次将"海绵城市"理论应用到印尼电厂

原本外排的厂区雨水通过采用蓄水池、湿塘、透水铺装、下沉式绿地、屋顶及植草沟等措施，将"海绵城市"理论首次应用到印尼电厂。

12. 首次对百万机组全厂电缆采用分层敷设

将全厂电气、热控的电缆敷设进行统一设计，解决了上下层电缆数量不均衡、多通道分布不均衡、桥架电缆分布不均衡等长期影响电缆敷设效果的突出问题，首次实现了电缆分层敷设。

13. 首次将核电站安保系统设计理念应用于海外电站项目

按照核电站实物保护系统的标准，设置集人防、物防、技防于一体的，符合印尼实际需求的全厂综合安防系统，为"一带一路"海外火电项目发挥了安全保障的示范作用。

14. 首次在印尼SCADA系统采用环网设计方案

采用环网设计，在网控楼和集控楼均设置上位机，电量计费系统纳入SCADA系统，既满足印尼PLN规范要求，又方便运行操作。

15. 首次在除盐水补水系统采用扩大单元制

取消凝结水储水箱，除盐水补水系统首次采用了扩大单元制，正常运行时两台机组除盐水补水单元制运行；对机组启动等锅炉冷、热态清洗工况，开启两台机组间联络门，实现机组大流量冲洗。

16. 首次在百万机组刮板捞渣机中使用机械密封

针对本工程渣量小的特点，确保正常工况下捞渣机无溢流水，减少捞渣机的补水量，优化水耗指标，降低运行费用。取消刮板捞渣机的水处理系统，简化了系统配置，减少了初投资，提高了系统可靠性，减小了占地面积，节约了厂用电耗量，降低了运行维护成本。

17. 首次在海水脱硫结构方面采用连续梁设计技术

烟道设计首次采用连续梁设计技术，在保证结构安全的情况下，实现了烟道轻量化设计，降低了烟道的地震响应，有利于高烈度地区结构安全。优化减少了烟道内部桁架，有利于防腐施工和防腐质量，有效降低烟道烟气阻力，有利于降低脱硫系统运行能耗。

18. 首次在海水脱硫上实现同一设备两炉脱硫DCS同时控制

吸收塔除雾器冲洗水泵两炉共用，首次采用最新电气二次图，在配电二次回路中实现同一设备两炉脱硫DCS同时控制，并互相闭锁、互不干扰，解决了公用设备控制需设置公用DCS系统问题，节约了成本。

19. 系统性建立管控奥氏体钢管防止晶间腐蚀风险的成功经验

针对国内同类型机组部分锅炉奥氏体钢管晶间腐蚀的问题，爪哇项目从选材、制造、包装、运输、安装、调试和运行等环节制定针对性管控措施，锅炉运行两年多未发生一起炉管爆管事件。

20. 首次将码头引堤与取排水相结合，以取水明渠作为码头运输航道

由于海滩平缓，爪哇7号项目的煤码头需布置在离岸边约4000米的8米水深海域，需建设4000米长的引堤＋引桥。结合现场地形，本工程的引堤与北侧船厂填海陆域共同构成了封闭港池，并通过疏浚形成取水明渠，使水流流速、泥沙含量等满足取水要求；引堤与南侧MNA公司填海陆域形成宽约200米的排水明渠。引堤本身具有保证码头煤炭运输、车辆通行等功能，本工程创新性将引堤兼做循环水取排水隔热堤，降低了投资。

此外，本项目将重件码头布置于引堤与北侧船厂填海陆域共同构成的封闭港池岸边，重件码头引堤与取水口拦沙堤结合，掩护和泊稳条件好，布局合理紧凑，并降低了工程造价。

21. 首次在印尼采用海上预挖沉桩法完成超长钢管桩施工

在印尼大型沉桩设备稀缺的情况下，创造性地提出了海上预挖沉桩施工法，高质量地完成了超长钢管桩（72.5米）沉桩施工，节约船舶调遣费200万美元，节省船舶调遣工期6个月。

22. 首创一种高烈度地震区的大跨度引桥结构

引桥结构采用大跨度桩基结构方案，以墩台为中心，向左右各延伸3跨排架组成一个结构段。结构段总长180米，每跨距30米；其中中心墩台桩基为4根直径1200毫米钢管桩，两侧排架桩基为2根直径1200毫米钢管桩；上部结构为30米跨预应力T梁。预应力T梁与中心墩台、两侧排架横梁采用固接，结构段两端采用滑移支座。本项目大跨度引桥结构已获得实用新型专利。

23. 首创海工引堤采用半开挖＋推填块石挤淤＋强夯处理技术组合

本工程引堤基槽开挖后，留下不超过4米厚的淤泥层，推填块石挤淤结合强夯地基处理，施工完成后通过钻孔检测及工后沉降位移观测数据分析，块石落底情况良好，工可沉降较小；已经达到基本稳定状态，方案可行并且比较经济。

开挖推填块石挤淤后，通过强夯既可以使块石落底，减少堤底存留淤泥，又可以密实回填的块石，减少施工后沉降。

24. 首次在海工引桥预应力T梁张拉采用智能系统

以往水工工程预应力T梁采用传统的人工手动驱动油泵张拉预应力筋，并利用压浆泵，人工手持搅拌器进行压浆，施工误差大，工作效率低，且存在人身安全隐患。

本工程首次引入公路市政行业已广泛应用的成熟技术"智能张拉与注浆系统"：电脑张拉程序智能操控梁端千斤顶同时张拉，自动全程记录张拉应力及位移伸长量；将管内浆液从出浆口导流至储浆桶，再从进浆口泵入管道，形成大循环回路，浆液在管道内持续循环，通过调整压力和流量，将管道内空气通过出浆口和钢绞线丝间空隙完全排出，还可带出孔道内残留杂质。全自动化技术工艺，提高了施工质量和精确度，从原来的6人同时作业

减少到2人远程作业。

25. 首创基于DCS的管带机全程序控制技术

基于DCS的长距离多台高压变频电机的管带机全程序控制是本工程的技术创新点。本工程设置两条大管径、超长距、高速度、大运量、多驱动和大功率的管带机，头部3台变频高压电机，尾部1台变频高压电机，且每台高压电机均配置同轴风扇、机侧风扇、加热器以及油泵式减速机，无法采用常规硬线联锁方式对长距离的多台高压电机同步控制。

本工程基于安全可靠的DCS系统，从优化皮带机控制回路、设置独立于皮带机控制的变频器同步控制系统、完善管带机控制逻辑等方面进行创新，成功实现了长距离多台高压变频器管带机可靠、安全、经济自动联锁启停控制。

26. 首次采用分布式光纤传感技术测温系统对长距离管状输煤机进行温度监测

本工程要求遵循美国NFPA标准，但是NFPA的规范里无测温光纤这一技术，仅有缆式测温电缆的要求。管带机长近4000米，采用美标推荐的感温电缆监测管带机皮带机沿线辊轴处的温度以及沿线中低压桥架内的温度很难实现。

查阅大量资料及产品手册后，本工程首次在码头应用了惯常在隧道行业、油气化工行业基于拉曼散射的分布式光纤传感技术的测温系统，共设置了3台光纤测温主机，分别用于监测皮带机、管带机，及其沿线高低压桥架的环境温度。

27. 首次采用双履带吊非旋转同步抬吊水上T梁安装工艺

印尼当地起重船资源贫乏，未找到合适的起重船进行T梁安装。根据可用资源及可行性验算，本工程创新性采用两台250吨履带吊抬吊安装大型构件。

两台履带吊抬吊同步操作难度较大，为此，通过制定合理的施工工艺，起吊、安装过程两台履带吊仅通过起落吊臂调整吊距，减少吊车配合不同步带来的风险，在保证安装质量安全的前提下，大大提高了施工效率，降低了施工成本。

28. 首次采用激光定位结合等离子环式切割方法进行钢管桩截桩回收

沉桩完成后，若桩顶高于设计标高，则需进行截桩处理，截桩前测量人员根据设计桩顶标高放线，电气焊工根据已有标高利用水管连通器原理弹出切割线，用氧气乙炔工艺切割，采用激光定位结合等离子环式切割方法进行钢管桩截桩，确保了钢管桩桩头标高精度，同时提高了截桩效率。在割除作业接近结束时，需要吊车配合，及时将截除段桩身回收，防止截下的桩身掉落海中对周边生态环境产生影响和破坏。

三、设计优化成果

1. 厂区竖向采用防洪堤+垫高地坪方案，减少厂区回填土方量

当地交通条件差，而电厂回填土石方量较大，根据现场实际条件，厂区回填材料采取吹沙填海方案，同时优化厂区竖向标高，厂区采用防洪堤+垫高地坪方案，厂区填方量减少

约33万方，节约投资约2860万元。

2. 针对厂区软土地基特点，采用综合管架，减少直埋管道数量

厂区为软土地基，地下直埋管道条件较差，厂区管线多达70种，为减少直埋管道数量，厂区设置综合管架，将压力管道全上管架。

经过精心布置，综合管架上敷设的压力管道达60种，厂区直埋管道只有10种，综合管架采用大跨度结构形式，管架柱部分利用输煤栈桥支架，大大减少管架柱数量。通过采用综合管架，厂区管道施工、检修方便，减少了直埋管道开挖量。

3. 优化电厂总体规划，理顺电厂与外部条件关系

将灰场布置在煤场西侧，减少对厂区干扰，灰场堆灰预压后又可用于二期煤场场地。本项目共规划6台百万机组，经过精细规划，为后期项目实施创造了良好的条件。将厂前区布置在厂区入口侧，结合厂前区和进厂道路，形成良好景观。

4. 施工设施永临结合，优化厂区出入口设计

本项目的主出入口和货运出入口及道路分开布置，做到分区合理、安全有序。并在厂区道路设计时提前考虑直埋管道通道，预埋套管和排管，减少二次开挖，做到文明施工。

5. 总平面布置衔接顺畅、布局规整、布置紧凑、以人为本

（1）衔接顺畅：充分结合地形、外部条件，既满足了生产工艺流程要求，又达到了总平面布置的工艺流程顺畅、功能分区明确、交通运输便捷、有利生产、方便生活的目的。

（2）布局规整：对建筑物进行了大量整合，将整个厂区分为主厂房区、升压站区、辅助设施区、煤场区、厂前区等，功能分区合理，厂区布置规整。

（3）布置紧凑：局部优化组合，相似功能合并，如将锅炉补给水处理室及化验楼、工业废水处理站、综合水泵房等组成水务管理中心；将空压机房、电除尘配电室集中布置在送风机下方；输煤综合楼与1号转运站联合布置，这些措施大大减少了占地面积，降低了造价，且便于管理。

（4）以人为本：充分考虑印尼的安全形势、文化差异、生活条件等方面，优化厂前区环境，同时兼顾电厂建筑风格、美化和绿化，以保证为工作人员提供最优化的运行维护工作条件和工作环境。

6. 干灰海运条件预留和大件运输道路预留

本项目按照PPA要求，通过公路运输干灰。为利用大件运输码头的便利条件，本项目预留了干灰海运的条件。大件运输码头位于固定端，二期及远期建设时需要使用大件码头，设计提前预留大件运输道路，并确保大件运输道路转弯半径、沿途管架高度满足大件运输要求。

7. 优选主机机型、参数，准确进行工况定义

主机是整个电厂的核心，主机选择直接影响整个电厂的经济指标、可靠性、运行方式、运行维护费用等，是工程设计中最关键的一步。

本项目对可靠性要求较高，要求选用设备具有两年及以上的运行经验，结合国内1000兆瓦机组选型参数现状，将主蒸汽进汽压力确定为27兆帕，对比超超临界机组通常采用的26.25兆帕和25兆帕的主汽压力，由于初压提高可相应使机组的热耗下降约13千焦每千瓦时和35千焦每千瓦时。

在主机额定温度方面，在主机选型过程中反复权衡和比较600℃与610℃两种温度的利弊，充分考虑PPA中对机组可靠性的要求，在主汽额定温度上没有一味追求高参数，最终选择了600℃的方案，选用了上海电气集团从德国西门子公司引进的单轴、HMN积木块系列四缸四排、采用全周进汽、配置补汽阀型式的汽轮机组。

8. 差异化设计服务，打破常规设计流程，实现项目高标准开工

为满足高标准开工和分层施工需求，打破常规的施工图出图顺序，提前进行全厂地下管网（循环水管道施工图与主厂房桩基同步设计，满足备料、主厂房区域回填前循环水管道埋设的要求）、全厂地下设施、汽机房及锅炉房地下设施和厂区道路设计，增加主厂房区域地下预埋管道卷册，工艺埋地管道优先进行设计出图（DN50及以上的管道出埋的布置图，DN50以下的管道埋在二次抹面中），确保汽机房及锅炉房、厂区道路等一次建成，避免二次开挖/回填，节省施工成本和建设工期，实现现场文明施工。

9. 采用炉、机、电、网及辅助系统集中控制方式

采用炉、机、电、辅助车间集中控制方式，两台机组共用一个集中控制室。锅炉和汽机电子设备间分散布置。厂级监控信息系统（SIS）和全厂管理信息系统（MIS）合网设置，提高全厂生产管理水平。

10. 优化设备选型，扩大国内工厂预制的范围，确保设备可靠性

面对PPA中机组年利用小时数不低于7533小时的运行要求，在设备招标阶段，项目就对众多关键机组部件的结构和材料提出了有针对性的特殊要求，对薄弱环节要求在国内工厂化预制，确保加工制作质量。

为了保证焊接质量并减少现场焊接工作量，锅炉受热面在厂内进行最大程度的组装，大幅减少了现场焊口的数量。锅炉氧化皮易脱落的蛇形管温度突变区域更换为高一等级材料。这些措施大幅降低了机组运行爆管、非停的概率，确保了机组可靠性。中低压管道采用了国内配管的方式，锅炉烟风道及支吊架在国内进行工厂化预制，保证了质量，也加快了施工进度。中低压管道上的小管径支管采用了接管座的连接方式，保证了工程质量。

11. 因地制宜，部分建（构）筑物采用敞开或半敞开式布置

对热带地区建（构）筑物布置进行研究，从工艺系统、设备维护检修、通风系统、建筑节能、噪声影响、造价多方面出发，选择建（构）筑物封闭形式，部分建筑采用敞开式布置，打造经济节能的生态电站。循环水泵房和输煤栈桥采用露天布置，运煤皮带仅设置防雨罩，启动锅炉房半敞开布置，大大降低了设备通风降温费及建筑安装费。

12. 建筑设计融合印尼文化，体现中印尼友谊

遵循"尊重自然，依山顺水，生态文明"的理念，充分利用地形，做到有印尼当地特色，建筑物传承文化，建设以"中印建筑文化融合"为主题的"现代工业艺术品"。建筑形象主要以"企业文化、科技文化、地域文化"的融合为理念，统一规划建筑色彩与风格。

（1）以国家能源集团企业文化理念为引领，以色彩、标识突出企业文化特征。

（2）注重地域文化延续性，强调与地域环境的融合性，以造型、色彩突出地域文化特征。

（3）以质感、色彩突出科技文化特征。

13. 强调厂区与自然景观的融合，建筑蕴含"一体化"设计理念

按照"建筑形象一体化、建筑景观一体化、设备及管道色彩一体化"三个一体化设计原则，实现电站设计标准化及模块化。全厂集控调度中心、安全监控中心、物资仓储中心、水务中心、文化生活中心统筹规划，打造体现滨海、文化、现代理念的电厂新形象。

14. 全厂采用三维设计，热力管道采用实体放坡技术

爪哇7号项目主厂房区域及水务中心全部设施、全厂所有地下设施、综合管架均按实体建立在三维模型中。将管道放坡、实体支吊架、实体管道保温建立在三维模型中，属于国内领先技术。通过采用三维软件进行管道放坡设计，避免了管道与土建结构、管道与管道、管道与设备、管道与桥架、管道与支吊架等相互碰撞，为施工创造了很好的条件。

15. 设置二抽相互供汽的邻炉加热系统，节省启动成本

由于本工程锅炉采用无启动循环泵配置，为减少热态、极热态启动对厚壁集箱的热冲击，锅炉厂要求给水温度不低于180℃，增加二抽相互供汽的邻炉加热系统，也满足了邻炉热态、极热态启动对加热蒸汽量的需求。

增加邻炉加热系统，不仅解决了热态、极热态机炉启动匹配问题，还可节省机组启动前热态清洗阶段燃料成本消耗。按热态清洗持续时间6小时计算，单次清洗节省成本约13万元（按标煤价480元每吨，柴油价7000元每吨计算）。

16. 采用低温静电除尘器，国内领先

烟温降低可以使飞灰比电阻值下降，提高除尘效率、使烟气体积减小、减小除尘器面积、降低引风机功耗。烟温降低，烟气中的气态SO_3将完全冷凝形成液态，从而被除尘器前大量的粉尘颗粒吸附，再通过电除尘器对粉尘的收集被除去，大大减轻了下游设备SO_3引起的酸腐蚀问题。

17. 采用低阶固有频率分析法控制给水管道振动技术

对于疏水管道，流速一般在4米每秒以下，激振频率小于3赫兹，尤其是饱和疏水管道现场容易引起振动。设计中对加热器疏水、中低压给水等管系的低阶固有频率进行计算，尽量提高管系的低阶固有频率，有效避免管道振动。

18. 采用圆形烟风道设计，节省材料、降低阻力、减少风机功耗

通过流场模拟优化烟道及导流板设置。结合爪哇7号项目进行了基于速度和粉尘浓度偏差分析的烟道零部件设计研究。

对空预器出口至引风机入口的整个烟道进行流场模拟，通过合理设置导流装置对流场进行优化。经过多次调整，优化了电除尘器各室间流量，使偏差小于±5%，第一电场入口断面气流分布相对均方根差值小于0.2，更加有利于除尘器运行。

低温省煤器前后部分烟道，在经过模拟后，通过设置导流板，满足流场均匀性要求，添加的导流板也发挥了减少磨损的作用。

19. 热力系统疏水阀集中优化布置设计技术

设计疏水阀布置大平台，实现疏水阀集中布置，方便运行维护及调试运行。设计阶段即对疏水小管道布置进行规划，对于DN<80mm主汽、冷段、热段三大管道疏水管道出详图设计，其他蒸汽疏水小管道及疏水阀组出布置示意图，对现场小管道二次设计提供总体性指导。

20. 室内外无压放水集中收集，优化放水放气小管道布置

常规工程机组的无压放水系统支管设计中，排放至分散的漏斗后接入无压放水母管。本工程在锅炉房各层和煤仓间底层的特定位置布置集中收集水箱，水箱采用不锈钢制作，每层的无压放水支管全部就近接至集中收集水箱，最后引至机组排水槽，优化了现场放水放气等小管道的布置。

21. 汽机房屋盖采用拱形钢管桁架结构

汽机房屋盖采用拱形钢管桁架结构，屋盖面内采用钢管支撑保证结构稳定性，各榀桁架采用系杆相连，在保证结构整体性的前提下，最大限度满足建筑要求，屋盖结构造型轻巧、美观大方。

22. 参考美标在烟囱钢内筒采用酸液收集装置

烟囱钢内筒采用酸液收集装置，酸液收集装置的设置根据美国《湿烟囱设计导则》建议并结合以往工程特点采用钛板，减少了烟气中的酸液排出。

23. 海水脱硫的海水吸收系统、海水水质恢复系统创新设计

针对本工程性能要求高、海水情况复杂、海水温度高的特点，对海水脱硫关键的海水吸收系统、海水水质恢复系统进行创新设计，提高了海水脱硫的可靠性，优化了海水脱硫的性能。

海水脱硫吸收塔采用新型喷淋塔技术，实现了喷淋层程序化设计，提高了海水分配的均匀性，有利于脱硫效率的提高和减少设计工作量。脱硫海水水质恢复系统首次采用公共、闭环式管网曝气技术，提高了曝气均匀性，有利于海水水质恢复。

24. 输电线路优化杆塔型式及导线

采用碳纤维复合芯导线，弧垂特性好，可有效降低杆塔高度，节约造价，荷载较小，

使串型配置要求低。

结合印尼当地标准，重新规划杆塔型式，采用新规划杆塔，在保证安全可靠的前提下，节约了塔材，降低了成本。

25. 海工项目深度应用BIM技术进行设计优化

本项目充分应用BIM技术，组织相关技术专家对试点工程的BIM价值体系进行研讨。通过集中研讨，项目选定6个板块15个应用点，应用BIM技术开展设计优化，并在项目实施过程中对场地布置、设计校核、施工模拟、技术管理、进度管理、安全和文明施工标准化管理等进行模拟，最大限度地优化各项管理举措，取得了较为显著的效果，获得了多个BIM竞赛一等奖。

第二十章 典型创新项目

一、拥有自主知识产权的海淡技术

（一）研究背景

海水淡化是海水资源综合利用的重要途径，海水淡化技术是涉及海洋科学、新材料、信息技术、化工等众多学科的综合技术，可以向沿海地区提供洁净、安全、稳定的优质水源。目前，海水淡化技术主要有两个方向，即热法和膜法。热法主要包括低温多效（MED）和多级闪蒸（MSF）等淡化工艺，膜法包括反渗透（RO）和电渗析（ED）等淡化工艺。

随着气候变化、人口增长等问题造成的水资源短缺，海水淡化对人类未来社会经济可持续发展有重要的战略意义，越来越受到世界各国的重视。

为掌握海水淡化核心技术，国华电力公司从2006年起在国华研究院组建团队开始对低温多效蒸馏海水淡化技术开展自主研发，并于2008年年底在国华沧东电厂自主研发、设计、建设了我国首套完全自主技术的万吨级低温多效海水淡化装置，淡水产量1.25万吨每日，造水比10.88。2013年年底，国华沧东电厂建成投运了我国单机容量最大、造水比最高的自主技术低温多效海水淡化装置，淡水产量达到2.5万吨每日，造水比进一步提升到13.5。

爪哇7号项目所在地的淡水资源条件有限，无法完全满足电厂对生产和生活用清洁淡水的大量需求。为解决此问题，国华电力公司董事长王树民在投标阶段明确提出：要坚持选用国华研究院拥有自主知识产权的海水淡化技术，高质量设计、建设海水淡化装置，为电厂提供高品质淡水，并在满足锅炉补给水和工业水等生产用水需求的同时，建成区域性清洁优质的水资源中心，向周边企业和用户提供清洁淡水，为解决当地社会水资源短缺问题做出积极贡献。

海水淡化系统的方案设计阶段，国华电力公司总工程师陈寅彪亲自主持了方案比选，从设备折旧、能源消耗、药剂消耗、设备维修、人员配置等多方面对热法和膜法进行了成本对比。比选结果表明，基于电水联产的优势，低温多效蒸馏海水淡化技术的制水成本与膜法基本相当，并且低温多效蒸馏技术具有预处理要求低、传热效率高、能够直接利用低品位热能、腐蚀和结垢风险低、淡化水品质高、操作简单、运行稳定可靠等优点。为此，爪哇7号项目选用了低温多效蒸馏海水淡化技术，由国华研究院负责EP总承包。

（二）6个主要创新点

1. 首次在海外应用低温多效蒸馏海水淡化技术

本项目是国华电力公司拥有完全自主知识产权的低温多效蒸馏海水淡化技术首次走出国门在海外落地应用，成功实现自主技术出口，在"一带一路"沿线地区树立了自主技术品牌。

根据当地的实际条件和应用需求，装置产水规模确定为2×4000吨每日，设计相同的两套海水淡化装置，一般情况下一运一备，有超额用水量需求时也可以两套装置同时运行。

2. 首次采用物料水两级逆流分级进料技术，优化流程结构

本项目采用带蒸汽热压缩器（TVC）的6效两级逆流工艺流程低温多效蒸馏（MED-TVC）海水淡化方案。本低温多效蒸馏海水淡化装置包含6个串联的蒸发器，每个蒸发器为1"效"，共6效。蒸汽热压缩器利用来自汽轮机的抽汽作为动力蒸汽，从第6效末端引射海水蒸发产生的二次蒸汽，使二次蒸汽与动力蒸汽混合，一起作为第1效的加热蒸汽。物料海水以"逆流"方式分两级向蒸发器供料，来自海水淡化凝汽器出口的物料海水先平均分配到后3效蒸发器，作为第1级进料；然后将后3效蒸发剩余的盐水用二级物料水泵从第6效引出，再平均分配到前3效，作为第2级进料。

由于经过两次蒸发浓缩，应用普通平流流程遇到的浓缩倍数不足问题得以解决。同时，由于物料水先进入后3效，经过预热后才进入前3效，从而实现了自预热，系统流程更加优化，并省却了物料水预热设备，节省了设备投资。

3. 首次对TVC喷嘴采用可调式三点拉杆支撑，实现精准定位

对TVC喷嘴安装支撑结构进行优化，首次在TVC吸入室内部对喷嘴采用三点拉杆支撑，拉杆长度可调，便于调整喷嘴同心度，实现精准定位，同时减少了支撑结构对吸入蒸汽流场的阻力。开展TVC调节锥顶部过渡型线曲率优化，相比之前的设计，通过增加锥顶过渡型线曲率，更进一步减少了锥顶驻波造成的能量损失，提高了TVC工作性能。

4. 优化蒸发器管束结构设计，减小蒸发器筒体直径

由于本项目制水量较小，如果采用传统的平流设计，在蒸发器结构上存在壳体空间浪费较大的问题。采用平流设计时，物料海水平行进入所有效，每效分配的物料水量很少，为满足合理的布液设计参数并达到每效的浓缩比要求，管束必须具有足够多的管排数。本项目，装置规模小，换热管数量少，采用较多的管排数，则换热管列数必然较少，导致换热管束布置呈瘦高形，带来壳体直径大、结构不紧凑、空间浪费的问题，蒸发器制造、运输和安装的成本较高。

为解决这一问题，本项目采用物料水分级进料方案，在总浓缩倍数不变的前提下，通过分级浓缩使每一效的浓缩比减小，从而减少每一效需要的管排数，优化蒸发器管束结构，使管排与管列的比例趋于合理，进而减小蒸发器筒体的直径。优化后，新方案蒸发器筒体直径仅为原方案的65%，设备制造难度降低，并节省大量设备材料，降低设备投资。

5. 首次采用无辅助设备间式布置设计，有效降低项目投资

海水淡化系统布置于电厂循环水前池南侧，水务中心东侧，占地约60米×30米，包括两套低温多效蒸馏海水淡化装置，平行布置，间距5米。每套低温多效蒸馏海水淡化主体设备（包括蒸发器、凝汽器、闪蒸罐、TVC）和辅助设备（工艺泵、换热器、自反洗过滤器、加药及药品储存设备等）均露天布置，主要管道就近布置在蒸发器钢支架及平台的下部。首次采用无辅助设备间式的布置设计，有效降低项目投资，并减少了装置占地面积。

6. 首次取消一级物料水泵，降低海水淡化用电负荷

经过对工艺系统参数的精确核算，首次取消以往项目中均设置的一级物料水泵，简化系统设计，减少系统故障点，提高装置运行可靠性，同时降低了海水淡化用电负荷。

图20-1　国华电力公司拥有自主知识产权的海水淡化技术在爪哇7号项目成功应用

（三）应用情况

本项目海水淡化两套装置，分别于2019年5月25日和2019年7月29日完成整套启动，并实现满出力运行，保证了爪哇7号项目机组顺利调试、投产。

2019年12月16日和2019年12月18日，由西安热工院对两套装置分别进行了性能考核试验。性能试验结果表明，两套海水淡化装置性能均满足设计保证值，产水量均达到4000吨每日以上，造水比10，产品水电导率小于2.2μS/cm，每吨淡水电耗（包括海水提升泵）小于1.5千瓦时。爪哇7号项目低温多效蒸馏海水淡化装置设计保证值和性能试验结果的比较如下表所示。

表20-1　爪哇7号项目低温多效蒸馏海水淡化装置设计保证值和性能试验结果比较

项目	单位	保证值	性能试验结果	
			1号海淡	2号海淡
日产水量	t/d	4000	4033.0	4001.2
造水比	$kg_{淡水}/kg_{蒸汽}$	≥9.5	10.0	9.8
产品水质（TDS）	mg/L	≤5	1.752	2.172
噪声	db（A）	≤85	83.4	83.1
电耗	$kW \cdot h/m^3$	≤1.5	1.437	1.437

建成以来，设备运行参数和产水质量均正常，并可实现两套装置同时运行，支持了全厂生产和生活用水需求，取得较好的经济效益和社会效益。

【微故事18】远涉南洋酿甘泉，海水淡化铸金牌

——国华研究院印尼爪哇7号项目海水淡化走出国门之路

四周被蓝色海洋环绕的印尼不缺水，他们缺的是纯净的淡水。爪哇7号项目的工业水和生活饮用水等全厂淡水水源均将来自海水淡化，因而国华研究院承接的海水淡化EP项目，是工程建设非常重要的组成部分。

这是国华电力拥有自主知识产权的海水淡化技术第一次走出国门，绝不允许出现一点点差错，项目实施的过程，用如履薄冰、战战兢兢来形容绝不为过，包括在设备监造、发货、现场安装过程……

设备监造，他们是监造者、工人、车间主任……

与常规的设备监造不同，爪哇7号项目海水淡化设备监造不仅要监督制造质量，还要深入一线，与制造工厂一起理工序、排计划、促人工，甚至亲自上手干，想方设法促进生产，确保制造进度满足要求。这期间由于原材料涨价等原因带来的成本压力，监造人员还要与制造厂家进行一次又一次的谈判协调，甚至为了安抚制造厂工人因加班不加薪产生的情绪，监造人员全部深入车间陪着工人一起加班。

对项目经理廖海燕而言，那段时间，每天都变换着多种角色，监造者、工人、车间

主任……使出了浑身的解数。

那些日子，项目组成员的心中只有一个念头，就是要齐心合力克服一切困难以确保工程质量与工期。质量经理杨庆卫在工厂监造期间，由于交通意外摔伤了胳膊，但他仍然带伤坚守现场寸步不离；刘健、杜永光轮流长期驻厂，用他们丰富的经验严把质量关口，不放过一丝一毫的问题；在蒸发器发货前最紧张的时期，李岸然、张友森轮流驻厂监造，为制造质量和进度的保证立下汗马功劳；热控主设甘泉、电气主设贾振宇对设备的发货检查一丝不苟；李飒岩在钢结构制造高峰期间赶赴现场，及时解决了钢结构技术问题；设计经理韩涛精心组织施工图校审和出版工作，保障了施工图纸与蒸发器顺利同期发货，他还远赴上海，对出版的施工图一张一张梳理审核；霍红瑶、张川英、胡晓花、蔡井刚审核图纸专业细致，确保不发生技术差错。

制造厂感叹，没见过这么认真的项目执行单位。海淡室主任张建丽、工艺主设张忠梅在同时承担其他海水淡化项目的情况下，仍然大力支持爪哇7号项目设备发货前的检查。项目组商务主管周红英工作态度严谨认真，小到一个小小的专用扳手都不允许有一丝一毫的差错……

2018年1月27日7时，满载海水淡化设备的货轮从中山启航驶往上海，将与海水淡化系统其他设备一起从上海港通过远洋货轮集中发往印尼，而此时，江浙沪连续雨雪天气，上海港十号厂区爆仓，大批送货车辆积压在港区，平均每批次货物都要在港区排队近24小时……严峻的考验还在后面。

冬季到上海来看雪——设备从上海港发运的日子

2018年1月23日16时，国华研究院海水淡化项目物流经理万雪松赶到了上海港，向本次货物集港的负责人山东院李冠霖经理报到。从1月24日至28日，上海港区一直是雨雪交加、天气湿冷，万雪松的心里却似乎燃着一团火，设备陆续到达上海港了，不可预料的问题频出。

先是仓位紧张。万雪松提前向货运司机做了解释，让大家要有等待的心理准备，并送水送食物给司机，安抚他们的情绪。设备从集港运抵上海途中，天气恶劣，尤其是1月30日福建沿海持续的9到10级大风，让万雪松心中一阵阵发紧，终于，2月7日凌晨3时，全部货物吊装、捆扎固定完毕，凌晨5时新加坡籍货轮KOTA BISTARI号离港驶向印尼……

整装出发——他们在印尼踏上新的征程

2018年3月29日，爪哇7号海淡项目组第一批赴印尼进行设备现场验收和安装调试的丁涛等三人正在积极准备着,因为他们4月1日便将启程。

4月9日,印尼爪哇7海水淡化装置1号钢结构门架顺利就位;4月12日,2号钢结构门架吊装就位;5月5日,两套钢结构全部完成主支架柱脚灌浆工作;5月11日,印尼爪哇7海水淡化蒸发器开始吊装;5月14日下午,所有蒸发器完成吊装;5月18日,所有闪蒸罐完成吊装;6月2日,开始蒸发器对口焊接……爪哇7海水淡化EP项目已经到了紧张又关键的安装阶段。

2018年的三四月,正是印尼雨季与干季的交替时节,此时,可能没有任何预兆就迎来雨水,而且越下越紧直至酣畅淋漓,转眼间太阳又出来了,雨水被迅速蒸发,只有路上的坑洼处闪着光亮的积水,提醒着人们这里是刚刚经过了一场暴雨的洗礼。但是,爪哇7海水淡化装置现场却按部就班地进行着安装,很有一种"任凭风吹雨打,我自岿然不动"的英雄气概。

安装与调试过程,还陆续出现了很多意想不到的困难,在国华电力公司这个坚强后盾的支持下,历尽艰难、愈挫愈奋、坚韧不拔的海淡人通过努力,将苦涩的海水化作干净的淡水,在印尼树立起国华电力海水淡化金色招牌。

图20-2　海水淡化项目经理廖海燕(身着白衣者)协助工人进行蒸发器穿管

二、拥有自主知识产权的DCS系统

（一）研究背景

DCS系统代表了发电行业工控系统的先进程度，目前国外建设的电站使用的DCS系统基本被外国品牌垄断，成本极高。爪哇7号项目是海外IPP招标项目，合同招标文件对DCS的设计标准、系统功能、可靠性提出了比国外DCS更高的技术要求。

面对挑战，爪哇公司组织DCS厂家等单位从研发、设计、制造、调试、运维等角度，采用"联合研发实现DCS软硬件自主可控，全面优化逻辑提升DCS功能，精细化管控提高可靠性"的技术路线，对DCS进行系统性、创新性研究。

（二）9个主要创新点

1. 自主可控

从控制器、I/O模块、网络通信到上位机的全系统软件均为自主设计、编码，安全可控，具有自主知识产权，充分展示了中国工控技术水平。该成果获2项发明专利、3项外观设计专利。

2. 网络分层

控制系统的网络层次划分是影响系统功能、性能和开放性的核心要素。采用三层网架分层技术，分为管控网层（MCN层）、扩展输入输出层（EIO层）、本地I/O层（LIO层），通过私有通信协议，在保证信息安全的前提下，实现不同层次数据流各行其道。该成果获1项发明专利、2项实用新型专利。

3. 柔性"域"管理

首创先进的"域"管理技术来限定和管理DCS内的信息流动，使DCS进一步蜂窝化、模块化，实现了DCS各控制子系统在保证物理意义相对独立的同时，实现信息监控集中化、统一化。该成果获1项发明专利、1项实用新型专利。

4. "五防"

针对爪哇项目多雨多雷、高盐雾的环境特点，系统性制定"五防"措施（防高温、防雷电、防紫外线、防雨、防盐雾），首次将DCS控制器、卡件及其底座等设备全部采用五防产品。为全部DCS通道设置了防雷功能，并将露天布置仪表对应的通道均加装单独的防浪涌隔离器。该成果获1项实用新型专利。

5. 双语功能

针对海外项目特点，爪哇DCS首次在监视画面和控制逻辑同步应用中文、英文双语功能，方便中印尼员工同步应用，提高了机组维护的效率和质量。

6. APS智能控制

APS是机组自动启停的控制中心，可从整体上提高机组自动化水平、安全性及经济性。爪哇DCS在常规APS的基础上更进一步，提出了"火电机组全程启停和智能运行"新理念，将APS功能扩展至正常运行阶段，开发了可随机投入的功能组群技术，提高了APS可用性。实现了锅炉点火到满负荷全程自动控制。

7. FCB功能

FCB功能指火电机组在电网故障时，出线开关跳闸，不联跳汽机和锅炉，汽机保持每分钟3000转，锅炉快速减少燃料，实现机组仅带厂用电的"孤岛运行"。

爪哇项目根据印尼电网频率波动大、大机组小电网等特点，设置了FCB功能并成功投用，使机组成为印尼电网故障时的"星星之火"，随时可"黑启动"。

8. 全激励1∶1仿真

针对印尼员工的仿真培训需求，基于虚拟DCS及高精度仿真模型，开发了全激励1∶1仿真系统，仿真机画面、逻辑、操作与实际DCS完全一致，并实现了仿真系统一机多模功能，极大提高了爪哇项目调试效率和质量，同时快速培养了一支印尼设备运维队伍。

9. 智能报警系统

根据《火力发电厂设计技术规程》，新建火电机组不再配置常规光字牌报警装置，报警宜由控制系统的报警功能完成。爪哇7号项目创新性、系统性开展软光字牌分区分级报警设计，成功对所有进入DCS的信号实现了声光俱全、动态链接的智能预警、报警。

（三）经济社会效益

1. 经济效益

相比进口DCS，爪哇公司节省基建费用约2000万元（单台1000万元）；机组运行后，爪哇公司每年节省运维成本约500万元（备件及技术服务费用等）。

2. 社会效益

依靠DCS的成功应用，项目投运后稳定运行，年发电量约150亿千瓦时，有效改善了印尼电力供应紧缺状况，大大缓解了当地用电紧张局面，对当地社会发展发挥了强有力的拉动作用。

3. 推广应用情况

本课题以"联合研发、全面优化、精细管控"的技术路线，打造了国产DCS系统在"一带一路"项目的应用典范，形成了9大技术创新点，获得了11项专利成果。在爪哇7号项目DCS成功应用的带动下，相关技术得到了广泛推广，课题形成的关键技术、创新点、DCS逻辑等已经在多台机组上推广应用。此外，本课题得到了印尼方的极大肯定，爪哇公司基于DCS与印尼大学共建印尼首家高校电力仿真中心，作为印尼青年学习和实践的良好平台，持续为印尼电力建设输送高素质人才。

【亲历者说7】国产DCS在海外首台百万机组的成功应用

——访国能智深控制技术有限公司党委书记、爪哇7号项目DCS系统实施总负责人黄焕袍

（以下为黄焕袍的回忆与讲述）

火电机组分散控制系统（DCS）被称为与锅炉、汽机、发电机三大主机同等重要的第四大技术装备，是机组的"大脑"和"神经中枢"，对机组的安全、高效、稳定运行至关重要，国外电站使用的DCS基本被海外品牌垄断，成本极高。

国能智深公司创立于1984年，其前身是原水电部电力科学研究院（现为中国电力科学研究院）电厂自动化所，是我国最早研发应用国产DCS的电力科研机构。几十年来，始终坚持自主创新，坚持研发与工程并重，产品和技术不断迭代升级，具有完全自主知识产权的自主可控DCS广泛应用于能源电力、石化化工、煤炭、市政热网等各个工业领域。

爪哇7号项目进入设备选型阶段后，中国神华副总裁王树民于2017年4月1日主持召开专题办公会，明确提出"爪哇7号项目的全部主机、主要辅机，尤其是DCS控制系统，要利用中国的优势产能，要充分展示技术创新，要坚持中国设计、中国制造、中国标准、中国品质。"国华电力公司高度重视，组织召开了多次专题研讨会，力争将国产可控的、拥有自主知识产权的DCS成功应用在海外电站，实现"首台套"的突破。在此背景之下，国能智深公司于2017年7月成功中标爪哇7号项目DCS系统，第一次承建海外百万机组的DCS系统。

国能智深公司中标后第一时间成立高规格项目团队，由我担任领导组组长，分管工程、研发的副总经理任副组长，工程中心总经理张永霞任项目执行组组长并作为项目经理，项目成员是智深公司经验最为丰富的研发、系统、质量、调试工程师。经研

判，我们决定从研发、设计、制造、调试、运维等全流程，采用"联合研发实现DCS软硬件自主可控，全面优化逻辑提升DCS功能，精细化管控提高可靠性"技术路线，对DCS进行系统性、创新性研究。

2018年11月，国能集团副总经理王树民到智深公司调研指导工作，要求智深公司组织强有力的项目团队，以工匠精神打造国际一流精品DCS工程，全面展示国能智深DCS智能、安全、高效、环保的新姿态，为"一带一路"建设做出积极贡献。

智深公司令行如流，把爪哇7号项目视为一场关乎品质与进度的战斗。我们积极消化合同及技术协议条款，编制合同执行注意事项，多方收集国内外主流DCS的100多项负面清单，逐一剖析原因并制定专项措施逐条分解闭环。我们密切沟通，制定了项目的执行计划，过程中组织召开了20余次大型专题会、设计联络会和逻辑审查会，全力保证项目全维度的质量和进度。

2018年12月，为了保证控制逻辑组态进度和正确性，项目组开展了为期两个多月的封闭工作。封闭期间项目组成员不畏艰辛，每天加班至晚上10点，每周只有周日下午回家同家人小聚，用两个多月的时间完成所有的组态，实现了硬件生产及验收、软件设计及逻辑组态在出厂验收前100%完成，实现了所有的问题项在出厂前100%关闭。

为保障168后机组顺利投入运行，智深公司利用理论结合实践的方式，在长达三个月的时间里，对驻厂的4名爪哇公司印尼员工开展了系统性培训，使他们熟练掌握了DCS软硬件操作。过程中的双语交流，也大大提高了项目组成员的英语水平，为现场调试打下了坚实的技术、沟通基础，实现了双赢。

生活中，我们十分尊重印尼员工的宗教信仰，印尼员工在智深公司期间，我们特意将一个会议室临时改为祈祷室，斋月期间为印尼员工配备了丰盛的晚餐。通过这些细微的关怀，让印尼员工在智深公司感受到家的温暖，让中印尼员工之间的友谊更加深厚。

2020年2号机组调试过程中，新冠疫情高发，这是一个严峻的考验，但我们没有退缩，穿戴上防护装备，毅然踏上了奔赴印尼爪哇现场的征程，成功保障了2号机组按时高质量投产。

智深公司的DCS在爪哇7号项目取得了9项创新成果，为爪哇项目的安全、高效、稳定运行提供了重要支撑，将中国智慧和中国方案完美展现在国际舞台，并以《国产DCS系统在印尼爪哇2×1050MW机组的应用研究》为课题，获得了2022年中国安装协会科学技术进步奖一等奖。

图20-3 2018年10月18日，DCS系统出厂验收前国能智深DCS项目组与各相关单位合影留念，智深公司党委书记黄焕袍（前排右3）、爪哇公司董事崔育奎（前排右4）、国华爪哇运维公司总工程师闫卫东（前排右1）、国华爪哇运维公司总经理陆成骏（前排右2）、广东院资深热控专家刘宇穗（前排左1）、山东院项目总监周宝田（前排左2）、国华公司生技部业务经理范永胜（前排左3）等参加

三、长距离大管径圆管带式输送机

（一）研究背景

爪哇7号项目海工煤码头至厂内的引堤/引桥长达4000米，存在距离远、线路曲折、卸煤量大和环保要求高等特点，需要对采用大管径、长距离圆管带式输送机的系统阻力技术、胶带关键参数选型、输送线路优化、驱动的布置和功率平衡、圆管带式输送机智能控制、落料点扬尘控制等方面进行研究、分析和应用。

（二）5个主要创新点

1. 直径600毫米管状胶带最佳匹配技术

创建了大管径、高速度、长距离圆管带式输送机的力学理论模型，系统揭示了胶带与圆管带式输送机的最优匹配规律，根据曲率半径、速度、料性、填充率等，制定了输送带横向刚性的选择方案，解决了大管径圆管带式输送机转弯段易塌管的难题。

2. "6+1型"大管径托辊布置技术

攻克多驱动安装、电机闭环控制、主从转矩控制方案，成功验证了联合多驱动的难题，避免了峰值张力导致的扭转、叠带。提出了大型圆管带式输送机托辊组动态应力计算方法，根据托辊组受力特性，创新实现了不同区段托辊组同等寿命设计，研发了"6个托辊组"和"1个托辊组"交替布置的"6+1型"回程托辊布置技术,降低了整机运行功耗3%,降低托辊组成本20%以上,研发并实践了超90度的S形大角度转弯托辊布置安装技术。

3. 浮动式贴地桁架设计技术

圆管带式输送机线路经过易沉降地区时,托辊的全托架与地面基础之间采用的支腿螺栓连接处开一个长条孔,根据沉降和地形高低沿着长条孔进行调整,可方便进行沉降维护。

4. 大管径圆管带式输送机超过90度的S形转弯技术

在圆管带式输送机转弯段的入弯处、弯心、出弯处分别采用尖点型、偏置平底型、尖点形的托辊布置形式,对圆管带式输送机形成不同方向的支撑力,抵消可能导致输送带扭转的外力,实现圆管带式输送机进行超过90度的S形转弯。

5. 超大管径圆管带式输送机安装技术

进一步优化了多种工况条件下阻力计算、张力分布的计算流程,提升了输送带、托辊、电机的选型准确性,形成了较完善的大管径长距离圆管带式输送机设计理论和安装技术。

图20-4 安装过程中的管带机

(三)经济社会效益

1. 经济效益

圆管带式输送机比普通槽式带式输送机减少投资5224.41万元;根据圆管带式输送机不同带速下的平均功率和运行时长进行分析,每年可以节省电费约164万元。

2. 社会效益

圆管带式输送机不但可以带来巨大的经济效益,而且可在环保、节能等促进国民经济发展方面产生良好的社会效益,符合国家绿色环保的产业政策,同时还可带动周边配套加工企业的发展,并提供更多的就业岗位。研究成果可以作为高水平火电建设技术向国外输出,充分展现我国能源行业的建设水平。

(四)推广应用情况

物料输送系统中,圆管带式输送机的主导地位将逐步体现,市场前景较好。该成果成功应用之后,已经累计成功投运17台管径600毫米圆管带式输送机。大管径长距离圆管带式输送机的开发研制、应用实践,有助于提升圆管带式输送机技术水平,对中国乃至国际散料输送产业的进一步发展具有重要意义。

【微故事19】架起中印尼友谊的"彩虹桥"

从广州向南飞,穿过赤道,飞越印尼爪哇海,透过窗户向下望,会惊奇地发现湛蓝的海面上缀着一条长长的"彩虹",这就是由四航院总承包的印尼爪哇7号项目煤码头的彩色管带式皮带机。历时4年,爪哇海上建起了一座连接中印尼友谊的"彩虹桥"。

开工伊始,面对材料不足、设备不达标、工期紧等困难,四航院爪哇7号项目团队迎难而上,始终以"建设具有印尼文化特色、长期盈利的国际一流示范电站"为引领,导入国际化思维,高标准开工,高水平建设。"在印尼市场资源有限的情况下,如何整合、调配、充分利用本地资源,满足项目需要,是我们的一个重大挑战。"项目副经理尹金星说。

考虑到外籍起重船调遣到印尼周期长、费用高,项目团队创造性地提出用海上双台吊方法进行预应力T梁安装,"双台吊法预应力T梁安装"方法就此诞生。同时,对项目材料、供应商及分包商实行最大程度本土化策略,钢筋等原材料采用本地供应,钢管桩在本地生产、疏浚采用本地分包商,项目本地采购率远超印尼政府规定,高达50%。

良好的施工条件,让双线管带机调试一次成功成为现实,让项目管理上的优异成绩和精品质量再次在印尼项目上闪耀。

四、火山灰淤泥层上地基真空预压

(一)研究背景

本项目厂址位于爪哇岛西部滨海平原区,地形较平坦,地貌成因类型为冲积平原,地貌类型为滨海倾斜平地和潮间带,主要为大面积水塘、水沟。厂区地基表面土层20米以内主要为高含水量、高压缩性、高灵敏度、低强度的淤泥和淤泥质土,淤泥中含有大量火山灰,工程地质条件极差。地基土中淤泥和淤泥质土属于对震陷敏感的软弱地层,因此必须进行地基预处理,以提高地基土的强度,减小工后沉降和桩周负摩擦力。

根据地勘报告分析,适合本工程厂址地基预处理的方法主要有堆载预压法、真空预压法和真空堆载联合预压法。

传统真空预压法通常采用分离式排水板,砂垫层作为水平排水通道,此种方法排水板易发生淤堵,孔隙水排出速度慢,抽真空时间相对较长。火山灰土可能为极细的黏土颗粒,在真空预压过程中很容易发生淤堵而导致地基处理失败。在试验研究的基础上,通过专家技术论证,最终采用了真空堆载联合预压处理方案。

(二)地基预处理方案

真空预压法组合加固软基技术是建筑业10项新技术之一,考虑到本项目淤泥和淤泥黏土中含有大量火山灰,工程力学性质较差,为确保软基处理达到预期效果,在初步设计阶段先后组织专家评审会。在厂区进行小范围试验后,确定了本工程场地预处理的施工工艺参数、设计参数和具体处理方案。

在厂区大面积地基预处理开展之前,首先进行了地基预处理室内试验,通过室内试验研究选定了整体式B型排水板。其次进行室外试验并将试验区划分为A、B、C三个小区,排水板间距分别为1.0米、0.8米和1.2米,三个试验区的真空膜铺设和真空泵系统安装一次性完成,并同时开始抽真空。通过室外试验,对排水板1.0米、0.8米、1.2米三种间距的地基处理效果进行对比分析,最终确定排水板间距为1.0米的方案为合理方案。

(三)主要技术指标

根据本工程场地不同的使用功能,将地基处理范围划分为三个区。

Ⅰ区为主要建筑区,主要采用桩基提供承载力和控制沉降,但桩基以外的区域多以场地、道路为主,且场地内有较多管道,对沉降较为敏感,需要对这些场地、道路的工后沉降进行控制,推荐采用真空堆载联合预压法进行软基加固,沉降控制的使用荷载应按厂区平整标高处地面荷载40kN/m²考虑,工后沉降≤100mm。回填料的压实系数不低于0.97,承载力不小于100kPa。

Ⅱ区为辅助建筑区,沉降控制的使用荷载应按厂区平整标高处地面荷载40kN/m²考虑,工后沉降≤100mm。回填料的压实系数不低于0.97,承载力不小于100kPa。采用真空堆载联合预压法进行软基加固。

同时,Ⅰ区和Ⅱ区的地基预处理应满足以下条件。

(1)处理后平均应变固结度≥90%。

(2)真空恒载压力≥80kPa。

(3)抽真空有效期90天以上。

(4)卸荷标准为抽真空期满后5天实测地面沉降量不大于2mm/d。

(5)处理后场地平整度±10cm。

(6)处理深度内十字板抗剪强度Cu不小于20kPa。

Ⅲ区为煤场区,散煤的重度一般为7~8kN/m³,按堆煤高度14m计,则堆存均载按

$100kN/m^2$考虑。本区采用真空堆载联合预压法进行软基加固,工后沉降按≤500mm考虑。同时Ⅲ区地基预处理应满足以下条件。

（1）满载后堆载时间不少于5个月；卸载前10d沉降速率不大于1mm/d。

（2）处理后平均固结度≥90%。

（3）分级加载标准为地基水平位移小于5mm/d，基底沉降小于10mm/d；孔隙水压力增量与荷载增量之比小于0.6。

（4）处理后场地平整度±10cm。

（5）处理深度内十字板抗剪强度Cu不小于20kPa。

（四）主要施工步骤

通过真空预压室内及室外试验，选择合适的排水板滤膜孔径，优化排水板布置间距，了解真空预压处理后淤泥土质变化情况。后续以厂区使用功能划分的17个分区为单位分区施工，流水作业。

（1）进场的排水板、真空膜、土工布、真空表等材料均需二次复检后使用。

（2）在流状淤泥上铺设荆芭及编织土工布。

（3）铺设50cm砂垫层作为插排水板、水平管连接施工工作面。

（4）根据CPT探摸深度及详勘数据插设排水板。

（5）水平管路通过木工枪钉或大号订书器连接。

（6）安放监测点。

（7）清除尖锐物体，铺设一层无纺土工布。

（8）铺设真空膜，真空膜延伸至四周密封沟内且用淤泥进行覆盖。

（9）在真空膜上铺设土工布，上覆大量山砂、海砂及海水。

（10）真空泵与主管连接后抽真空，真空度恒压≥80kPa，运行真空有效期≥90天。

在地基预压过程中，每天对真空度、孔隙水压力、地下水位及分层沉降数据监测并上报。当平均地表沉降量≤2mm时，通知参建各方共同见证实测；当连续5天平均地表沉降量≤2mm时具备卸载条件。

将该区所有监测数据发送给浙江工业大学地质研究所，研究人员对监测数据进行计算分析。当计算工后沉降≤100mm、地基固结度≥90%时，出具卸载报告并经业主和监理确认后，现场开始停泵、卸载工作。

卸载完成后，由第三方检测单位对处理后的地基进行静力触探、十字板剪切、土工试验及载荷板试验等项目检测，最终以十字板剪切为主、其他检测项目为辅，共同判定处理后的地基是否满足设计要求。

（五）重点难点问题及解决方法

（1）施工场地条件恶劣，初期场地不具备施工条件，施工人员和机械无法在沼泽地上行走。采用在沼泽地上铺设50cm×50cm荆芭网的措施，满足施工需要。

（2）因处理分区面积较大，最大分区达35000m^2，分块真空膜现场黏结透气点较多，漏点查找困难，会影响下一道工序，因而采用在厂家定制整体式真空膜方法，组织大量人工整体铺设，有效地解决了该难题。

图20-5 定制整体式真空膜多人拉铺现场

（3）因主厂房、锅炉房区域工期异常紧张，山砂堆载方量较大，又受运输速度制约，可能无法满足既定工期节点。根据全厂土方平衡计算，A1-1及A1-2分区无须堆载砂亦可满足回填需要。结合以上两点，决定创新利用临海优势，采用真空预压覆水堆载代替覆砂堆载方案。覆水堆截面积35000m^2，高度2.1m，四周堆设砂坝进行围挡。

（六）地基预处理效果

2016年12月5日，地基预处理成果专家评审会在爪哇7号项目现场召开，国华电力、国华印尼爪哇公司及参建单位代表会同外部专家认真讨论并形成评审意见：真空堆载联合预压地基处理效果明显。根据初步的检测资料，场地满足桩机施工机械进行作业。

自2016年5月20日开工至2018年6月30日地基预处理结束，总处理面积48.9hm^2。其中主厂房区域及BOP区面积27.2hm^2、煤场区15hm^{2}全部采用真空堆载联合预压，贮灰场区域6.7hm^{2}采用主厂房开挖的淤泥进行堆载预压，化解了施工期土方中转场地及堆土场地不足的矛盾。地基预处理后的各项指标均满足设计要求，效果良好。

图20-6　主厂房区域覆水堆载

根据检测评估及后期论证，相较于传统的真空预压、堆载预压、清淤换填或强夯等地基处理方式，本工程采用的施工工艺有效地减少了人力及物资消耗，减少了施工机械和砂石材料的使用，并有助于减少施工期间的环境污染等。同时，"真空＋堆载"联合预压处理时间较以往的地基处理模式缩短近四分之一工期，减少施工用电9万多千瓦时，相较于清淤换填法施工节省约5300万元费用。本项目工程建设者充分发挥"中国智慧"，于沼泽和池塘遍布的沿海滩涂之上，开辟出一片全新的天地，堪称"一带一路"上建设项目的成功典范。

共生模式

神华国华印尼爪哇7号
2×1050MW发电工程纪实

SYMBIOTIC MODE: RECORD OF SHENHUA
GUOHUA INDONESIA JAWA 7 COAL FIRED
POWER PLANT PROJECT 2×1050MW

第六篇
生态环保

第二十一章 环境保护

国华电力公司的环境保护履责之路贯穿了公司发展的全过程。2000年公司成立之初就提出了"烟囱不冒烟、厂房不冒汽、废水不外排、噪声不扰民、灰渣再利用"的"四不一再"环保建设理念。2010年以来,国华电力公司积极践行节约资源和保护环境的基本国策,组织国华研究院针对燃煤发电机组进行了基于除尘、脱硫、脱硝、脱汞专题研究和全系统集成优化设计,系统性开展了燃煤电厂大气污染物近零排放技术研究,率先提出了"近零排放"的概念。2015年提出"以人为本、主动环保,近零排放、信息公开,环境法治、生态文明"的环保方针,国华电力清洁煤电发展迈上了新台阶。

国华电力公司的"近零排放"原则性技术路线于2013年5月通过了电力规划设计总院评审。2014年6月,国内首台投产的"近零排放"新建燃煤机组浙江舟山电厂4号机组的投产,标志着国华电力公司"近零排放"的落地。2019年年底,国华电力国内总计68台在运煤电机组,都达到了"近零排放"标准,有力推动了我国煤电超低排放的进展和电站重大装备的自主创新。继"近零排放"之后,2018年,国华电力提出"全面环保"概念,即除烟气污染治理之外,关注废水零排放、无组织排放治理、固废处置、烟羽消白、噪声治理等工作,实现全面清洁生产。没有最好,只有更好,为了更美的蓝天,为了更美好的明天,国华电力环境保护履责尽责永远在路上。

爪哇7号项目的建设中,始终秉承国华电力公司关于环境保护的企业文化,始终贯彻执行投标阶段的顶层设计,树立了"环保领跑"理念,明确了项目的环保目标——环保指标确保满足合同要求,环保事件确保为零,环保建设确保"三同时",全面落实印尼环保要求。本着"尊重自然,依山顺水,生态文明"的理念,在环境保护上做加法,中标后对污染物排放、煤场扬尘、煤炭运输、红树林保护、灰渣利用等采取了多项措施,提升了项目品质。每月由印尼当地环境检测机构进行环境检测,每年发布年度社会和环境责任报告,严格落实环评报告各项要求。

一、先进技术实现环保

(一)污染物排放设计指标大幅度优于印尼政府要求

锅炉采用新一代低氮燃烧器、高效三室四电场低温静电除尘器和海水脱硫工艺等行业前沿技术与设备,通过降噪、减震等各种处理措施,严格履行环保减排的社会责任,污染物排放指标大幅度优于印尼政府指标要求,成为印尼环保指标最优的绿色环保电站。

1号机的烟尘、SO_2、NO_x环保排放值分别为13.4mg/m³、38.5mg/m³、86.8mg/Nm³;2号机的烟尘、SO_2、NO_x环保排放值分别为12.7mg/m³、39.3mg/m³、84.5mg/Nm³,远低于印尼政府要求的限值。(PPA正式签订的指标为:烟尘≤100mg/Nm³,SO_2≤750mg/Nm³,NO_x≤750mg/Nm³)

(二)淡水耗水指标国内外领先

项目采用海水直流冷却、海水淡化,节约淡水资源。工业、生活污水处理后回用,全厂废水零排放。淡水耗水指标0.022m³/s.GW,领先国内外同类型机组。

(1)凝汽器及辅机冷却一次水采用海水冷却、单元制直流供水,节约淡水资源。

(2)除灰空压机及净化设备用水、引风机润滑油站等采用闭式水循环,节约淡水资源。

(3)采用可靠节水措施,提高淡水重复利用率,减少补给水量。

(4)加强水务管理,在主要供水干管上安装水量计量装置。

采用经济合理可靠的污废水处理工艺,将全厂排水资源化并重复利用:排水经简单处理或降温后仍用于原工艺流程,如含煤废水;梯(递)级使用,如灰场喷洒水;含油污水经过隔油处理后,回用至厂区回用水系统;生活污水处理采用接触氧化处理工艺,采用地埋式一体化处理设施,处理后的合格水接至回用水池回用。

(三)多水合一技术实现环保节约

全厂多水统一布置,共用废水池、脱水机楼、配电室及生活用水处理设施等建(构)筑物,减少占地面积;优化整合设备,合并多套加药设备;优化工艺系统,节约水资源;减少水务中心各系统间的管线、控制运行设备等。节约占地面积约2.5公顷,节省建(构)筑物体积约8960立方米,节省设备及人工费用约660万元,节约投资约1850.7万元。

(四)防风抑尘墙确保见煤不见尘

为防止大风天气引起的煤场风扬损失,保护环境,避免扬尘,在煤场四周设有高17米的防风抑尘网,并配置喷洒装置,定时、自动进行喷洒作业,确保见煤不见尘。

(五)输煤系统煤尘系统性防治举措

煤尘防治以"以防为主,以水为主,统一规划,综合治理"为原则,采取以下措施,实现了"看不见煤、看不见灰"。

(1)斗轮堆取料机上装设喷水装置,堆取作业时自动喷水。

(2)犁式卸料器漏斗上装设锁气挡板,漏斗上部设置防尘罩。

(3)采用曲线形落煤管,连接处加硅酸铝纤维绳密封,有效减少落料点处的粉尘。

(4)导料槽前设两级挡帘,两侧设双层复合防溢裙板,导料槽采用双层全密闭导料槽。

(5)单向运行带式输送机采用前倾托辊,防止跑偏撒煤。

(6)犁式卸料器采用可变槽角式,装设锁气挡板,防止撒煤。

(7)带式输送机头部漏斗和导料槽出口处设干雾抑尘装置。

（8）各转运站受料点处、原煤仓均设置除尘设备。地下建筑及煤仓间皮带层设机械排风。

（9）煤场的卸煤、堆煤设施均设有喷淋洒水装置，以保持煤堆表面湿度，防止煤尘飞扬。

（10）输煤系统转运站、栈桥设有水冲洗设施，及时清理地面及钢结构上的积粉，提高文明生产水平。

（六）管状皮带机避免撒灰扬尘

码头引桥及引堤长约4000米，采用传统的带式输送尤其是长距离输送容易撒煤，在风力作用下扬尘较大、煤炭损耗较大、环保性较差。为了提升环保质量，经多方调研，结合圆管带式输送机绿色环保、布置灵活和经济性好的特点，码头至厂内近4000米的燃煤运输采用圆管带式输送机，管径600毫米，带速5.6米每秒，运距3890米，是国内和印尼之最，避免了撒灰扬尘，实现了节能环保，在本项目上应用效果良好。

图21-1　2019年6月27日，爪哇7号项目长达4000米的"彩虹"管带机

（七）优化煤场废水排放

印尼雨量大、雨期长，针对雨季时可能存在煤场雨水沉淀不及时导致的煤水外排污染环境问题，爪哇7号项目充分利用工程已设置的其他贮存设施作为煤场排水应急设施，最大限度降低不达标煤场雨水外排风险，提高了工程环保可靠度。

【微评价1】"最美"输煤栈桥

赤橙黄绿青蓝紫，7种颜色防腐漆下4000米的输煤栈桥是爪哇7号项目的"生命线"，宛若一道彩虹丝带将电厂和配套专用煤码头连接起来，尽显现代工业之壮美，成功打造出"最美输煤栈桥"。

栈桥上的输煤管道采用了圆桶状封闭设计，绿色环保、布置灵活，可极大减少输煤产生的扬尘。为便利附近渔民生产作业，栈桥中部特别加大跨度，增设了可供渔船通行的通道。桥上是黑色生命线奋争朝夕，桥下是熙来攘往的渔舟悠闲穿行。

结合灰场建设$1.5 \times 10^4 m^3$澄清池及电厂建设$1.0 \times 10^4 m^3$工业废水储存池，在煤场雨水/煤水沉淀池、灰场澄清池及工业废水储存池之间布置400~450mm的管道，在煤水沉淀不及时，废水可排入灰场澄清池及工业废水储存池临时存放，澄清后，用于煤场喷洒及绿化，降低海水淡化运行成本。另外，还将煤水外排及雨水利用有机结合。

（八）灰渣全部外运

爪哇7号项目与周边企业建立了长期合作关系，通过公路将灰渣全部外运，运营以来，没有在灰场倾倒过一车灰渣，虽然付出了一定的经济代价，但是有效控制了环保风险，保护了印尼当地环境，把电厂运行对周边环境的影响降到最低，在当地发挥了非常好的示范作用。

（九）污染物降排措施预留

尽管爪哇7号项目配套的环保工程措施已经使各污染物排放指标均大幅低于印尼国家污染物排放标准要求，但考虑到印尼国家污染物排放标准相对宽松，存在未来印尼国家环保标准提高而需要对工程进行改造的可能性。为使电厂环保设施具备较好的升级改造条件，爪哇公司在优化设计的基础上，预留了施工脱硝基础及接口条件，预留了扩建电除尘场地。此同时，脱硫吸收塔预留了增加一层喷淋层和一层除雾器的空间，预留了一台海水升压泵和1台曝气风机的安装空间。

二、合规运营保障环保

（一）严格遵守印尼环保法律法规

进入生产运营期以来，爪哇公司认真落实集团有关生态文明建设和生态环保的相关要求，遵守印尼当地环境保护方面的法律法规，确保灰场储灰、B3危废物贮存、海水外排的环境许可文件合规合法。

同时，爪哇公司加大环保方面的投入，多次聘请国内专家对锅炉燃烧进行调整，以降低NO_x生成，同时降低不完全燃烧损失，降低烟尘含量。配合印尼环保局，积极开展CEMS烟尘测点移位及CEMS测点远传至西冷环保局工作，实现环保排放数据在线监测，通过标准的监测方法建立统一监管、统一评估、统一协调的工作机制，以达到消减大气污染物排放、改善空气质量、增强区域环境保护、做好大气污染防治工作的目的。

为了保护生态环境和周围民众身体健康，爪哇公司推进CEMS汞测量装置工作，积极响应印尼环保新要求。

（二）通过印尼SMK3安全体系认证

印尼职业安全与健康管理体系（SMK3）是企业整体管理体系的一部分，认证内容包括组织结构、计划、职责、实施、程序、过程和资源等。SMK3体系金色认证级别最高。

爪哇公司与印尼相关政府部门积极沟通，通过培训、治理、提升等系列工作，推进爪哇7号项目印尼SMK3安全体系建立及认证，与印尼职业安全与健康管理体系有效衔接。2023年6月，爪哇公司成功通过了印尼环境管理体系审核，并获颁SMK3体系金色认证。

（三）获得印尼国家蓝色环保认证

长期以来，爪哇公司积极履行环保责任，严格控制污染物排放、积极保护公司生态环境。2022年获得印尼国家环境与林业部颁发的蓝色环保等级证书，标志着爪哇公司生产运营符合印尼国家环保要求，树立了企业的良好国际形象。爪哇7号项目分别在2023年、2022年亚洲电力大奖赛中高票获得"年度印度尼西亚ESG（环境、社会和企业治理）奖"。

第二十二章　节能降碳

一、绿色设计实现节能

（一）选用合理辅机设备

（1）送风机、一次风机和引风机采用调节性能好、运行效率高、质量可靠的动叶可调式轴流风机。

（2）根据规程规范及运行经验，合理选择辅机备用系数、裕度及电动机容量，避免大马拉小车、避免设备长时间低效率运行。

（3）各类水泵和风机所配电动机均选用节能型，节约能源。

（4）凝汽器抽真空采用双级水环式真空泵以降低功耗。

（5）采用内置式除氧器，减少了排气损失，蒸汽消耗量降低，提高了机组的热效率。

（6）锅炉采用少油点火装置，降低燃油消耗。

（7）主变、高压厂用变、高压备用变、低压厂用变，采用低损耗变压器，降低运行费用。

（8）对负荷变化较大的设备，加装变频装置，节约电能。

（9）对厂用电动机的供电，选用合适的电缆材质和截面，降低电缆能耗。

（10）合理选择管径和流速，降低管道压降。

（二）选用合理工艺系统

（1）制粉系统采用中速磨及正压冷一次风机直吹式系统，系统简单、运行可靠、电耗低。

（2）在除尘器入口设置低温省煤器，回收烟气热量。

（3）给水调节系统取消主路调节阀，降低汽动泵汽轮机的汽耗。

（4）合理布置烟风道，降低系统阻力。

（5）采用双背压凝汽器，优化循环水系统冷却倍率和凝汽器冷却面积，提高运行效率。

（6）降低凝汽器高度，节省循环水泵运行电耗。

（7）主厂房布置最大限度考虑减少四大管道长度，节省材料的同时减少了管道热损失，降低能耗。

（8）高压厂用电采用10kV等级，电机效率高。

（三）选用节约占地措施

根据《电力工程项目建设用地指标》，工程用地指标为41.272公顷，实际用地41.19公顷，节省0.082公顷。

（1）采用模块化设计，优化主要工艺系统，合理压缩各车间占地面积。

（2）采用占地省的新工艺，减少厂区用地。如多水合一方案，将水处理设施整合为一个有机整体。

（3）建筑物联合布置。减少建（构）筑物数量并将性质和功能相同或相近的合并联合，减少厂区用地。

（4）合理规划厂区布置，严格控制道路、广场及管线占地面积。在满足防护要求的前提下，充分利用边角地带、压缩管线、道路、栈桥、走廊的长度和宽度。严控道路、广场面积。

（5）厂区管线采用共架方式，采用综合管架将同类型管线敷设在一起；合理压缩管沟间距，管网分层和集中布置；利用炉后的设备支架以及建筑物的外墙架设部分管径较小的管线，减少管架占地。

（四）选用合理方案节约材料

（1）采用三维设计，以三维空间结构分析程序为主进行联合空间结构计算，考虑构件间协调作用，合理选择构件断面，合理优化材料用量。

（2）主蒸汽、高温再热蒸汽管道及主给水管道采用P92、WB36，有效减轻管道重量，降低主厂房框架投资。

（3）烟风管道设计采用空气动力特性良好、气流分布均匀的管件及布置方式。

（4）优化电气设备布置，热控、电气设备实行高度物理分散，减少电缆长度。

（5）建（构）筑物采用合理结构形式和轻型墙体材料，减少荷重，节约钢材、水泥用量。

（6）汽机房采用自防水复合压型钢板屋面板，减少屋面自重，节省钢材。

（7）对主厂房布置进行优化，采用紧凑型布置，缩减主厂房长度、跨度和高度，节省钢材、水泥等原材料。

（8）炉后管道支架充分利用烟道支架布置，节省支架用材。

（9）优化综合管架柱间距和布置，充分发挥钢梁和钢桁架特性，大幅降低钢材用量。

二、绿色施工实现降碳

（一）绿色施工总体方案

绿色施工总体框架由施工管理、环境保护、节材与材料资源利用、节水与水资源利用、节能与能源利用、节地与施工用地保护六方面组成。爪哇公司在工程开工前即进行整体规划，对施工策划、材料采购、现场施工、工程验收等阶段进行控制，始终能以节能减排、预防污染、持续改善环境为控制重点，加强对整个施工过程的管理和监督。

爪哇公司组织各参建单位编制"四节约一环保一管理"方案，从组织上、措施上加以落实，同时积极宣传绿色施工、绿色环保理念，营造绿色施工的氛围，实现工程施工管理标准化、精细化、科学化。

（二）绿色施工目标和原则

1. 目标

（1）不发生环境污染事故。

（2）废水循环使用，实现零排放。

（3）厂界噪声符合国家（地方）标准。

（4）实现四节一环保（节能、节地、节水、节材和环境保护）。

2. 原则

（1）通过优化设计和管理，开展绿色施工创新，采取适用技术、材料和产品。

（2）合理利用资源，优化资源配置，减少对资源的占有和消耗。

（3）最大限度利用本地材料与资源，提高资源利用率，积极促进资源的综合循环利用。

（4）尽可能使用可再生的、清洁的资源和能源，严控指标。

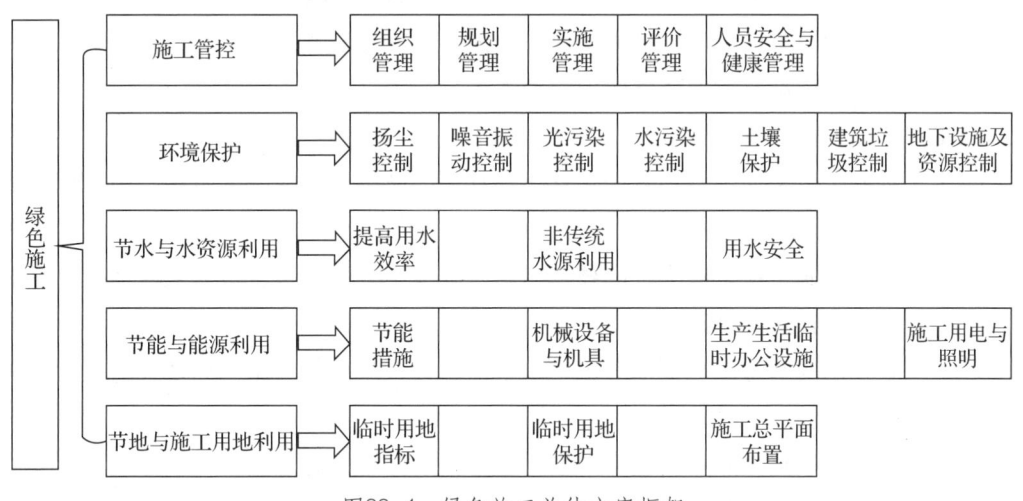

图22-1 绿色施工总体方案框架

（三）环境保护管控措施

1. 环境保护措施

（1）参加本工程建设各单位的项目领导必须高度重视环境保护工作，建立环境保护责任制，加强环境保护宣传教育，使职工树立强烈的环保意识。

（2）在本工程项目建设的物资采购、设备安装、设备调试过程中，应对环境因素进行辨识、评价和控制，尽量减少施工场地对周围环境的影响。

（3）施工单位在编制施工组织设计时，应针对施工过程中或其他活动中产生的污染气体、污水、废渣、粉尘、放射性物质以及噪声、振动等可能对环境造成的污染和危害，单独描述环境保护措施。

2. 环境保护控制范围

（1）施工过程：本项目工程土建施工、设备安装、设备运行、设备维修等活动产生污染物的治理和处置。

（2）管理活动：电、水、气、原材料等能源和资源管理，物资和仓库管理（易燃、易爆、药品、化学危险品、油类等）等活动产生污染物的治理和处置。

3. 环境影响控制

（1）工程开工前，建设单位应组织对施工场地所在地区的土壤环境状况进行调查，制定科学的保护或恢复措施，防止施工过程造成土壤侵蚀、退化，减少施工活动对土壤环境的破坏和污染。

（2）制定红树林保护、疏浚方案和具体措施，有效地保护江、河、湖、海生态环境。

（3）对施工后的裸土，采取种植速生草种等措施，进行厂区绿化。

（4）各参建施工单位应对辨识的重要环境因素进行定期跟踪监测。

（5）施工场所的环境控制效果应接受地方环境监测机构监督监测。

（6）对内部和地方环境监测机构发现的问题，应及时改进。

（7）各施工单位都要建立环境保护管理体系。

（四）节约土地管控措施

（1）工程施工总平面规划布置应优化土地利用，减少土地资源的占用，施工现场物料堆放应紧凑，尽量减少土地占用面积。

（2）土方开挖施工应采取先进的技术措施，减少土方开挖量，最大限度地减少对土地的扰动，保护周边自然生态环境。

（3）工程挖出的弃土，可提前考虑挖填平衡计算，或与邻近施工场地进行土方之间的资源调配，尽量利用原土回填，做到土方量挖填平衡。

（4）工程施工道路按照永久道路和临时道路相结合的原则布置。

（五）节约能源管理措施

（1）施工单位现场制定节能措施，提高能源利用率，对能源消耗量大的工艺必须制定专项降耗措施。

（2）临时设施的设计、布置与使用，应采取有效的节能降耗措施。

（3）施工机械设备应建立按时保养、保修、检验制度，施工机械宜选用高效节能电动机，合理安排工序，提高各种机械的使用率和满载率。

（4）施工实行用电计量管理，严格控制施工阶段用电量。

（5）调试单位要制定单体调试、分部调试、系统调试、整套启动等不同阶段节约能源（包括水、油、汽、电、煤等）的方案，措施要具体、详细、合理。

（6）施工用电装设电表，生活区和施工区应分别计量；用电电源处应设置明显的节约用电标识；施工现场应建立照明运行维护和管理制度，照明运行维护和管理制度应执行《建筑照明设计标准》的相关规定。

（六）节水与水资源再利用

（1）施工实行用水计量管理，各施工单位要严格控制施工阶段用水量，生活区和施工区应分别计量。

（2）施工现场生产、生活用水必须使用节水型生活用水器具，在水源处应设置明显的节约用水标识。

（3）施工现场充分利用雨水资源，保持水文循环，鼓励和提倡施工单位收集屋顶、地面雨水再利用，设法对废水进行回收循环利用。

（4）现场机具、设备、车辆冲洗、喷洒路面、绿化浇灌等用水，优先采用非传统水源，尽量不使用市政自来水。现场搅拌用水，养护用水应采取有效的节水措施，严禁无措施浇水养护混凝土。

（七）节材与材料再利用

（1）各施工单位要优化施工方案，选用绿色材料，积极推广新材料、新工艺，促进材料的合理使用，节省实际施工材料消耗量。

（2）每个施工项目都要根据施工进度、材料周转时间、库存情况等制定采购计划，并合理确定采购数量，避免采购过多，造成积压或浪费。

（3）对周转材料进行保养维护，维护其质量状态，延长其使用寿命。按照材料存放要求进行材料装卸和临时保管，避免现场存放不合理导致的浪费。

（4）各施工单位要依照施工预算实行限额领料，严格控制材料的消耗，应加快周转材料的周转使用频率，降低非实体材料的投入和消耗。

（5）安装单位要优化安装工程的预留、预埋、管线路径等方案，推广先进工艺、技术，减少材料剪裁浪费。

（6）在施工期间，应充分利用场地及周边已有设施，降低资源能源消耗，提高资源再利用率。

（八）绿色施工专项评价

2021年9月，中国电力建设企业协会组织对爪哇7号项目进行了电力建设绿色施工专项评价，结论如下。

爪哇7号项目的建设、设计、施工单位均编制了绿色施工策划文件，做到事前策划、事中落实、过程管控、绿色创新。工程通过雨水收集再利用、开挖土方覆盖防尘、道路洒水扬尘控制、原生态红树林保护、建筑物采光板使用、办公室无纸化办公、包装材料再利用、节能照明等具体项目的实施，有力推动了工程绿色环保理念的实施，不仅节约了资源，而且树立了中资企业对外良好的绿色施工、环境保护理念。

准予通过绿色施工专项评价。

三、运营管理实现减排

（一）节能减排管理体系

为建设资源节约型企业，规范与加强节能管理，提高能源利用效率，降低能源消耗、节能减排，增强企业市场竞争力。爪哇公司进入生产运营期之后，从立足现状、着眼长远、优化结构、示范引领入手，建立健全节能减排的公司级、部门级和班组级三级网络的长效机制，落实节能减排责任制。

节能技术监督范围涵盖爪哇电厂生产过程节能管理和进出用能单位计量点之间的能量消耗、能量转换、能量输送过程的所有设备、系统。

（二）节能减排管理措施

1. 生产运行管理

依靠生产管理机构，开展全面、全员、全过程的节能管理，逐项落实节能规划和计划，将各项经济指标分解到各有关部门，开展单项经济指标的考核，以单项经济指标来保证综合经济指标的完成。

运行人员应根据机组优化运行试验得出的最佳控制方式和参数对主辅设备进行调节，使机组各项运行参数达到额定值或不同负荷对应的最佳值，使机组的供电煤耗率在各负荷下相对较低。主辅机经过重大节能技术改造后，应及时进行性能试验，确定主辅机的优化运行方式。

重要参数对供电煤耗率、厂用电率等主要综合经济技术指标的影响，应每月进行定量的经济性分析比较，从而发现问题并提出解决措施。通过趋势分析、对比分析和差距分析对统计的能耗指标进行横向、纵向、同比、环比分析，与设计值、历史值、同类型、同区域的先进值，以及国内外同类型机组最好水平进行比较，以找出差距，明确努力方向。

2. 检修维护管理

坚持"应修必修，修必修好"的原则，科学、适时安排机组检修，避免机组欠修、失修，通过检修恢复机组性能。

建立健全设备维护、检修管理制度，建立完整、有效的检修质量监督体系，确保检修、维护质量，为设备的安全、经济运行打好基础。对设备技术档案和台账应根据检修情况进行动态维护。

建立设备消缺管理制度和热力系统无渗漏管理制度，治理漏气、漏水、漏油、漏风、漏灰、漏煤、漏粉、漏热等缺陷。定期检查阀门泄漏情况，主要加强对主蒸汽、再热蒸汽、高低压旁路、抽汽管道上的疏水阀门、汽轮机本体疏水门、高加危急疏水阀门、加热器旁路门、高加大旁路门、给水泵再循环阀门、除氧器事故放水和溢流门、锅炉定排门等的严密性状况的检查，发现问题要做好记录，及时消除。

3. 节煤管理

对燃煤管理建立有效的监督机制，做好燃煤品种的监测工作；运行部门对入厂煤的发热量、挥发分和含硫量进行监督考核；对入厂和入炉煤均应配备计量装置，原煤取样应采用符合标准的机械取样装置，按规定做好煤样的采、制、化管理，使运行人员掌握入炉煤煤种特征以进行燃料调整。运行部门负责实施监督。

对燃料要加强备用储煤场的管理，合理分类堆放，并将煤场堆放示意图按照数字化煤场的管理要求输入计算机。要做好配煤、上煤和煤场喷淋工作，防止煤堆自燃，减少煤尘飞扬。每个月月末由燃管部门、生产技术部门、运行部门、计划部门、财务部门共同对煤场进行盘点，并提出相应的盘煤报告。盘煤时要求垛行整齐、规范，保证盘煤的准确性。发生盘亏应进行分析，按有关规定进行合理处理。

加强入厂煤与入炉煤的热值差的控制，热值差超过规定或发生较大的煤场盈亏，必须找出原因，提出整改措施。开展科学配煤掺烧工作，落实配煤责任制，由专人负责，根据不同煤种及锅炉设备特性，确定掺烧方式和掺烧配比。

4. 节约用电

每个月进行厂用电率及其影响因素分析，制定主要辅机节电计划并考核落实。积极推广先进的节电技术、工艺、设备，依靠技术进步，根据对热力系统和设备的优化分析，落实节电技术改造项目。积极探索机组启停和备用过程中辅机的优化运行方式，降低启停及备用时的辅机耗电率。

（三）节能减排执行评价

爪哇项目自投产以来，截至2022年年底，累计发电量321.21亿千瓦时。通过加强检修质量管理，提高设备可靠性；加强无渗漏治理，减少热量和工质损失；加强煤场管理，降低煤场损耗；开展值间小指标竞赛，加强运行参数等节能减排措施的有效落实。节能减排三级网络高效运作，经济性指标均优于设计值，供电煤耗低于设计值1.5克每千瓦时，综合厂用电率低于设计值0.13%，节省标煤6万余吨，减少碳排放16万余吨。

第二十三章　生态和谐

一、基建期的红树林保护

（一）红树林简介

红树林（Mangrove）指生长在热带、亚热带低能海岸潮间带上部，受周期性潮水浸淹，以红树植物为主体的常绿灌木或乔木组成的潮滩湿地木本生物群落，组成的物种包括草本、藤本红树。

2004年12月26日印度洋海啸中，红树林的优异表现，让红树林"海岸卫士"的盛名在远播。海啸袭向周边12个国家和地区，印度泰米尔纳德邦的瑟纳尔索普渔村、距离海岸仅几十米的172户家庭幸运地躲过了海啸的袭击，原因是这里的海岸上生长着一片茂密的红树林。可以说，红树林消浪带是构筑海岸防护林体系的首选防线。

（二）基建期爪哇项目红树林概况

基建初期，爪哇7号项目现场主要有两片红树林，分别位于护岸工程北端和南端。

北区红树林与取水导流拦沙堤、取水口工程、取水明渠等工程相邻，长约910米，宽5到81米，总面积约36830平方米。

南区红树林与护岸南端头、排水拦沙堤、排水明渠等工程相邻，长约40米，宽14到60米，总面积约10500平方米。

基建初期红树林总面积为4.7公顷。

图23-1　2017年1月，基建初期的爪哇7号项目周边北区、南区红树林实拍图

图23-2　2017年1月，基建初期的爪哇7号项目周边红树林实拍图

（三）基建期具体保护措施

1. 管理措施

（1）加强对红树林保护方案的宣传教育，使全体员工正确了解保护红树林的意义，并牢固树立红树林保护意识。

（2）拍摄红树林区域白鹭栖息照片，制作宣传牌，并在醒目位置展示，加大对红树林保护的宣传管理力度。

（3）建立红树林保护考核奖惩制度措施，对存在故意破坏红树林植被行为的人员，视情节予以经济处罚，情节严重的，清退出场，对造成一定影响和后果的，移交当地政府部门处理。对于在红树林保护工作中做出突出贡献的人员进行表彰和奖励。

（4）禁止在红树林区域焚烧生活、建筑垃圾，严禁恶意砍伐、焚烧红树林，一经发现，将根据红树林保护方案规定要求立即采取处置措施，并视情节对责任承包商采取经济处罚。

2. 控制措施

（1）对临近施工区域的红树林搭建隔离防护设施，防止施工过程中对红树林造成破坏；重点对临建办公、生活区东侧和南侧的红树林采取设置围墙、钢丝网等措施进行隔离和保护。

（2）在南区、北区红树林周围的醒目位置，设置关于红树林保护的安全宣传、警示、提示牌，标识牌上明确红树林保护范围、巡视人员、检查人员、责任单位等信息。

（3）将红树林保护情况纳入日常安全巡检及周安全检查工作中，并形成常态机制。红树林区域周边进行垃圾废料清理，监控污水排放达标情况，加强环保管理工作。

图23-3　2018年3月，基建初期保护、培育中的红树林实拍图

图23-4　2018年8月，基建中期保护、培育中的红树林实拍图

3. 技术措施

基建期威胁红树林的主要因素包括红树林附近工程施工的影响、生产及生活污水排放、建筑垃圾等固体废弃物等。针对影响红树林生长的因素，采取以下措施。

（1）为了减少护岸、取排水口施工对红树林的破坏，将东侧护岸向陆地推后约70米。

（2）取排水工程导流拦沙堤、取排水明渠已深入至红树林区，堤身块石推填时，提前确定受影响区域红树林位置、区域大小，进行有效评估，采取搭设竹排和防护网等措施，防止块石滚落至红树林区造成植被破坏。

（3）生产、生活污水，特别是带油污的污水严禁直接排入红树林区域，防止红树林的生长环境污染，指定专门的排污点，将污水沉淀净化后排入海中。

（4）建筑垃圾、生活垃圾等固体废弃物弃至指定位置，禁止直接倒入海中。现场设置路障和防护网，防止滩涂红树林区淤积的大量塑料包装袋、一次性餐盒、泡沫塑料制品、废旧玻璃瓶等固体垃圾随着涨落潮的水流造成红树林苗木受害、环境被污染。

（四）基建期红树林保护成效

项目基本建设期，通过实施上述措施，红树林的面积没有减少，反倒增加了十几万平方米，形成了红树林景观带。

图23-5 2019年9月，基建末期，红树林保护及培育初见成效

图23-6　2022年6月2日，基建期结束转入运营期之后的红树林景观带

二、运营期厂区生态涵养

（一）成立红树林生态保护中心

进入运营期后，在持续为印尼社会提供安全、经济、清洁、高效的高品质电力能源的同时，爪哇公司站在人类命运共同体视角下，对现场的红树林及野生动植物生态建设做了整体的规划，持续通过对全厂红树林及野生动植物自然生态资源情况进行调查、评估、监测，制定科学合理的保护方案，实现对红树林及其他动植物的增植助育，促进全厂自然环境生态文明建设，最终实现人与自然的和谐相处。

爪哇公司把红树林保护工作上升到"加快自然环境生态文明建设"的高度，策划实施红树林及野生动植物自然生态保护工程，规划红树林生态保护区，仅2022年一年便补植红树林优势树种近12000棵，并常态化开展补种、培育工作，红树林面积持续扩大。

2022年6月，爪哇公司成立了红树林生态保护中心，并组织了以"与环境和谐共处，保护海洋生态"为主题的红树林生态保护活动。爪哇公司倡导全体中印尼员工从构建人类命运共同体的角度，共同保护人类赖以生存的自然生态环境。红树林生态保护中心成立动员大会结束后，参加此次活动的干部员工来到红树林生态保护基地的护堤上，拾捡被潮水冲刷到岸边的塑料瓶、泡沫等生活垃圾，大家齐心协力，还自然一片绿色。

第六篇 生态环保

图23-7 2022年12月24日，爪哇公司邀请PJBI董事长Amir Faisal（前排右4）到项目现场参加红树林保护活动，在活动现场种下红树林"希望之种"

图23-8 2022年6月8日，红树林生态保护中心成立动员大会

（二）中印尼共同探索生态保护方案

图23-9　2022年6月23日，专家实地查看红树林生长情况

为了更好地推进红树林及野生动植物生态建设，改善红树林及野生动植物生态质量，2022年6月23日，爪哇公司邀请印尼环保官员及印尼专家到现场实际踏勘，科学评估确定红树林适宜恢复区域，对红树林修复所选用树种进行初步考察，取得红树林及野生动植物生态保护基地水系分布一手的技术参数。中印尼双方共同探索红树林及野生动植物生态系统演替规律和内在机理，为后续红树林及野生动植物生态保护奠定了良好基础。

（三）电厂、红树林与海鸟和谐共生

经过持续性对红树林进行修复、养护和种植，爪哇7号项目厂区已形成红树林景观带。随着红树林的面积持续扩大，为野生动物提供了良好的生存环境，大量白鹤、白鹭等海鸟在厂区筑巢安家、繁衍生息，"林木葱茏，鸟巢满枝"已成为爪哇公司长期坚持红树林及野生动植物生态保护成效的最好见证。

【微评价2】红树林的新生

站在爪哇电厂高达83.7米的观光平台上远眺，海水在阳光的照耀下波光粼粼，海岸附近，大片红树林生机盎然，海鸟在此繁衍生息，正是由于爪哇7号项目在建设和生产过程中注重环保，才有了这片美好的湿地景观。国华电力不仅为印尼建造了一座经济电厂，更是一座生态电厂。

图23-10　2021年12月9日拍摄，成片的红树林已成为海鸟的家园

【微故事20】"走出去"的绿水青山

"我们要为印尼建造的不仅是一座经济码头，更得是一座生态码头。"

项目进入实施阶段后，四航院项目经理沈启亮带领团队做的第一件事就是对本项目海岸线附近区域的红树林进行调研，下滩涂清理淤泥、编写红树林保护方案。

项目前期方案是在海岸滩涂段疏浚填海300米，但如此一来，海边大片红树林将全部被破坏。为了尽可能多地留住已有的红树林，项目部不仅专门规划了红树林的生长培植区域，还对进场施工人员进行了保护红树林、保护海鸟的专门教育，并安排红树林保护小组定期开展专题活动，用无人机对红树林的生长变化进行监控。两年下来，施工区域的红树林不断成长，红树林面积比项目开工前还扩大了10万平方米，且仍在不断扩大中。

"在一个地方，就要爱一个地方。"有着海外项目管理经验的沈启亮，对每一个工作过的地方都有很深的感情。

驻扎在项目现场，为保障项目周边渔民的利益，也为了增加邻里间的联系，项目部在设计中专门设置了渔船通道；项目建设期间，项目部多次帮助村镇渔民进行河道疏浚，在资金、设备、人员上尽可能帮助周边渔民；项目建设以来，四航院人用"创新高效，铸造精品"的产品理念，不仅将彩虹画在海上，更在当地人民心中架起了一道友谊的"彩虹桥"。

三、红树林守护者的故事

2024年3月10日,中央广播电视总台综合频道播出《美美与共》第十期"爪哇岛上的红树林守护者",报道了印尼爪哇电厂对当地生态环境保护做出的积极贡献。(编者注:《美美与共》是中央广播电视总台与文化和旅游部联合摄制的大型国际文化交流节目,全景式讲述"一带一路"倡议下文明互鉴、开放合作、多元文化交流碰撞的故事。)

图23-11 《美美与共》第十期"爪哇岛上的红树林守护者"节目海报

印尼爪哇公司内控管理部副经理杨欢、公共关系部副经理Anggia Sihombing（安琪），代表爪哇公司红树林及野生动植物保护工作小组，在节目现场与大家分享了红树林中自由成长的动植物、电厂工作人员为蜥蜴停车、每天伴随日落百鸟归巢宏大场面等故事。中国歌手蔡国庆和印尼歌手罗莎同台演唱《船歌》，与观众共同感受这片红树林的独特记忆。

图23-12 爪哇公司杨欢（右1）和Anggia Sihombing（右2）在节目中接受中央广播电视总台主持人龙洋（左2）和中国国际问题研究院亚太研究所特聘研究员项昊宇（左1）的访谈

以下文字摘录自杨欢在《美美与共》节目中的讲述。

大家好，我是杨欢，国能印尼爪哇电厂红树林及野生动植物保护工作小组的成员。

在我们进行这个项目勘测的时候，我们就发现了一片长得稀稀拉拉、参差不齐的小树林，它的总面积只有4.7公顷，约7个标准足球场的大小。

当大家知道这是一片红树林的时候，我们所有的人都毫不犹豫地说一定要把它留下来！所以从那个时候开始，保护红树林，就成了我们每个人的执念——红树一棵都不能少！

后来我们组建了红树林及野生动植物生态保护工作小组，并成立了红树林生态保护中心，所以我们现在这个红树林的面积，已经扩大到了17公顷。

以前基本上没有什么动物，现在周围的居民就常说我们这儿不像一个电厂，更像是个野生动物园，越来越多的珍稀野生动物到这里来安家。

坚持生态文明建设、保护生物多样性，是中国与印尼建设者的共识！

尊重自然、顺应自然、保护自然，是中国和印尼同事共同坚守的绿色理念！

我们要建造的不仅是一座经济的电厂，更是一个生态的家园。

以下文字摘录自Anggia Sihombing（安琪）在《美美与共》节目中的讲述。

大家好，我是国能印尼爪哇电厂红树林及野生动植物保护小组的安琪。

这是一片总面积为17公顷的红树林。红树林是地球上非常重要的生态系统，无数动物、微生物生活在其中。

……

现在我们的电厂就像一座动物公园。

刚开始的时候，我们来到这个电厂，我们不知道会有这么多的动物"同事"。

这些野生动物看到我们，可能有一些害怕，会躲得远远的，但是随着长期相处，它们可能也发现我们没有伤害它们的行为，慢慢地它们的胆子就变得越来越大，时不时就会跑出来"遛弯"什么的。

爪哇电厂周边，绝对是真正的人与自然和谐共生。

……

我们的电厂是印度尼西亚一家环保型燃煤蒸汽发电厂，采用多项煤炭清洁技术，从而能够实现更经济高效的电力生产，销售价格也更低。

这有助于促进印度尼西亚社会经济的发展，未来这也将促进印度尼西亚各地甚至是偏远地区的电力发展！

【微评价3】《美美与共》主持人的评价

红树林是有记忆的，它会记住日月星辰的轮转，记住海浪潮汐的冲击，记住岛屿的人文古今，更记住两个国家的普通人们对红树林的悉心照料与守护。

愿爪哇电厂的这片红树林在未来能够茁壮成长、缔结友谊、枝繁叶茂！

共生模式

神华国华印尼爪哇7号
2×1050MW发电工程纪实

SYMBIOTIC MODE: RECORD OF SHENHUA GUOHUA INDONESIA JAWA 7 COAL FIRED POWER PLANT PROJECT 2×1050MW

第七篇
共生模式

第二十四章　共生模式探索

> 人类应该和衷共济、和合共生……推动构建人类命运共同体，不是以一种制度代替另一种制度，不是以一种文明代替另一种文明，而是不同社会制度、不同意识形态、不同历史文化、不同发展水平的国家在国际事务中利益共生、权利共享、责任共担，形成共建美好世界的最大公约数。
> ——2021年10月25日习近平在中华人民共和国恢复联合国合法席位50周年纪念会议上的讲话（节选）

从2013年"一带一路"倡议提出至今，在国际社会中，中国一直用行动努力践行这一理念与外交宗旨：任何国家追求现代化，都应该秉持团结合作、共同发展的理念，走共建共享共赢之路。

一、缘起——与国家发展方向相契合

（一）响应中国"一带一路"倡议

2013年，习近平主席在出访中亚和东南亚国家期间先后提出共建"丝绸之路经济带"和"21世纪海上丝绸之路"的倡议，即"一带一路"倡议。

习近平主席在多个场合对"一带一路"倡议进行了论述，包括以下几个核心观点。

合作共赢：习近平主席强调"一带一路"倡议的目标是实现合作共赢。他认为，通过加强各国之间的经济合作，可以实现资源共享、市场互通、技术转移和人员往来，从而推动各国经济共同发展，实现互利共赢。

互联互通：习近平主席提出"一带一路"倡议的核心是实现沿线国家的互联互通。这包括基础设施建设、贸易便利化、金融合作等方面。他认为，加强基础设施建设和交通网络的互联互通，可以促进贸易和人员流动，提高经济效率，推动地区发展。

开放包容：习近平主席主张"一带一路"倡议应该是开放和包容的。他强调，各国应该加强政策协调，打破贸易壁垒，推动自由贸易，营造开放的投资环境，共同构建开放型世界经济。

可持续发展：习近平主席强调"一带一路"倡议应该是可持续发展的。他提出了建设绿色丝绸之路、推动清洁能源合作、加强生态环境保护等主张。他认为，在推进经济合作的同时，应该注重生态环境的保护，推动可持续发展。

2023年，"一带一路"倡议提出十周年，十年来"一带一路"建设硕果累累，从一颗梦想的种子成长为枝繁叶茂的大树。

印尼是"一带一路"倡议重要参与国，也是"21世纪海上丝绸之路"重要节点。伴随中国"一带一路"倡议与印尼"全球海洋支点"战略构想的深入实践，中印尼两国经贸关系日益紧密，合作成果丰硕，南苏门答腊穆印2×150MW燃煤电站项目、巴亚瓦信2×125MW电站PPA项目、巴厘岛3×142MW燃煤电站项目、爪哇7号2×1050MW燃煤电站项目和南苏1号2×350MW燃煤电站项目等是见证。

（二）对接印尼"全球海洋支点"战略构想

2014年，印尼总统佐科提出"全球海洋支点"战略构想，此后在实践中，又不断丰富了其内涵。印尼政府在2017年颁布了该国历史上第一个综合海洋战略和行动计划《印度尼西亚海洋政策》（Perpres 16/2017）。该文件从海上边界、海洋空间和海洋外交，海洋产业和海上连通性，自然资源产业、海洋服务业和海洋环境管理，海洋文化等方面对海洋战略进行了全面、详细的阐述。

印尼总统佐科在多个场合提出"印尼是一个海洋国家，我们的海洋拥有巨大的潜力和资源。我们必须充分利用这一优势，将海洋视为我们经济发展的重要支柱。""海洋经济是印尼未来发展的关键。我们将采取措施，促进海洋资源的可持续利用和保护，以推动蓝色经济的发展。""通过加强国际合作，特别是与周边国家的合作，我们可以共同应对海洋安全挑战和海洋环境问题。"

印尼总统佐科强调，"我们将积极推动海洋科技创新和人才培养，以提高印尼在海洋领域的技术能力和竞争力。""我们将加强海洋基础设施建设，提升港口和海运能力，促进海上贸易和物流发展。"

印尼的"全球海洋支点"战略构想旨在利用其地理位置的优势和丰富的海洋资源，打造区域经济增长极；中国"一带一路"倡议，致力于推动区域间的经济合作和互联互通，二者的对接可以促进贸易、投资和基础设施建设等领域的合作，为双方带来经济发展和繁荣。

（三）共建中印尼命运共同体

习近平主席2013年和2015年两赴印尼，在2013年访问期间，两国建立全面战略伙伴关系。2015年3月，佐科总统访华并出席博鳌亚洲论坛年会，中国和印尼发表关于加强两国全面战略伙伴关系的联合声明。联合声明指出，习近平主席提出的共建"21世纪海上丝绸之路"重大倡议和佐科总统倡导的"全球海洋支点"战略构想高度契合。2022年7月，佐科总统第五次访华期间两国共同确立了共建中印尼命运共同体的大方向。

中国和印尼发展阶段相似，共同利益相连，理念道路相通，前途命运攸关。构建中印尼命运共同体是两国人民的共同心声和普遍期待。

共建中印尼命运共同体正驶入快车道。双方全面落实两国元首重要共识，持续深化双边关系政治、经济、人文、海上合作"四轮驱动"新格局,共建"一带一路"如火如荼,务实合作亮点纷呈。同为发展中大国,中国和印尼以共建命运共同体为统领,持续打造互利共赢的典范、共同发展的样板。

中国与印尼今天的经贸关系局面来之不易,是一家家企业、一代代建设者奋斗努力的结果。面对各种挑战,中国和印尼参建各方迎难而上,开启中印尼电力合作发展之路,逐渐走出基于共生共赢价值理念的国际化发展之路,从100MW机组到1050MW大机组,从以褐煤发电核心技术穿越技术屏障,到投资、建设、运营、管理、人才培养,从民间合作项目到印尼国家电力发展计划重点项目、中印尼大型国企全面合作国际示范项目,秉承合作理念,收获共赢局面,与当地社会结成命运共同体,多年实践凝结的共生模式逐渐清晰。

(四)在国家发展大势中寻找机遇

长期以来,国华电力公司一直在国家发展大势中寻找合作发展的机遇。国华印尼系列火电项目正是在响应国家"走出去"号召与对接印尼国家战略中获得的机遇,是中国"一带一路"倡议与印尼"全球海洋支点"战略构想相互契合的结晶。

2002年9月,首届中印尼能源论坛召开,国华电力代表中国神华参加论坛,成功促成双方政府将合作开发印尼煤电项目的意愿列入政府备忘录。2007年4月,中国神华与印尼国家电力公司签署购售电合作框架协议,国华穆印电厂项目正式确立;2009年7月,项目正式开工。长期以来,国华穆印电厂以基建期的九项"印尼第一"和运营期的长周期安全稳定运行,多次荣获最佳IPP电厂等印尼电力最高荣誉。

爪哇7号项目作为大型国际化合作项目,得到中印尼两国政府高度重视和大力支持。爪哇7号项目在项目许可、融资、外事签证、劳工风险、资源协调方面得到中国国务院国资委、商务部、银保监会、中国驻印尼大使馆多方协调;印尼政府出台了一系列优化投资环境和税务优惠政策、简化行政审批程序的措施,印尼能矿部、国企部、经济统筹部、投资协调管理委员会等在建设过程中给予了大力支持。

在两国政府部门的支持、国华爪哇公司的艰苦努力下,爪哇7号项目成为印尼火电IPP市场中第一个在PPA合同生效后6个月内完成融资关闭的项目;爪哇公司成为第一个通过印尼投资协调管理委员会"3小时投资证照申请通道"一次性办结11项注册成立证照的公司,成为第一个依据印尼财政部企业所得税减免政策取得企业所得税减免批复的企业。

图24-1　2017年5月17日，神华集团副总经理王树民（右）在雅加达举办的亚洲能源论坛上发言

图24-2　2016年6月8日，中国驻印尼大使馆参赞兼总领事刘玉飞（女）受中国驻印尼大使谢锋的委托，在爪哇7号项目开展预防性领事保护宣传工作，并对项目进行调研指导

国华电力公司印尼煤电系列项目的成功建设运营，获得了印尼各界的赞誉，提升了双方的合作信心；生动诠释了"一带一路"倡议是一条和平之路、繁荣之路、开放之路、绿色之路、创新之路、文明之路、廉洁之路，也是让经济全球化朝向更加开放、包容、普惠、平衡、共赢的发展之路；更为"一带一路"倡议探索了一种合作共生共赢模式、一条切实可行的实践之路。

【微评价4】印尼政企相关负责人的评价

加快推进共建"一带一路"合作项目在印尼落地，全方位促进印尼和中国互利合作，将有效改善印尼基础设施状况，助力经济社会发展，造福广大印尼民众。

——印尼国际战略研究中心中国研究中心主任维罗妮卡

"一带一路"倡议为沿线国家提供了一个更大的投资与贸易合作平台。该倡议可以弥合行业差距，促进区域市场统一与发展。

——印尼政府对华合作牵头人、海洋与投资事务统筹部部长卢胡特

我们期待与更多中国企业加强共建"一带一路"相关领域合作，共同打造印尼与中国电力合作典范。

——印尼国家电力公司（PLN）副总裁洛菲克

二、破土——明确各方共赢的价值观

国华电力公司在印尼系列煤电项目中，一直秉承"双赢、多赢、共赢"的理念，坚持同舟共济、权责共担；项目全过程坚持"高质量、高标准、高效率"，努力做到以最短的时间、最高的标准、最低的成本实现最大的价值。这一贯的理念和做法确保了各项目及相关方目标的高度一致性和共同利益最大化。

（一）高质量驱动力

国华电力公司严格践行"基建为生产，生产为经营""基建今天的质量，就是生产明天的安全和效益"基建理念，形成从项目全生命周期思考问题的基建管理文化，树立起一个又一个印尼火电项目标杆。

【微评价5】中国神华独立非执行董事谭惠珠的评价

爪哇7号项目团队在异国他乡为中国电力、国家能源集团、国华电力公司"走出去"战略开疆拓土，勇于担当、无私奉献、以厂为家、忘我工作，敢打硬仗、能打硬仗，公司治理日趋规范、项目建设有序推进，展示了能力、取得了荣誉、树立了品牌、赢得了信誉、传承了文化、积累了经验、培养了人才、开拓了市场，向祖国和股东方交出了一份满意的答卷，希望再接再厉，如期将爪哇7号项目建成国家能源集团示

范工程、中国国企在印尼样板工程、中国电力建设和管理水平形象工程。

图24-3　2018年9月6日，中国神华的5名独立非执行董事和中国神华副总裁张光德（后排右3）到爪哇7号项目调研，5名独立非执行董事为谭惠珠（前排右3）、姜波（前排右2）、钟颖洁（前排左3）、彭苏萍（前排右2）、黄明（前排右1）

【微评价6】百万机组投产后连续运行新纪录

爪哇7号项目1号机组2019年12月12日通过168小时试运，2号机组2020年9月23日通过168小时试运，其间机组试运主要参数均优于设计和规范要求，主要环保指标达到印尼最优。项目自开工以来安全生产超过1700天，1号机组投产后连续运行302天，创造了百万千瓦机组投产后连续运行新纪录。

图24-4　PJBI评价爪哇7号项目"容量大、效益好、绿色环保"

（二）价值创造凸显实力

国华电力印尼系列项目坚持把控好投资、建设、运营每个环节，每一个项目都追求全生命周期价值最大化，严格依法纳税，为股东创造利润，为印尼民众提供安全、可靠、绿色的电力能源。

从项目设计做好发电厂成本的源头控制。国华电力公司在同类工程设备技术要求经验和负面清单的基础上，以提高机组可靠性和经济性为原则，逐个设备、逐项指标、逐条技术要求进行精细化管控，并根据"更可靠、更经济"的原则开展设计优化和过程优化，最大程度降低项目投资成本。

机组安全、稳定、经济运行是发电厂创造价值的基础。国华电力公司发挥专业化管理能力，"高标准开工、高水平建设、高质量投产"圆满完成爪哇7号项目的建设，得到了印尼政府、行业、社会的高度认可。

【微评价7】爪哇7号项目大幅降低社会用电成本

爪哇7号项目投产缓解了印尼的用电紧张局面，拉动了当地的经济增长和社会发展，最大可能降低了印尼社会用电成本。根据印尼能矿部发布的数据，爪哇7号项目所在地万丹省平均发电成本为6.91美分每千瓦时，爪哇7号项目的电价为4.21美分每千瓦时。按照年发电150亿千瓦时计算，相对于全国平均发电成本，每年可以节约5.48亿美元电费支出。

三、生根——协同协力实现共享共育

一致的目标和共同的利益将项目各方紧密团结在一起，促进了各方的精诚合作，为项目良好发展打下坚实基础；坚持"共享科技、共育人才"的理念和做法为国华电力公司在印尼的生根发芽夯实了基础。

（一）中印尼政企协同

中国企业在海外往往会遇到公共关系、许可办理、依法合规用工、资源协调、文化差异显著等各类困难。国华电力公司严格遵守所在国家法律规定开展工作，并推动劳工用工本地化；对涉众问题做好预警，及时发现不稳定因素，积极开拓沟通渠道，消除群体性事件安全隐患；依靠当地政府协调解决外部事务，设置专门的协调部门，建立沟通协调机制，解决社区与企业的沟通问题，使企业融入了当地社会，赢得了当地群众的理解和支持，协调缓和社会关系，一定程度上降低了社会风险，保障了项目的顺利建设和运营。

国际化合作项目是巨大的系统工程，项目各相关方都要充分发挥自身优势，协同解决实际问题、提供最佳方案。对爪哇7号项目而言，是签订IPP合同的两国合作企业之间的协同，要严格按照合同约定框架履行责任，除了投资与收益，更重要的是通过建设、运营的全方位合作，达到强强联合、相互学习、优势互补。项目外方董事及本地员工，可对相关外部问题进行协调沟通和化解矛盾。

（二）中印尼全员协力

爪哇7号项目汇聚了包括中国电力工程设计、装备制造、施工建设、管理运营的优秀范例，面对项目建设中设备运输、地质条件复杂、资源配置及保障困难等不利因素，中印尼全员密切配合，携手攻破难题。

唯有用心，才能搭建沟通的桥梁；唯有沟通，才能实现双赢的结果。随着爪哇7号项目在印尼的成熟运营，更多的印尼员工参与其中。中印尼两国员工协力攻坚奋斗，将汗水挥洒在同一片土地上、同一个事业中。

【微评价8】依靠外方人员对外协调沟通

爪哇7号项目定期召开董事长办公会,中印尼双方董事共同就爪哇公司日常治理进行决策,成立专项小组,充分发挥印尼董事的外部协调和与地方沟通作用。

另外,爪哇7号项目设有一个由PLN派出的管理人员组成的公共关系部,负责安全保卫、公共关系以及劳动关系法律管理,与厂界周边城镇、村落以及与警局、劳工局、移民局等相关方的协调,该部门在企业社会责任、治安案件、安全稳定事件、员工劳动纠纷等事务上发挥了重要作用。

图24-5　2018年9月11日,国家能源集团副总经理王树民(左4)到爪哇公司与印尼当地军队负责人(左3)、警察局负责人(右3)、PJB董事(右2)等,就加强社区安全、项目安保等事项进行沟通,国华电力公司总经理李巍(左2)等参加

图24-6　2017年8月16日，印尼能矿部电力司董事Munir Ahmad（右3）等在爪哇7号项目现场调研

图24-7　2022年1月27日，爪哇公司在2022年度工作会议上表彰中印尼先进工作者，财务部印尼籍员工Diana Suradi（前排左1）、生产运营部印尼籍员工Milka Minerva（前排左2）、生产调度组印尼籍组长兼运行部经理助理Eko Panji Budi Handoko（前排左3）、维护部印尼籍员工Edo Sigit Pratama Andreans Saputra（前排左4）、生产运维承包商ZTPI副经理刘曜（前排右3）、生产运维承包商APCC经理袁学刚（前排右2）、生产运维承包商YBCI经理葛丽青（前排右1）

【微故事21】此心安处是吾乡

2020年春节期间新冠疫情突发,爪哇电厂行政人事部副经理滕跃一个人承担着行政、后勤、安保、公共关系、综合治安及保卫、宣传、防疫等多项职责。哪里有需要,哪里有困难,滕跃就出现在哪里。面对可能的物资紧缺,滕跃提前谋划,多方协调采购医用手套、普通医用外科口罩、N95口罩、护目镜等物资,妥善完成了全厂封闭,尽最大努力将病毒阻隔在厂大门之外。周密的防疫措施让厂内人员的慌乱情绪逐渐平稳下来。新冠疫情期间,印尼项目生产基建两不误,滕跃这样的"守门人"功不可没。

在异国他乡进行电力工程建设,有着无法想象的困难,新冠疫情又令很多员工数月甚至一年无法回国,于是,爪哇7号项目的夜晚多了一个新的景观。夜空下,许多中国员工坐在办公区外的马路上和家人视频通话,这是他们少有的和孩子、家庭联系的时间……家,永远是最温馨的港湾;坚守,则是对祖国、对企业最朴实的告白。

图24-8　2023年1月18日,爪哇公司行政人事部副经理滕跃(左)、生产调度组组长兼运行部经理助理PANJI(右)、维护部副经理Dicky(中),在2023年度爪哇公司工作会的休息时间合影,三人用阿拉伯数字"7"的手形表达了中印尼员工对爪哇7号项目发自内心的热爱

（三）共享创新成果

印尼系列火电项目建设运营中，国华电力公司积极倡导：所有能为企业带来价值的改变都是创新、为项目建设贡献创新成果、与印尼同行共享创新智慧，并通过与PLN的合作进行相关技术转让。针对印尼特有的煤种、地质、气候、环境等外部条件，因地制宜开展项目设计，贡献创新智慧。

在爪哇7号项目建设中，针对当地特殊条件，实现了"真空堆载预压＋不同型式桩基"组合地基创新处理、"海绵电厂""五防"、世界最长管状输煤机等大量设计创新和优化，采用中国同类最先进电力技术，助力印尼电力结构升级。

（四）树木更树人

国华印尼系列项目在印尼深耕多年，不仅积累了丰富的运营和管理经验，也锻炼培养了具有专业能力的国际化人才队伍，同时为印尼电力发展培养了大量电力管理及技术高级人才，努力实现了印尼项目人才本土化、中国本土人才国际化。

【微故事22】印尼姑娘Ayu的成长故事

起初，Ayu因为会说中文被招入爪哇7号项目，从事采购、翻译等辅助性工作。随着项目推进，聘用的当地员工日渐增多，人事管理工作日渐繁重，于是项目部安排Ayu做人事管理的文件整理工作。

项目经理沈启亮注意到，Ayu虽然专业能力略有不足，但是工作细致认真、态度积极、肯学肯干，便特意找她谈话，鼓励她多多学习，争取把人事管理工作承担起来。Ayu也非常珍惜这个机会，经过一年时间，她被提升为项目部的人事管理经理，成为印尼员工中最闪亮的"明星"之一。

图24-9 印尼姑娘Ayu在爪哇7号项目海工工程施工现场

为加大项目人才本土化培养力度，国华电力公司在国内设立印尼人才培训基地，将国华三河电厂和台山电厂分别作为印尼员工35万千瓦和100万千瓦发电机组的培训基地，大力培养印尼电力运营专业人才。根据合同约定，爪哇7号项目将在10年内全面实现本地化，为印尼培养运营管理100万千瓦机组的核心人才。

图24-10 2021年5月28日，国华印尼爪哇公司中印尼员工乔迁新行政办公楼

此外，国华电力与印尼大学合作建设"电力仿真和科研教育合作中心"，为印尼电力建设培养运营人才。

图24-11　2019年11月11日，国华电力公司与印尼大学共同成立的印尼首家高校仿真机实验室落成，印尼大学校长Muhammad Anis（右3）、国华电力公司董事长宋畅（右2）、总经理助理张翼（右1）等在揭牌仪式后合影

【微评价9】签署合作备忘录

2019年4月，国华电力与印尼大学签署合作备忘录，商定在电力仿真和科研教育合作中心开设、印尼大学燃气电站建设、人才技术培训三个领域进行全方位合作。2019年11月11日，印尼大学"电力仿真和科研教育合作中心"正式启用，这是国华电力与印尼大学合作创办的以电力生产科研培训为目的的实验室，也是印尼第一家高校仿真机实验室。

印尼大学电力工程系能源系统工程学科负责人柴鲁尔·胡达亚评价："中国电力企业与印尼高校之间的互动开创了良好的合作模式，希望未来两国企业、高校间开展更多类似交流与合作，为印尼电力建设持续输送高素质人才。"

四、温暖——履行社会责任带来福流

秉持"互利共赢""共同家园"的理念，爪哇7号项目不仅为印尼当地提供了稳定的电力供应和就业，提高了当地民众生活水平，而且促进了当地煤电产业的完善和升级，改善了当地的生态环境，发挥了远超项目本身的价值。

习近平主席多次表示，共建"一带一路"倡议源于中国，但机会和成果属于世界。爪哇7号项目发展过程中，国家能源集团用看得见、摸得着的实际举措，给印尼国家和民众带来实实在在的利益，获得了印尼政府和民众的广泛赞许和支持。

图24-12　爪哇7号项目聘请当地村民参与项目的后勤服务工作

（一）就业是最大的民生

从经济学逻辑讲，就业问题不仅是民生之本，是百姓获得收入的主要形式，也是宏观经济中最重要的议题之一，是经济增长的一个重要源泉。受基础设施、交通等限制，此前爪哇7号项目周边居民收入普遍不高。电厂的建设和投运，为创造就业岗位、改善当地民生和促进经济发展提供了新机遇。

爪哇7号项目承载了带动中国电力工程设计、设备制造及建设运营成体系、高水平、大协作"走出去"的重任。项目投产后，年发电量约150亿千瓦时，极大改善了印尼区域基础设施和电力供应状况，吸纳了大量当地人员就业，促进了印尼经济社会发展。项目投产还有助于降低印尼社会用电成本，切实增进印尼民生福祉，提高当地民众生活品质。

同时，爪哇7号项目是印尼历史上规模较大的固定资产投资项目，有利于增强地方经济实力，推动当地经济发展，拉动其他行业固定资产投资、地域商贸经济发展及带动商品消费，进而提高当地工业产值和工业化水平，具有一次投资、长期受益的综合效应，对当地财政增长也有强有力的拉动作用。据统计，项目建设期累计纳税约11000万美元，投产后年平均纳税约4000万美元，可为印尼创造大量税收。

图24-13 爪哇7号项目聘请当地渔民参与海工工程的相关工作

爪哇7号项目建设过程中,积极与周边村镇建立优先就业机制,周边村镇根据自身劳动力情况,承接了部分电厂技术含量不高的服务性工作,项目各承包商也在同等条件下优先录用当地人员,为当地充分就业发挥良好的支撑作用。尤其是在新冠疫情期间,项目通过雇用当地人员清除厂区周边杂草树木等方式,提供临时就业支持,有效缓解了周边村民的经济压力。

爪哇7号项目建设期,直接吸纳当地人员就业超过5000人次。进入生产运营期,国华爪哇公司为850余名印尼人员提供直接就业岗位、间接就业机会超过2000人次。

(二)履行社会责任,融入社区建设

爪哇7号项目是中国"一带一路"倡议的示范窗口项目、印尼全球海洋战略的支点、清洁高效的煤电示范工程。印尼爪哇发电公司积极履行社会责任,致力于在印尼建立良好的社会关系。

项目积极履行社会责任,助力地方发展,在印尼传统节日向周边村镇的困难居民和弱势群体赠送慰问品、建设清真寺、参与印尼贫困家庭电力服务援助计划、开展周边孤儿及贫困户慰问活动、协助周边村民对特拉特河进行清淤、资助Pangsoran打水井、为印尼地震灾区捐款、参与地方政府相关部门组织的印尼节庆活动、旱季为项目周边村镇提供清洁水援助、组织开斋节系列活动、设立并启动爱心基金……

【微故事23】特拉特村的改变

特拉特（Terate）村依河而建，村民习惯了日出而作、日落而息的生活方式，但这一切正在悄悄地发生着改变。由于多年水土流失和泥沙沉积，村民赖以生存的水道河口经常被淤泥堵塞，特别是旱季的时候，水位下降，渔船无法通行。新邻居爪哇7号项目落户后，帮助村子清理河口、疏浚河道，使航道再次畅通，村民的生计又有了新指望。

Ahmad Syaiful以前是特拉特村的渔民，现在是爪哇7号项目的一名普通钢筋工，经过中国师傅手把手地传授，心灵手巧的他在短时间内已能较为熟练地使用铁丝绑固钢筋。项目建设期间，有800多名印尼人在爪哇7号项目工作，他们绝大多数都和Ahmad Syaiful一样，是附近的村民。爪哇7号项目还积极融入当地建设，在节假日组织向困难居民和弱势群体赠送慰问品，直接造福当地民众。

图24-14　2017年12月28日，爪哇7号项目在特拉特河清淤

【微故事24】相助，超越语言的美

印尼一年只有两个季节，一个是旱季，另一个是雨季。雨季来临，是雨水异常频繁，滂沱大雨会把爪哇岛变成一片泽国。

2018年的一场大雨过后，印尼多地发生严重内涝，齐腰深的水从街道灌进民宅，涌进地势低洼的各个角落，交通近乎瘫痪。

得知印尼员工迪安家里也遭了灾，爪哇公司的中国员工立即自发组织去他家帮忙清理淤泥、收拾被淹的家具。原本心情低落的迪安，看到这么多中国朋友到来，既吃惊又感动。大家撸起袖子和裤腿，迅速投入有序的工作，整个下午，大家都泡在水中，将迪安被水淹的家收拾干净。离开时，迪安依依不舍，目送车子开出他的视线。

一天，行政人事部秘书滕跃正在办公室忙碌，一名员工慌忙跑来说印尼司机阿迪的情绪不对，滕跃立刻放下手中的工作去现场，发现阿迪说话非常激动，甚至毫无预兆地掩面哭泣。

滕跃问："有什么事情要勇敢地告诉我们，请相信我们虽然来自别国，但咱们一直是朋友。""我……我的妻子怀孕了，她的身体情况不是很好，医生说需要入院保胎，但需要一大笔钱，我已经向周围朋友借遍了，还差很多……"说出这些，阿迪再次失声痛哭。作为父亲和丈夫，生活的窘迫让这个男人落泪。大家陷入沉默，屋里回荡着阿迪的哭声。

"需要多少钱？"滕跃主动打破了沉默。

"大概，大概需要十条印尼盾……"（十条印尼盾约折合5000元人民币）大人和孩子的生命安全让滕跃没有做过多思考，他将身上所有的印尼盾都递给了阿迪。阿迪紧紧握着滕跃的手，此刻，信任与理解就这样紧紧握在了一起。几个月后的一天，阿迪找到滕跃，他掏出一张照片，照片里他美丽的妻子抱着刚出生的孩子，阳光洒在照片上，一大一小两张脸上溢满了幸福。

图24-15　爪哇公司董事长温长宏（右）、印尼董事Teguh Handoyo（左）看望周边村的孤儿

共生模式：神华国华印尼爪哇7号2×1050MW发电工程纪实

一系列举措提升了企业社会美誉度，增进了企业与周边村民的感情，促进了企业与社区的融合。

爪哇7号项目还为周边村民及儿童提供医疗服务支援；为项目周边公立小学、小学基金会等提供教育援助；为项目周边村民、渔民、手工业者提供技能培训服务，并帮助其筹集鱼子、渔网等部分基础生产物资……

图24-16　2022年12月1日，爪哇公司总经理陆成骏（右3）、印尼董事Doddy（右2）代表爪哇公司通过印尼红十字会向西爪哇展玉市地震灾区捐赠2亿印尼盾。

【微故事25】相助，心相通

2018年12月22日，位于印尼西爪哇岛和苏门答腊岛之间巽他海峡中的喀拉喀托之子火山喷发，导致山体崩塌并引发飓风，海峡内发生了强烈的无预警海啸，火山以东约45千米远的爪哇岛万丹省板底兰海岸掀起了高达3米的海浪，瞬间吞没了海滩附近的居民区和度假区……

2018年12月28日，国华爪哇公司组织项目中印尼员工为印尼巽他海峡海啸受灾区进行爱心捐款，项目各参建单位及下属分包单位共30余家单位200多名员工踊跃捐款，为印尼海啸受灾群众送去关爱，共募集善款70653000印尼盾（约合人民币3.5万元）。

（三）新冠疫情防控期间内部管控及外部支持

尤为值得一提的是，新冠疫情期间，爪哇7号项目全体员工时刻牢记国家的嘱托，坚决贯彻上级公司关于疫情防控的指示精神，在集团公司和国华电力公司的细致指导和精密部署下，国华爪哇公司制定了严密的疫情防控措施，内防聚集性传播，外防病毒输入，严防死守，精准防疫，早发现、早隔离、早治疗，安全度过了印尼几轮疫情侵扰，保障了中印尼员工的健康。

新冠疫情期间，在上级单位领导的关心关爱下，国华爪哇公司克服重重阻力，迎难而上，圆满完成了2号机组调试、试运和全厂性能试验，最终在2021年7月8日实现全厂商业运营（综合新冠疫情影响等原因，PLN与爪哇公司签署PPA补充协议，约定2号机COD日期由2020年10月7日改为2021年7月8日，并以2021年7月8日当日为25年运营期的基准日），树立了中国企业"走出去"过程中践约重诺的良好口碑。

【微故事26】项目周边村民收到来自爪哇公司的慰问

爪哇公司在项目建设和运营过程中一直积极履行社会责任，多次在印尼传统节日组织向周边村镇的困难居民和弱势群体赠送慰问品，增进与周边村民的感情，建立和谐良好的地企关系。

2021年的开斋节，印尼新冠疫情比较严重，在开斋节前夕，为增进项目与周边社区的良好关系，爪哇公司给附近的特拉特村等5个村庄送去了2000个食品包，深切表达了爪哇公司对项目周边社区的关心和关注。

特拉特村村长伊尔凡见到了来自爪哇公司的老朋友，显得非常开心，他非常感激爪哇公司能够在困难时期送来爱心和温暖，热烈邀请他的电厂朋友们去家里做客。

Karang Kepuh村负责人也代表全村对爪哇公司的慰问表示感谢，他说："我们将把这些食品包分发给渔民、农民、孤寡老人以及其他需要帮助的社区人民，他们会记得这个开斋节来自中国朋友们的爱心。"

新冠疫情防控期间爪哇公司持续保持高负荷发电为印尼社会提供安全稳定的电力供应，为印尼有效防控疫情提供了坚实的能源保障，用实际行动践行"一带一路"倡议的责任与使命，有追求、负责任的企业精神收获了印尼各界的高度好评。

图24-17　2020年7月9日，国华电力公司印尼代表处副主任孙一丁（左2）、商务经理袁仲举（左1）代表爪哇公司向PLN捐赠防疫物资

爪哇公司在新冠疫情防控的同时还积极通过印尼国家电力公司向印尼社会捐赠防疫物资，第一时间支援印尼政府有关机构、南苏门答腊省，以及项目周边社区的防疫工作，成为印尼社会疫情防控工作的一支有生力量。2021年，印尼爪哇发电公司在组织现场员工接种新冠疫苗的同时，还为周边社会普及新冠疫苗接种提供便利条件，在厂门口搭设简易帐篷，维持接种秩序，顺利为周边村镇近1000人接种新冠疫苗。

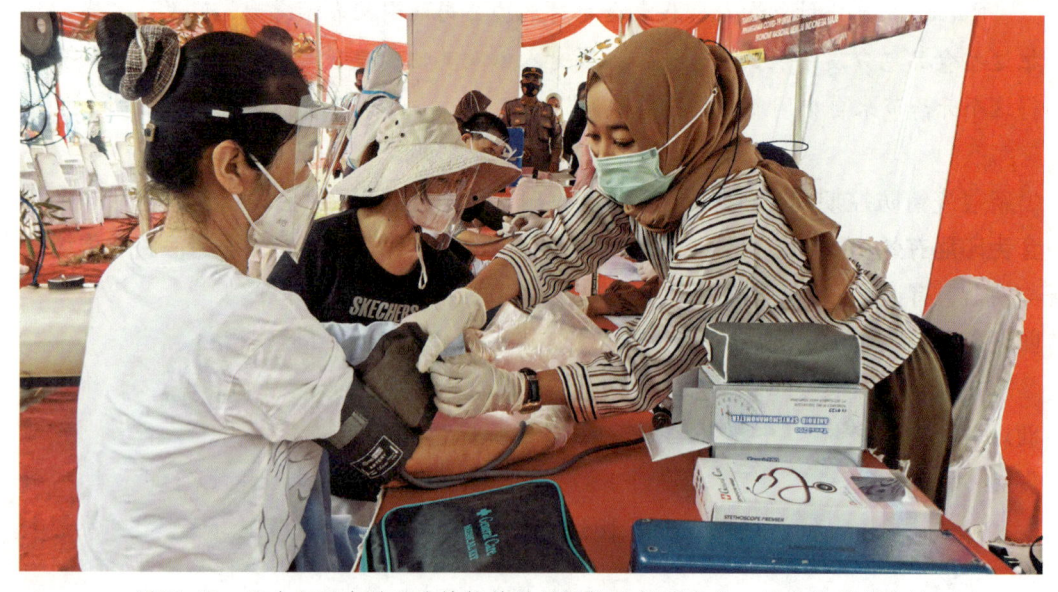

图24-18　爪哇公司为附近的特拉特村村民接种新冠疫苗，图为接种前体检

（四）为中印尼员工提供国际SOS救援及医疗服务

作为扎根于印尼的海外工程，爪哇公司只有更积极地落实社会责任，包括经济责任、环境责任、员工健康责任等，才能进一步提升企业竞争力。特别是员工的安全和身心健康，始终是国华电力公司领导和爪哇公司主要负责人一直放在心头的"头等大事"。如何保障企业在海外的业务运行，保证企业员工在海外安心工作，一直都是"出海"的中资企业面临的难题。

依托国华穆印电厂等项目的运营经验，国华电力公司给出了如下方案。第一，从战略上完整规划，国华电力公司把保护海外员工的健康和安全提到了一个相当的高度，强调预防为主、防患于未然。员工派出前，在国内要做好健康筛查，确保派出去的人员没有基础疾病，适合在国外长期、独立工作，而且能适应海外项目的高压高风险环境。第二，国华爪哇公司层面要做好各种应急预案和实操演练。除了国内传统的安全应急预案之外，要根据印尼当地的实际情况，制定地震、海啸等地质性灾害专题应急预案，制定疟疾等传染性疾病应急预案。第三，国华电力公司十分关注员工的心理健康，员工在项目现场派驻一段时间，特别是延长派驻之后，又夹杂了社会动荡、医疗风险等因素时，员工的心理健康可能会产生问题，需要开展一系列的文化活动来调节。

考虑到海外项目的实际情况，经过综合研判，爪哇公司选择了与国际SOS救援中心合作，向中印尼员工提供全方位的健康和安全风险服务。

图24-19　2018年5月19日，国华爪哇公司聘请国际SOS救援中心开展急救知识培训

国际SOS救援中心成立于1985年，双总部分别位于伦敦和新加坡，是全球领先的健康和安全风险管理服务机构，可使用99种语言为全球提供7×24小时的医疗＋安全＋心理一站式服务，可帮助企业履行"员工关爱义务"。

员工医疗保障方面，爪哇公司依托国际SOS救援中心，向广大员工提供医疗咨询、当地就医、医疗转运等服务，并在厂区内设立医疗服务站，由国际SOS救援中心派出精通中文的印尼医生常驻现场。

员工安全管理方面，爪哇公司给广大员工及各参建单位都订阅了安全预警信息服务，让广大中印尼员工能够及时了解国际安全形势、印尼当地安全形势等；还为员工搭建了数字化在线安全学习平台，通过中英双语线上教学的方式，给员工提供了涵盖数十种健康与安全的培训课程。此外，在国际SOS救援中心的指导下，公司制定了各类专业的安全应急预案。

2018年9月，项目现场发生了一起突发事件，山东院的员工拨打了SOS服务电话，国际SOS救援中心接到电话后，及时与中印尼相关部门取得联系，并向现场提供了一系列处置措施建议。与此同时，爪哇公司第一时间启动应急预案，在印尼政府部门、印尼股东方的支持下，在国家能源集团、国华电力公司的领导下，及时、快速、合理地处置了此次事件。

五、融合——文化相融激发企业活力

"各美其美，美人之美，美美与共。""文明的繁荣、人类的进步，离不开求同存异，开放包容，离不开文明交流、互学互鉴。""历史呼唤着人类文明同放异彩，不同文明应该和谐共生，相得益彰，共同为人类发展提供精神力量。"民心相通是"一带一路"建设的重要内容，也是"一带一路"建设的人文基础。为形成这样的人文格局，奠定这样的人文基础，国华电力坚持将人文交流与项目合作同步推进。

（一）尊重，各美其美

中方员工出国前统一进行印尼语及印尼文化学习。爪哇公司尊重印尼的风俗习惯，设立独立的清真餐厅，提供便利的宗教设施，建设中印尼双语文化走廊，增进文化互通；电厂在所有细节上体现对印尼员工的认同和尊重，文化理念墙所有理念都由印尼语和汉语双语展现，配图印尼人像居多。

爪哇7号项目充分尊重印尼当地宗教信仰，从项目开工伊始，就在联合办公区等多个区域规划布置了祈祷室，满足了初期进场印尼员工的需求。随着工程推进和建设高峰期的到来，印尼员工大量增加，爪哇公司在原有三个祈祷室的基础上，又在临建生活区、现场班组办公区、循环水泵站区、水务中心区、煤场区增加了六个祈祷室。

图24-20　2018年6月14日，国华爪哇运维公司在国华台电培训基地举办"文化融合"开斋晚会

此外，虽然投标文件中没有关于建设清真寺的要求，爪哇公司还是专门聘请印尼当地的专业设计团队、专业施工队伍，根据"与工程同步设计、同步建设、同步投用"的原则，在厂区入口附近建成了现场周边规格最高、设施最好且符合当地习俗的清真寺，并向周边民众开放。生产运营期，爪哇公司在厂区各建筑物内均布置了祈祷室。

爪哇公司广泛开展中印尼员工"文化融合日"活动，举办印尼国情讲座，宣贯尊重印尼宗教信仰和民族传统等思想，增进中印尼员工的相互理解和包容。尊重彼此习俗，谨言慎行，兼容并蓄，加深了两国员工的友谊。

【微故事27】尊重信仰

印尼员工大多信奉伊斯兰教，为充分表达国华爪哇公司对驻地宗教信仰和文化习俗的高度尊重，在细节上体现对印尼员工的接纳、认同。爪哇7号项目主动融入社区建设，出资在电厂附近建起一座清真寺。此外，项目基建期住房非常紧张，有些部门连办公室都没有，尽管如此，爪哇公司还是腾出一个房间，供印尼员工做礼拜用，并在施工现场布置了多个祈祷室。

图24-21　2022年12月21日，勤奋、敬业的印尼员工在爪哇公司行政办公楼合影

（二）交融，美人之美

以员工文化交流活动为载体，搭桥梁，建纽带，定期组织体育赛事和拓展训练，加强中印尼员工之间的沟通交流，提升团队协作能力，为员工快乐工作、快乐生活增添公共元素。调查研究中印尼员工文化移植能力、语言能力、交际能力、生活态度和情绪管理等方面动态情况，开展跨文化培训，增强员工的文化适应和认同。为深化人文交流创造条件、营造氛围，讲好传统文化，分享文明建设成果，以文化融合增进互信，以共生价值消除分歧，为境外项目的完美落地、快速发芽和健康共生铺垫优质土壤、积蓄丰富养分，在中印尼员工中形成"不忘初心、坚定信心；尽责尽心、团结一心；管理细心、调运精心；关爱关心、事事暖心"的"八心"项目文化。

【微故事28】聊聊心里话：成长与变化

国家能源集团对印尼员工特别关心，集团和国华领导每次去项目现场调研都会与印尼员工座谈，听他们说心里话，这已经成为集团公司和国华电力多年的惯例。

2023年2月1日，国家能源集团副总经理王树民到爪哇电厂调研，与印尼董事及十几位印尼员工代表进行了座谈交流。

印尼董事和印尼员工代表分别就电厂的变化、家庭的变化、社会的变化、个人的成长四方面讲述了自己的真实感受。他们表示为能在如此先进、优秀的企业工作感到幸运和骄傲，爪哇电厂不但为他们提供了稳定的收入，使家庭成员的生活、教育、医疗等有了保障，也使他们本人学到了更多的技术和语言文化等知识，得到了更好的成长。

王树民代表集团对印尼董事和员工进行慰问和感谢；表示中印尼员工心心相印，员工与企业共同成长，家人与时代共同进步，是爪哇7号项目的初衷；强调爪哇电厂的"家"文化是"共育共生"的企业文化，大家要一起建设一个交融包容的"家园"，做到"美人之美，美美与共"。这种共生是战略上的共生，质量上的共生，文化上的共生，人才上的共生，生态上的共生。国家能源集团将深化这种互利共生的发展模式，希望爪哇电厂员工越来越幸福。

图24-22　2023年2月1日，国家能源集团副总经理王树民（前排右6）、国能国电电力党委书记罗梅健（前排左4）、国家能源集团副总工程师闫国春（前排右4）等与爪哇公司印尼董事和印尼员工代表座谈后合影

（三）相通，美美与共

在对外与印尼政府机构、本地企业及当地民众的交流过程中，充分尊重印尼本地的文化习俗、宗教信仰以及思维方式和行为方式等，让员工明晰，要有效适应异域文化，赢得当地政府官员、居民和员工的信任。主动向社区开放体育设施，努力让当地民众有获得感，中印尼员工组建的电厂队与村里组织的队伍进行定期的比赛交流，通过足球比赛、羽毛球比赛等活动，促进交流、理解。定期到附近社区走访，邀请村民到电厂参观，增强村民对企业的了解，增进彼此友谊。随着文化适应和融合共建，当地居民和员工愿意主动与中国人交朋友。

（四）落地，文化融合

针对爪哇7号项目参建方多，不同企业存在文化差异性的现实，为推进公司各参建单位和人员文化融合，形成文化合力，为工程建设顺利推进提供有效保障，国华爪哇公司成立了文化建设委员会和文化建设委员会办公室，由各参建单位领导和分管企业文化的经理牵头组织开展工作，牢固树立大局意识和看齐意识，统一思想、明确目标，将文化建设有效地引入员工心灵，嵌入日常工作，导入运营流程，实施"文化落地"。

图24-23　2019年8月21日，爪哇公司总经理赵志刚（左2）、总工程师闫卫东（左1）组队参加中印尼员工羽毛球比赛

图24-24　2019年1月1日，中印尼员工手持爪哇公司企业文化标语牌合影

爪哇7号项目在组建企业文化建设委员会的基础上,成立企业文化建设委员会工作组,并成立企业文化综合小组、信息摄像小组、网站微信小组、文体协会小组,明确各单位分工,积极推动小组各项工作开展,并建立定期沟通、考评机制,确保各项工作的顺利推进。

以企业文化为依托,国华爪哇公司切实履行主体责任和监督责任,强化海外员工思想建设工作,把责任扛起来、把旗帜竖起来、把制度硬起来、把堡垒强起来、把考核实起来、把廉政严起来,当好海外发展桥头堡、排头兵,发挥战斗堡垒作用和先锋模范作用,为公司的基建各项工作稳步推进和企业的持续健康发展提供坚强保证。

公司先后成立太极拳协会、瑜伽协会、八段锦协会、毛笔字书法协会、语言协会等9个协会,涵盖范围广、开展活动方便、内容形式多样,极大丰富了员工业余文化生活,深化了中印尼员工文化交流,还组建了职工图书室,营造精神家园。

图24-25 中印尼员工同做八段锦

(五)跨文化管理

国华爪哇公司企业"跨文化管理"的四个核心要素,或称"四个抓手"是"领导引航""体制助推""文化定制""文化践行"。"领导引航""体制助推"是重点,"文化定制"是难点,"文化践行"是抓手。

对海外工作员工个体而言,"跨文化管理"指通过不断自我学习和管理,培养国际化思维，提高"跨文化"的适应能力。对海外项目整体而言，"跨文化管理"能力直接影响着公司在海外的"战略人才工程"落地，也影响着海外项目的可持续和稳定发展。

文化的尊重与情感的交融使融合力度不断加大、沟通更加畅通，奠定了全方位融合的坚实基础。同时，国华文化也潜移默化地影响着印尼员工。

文化是企业之间、不同国籍员工之间的"黏合剂"，是工程建设的灵魂，爪哇7号项目以"责任、荣誉、使命、目标"为核心，以文化为载体，传递项目建设的安全、质量、文化理念并使之深入人心，传递正能量，为项目建设提供强有力的文化支撑。

图24-26 中印尼员工参加"融合奋进杯"羽毛球友谊赛后合影

构建员工坚信的"以人为本，平等融合，止于至善"企业文化；构建股东方信任的"管理规范，创新引领，创造价值"管理模式；构建各方认同的"诚实守信，履约践诺，携手共赢"合作方式；构建与政府、企业及民众"依法经营，互融互信，和谐共处"周边环境。

国华爪哇公司以真诚和亲善赢得了当地政府官员、社区村民和印尼员工的信任，项目建设也得到了印尼各方的大力支持和配合。

2023年7月20日，国电电力发展股份有限公司党委副书记、工会主席刘焱到爪哇公司调研时，对爪哇7号项目中印尼文化融合方面取得的成绩表示了赞赏。刘焱认为，爪哇7号项目的成功建设运营，是央企践行"一带一路"倡议的良好实践，是中印尼文化交流的成功典范，为中印尼两国未来电力事业的发展奠定了坚实基础，意义深远。

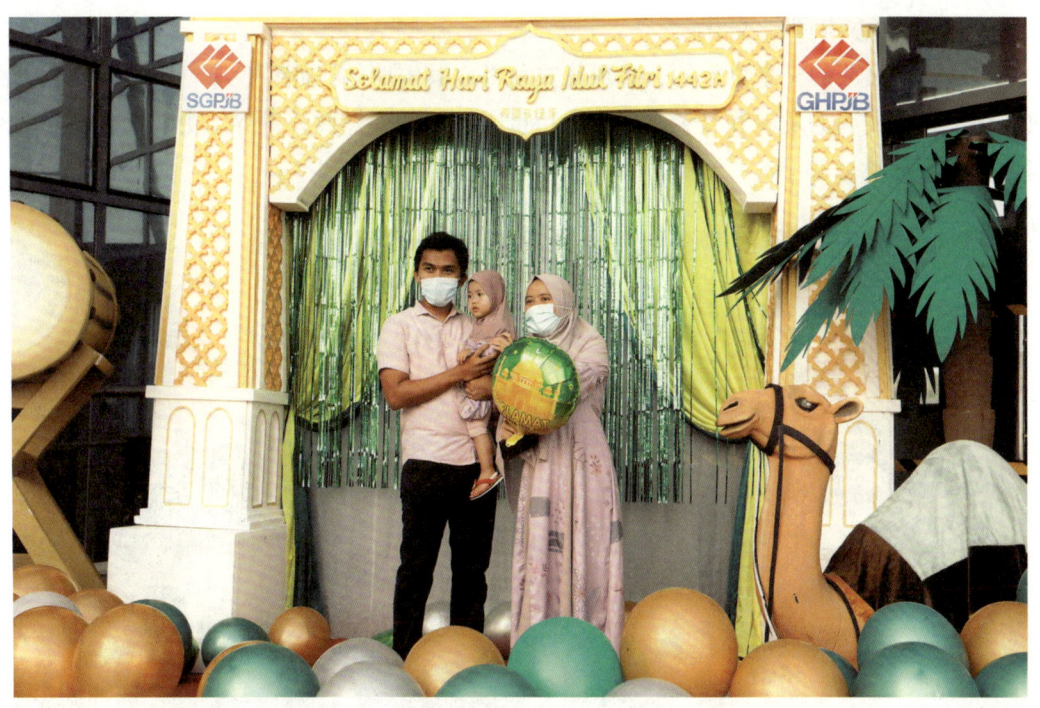

图24-27　2021年5月13日，爪哇公司组织庆祝开斋节，印尼员工与家属合影

图24-28　2023年7月20日，国电电力股份有限公司党委副书记、工会主席刘焱（后排右8）在爪哇公司调研

（六）"心相通"文化

文化既是民族的又是世界的，各民族文化都以其鲜明的民族特色丰富了世界文化，共同推动了人类文明的发展和繁荣，只有保持世界文化的多样性，世界才更加丰富多彩，充满生机和活力。

图24-29　2022年5月2日，勤奋、敬业的印尼员工手持爪哇公司发放的开斋节礼物合影

"国之交在于民相亲，民相亲在于心相通。""心相通"是"一带一路"建设的重要内容，也是"一带一路"建设的人文基础。"一带一路"要行稳致远，离不开"民心相通"的支撑和保障，需要实施好"增进民心相通"这项基础性工程。

参与项目建设本身，就是在积极践行"一带一路"倡议，通过执行项目建设、运营，努力推动与"一带一路"国家民众增进相互了解、深化相互间的友谊。为推动形成良好的人文格局，奠定和谐的人文基础，爪哇公司坚持将人文交流与项目合作并重，同步推进。

【微故事29】安妮的心愿

这是一个既悲伤又温暖的故事……

年轻的印尼妈妈安妮能说流利的汉语，早在2016年就加入了爪哇7号项目建设团队，在项目2000多名当地雇员中像安妮能这样讲汉语的很少，正是因为具备这样的能力，安妮负责对外公关事务。

安妮的月薪约5000元人民币，这在当地是比较高的薪资。安妮的老家在500多千米外的芝拉扎，她把上小学六年级的儿子留在家中，由孩子的外婆和外公照看。她对工作和生活的规划有三项，一是把孩子接过来上中学，让他在自己身边学学中文；二是在这边买套房子；三是存钱给孩子的未来教育。她说："如果有可能，想把他送到中国去留学。爪哇7号项目让我的生活有了新希望，我的未来也会与之息息相关。"

安妮说到做到，她一直奋斗到了爪哇7号项目投产。可惜的是，2021年，善良的安妮因病去世，离开了她最爱的儿子。

2023年，爪哇公司成立"安妮的心愿"助学基金会，旨在减轻中印尼困难员工家庭经济负担，帮助困难员工子女顺利完成学业，让困难员工感受到公司大家庭的温暖。

图24-30　2023年5月29日，"安妮的心愿"助学基金会捐赠活动

六、成长——共生模式超越项目价值

（一）优势互补强产业

爪哇7号项目建设运营过程中，项目各方精诚合作，充分利用各方优势，实现优势互补，不仅保证了项目质量，提升了印尼煤电产业技术水平，而且补强了印尼煤电产业链，实现了中国产业链、标准走出去，造就了新时代合作共赢典范。

【微评价10】中印尼两大国企优势互补

作为两国大型国企合作项目,爪哇7号项目特别注重双方团队协同,双方的合作除了投资与收益,更重要的是通过建设、运营的全方位合作,达到强强联合、相互学习、优势互补。

按照PPA约定,本项目商业运营25年后将全面移交PLN,PLN对此高度重视,向项目派驻了由高级管理层、中层、运维人员组成的精干团队,每个重要部门都有印尼方团队人员加入,以开展全方位的合作。

工作中,中方团队向印尼团队学习公共关系、融资税务、证照办理、政府职能对接方面的管理经验,印尼方团队向中方团队学习中国发电机组的先进技术和管理运营,以期达成未来由印尼方全面接管项目的目标。两支团队密切配合、相互协同,使项目展现出巨大的活力。

1. 印尼技术"走上去"

爪哇7号项目集成先进火力发电技术,机组汽轮机、锅炉、发电机等主辅设备采用最新一代的中国自主技术标准及设备,推动了印尼电力行业设备和技术全面升级;采用全厂主辅一体化DCS控制系统,实现机组主辅系统高度集中自动化,在印尼首次实现了百万容量燃煤机组APS自启动功能,推动了印尼电厂侧智能化控制水平的提升;实现了大机组小电网条件下的安全运行,成为印尼电网安全稳定运行的示范电站,促进了厂网协调的技术进步;仿真机实现了与DCS设计、出厂验收、调试测试的同步投运,保证了机组调试期间热控逻辑全部验证完善,提高了印尼电站高标准调试水平。

2. 印尼产业"走上去"

爪哇7号项目采用中国同类最先进电力技术,推进与合作伙伴进行电力相关技术转让,助力印尼电力产业升级。

爪哇7号项目采用BOOT(建设-拥有-经营-转让)方式,与PLN签订为期25年的购售电合同(PPA)。作为BOOT模式IPP项目,根据约定,项目运营25年后,国家能源集团会把爪哇电厂全部移交印尼国家电力公司。那时候,项目带给印尼的绝不仅是一个电厂,还有成套的先进发电技术、成熟的人才队伍以及运营管理经验,将推动印尼电力产业"走上去"。

(二)生态环境走向和谐

国华电力印尼系列火电项目秉承"生态环保,绿色发展"理念,坚持生态文明建设,保护生物多样性,项目建设优化设计,加大环保科技投入,实现了项目环保水平远高于印尼国家标准。同时,项目遵循国际规则,遵守法律法规,基于当地生态系统的整体性和环境影响的关联性,以建设区域环境生态保护的共同利益与相互认同信任为契合点,共同治理、推进区域环境保护事务,形成生态环境带来利益的有机联合体,共同打造海外建设的

"绿色生态圈"。

1. 环保技术先进

爪哇7号项目是印尼目前技术最先进、环保指标最优的绿色环保型电站，除了烟气处理采用先进成熟的环保技术外，运煤转运点采用粉尘综合治理技术，创新采用曲线落煤管+无动力除尘导料槽+干雾抑尘等集成工艺技术，达到"标本兼治"，节能降耗；海水脱硫吸收塔采用新型喷淋塔技术，实现了喷淋层程序化设计，可提高海水分配的均匀性，有利于脱硫效率的提高和减少设计工作量；海水脱硫海水水质恢复系统首次采用了公共、闭环式管网曝气技术，可提高曝气均匀性，有利于海水水质恢复。

【微评价11】树立印尼电厂安全经济环保新标杆

爪哇7号项目安全、经济、环保指标创立了印尼电厂的新标杆。一是1号机组投产后安全运行302天，创造了中国及印尼百万千瓦机组投产后安全运行新纪录。二是机组全厂净热耗（TMCR）2197.7kcal/kW·h，厂用电率（TMCR）4.7%，供电煤耗288.64g/kW·h，各项经济指标达到印尼最优。三是采用高效环保的低氮燃烧器、高频电源电除尘及海水脱硫技术，环保排放指标烟尘排放浓度18mg/Nm^3，二氧化硫排放浓度100mg/Nm^3，NOx排放浓度150mg/Nm^3，远低于印尼国家环保排放标准。

2. 涵养绿色生态

一山一水，都是风景；一草一木，皆为家园。国华印尼项目在发展好清洁煤电的同时，积极开展自然生态保护，尊重原有生态环境，利用和保护原有红树林，建设与自然环境相融的七彩输煤栈桥，形成景观带，努力实现环境效益、经济效益和社会效益多赢。

3. 预留提升空间

印尼作为发展中国家，环保标准正处于逐渐完善和提升之中，因此项目的设计规划应充分考虑未来的环保要求，预留环保提升空间，在当期的可预见性支出和未来的合规成本之间寻求最佳平衡点。同时，要拓宽环保管理思路，如研究灰渣综合利用方式，在灰渣制砖、灰渣修路等方面寻求突破。

4. 打造绿色业态

绿色不只是高质量发展的底色，更是保护色。

爪哇7号项目从公开招标到项目建设，国华电力遵循国际规则，遵守法律法规，坚持一切合作都在阳光下运作，做到流程透明、操作透明，项目实施全程可控在控，以绿色投资、绿色金融、绿色清关与免税等工作方式，打造国华印尼项目的"绿色生态圈"。扎实的绿色业态，全力保障生产项目安全，保护资产安全，依靠健全的机制、完善的条款、定期的提醒等举措，让印尼项目在"一带一路"上健康、透明地运转，让绿色廉洁成为国华海外项目人员共同的底色。

【微评价 12】履约践诺，守法经营

坚持依法为魂，规范管理，履约践诺。针对海外项目法律风险突出的特点，爪哇7号项目在第一时间收集和翻译了与项目建设有关的印尼法律法规，为各项工作开展提供依据。聘请印尼SSEK律师事务所作为专职的法律顾问提供专业的法律服务，确保各项经营活动的合法性。按照《印尼公司法》《股东协议》《公司章程》开展公司治理，按时召开股东大会、监事会、董事会，各项决策依法合规，定期召开董事长办公会。严格招标管理，建立招标及物资采购相关制度，严格执行国华电力公司采购管理规定，所有公开招标项目均由中国神华国际工程有限公司在中国公开招标。非公开招标项目采购根据相关制度规定，采用单一来源、询比价等方式进行，保证程序合规，过程文件完善。倡导"诚实守信，履约践诺"的合作理念，将PPA、EPC合同作为最重要的法律文件，按照合同约定的权责与项目相关方开展业务活动，有效避免合同执行过程中的纠纷。

七、成林——深耕印尼实现共生共赢

在爪哇7号项目建设发展过程中，国家能源集团始终坚持"合作共赢，利益共享，责任共担"理念，在确保项目建设运营高质高效的前提下，提升当地产业发展水平，履行社会责任，提高企业员工福利待遇，改善当地民生；严格落实环保标准，改善当地生态环境。以这样的处事方针和合作诚意项目赢得了合作方和当地政府、民众的尊重与认可，各方形成了"不分国籍，目标一致，精诚团结，协同共进"的合作共识，各方同向而思、同向而行。项目实现了"政府得税收，民众享电力，员工得实惠，企业得发展"的各方共赢局面。

由此，国家能源集团与当地政府、民众、合作企业之间的合作更加深入、融合更加紧密、情谊更加深厚，形成了以"共商共建共享"为原则、以"命运共同体"为核心的共生发展关系，促进企业走向可持续发展、高质量发展的广阔空间。从项目、技术到产业、生态、民生，再到人文、历史、价值观，各方的合作纽带日益加强，逐渐进入鱼水交融境界。

思想、价值观是行动的引领，行动是思想、价值观的实践。一个企业没有共同的价值观，就没有发展方向，无法健康成长、持续发展。

国家能源集团在印尼系列煤电项目的发展过程中，逐步将共生模式、共赢理念发展为各方都认同、践行的理念，也成功促成共赢理念向共生价值观的升华，构建了独特的共生企业文化和价值观，形成了彼此认同且共同遵循的行动引领。

图24-31　2019年9月27日，印尼PJB及下属企业到爪哇7号项目参观调研

【微故事30】山东院的印尼女孩Little Young

杨丽珊的印尼名字是Little Young，她出生在苏门答腊岛上一个偏僻的小山村，中印尼混血。2016年，杨丽珊以优异表现被山东院录用。

杨丽珊来到爪哇7号项目后，工作积极，对现场的翻译工作充满热情，积极投入帮助中印尼双方交流沟通的工作中。她帮助现场的中方人员和印尼人沟通，同时积极介绍印尼的传统及习惯，帮助中国人员尽快融入环境以更好地开展工作。

杨丽珊积极学习有关电力专业的专用名词，如发电机、汽轮机、给水泵等，认真的学习态度，给她的工作带来了很大的帮助。同时，她还能很虚心地向中国同事学习，很快就从众多翻译人员中脱颖而出，多次在重要场合解说翻译，每次都能圆满完成任务，得到了好评。

杨丽珊喜欢中国，对中国文化有特殊的喜爱，也非常喜欢自己的工作，积极参与现场的各项活动。热爱是最好的老师，这也成为杨丽珊的工作动力，在工作中学习，在工作中成长，她从一名职场新人，快速成长为各方都离不开的中坚力量，为圆满完成爪哇7号现场的工作做出突出贡献，也为以后的工作打下了坚实的基础。

热情乐观，充满活力，积极向上，加油吧！丽珊，你的未来无限光明。

第二十五章　共生模式启示

一、共生模式内核分析

(一) 顺应国家战略是基础

国家战略是一个国家发展诉求的集中体现，也是民众追求更好生活的意愿表达，引领国家经济社会发展方向。企业发展战略与本国及投资目的国的发展战略对接，确保方向一致，意味着企业发展符合国家需求、民众期待，企业发展更容易得到政府政策、金融、税收支持，也更容易得到民众的理解和支持，企业发展将更顺利。

国华电力公司在印尼的发展就是如此，爪哇7号项目是在两国国家战略衔接中促成推进的。从某种意义上来说，项目的成功，就是公司对接两国战略的成功。

图25-1　2017年5月19日，神华集团副总经理王树民（左4）与PLN副总裁Iwan Supangkat（右4）、PLN IP公司董事长Sripeni Inten Cahyani（右3）、PLN煤炭部门总经理Harlen（右2）、PLN IPP部门总经理Ahsin sidqi（左3）、国华电力公司总经理李巍（左2）、国华电力公司印尼代表处主任富跃龙（右1）、神华集团国际合作部韩旭（左1）在PLN总部（雅加达）合影

（二）质量效益是根本

习近平主席指出，"质量就是效益，质量就是竞争力"。"一带一路"项目建设要以高质量形成驱动力，以高质量带来高效益。

爪哇7号项目一切从全生命周期利益最大化出发，将质量和效益有机统一。项目建设期，通过优化设计、精益管控、协调推进，交上"高标准开工、高水平建设、高质量投产"的满意答卷，以大国工艺和工匠精神诠释中国品质；运营期通过运行优化、设备改造、隐患治理，不断提高机组可靠性，保持高质量运营管理水平，实现机组长周期稳定运行，为地方经济发展提供稳定电力保障，为股东创造可观经营收益，诠释了"基建生产一体化""基建为生产、生产为经营"的深刻内涵。

（三）高效协作是关键

因协作而高效，因高效带来更强大的协作。国际化合作项目是一个巨大的系统工程，要充分发掘项目驻在国和国内资源，寻找可靠的合作伙伴，建立优质合作团队，各方协调联动、资源共享，通过政府间协作、内外部协调、多方协同、全员协力，实现齐心协力、同向发力。

图25-2　2023年5月11日，爪哇公司组织中印尼文化融合暨开斋活动，邀请历届董事会、监事会的印尼成员参加，图为部分原监事会成员与董事长赵志刚（右1）合影，Teguh Widjajanto（左1）、Bambang Anggono（左2）、Purwono Jati Agung（左3）、Lavi Rumandioko（左4）

爪哇7号项目的建设过程中，爪哇公司与印尼国家电力公司结成强强联合的项目管理团队，吸纳中国电力设计、机电设备制造、工程建设、技术咨询等领域的优质资源，以多层次、多主体的沟通协调机制，优势互补、环环相扣，实现了高效一体推进。

（四）共享发展是核心

正如习近平主席指出的，"一带一路"建设将由大家共同商量，"一带一路"建设成果将由大家共同分享。海外项目发展要构建互惠互利的利益、命运和责任在内的共同体，具有"义利相兼"的平衡观，把项目发展和所在国利益统一起来，寻求各方利益的最大公约数，才能实现互利共赢、共同发展。

图25-3　2022年5月31日，爪哇公司在雅加达召开2022年煤炭大会，PJBI董事长Amir Faisal（前排左4）、爪哇公司总经理陆成骏（前排右3）、PJBI董事Wirawan（前排左2）、印尼代表处副主任孙一丁（前排左3）等合影

爪哇7号项目在建设过程中，合作一切可以合作的朋友，在"走出去"过程中实现自我发展，同时助力印尼提升电力技术水平和产业能力，实现了中国产业链、标准走出去，增加当地福祉，改善当地民生，以"共享发展"为核心造就新时代合作共赢典范。

（五）深度融合是保障

企业海外发展要面对全新的社会环境，政治秩序、风俗文化、行为习惯等差异会带来利益诉求的不同，消除差异障碍，寻找各方诉求的共通点、利益的交汇点，构建友好的发展局面尤为重要。

图25-4　2017年5月6日，爪哇公司组织印尼语大赛

项目在推进中，以"管理融合，文化融合，知识融合"三方面为抓手，以"换位思考，求同存异"为原则，融合双方先进管理理念，深耕细作；为深化人文交流创造条件、营造氛围，如中印尼员工一体化管理，为周边村民排忧解难，增强文化互通；坚持"成果共享，共育人才"理念，锻炼培养国际化人才队伍，以深度融合增进互信，以共生价值消除分歧，实现共通共融，实现民心相通。

正是基于这种真诚沟通、文化相融、民心相通，企业融入当地，增强了中印尼两国合作伙伴的凝聚力和向心力，成为项目顺利实施的重要保障。

图25-5　2023年1月21日，爪哇公司中印尼员工家属共同庆祝春节

（六）价值观趋同是精髓

价值观趋同凝聚思想共识，价值观趋同产生内在动力，价值观趋同推动持续发展。

国华电力公司在印尼系列火电项目发展中，始终秉承"双赢，多赢，共赢"的理念，确保双方目标的高度一致性，深度融合，凝聚共识，逐步将共赢理念发展成为彼此认同、践行的理念，成功促成"合作共赢，共享所得，共同发展"理念向共生价值观的升华。这是国华电力公司价值实践精髓所在。

图25-6 印尼员工的孩子们在2023年爪哇7号项目春节活动中合影

二、共生模式深刻内涵

（一）共生模式九大基点

在印尼系列煤电项目中，国华电力公司逐渐摸索出一条可行的海外发展之路，一套成熟的共生模式。共生模式包括九大基点：战略共生、质量共生、利益共生、科技共生、人才共生、民生共生、产业共生、生态共生和文化共生，最终实现源于项目而超越项目的全方位共生。

战略共生——深入了解分析项目所在国的国家战略，寻找两国发展契合点，并以此作为企业发展的准则。

质量共生——着眼项目全生命周期，基建为生产，生产为经营，基建今天的质量，就是生产明天的安全和效益。

利益共生——坚持贯彻合作共赢、责任共担原则，在努力创造项目最大价值的同时，依法依规纳税，改善当地民生，保障职工权益，保障合作方利益，切实实现各方共享收益。

科技共生——倡导所有能为企业带来价值的改变都是创新，为项目建设贡献创新成果，与合作者共享创新智慧。

人才共生——共享资源，共享智慧，促进本土化与国际化双向人才融合。

民生共生——建设一个项目，改善一方民生。用看得见、摸得着的实际举措，给驻在国和当地民众带来实实在在的利益。

产业共生——从国内价值共创走向国际价值共创，让中国标准走出去，以全产业链补强所在国，以行业先进技术助力所在国产业升级。

生态共生——优化项目设计，加大环保投入，构建生态环境带来利益的有机联合体，共同打造海外建设的"绿色生态圈"。

文化共生——充分尊重宗教信仰、民俗文化，加强人文交流和文化融合，打造包容、特色的企业文化和价值观，构建共同的发展观。

总之，共生是从利他出发，然后利己、互利，之后根茎相连，最后枝繁叶茂、开花结果、成长成林。

（二）共生模式三大核心

共生是有事大家商量着办，是一种"共商"方式、处事原则。依照普世规则，发扬伙伴精神，大家在相互尊重、平等互利、相向而行、诚信为本的基础上，通过沟通和协商以建设性方式，共同谋划企业发展。

共生是项目大家一起建设，是一种"共建"方式、做事方式。项目发展尊重驻在国在地理位置、自然资源上的自有优势，尊重合作伙伴在公共关系、本土文化上的先天优势，积极提供中国煤电发展方案，分享煤电发展经验，做到优势互补、各取所长、各尽所能，共同把项目建设好。

共生是发展成果由各方共享，是一种"共赢"方式、行事作风。项目发展要契合双方共同利益，满足双方共同需要。企业在"走出去"过程中实现自我发展，驻在国得到安全、稳定和清洁的电力。同时，项目发展增加当地福祉，改善当地民生，带给百姓看得见、摸得着的成果和实惠。

总而言之，共生模式是一种"万物并育而不相害，道并行而不相悖"的共同生存模式，是一种"美人之美，美美与共"的共同生长模式。

（三）共生模式战略价值

共生是价值观，也是方法论

共生是过程，也是结果

共生是携手同行，更是战略互信

共生是战略选择，更是企业使命

共生是从利他出发，利他－利己－互利，然后根茎相连，枝繁叶茂

在共生模式上走多深，就在可持续发展路上走多远

共生发展模式必将影响全球企业未来

图25-7　2018年4月5日，爪哇公司在国华台电培训基地举行春季运动会

图25-8　印尼员工和双胞胎孩子在2023年爪哇7号项目开斋节活动上留影

图25-9 爪哇7号项目犹如盛开的花朵般在印尼热土上绽放

三、共生模式普及探讨

国华电力公司探索的共生模式从两国战略契合点入手，严抓项目质量和效益目标，推动各方精诚合作、共享科技、共育人才，造福民众、补强产业、保护环境，推进文化融合、共建价值观，实现从项目的共建共享到文化价值观的共融共通，是全方位的共赢共生之路。这已经超越了项目本身，具备可操作性和可普及性。

第一，共生模式具有宽广的适用范围。它不局限于任何行业，也不限于任何国家地区和特定人群，只要涉及的项目符合两国（两地）的战略方向，符合当地民众所需，各方就有共同的利益点、交集点，就有共赢的基础，共生模式就有推行的基础。

第二，共生模式具有很强的可行性和操作性。"共生"强调各方建立一致的目标和追求，形成共同的价值观，强调融入当地，确保各方共同发展、共享成果，这将满足各方的利益和诉求，促使各方真诚地沟通、交流，消除误解，建立紧密高效的合作方式，推动项目成功实施。

第三，共生模式具有多方共赢的天然属性。它追求各方利益最大化，追求互惠互利，实现共赢。它摒弃了零和博弈、你输我赢的二元对立思维模式，强调必须树立双赢、共赢的新理念，在解决自身问题时又解决其他方的问题，在追求自身利益时兼顾他方利益，在寻求自身发展时促进共同发展；它以维护和实现各方根本利益为出发点和落脚点，顺应了相互依存的大势，符合世界发展潮流，也将受到各方的支持和拥护。

图25-10　2018年12月30日，爪哇公司足球协会组织趣味活动

总之，共生模式强调共赢理念，是共赢的升华，具有广泛的适应性，也符合世界发展潮流，具有可普及性。

四、共生模式未来之路

国华电力公司坚定践行国际化战略，在中国"一带一路"倡议与印尼"全球海洋支点"战略构想对接中，走基于共生价值理念的国际化发展之路，从小机组到百万千瓦大机组，从以褐煤发电穿越技术屏障到投资、建设、运营、管理、人才培养，从民间合作项目到印尼国家电力发展计划重点项目、中印尼大型国企全面合作国际示范项目，培育了共生的理念，收获了共赢的局面，与当地社会结成命运共同体，逐步形成了"走出去"的共生模式。

共生模式强调合作共赢，实现从合作共赢向相互依存、共同发展的扩展。它全面贯彻落实了习近平主席提出的"把'一带一路'建设成为和平之路、繁荣之路、开放之路、绿色之路、创新之路、文明之路"思想，是"一带一路"倡议精神的实践和延伸，符合世界发展潮流。它超越了项目、行业、国界和民心，具有普适性。

经过实践检验，"一带一路"倡议由思想火花渐成燎原之势，朋友圈越来越大，合作质量越来越高，发展前景越来越好，给各国带去了满满的机遇，给普通民众带去了获得感和幸福感，企业也获得快速发展。越来越多的中国企业开始开启国际化发展之路，共生模式无疑将为中国企业践行"一带一路"倡议、实现"走出去"、开展对外合作提供了一个可借鉴的活力样板，具有重要现实意义。

图25-11　中印尼女员工以"心形"合影方式，共同展望共生模式在爪哇7号项目的未来

图25-12　2022年7月14日，爪哇公司在厂门口清真寺开展儿童关爱活动，印尼小女孩留影

共生模式：神华国华印尼爪哇7号2×1050MW发电工程纪实

图25-13　2022年7月14日，爪哇公司在厂门口的清真寺开展儿童关爱活动，印尼小男孩留影

共生模式
神华国华印尼爪哇7号 2×1050MW发电工程纪实

SYMBIOTIC MODE: RECORD OF SHENHUA GUOHUA INDONESIA JAWA 7 COAL FIRED POWER PLANT PROJECT 2×1050MW

第八篇 荣誉

8

2022-2023年度国家优质工程奖总结表彰大会

中国施工企业管理协会

2023.12 北京

第二十六章　项目主要荣誉及奖项

一、主要荣誉

截至2023年12月，爪哇7号发电项目先后获得2022—2023年度中国国家优质工程金奖、2023年度亚洲电力ESG（环境、社会和企业治理）奖及印尼最佳IPP项目奖、2022年度中国电力优质工程奖、2022年度亚洲电力ESG奖、2021年度亚洲电力煤电项目金奖及快发能源项目金奖等国内外综合类重要奖项10项；获得包括中国安装协会科技进步奖一等奖在内的省部级科技进步奖22项；获得QC成果33项、发明专利4项、实用新型专利38项、工法2项，参编国家标准1项、行业标准7项；获得软件著作权21项。

图26-1　2023年2月8日，爪哇公司中印尼领导持亚洲电力三项金奖证书合影留念，董事长赵志刚（左3）、总经理陆成骏（左2）、董事刘琦（右2）、印尼董事Doddy（左1）、印尼董事Eko（右1）

自项目开工以来，先后获得了中国在印尼企业最佳贡献奖、海外项目精准有序积极推

第八篇 荣誉

进奖、印尼新冠肺炎疫情防控贡献奖、最佳纳税人、社会责任贡献奖、世界环境日保护活动重要参与者等奖项和荣誉。

2020年,《人民日报》发布首个"一带一路"高质量发展案例报告,聚焦国家能源集团国华电力公司印尼系列火电项目的实践历程,凝练出以战略、利益、质量、科技、人才、民生、产业、生态和文化的"九大共生"为基点的共生模式,评价爪哇7号项目是"中国企业在海外投资建成的最大规模燃煤电站",是"在'一带一路'探索过程中,以打造'命运共同体'为核心的共生模式,秉承合作理念,收获共赢局面的中印尼大型国企全面合作国际示范项目。"

2021年,爪哇7号项目被国家能源集团公司评为战略管理领域标杆项目。在2021年亚洲电力大奖赛中,爪哇7号项目摘下最高等级的2021年度亚洲电力煤电项目金奖和快发能源项目金奖两顶桂冠,这两个奖项在印尼乃至整个亚洲电力行业都具有非常大的影响力,爪哇7号项目成为中国高效清洁煤电"走出去"并高质量发展的典范。

2022年6月,爪哇7号项目荣获中国电力优质工程奖。中国电力建设企业协会评价爪哇7号项目是中国"一带一路"倡议与印尼"全球海洋支点"战略构想对接的典范项目,是中国境外投资建设单机容量最大、参数最高、技术最先进、指标最优、清洁高效、生态和谐的电站。

2022年11月,爪哇7号项目荣获2022年度亚洲电力ESG(环境、社会和企业治理)金奖,亚洲电力评委会评价爪哇7号项目是印尼最环保的火力发电厂。

图26-2 中国施工企业管理协会为爪哇7号项目颁发的国家优质工程金奖证书

2023年12月，爪哇7号项目荣获2022—2023年度中国国家优质工程金奖。中国施工企业协会评价爪哇7号项目汇聚了中国设计、装备制造、施工建设、运营管理优势，成功带动中国电力工程成体系、高台阶、大规模"走出去"，将中国智慧和中国方案展现在国际舞台，树立了国际合作的成功典范。

二、主要奖项

（一）主要工程综合类奖项

序号	奖项名称	颁奖单位	获奖等级	获奖时间
1	2022—2023年度中国国家优质工程金奖	中国施工企业管理协会	金奖	2023.12
2	2022年工程建设项目设计水平评价一等成果	中国施工企业管理协会	一等奖	2022.7
3	2022年度中国电力优质工程	中国电力建设企业协会	优质奖	2022.6
4	2023年度中国电力行业标杆工程	中国电力设备管理协会	一等奖	2023.12
5	2020年度电力行业优秀工程设计一等奖	中国电力规划设计协会	一等奖	2021.6
6	2023年度亚洲电力ESG（环境、社会和企业治理）奖	亚洲电力奖评委会	金奖	2023.11
7	2023年度亚洲电力印尼最佳IPP项目奖	亚洲电力奖评委会	金奖	2023.11
8	2022年度亚洲电力ESG（环境、社会和企业治理）奖	亚洲电力奖评委会	金奖	2022.11
9	2021年度亚洲电力煤电项目金奖	亚洲电力奖评委会	金奖	2021.11
10	2021年度亚洲电力快发能源项目金奖	亚洲电力奖评委会	金奖	2021.11

（二）国际、印尼其他主要奖项

序号	奖项名称	颁奖单位	评奖机构简介	获奖时间
1	中国在印尼企业最佳贡献奖	亚洲市场评委会Asian marketing summit	Asian marketing summit是亚洲市场领域具有巨大影响力的组织	2022.7
2	印尼西冷市最佳纳税人	印尼万丹西冷市税务局	印尼政府部门	2022.1
3	印尼万丹省最佳纳税人	印尼万丹省税务局	印尼政府部门	2022.7
4	印尼新冠肺炎疫情防控贡献奖	印度尼西亚国企部	印尼政府部门	2022.1
5	2022年世界环境日保护活动重要参与者	印尼西冷环保局	印尼政府部门	2022.7

（三）主要科技进步奖

序号	奖项名称	颁奖单位	获奖等级	获奖时间
1	国产DCS系统在印尼爪哇2×1050MW 机组的应用研究	中国安装协会	一等奖	2022.4
2	海外EPC总承包企业全流程采购设备质量管控	中国电力企业联合会	一等奖	2019.11
3	国际电站设备运输及仓储管理提升	中国电力建设企业协会	一等奖	2020.11
4	电厂烟风道支吊架三维数字设计技术	中国电力建设企业协会	一等奖	2019.4
5	火电厂三维土建数字化设计技术	中国电力规划设计协会	一等奖	2018.4

续表

序号	奖项名称	颁奖单位	获奖等级	获奖时间
6	建立风险预控、过程见证、问题导向的电建企业先进型安全检查和验证机制	中国电力企业联合会	一等奖	2017.11
7	神华国华印尼爪哇7号燃煤发电工程项目大型机械配置及设备管理创新	中国电力设备管理协会	一等奖	2020.3
8	大型火电EPC海外总承包项目全流程设备质量管控	山东省企业管理现代化创新成果评审委员会	一等奖	2018.12

（四）主要质量管理成果

序号	奖项名称	颁奖单位	获奖等级	获奖时间
1	"平台扶梯三维数字化设计QC小组"获得2018年电力勘测设计行业优秀QC小组一等奖	中国电力规划设计协会	一等奖	2018.11
2	"锅炉送粉管道设计提效QC小组"获得2020年工程勘测设计质量管理小组一类优胜成果	中国勘察设计协会	一等奖	2020.11
3	"减少爪哇7号项目锅炉启动蒸汽消耗量QC小组"获得2020年工程勘测设计质量管理小组一类优胜成果	中国勘察设计协会	一等奖	2020.11
4	"啄木鸟QC小组"获得2017年全国优秀质量管理小组（设备管理类）	全国质量协会等	一等奖	2017.11
5	"山东院卓越之星QC小组"获得2019年度电力勘测设计行业优秀QC小组一等奖	中国电力规划设计协会	一等奖	2019.11
6	"仪控电缆敷设研究QC小组"获得2017年全国建设质量管理小组活动优秀成果一类	中国建筑业协会	一等奖	2017.11
7	"印尼精益求精QC小组"的《减少国际火电升压站系统工代服务人工日数》课题获得2019年电力勘测设计行业优秀QC小组一等奖	中国电力规划设计协会	一等奖	2019.11
8	"印尼挑战者质量管理小组"的《提升爪哇火电项目钢结构油漆验收一次合格率》课题获得2019年度电力建设质量管理小组活动一等奖（第2项）	中国电力建设企业协会	一等奖	2019.4
9	降低锅炉送粉管道设计工时	山东省勘察设计协会	一等奖	2020.11
10	降低印尼大型火电总承包项目设备供货缺件课题QC小组	山东省勘察设计协会	一等奖	2019.11
11	"万无一失QC小组"的《降低印尼大型火电总承包项目设备供货缺件率》课题获得2019年度电力行业优秀质量管理小组成果展示与交流会一等成果	中国水利电力质量管理协会	一等奖	2019.7

第二十七章 项目群英谱

一、投标策划和过程支持方面

国华电力公司爪哇7号项目投标工作组

（一）投标领导小组

投标领导小组组长：王树民

常务副组长：宋畅

副组长：夏利、许山成、陈寅彪、耿育、陈杭君、李瑞欣、许定峰、金强、平恒

（二）投标工作组

投标工作组组长：耿育

常务副组长：平恒

副组长：王颖聪、闫子政、谢小兵、谢林、汪积汇、张晓波、黄斌、李立峰、韩贵生、黄宗华、富跃龙、丛贵

综合组：王颖聪、崔志敏、刘瑛

技术组：闫子政、范新宽、郝卫、赫向辉

商务组：谢小兵、范蕊

设备选型组：闫子政、翟剑萍、刘家兴

工程管理组：谢林、赵慧传、胡勤

财务融资组：汪积汇、吴晓毅、刘丰、胡成宝、黄振国

生产运行组：张晓波、刘建波

法律事务组：黄斌、王勇、卢岚

节能环保组：李立峰、王一强

人事劳动保障组：韩贵生、江涛

投标工作组办公室：富跃龙、王勇、郝建光、翟朝阳、李东华

国华电力公司印尼项目办公室

主任：富跃龙

副主任：王勇

成员：郝建光、翟朝阳、李东华、乔良、赵喆、蔡宇文、包新宇、王俊、沈舒楠、

康洋杨、曲涛、王琳雅、马行辰、杨树军、宋建军、张波、贾利永、孙东鹏、甘胜泉、王立春

国华电力公司爪哇7号项目技术支持组

组长：尹武昌

成员：王丙贵、王晓晖、王善同、史国青、安亮、宋勇、张宇飞、陈鸣晓、周翔龙、钟秋、徐雪冬、黄香彬、渠国防、薛丰

神华国华（北京）电力研究院有限公司

（一）领导班子

张翼、卓华、王凤池、刘秋生、韩斌桥、廖海燕、郝卫、徐家荣

（二）爪哇7号海水淡化项目部参建人员

项目经理：廖海燕

成员：丁涛、张忠梅、张建丽、李飒岩、蔡井刚、甘泉、王新亮、周红英、张曦、杨庆卫、李岸然、霍红瑶、万雪松、张友森

（三）爪哇7号调试远程技术支持组人员

组长：张秋生

成员：王鹏、谢建文、张强、王宝良、徐亚涛、孙鹏、刘启民、王浩、崔亚辉、金铁铮、豆占良、张俊珍、仇明、杨文超、郭大朋、赵军、王富强、杨超、蔡井刚、苏尧、李奕、崔志勇、杨振利、张兴军

二、基本建设和生产运营方面

神华国华（印尼）爪哇发电有限公司/神华国华（印尼）爪哇运维有限公司

（一）神华国华（印尼）爪哇发电有限公司董事会及领导班子

（说明：以任职时间为序）

1. 第一任董事会及领导班子（2015年12月—2019年2月）

董事长：闫子政

总经理、董事及副总经理等：封官斌、李立峰、崔育奎、余西友、Rudi Hendra、Hendro Susilo、Arief Teguh Sutrisno、Beton Karo Sekali、郝建光、徐北辰

2. 第二任董事会及领导班子（2019年2月—2021年10月）

董事长：温长宏

总经理、董事及副总经理等：赵志刚、崔育奎、余西友、Beton Karo Sekali、Teguh Handoyo、徐北辰、Satrio Wahyudi、郝建光

3. 第三任董事会及领导班子（2021年10月起）

董事长：赵志刚

总经理、董事及副总经理等：陆成骏、崔育奎、Teguh Handoyo、徐北辰、Satrio Wayuhdi、Doddy Nafudin、Eko Ariyanto、安亮、刘琦、余西友、沈建飞、周翔龙

（二）神华国华（印尼）爪哇运维有限公司董事会及领导班子

1. 第一任董事会及领导班子（2016年12月—2019年2月）

董事长：李立峰

董事及副总经理等：陆成骏、Ajrun Karim、Satrio Wayuhdi、闫卫东、徐北辰

2. 第二任董事会及领导班子（2019年2月—2021年10月）

董事长：赵志刚

董事及副总经理等：陆成骏、Satrio Wayuhdi、Eko Ariyanto、闫卫东、徐北辰、安亮、刘琦

3. 第三任董事会及领导班子（2021年10月起）

董事长：赵志刚

总经理、董事及副总经理等：陆成骏、Eko Ariyanto、Tumpal Pangihutan Sirait、Doddy Nafiudin、Yuskar Radianto、徐北辰、安亮、刘琦、沈建飞、周翔龙、孙少华

（三）参建人员

（说明：鉴于国华爪哇公司/国华爪哇运维公司于2019年初已采用一体化运作模式，中印尼参建员工不再区分项目公司或运维公司，中国员工按姓氏笔画排序，印尼员工按姓名字母排序）

于绪强、马骎、马巧昕、王亚、王有、王进、王森、王赟、王文杰、王文博、王军超、王泽森、王学成、王宝库、王爱民、韦美连、方乐乐、邓旭、石伟、石玉兵、皮郡立、邢华文、邢鹏飞、任国辉、刘伟、刘松平、刘宝成、刘绍慰、刘海涛、刘期宏、刘朝阳、齐俊甫、关宏宇、安洪坤、安耀国、许潇涵、孙权、孙东生、李宁、李昂、李剑、李铮、李正兴、李永强、李志坚、李建忠、李春宏、李洪峰、杨欢、杨路、杨大为、杨守胜、杨润宇、时文俊、吴迪、邱杨、何凌燕、余望杰、沈明军、宋志明、张凯、张馗、张小东、张文波、张仕帆、张宏林、张建华、张海瓦、张海军、张雄俊、陈伟、陈思、范术东、范东保、欧阳智、岳海鹏、周翔龙、郑晓、宗佺、宗学谦、房红岗、赵建伟、赵桂申、胡成宝、胡昌盛、胡宝生、柳铧锋、钟秋、钟启刚、侯永、施智勇、姜彬、姜洪波、费志博、秦占锋、袁永飞、袁浩淇、聂鑫、莫量、贾涵、贾利永、晁阳、钱义生、徐振、徐小伦、徐雪冬、徐德卷、高志华、高景民、郭晨悦、展飞、黄亮星、曹玉琦、曹江平、庹兴亮、康伟、康二红、盖雪浩、梁平、梁峰、彭里程、董冲烈、董国曜、董浩然、韩少凡、鲁德利、靳文娟、谭阳文、翟君、翟朝阳、滕跃、穆永刚、魏金标、魏静怡

Achmad Syaefullah Akmal、Achmad Yusuf Arif Huzaini、Adam Laskar Ikhwani、Adiwibowo

Sitompul、Adnan Khairandi、Adrian Alkahfi Fauzi、Agum Raksagumilang、Agung Fauzi、Agung Puja Dirandra、Agung Purnomo、Agus Juhri Muhajir、Ahara Septawan、Ahmad Adrian Hanafiyah、Ahmad Afkar Umam、Ahmad Ilham Kamal、Alfret Parulian Sinambela、Alvin Paulus Silitonga、Andhika Eka Kustiawan、Andhika Mesias Arie Ramba、Andhika Widi Saputra、Andi Ghinaa Senissa Putri、Andika Eri Trianto、Andri Purnawan、Andrianto Eko Wahyudi、Anggia Aclp Sihombing、Anjar Praditya Wicaksono、Arief Lucky Bima Sakti、Ariel Generanta Isura、Arinal Haqqo、Arya Wisnu、Yoga Okta Pamungkas、Baja Maruj Siagian、Bambang Supriyatno、Bayu Santika、Bemby Yulio Vallenry、By Romeo Kerinci Aris Kelana、Catrin Payusca、Daffa Akmal、David Alfonsus Lumbanraja、Dennis Anggara、Dhaifina Adani、Dhiya Dini Azmi、Diana Suradi、Dicky Wicaksono、DidikSumarsono、Dika Lirisanti、Dimas Prasetyo Nugroho Putro、Djohanalfian、Dodi Darmawan、Doni Nur Cahyono、Eddy Tandiono、Edo Sigit Pratama Andreans Saputra、Eki Andrian Perdana Putra、Eko Panji Budi Handoko S. T.、Elan Budi Kusuma、Elzan Agung Yurleziwan Hidayat、Emil Hakim、Eric Candra Budianto Simanjuntak、Erlangga、Erwin Firmansyah、Erwin Sanjaya Hermawan、Fadella Binda Parwitasari、Fandi Wijaya、Faqih Andi Alfian、Fauzi Achmad、Fauzu Nuriman、Febri Riadi、Felix Marvin、Fikri Salahudin、Galih Nurhidayat、Gina Aulia Rachmawati、Guntoro、Gusparezki Galih Indrasakti、Hamka Putra Parsada、Herdian Djuanda、Heri Dwi Sulistiyono、Hilmy Ilham Alfisahri、Hiro Nayaparana、Hizkia Satria Usodo、Ibnu Syaifullah Prasetyo、Ida Faroh Sakdiyah、Ilham Aulia Akbar、Ilham Dwiatmaja、Ilman Satriawan Pratama、Indra Budi Setiawan、Jalal、Jhonstone Josua Tambunan、Johan Ferdiansyah、Jovinia、Juherna、Julia、Khalif Maulana、Kholid Abdul Azis、Listiyani Wijaya、Lydiana、M Fikri、M. Reminton H A F、M.、Faisal Cahyadi、Mastodotua Raja Guk Guk、Maulana Ainul Yakin、Mesakh Harir Rajagukguk、Milka Minerva Rusliana、Moch Jabbaar Ai Baasith、Mochamad Rizky Ramadhan、Muhamad Luqman Hakim、Muhamad Miftahul Azhar、Muhammad Abi Darda Ferbe、Muhammad Ainur Rofiq、Muhammad Baried Yuliar、Muhammad Dzaky Haidar、Muhammad Fadli、Muhammad Muzakky Alwy Al Fatawi T. H、Muhammad Reza Zhafari、Muhammad Rizki Rafido、Muhammad Yakub、Muslimin、Nata Khakima Adhuna、Noer Rizal Salim、Nur Rahma Dona、Nur Saiful Alam、Nuraga Isma Affandi、Nurul Anwar、Onward Simanungkalit、Premadi Setyoko、R. Kholilul Rahman、Rachmad Wahyu Illahi Robbi、Rahmat Bayu Setiawan、Rama Yoga Hermawan、Ridho Restu Adi、Ridwan Rachmansyah、Rijal Fathoni、Rino Rinaldhi Yoga Handarta、Riyo Saputra、Riza Mulyadi、Rizka Anggraini、Rodzian Aries、Rubiyanto、Rudi Hari Wibowo、Sakinah、Sampulur Kerta Sugiharta、Satria Prima Satya、Satrio Wicaksono、Septian Aditama、Shafwan Haidar Iskandar、Siani Liu、Sodiyah、Stefanus Suryo Sumarno、Teguh Setyo Pambudi、Tri Suci Bagus、Tulus Martini、Usman Azka Jaisyullah、Venny Lie、Yandi Permana Putra、Yeremia Arie Fibianto、Yoga Faissi Rachman、

Yudha Ady Nugroho、Zainal Arifin

三、EPC总承包联合体

山东电力工程咨询院有限公司（总承包商、设计院）

（一）领导班子
侯学众、艾抗、王雷鸣、郑海村、王作峰、王龙林、宫俊亭、魏青峰、赵信磊

（二）项目经理部
分管院长：王作峰、宫俊亭、郑海村、魏青峰

分管总监：周宝田、王本君

项目经理：赵忠明

项目副经理及设总：范明波、孙文、黄汝玲、翟忠振、程烈海

（三）参建人员
（说明：按姓氏笔画排序）

丁强、丁晓强、马强、王文超、王立波、王俊玲、亓萌、牛洪刚、尹坤、邓伟妮、平默、田志磊、史本宁、曲孝飞、吕东东、刘羽、刘佳、刘洋、刘新亮、刘福君、齐光才、米清江、李旭、李涛、李琳、李鲁、李允忠、李东超、李江波、李冠霖、吴迪、吴勇拓、邱善龙、汪立群、沈兆飞、宋庆浩、张伟、张涛、张森、张广龙、张永飞、张纪兵、张盼盼、张培根、陈平、陈娜、陈长兵、单志超、孟令伟、赵东峰、胡琛、娄锦昆、姚伟、徐鑫、徐大鹏、徐从周、高兴彬、曹洪振、崔媛媛、麻东东、董汉青、董健康、蒋勇、程爱红、臧孟、潘家鹏

浙江火电建设有限公司（总承包商、施工单位）

（一）领导班子
俞成立、陈根卫、蒋晓明、俞玮、严永禾、乐群立、巴清华

（二）项目经理部
项目经理：顾巨红

项目副经理及项目人员：陈加生、叶国良、周海俊、金欣、宁峥嵘、周军忠、沈钢、于建东、林长春、刘伟先

（三）参建人员
于博、马千里、王茂华、王国伟、王琦、方平安、方磊、占旭、叶沾祥、叶峰、田钢、吕荣民、朱建平、华光烈、向友权、刘仁勇、齐杭新、孙宏民、芦百树、李兴强、李明礼、杨立军、杨洋、沈光飞、宋石锋、张沛江、张宜富、张洞亮、陈兴才、陈志、金晓辉、周炜、赵进华、赵喜君、赵磊、俞勇伟、姚志洪、高清渭、唐海斌、陶文祥、葛哲彬、蒋华飞、潘平锋

中交第四航务工程勘察设计有限公司（海工总承包商）

（一）领导班子

朱利翔、李伟仪、邓磊、胡雄伟、余巧玲、向剑、廖建航、卢永昌、张腾、陈策源、彭清、李华强、陈哲淮、张宏铨、唐玉

（二）项目经理部

公司主管领导：李华强

公司主管总工：杨云兰

事业部主管领导：张校强

项目经理：沈启亮

项目副经理等：卢金华、陈红军、尹金星、杨森、庄勇

（三）参建人员

马强、王更、王继成、王维杰、韦羚、古董良、卢少彦、申勇锋、冯倩、乔光全、刘庆辉、刘阳阳、刘哲圆、刘敏、刘堃、许伟航、孙继斌、巫飞、李阳、李声文、杨云安、杨亚宾、连石水、肖坤、肖敏艳、何汉艺、何姜姜、应安娜、汪作凡、汪超、张龙、张立帅、张诚、张鹏、张露露、陈波、陈响、陈海峰、陈海燕、陈斌、林向阳、林宏杰、周龙旭、周莹、周道、周鑫强、单恒年、郝志斌、胡金芝、钟良生、俞舟、姜培平、姚斌、贺贝、袁静波、贾旭、钱龙、徐润刚、殷玉平、高丛、郭浩霖、黄炎潮、戚俊杰、龚道雄、崔政伟、谢钊凯、谢钿加、廖向京、廖源、谭毅、黎维祥

四、监理调试和试验单位

广东省电力设计研究院有限公司（设计监理）

（一）项目经理部

设计总监理工程师：马旻、乐自知

设计副总监理工程师等：唐刚、陆文定、陈鑫

（二）参建人员

马莉、王正琴、王衣超、王兴华、邓锡斌、白建基、伍丹萍、伍清宏、任国澄、任灏、刘广林、刘宇穗、刘瑞怡、刘巍、李戈、李勇、李鹏、杨莉、何子琳、邹晓杰、沈云、张先提、张旭光、张镟、陈永雄、陈晓云、武洋、尚继发、罗振宇、罗海中、周倩、周雷靖、赵科熙、郜瑞莹、贾斌、唐玉萍、涂娟、姬晓慧、黄挺、黄继峰、曹明生、梁金放、梁博、彭明祥、董凡祺、蒋石龙、韩卫冬、韩兰军、韩晓枫、温国标、谢明、谢明志、赖琦、窦朋、潘灏

湖北中南电力工程建设监理有限责任公司（施工监理）

（一）项目经理部

项目总监：董广君、鲍东海

项目副总监：程良驱、史沛、余斌、曾文斌、张征、曾超英、李安正、张强、杨杰

（二）参建人员

万晓龙、王文源、王乐、王礼、王宇轩、尹艳文、甘健、叶海钏、冯书林、朱建明、刘红、刘畅、刘喆、闫文玲、闫雷、安宁、安兴福、李抢、杨洪波、余益、宋志斌、张立、张洁、陈杰、陈建勋、陈钟林、范海涛、尚冰洁、周知青、周斌、荣维民、胡学文、柳文东、姜玉国、姜亚清、姜洪志、夏林松、殷先亚、郭亚龙、郭伟红、席国强、桑红伟、康壮、梁正仁、薛志哲、薛燕华

杭州意能电力技术有限公司（调试单位）

（一）调试项目部

项目经理：王昇成、章鹏

项目执行经理、副经理：钱林锋、黄军浩

（二）参建人员

丁海雷、马思聪、王光辉、方天林、邓前、史德佩、许自主、李卫华、李飞、李怡、李辉、杨伟辉、杨振华、吴跃森、邹晓峰、宋方圆、张关森、张维、张童、陈乐、陈聪、陈德海、陈巍文、赵寅丰、施吉祥、徐柳斌、蒋薇、程维、曾文进、靳聚磊、滕千里、冀会军

西安热工研究院有限公司（性能试验单位）

（一）项目经理部

项目经理：赵杰

（二）参建人员

王昭、王慧青、邢乐强、任海锋、刘雨佳、刘玺璞、李东阳、李楠林、何仰朋、何涛、余昭、陈盛广、陈稳定、郝栓柱、宦宣州、高延忠、崔利

五、主要设备供应商

国能智深控制技术有限公司（DCS系统供应商）

（一）公司分管领导

公司党委书记：黄焕袍

分管副总：孙瑜、张珂珂、尹宝亮、周海东

公司副总工：陈峰、吕大军

项目经理：张永霞

（二）参建人员

田彬、李勇、杨大贤、孟辉、刘乐、杨诚、何志冬、王少宁、王南洋、俞啸诚、柏青、袁永万、白宇、刘磊、张福民、黄巍利、李文、彭琪、麻贵峰、鲍震、李军齐、王春燕、商宁、张佩、赵春花、齐祥柏、郭盾、胡伟、陈海琨

神华国华（北京）电力研究院有限公司（海水淡化供应商）

项目经理：廖海燕

成员：丁涛、张忠梅、张建丽、李飒岩、蔡井刚、甘泉、王新亮、周红英、张曦、杨庆卫、李岸然、霍红瑶、万雪松、张友森

北京巴布科克·威尔科克斯有限公司（锅炉供应商）

（一）项目经理部

公司主管领导：曹明明

公司主管总工：韩振杰

项目经理：谭丽军

项目副经理：陈介子、孙洪军、徐田、陈阳

（二）参建人员

刘新武、贾晓梅、聂明森、刘靖、岳立春、徐佳、孙一濛、宋歌、刘瑞春、王克军、刘晓莹、南向东、屈桢、沈宁、刘沫、孟祥国、苏赵风、杨鹏社、宋智华、边宁、陶陵凯

上海电气集团

（一）上海电气电站设备有限公司汽轮机厂（汽轮机供应商）

公司主管领导：张光耀、严卫春

项目主管领导：王雷、陆兴、窦贤标

项目经理：赵崇智、王仙正、王漫、王寅杰

参建人员：叶兴柱、吴仕芳、金益波、郭千文、王荣、张潇、乔梁、马飞、李杨、罗碧星、顾永丹、陆斌杰、刘辉、鲁豫鑫、袁丽琴、杜和锋、冀大伟、戴其兵、祁昊、陈源培、杨海琰、张四维、魏远、陈茹倩、史婷婷、褚佳骏、邢健、刘松锋、陈纪伟、张帆、许存官、李明超、费东东、马玮、詹亨熙、王俊爵、沈悦、王立涛、陈雷、张东明、余龙、韩雷、孙斌寅、顾雷元、林鹰、黄伟忠、程钢、傅强、钟华、林正锋、朱婵娟、丁喜红、贾宝铭、常丛丽、姚丹彬、陈冬来、顾余美、彭晓东、余斌、邵觉权、骆晓波、车鑫祥、潘建军、吴燕、陈少杰、陈浩淼、韩桂强、王钢、黄财林、邓彪

（二）上海电气电站设备有限公司上海发电机厂（发电机供应商）

公司主管领导：沈兵、顾守录

订单管理部主管领导：王磊、颜璁

项目经理：李春峰

参建人员：干宝良、夏鲜良、夏湧杰、黄兆款、阮绵照、赵正宇、邱强、黄晶晶、叶翔、潘正荣、苏宇、李建洲、蒋伟、周有幸、刘炎、李先锋、周青、李胜帅、乔伟、陆金源

（三）上海电气电站设备有限公司辅机厂（部分辅机供应商）

公司主管领导：朱建伟、何克强

项目部主管领导：贾俊、郭国防

项目经理：陈光

参建人员：顾琼彦、莫伟康、李亮亮、马天虹、付琳、周成翔、周绮、史雪峰

工艺工程师：阮云峰、盛浩、张旭、丁超、沈胄杰、陈磊、王晓喻、唐俊杰、吴峥、杨振、姚兴宝、邱宏、蒋伟巍、张红卫、陈国华、曹捷、颜均、王斌、陈家斌、虞洪灏、陆超、方敏洋、袁强、崔瑾、陈伟豪、张文斌、钱桢

东方电气集团东方锅炉股份有限公司（海水脱硫供应商）

公司主管领导：唐勇、李荣坤

设总：杨志忠、张锴

项目经理：刘奇

参建人员：武娟、赵雪梅、邓毅、苏加、余友华、陈锋利、张晶辉、石振峰、胡亮、温永凯、池毓培、石昊、肖军、高春圃

中国外运股份有限公司（物流运输单位）

公司分管领导：王雨舟

公司项目主管领导：李川

项目经理：吴艳云、王东

参建人员：张尧天、张甲梓、张江宁、季秋雅、李江、陈邹、康子茜、李靖、王贞、明康宁、贺长龙、田川、梅诗波、阳金龙

六、中印尼无名英雄

未留名的中国和印尼参建者
（Tak terhitung individu tanpa nama dari Cina dan Indonesia yang berpartisipasi dalam konstruksi）

第二十八章　中印尼各方赞誉

一、"一带一路"发展案例报告

2020年10月25日,《人民日报》发布首个"一带一路"高质量发展案例报告,报告中爪哇7号项目的相关部分如下。

国际化合作项目是巨大的系统工程,项目各相关方要充分发挥自身优势,协同解决实际问题、提供最佳方案。对于爪哇7号项目而言,主要是签订IPP合同的两国合作企业之间的协同,严格按照合同约定框架履行责任,双方的合作除了投资与收益,更重要的是通过建设、运营的全方位合作,达到强强联合、相互学习、优势互补。

根据BOOT模式IPP项目约定,爪哇7号项目商业运营25年后将全面移交印尼国家电力公司(PLN),印尼国家电力公司对此高度重视,PJBI向项目派驻了高级管理层、中层、运维人员组成的精干本土专业管理团队,每个重要部门都有印尼方团队人员加入,以开展全方位的合作。工作中,中方团队向印尼团队学习公共关系、融资税务、证照办理、政府职能对接方面的管理经验,印尼方团队向中方团队学习中国发电机组的先进技术和管理运营,以期达成未来印尼方全面接管项目的目标。两方团队密切配合、相互协同,使项目展现出巨大的活力。

爪哇7号项目作为EPC模式下的交钥匙工程,在建设过程中克服了一系列困难和挑战。

一是设备运输难度大。爪哇7号项目设备总重量达到57万吨,其中重大件设备159件,最重货物主变压器重530吨。这么大的运输体量,在整个中国火电企业中前所未有。为满足现场的施工需求,国华爪哇公司科学统筹,对大件设备用6个批次完成集中运输。通过负面清单管理、厂内最大化试验和最大化预组装、厂内指标达优等一系列设备质量管控措施,保证出厂设备质量,现场开箱一次验收合格率99.4%。创行业新高。历时17个月,实现所有进出口无违规申报、无重大货损记录,运输与现场就位无缝衔接,圆满完成国产设备"下南洋"的艰巨任务。

二是天气、地质条件复杂。爪哇7号项目位于赤道附近的海边,年平均雷暴日112天,防高温、防高湿、防强紫外线、防多雨(雷电)、防海边盐雾"五防"要求极高,对结构、设备及管道也相应地提出了更高要求。在初步设计阶段确定主要设计原则后,"双设总"配置的设计团队进行了大量的设计优化,因地制宜,先后完成"淤泥预处理及地基处理""全厂防腐及防紫外线研究""热带沿海电厂主要电气设备选型"等几十项专题研究，累计完成施工图纸904卷10537张。面对复杂的软基地质条件，项目尤其重视对桩基质量的管控力度，在主体工程的桩基及钢筋混凝土施工中，使用灌注桩10443根，方桩3997根，混凝土约48万方，钢筋约3.9万吨。海工使用钢管桩407根，总长度23500米。重大施工作业监理人员24小时全过程对关键工序、主要部位进行旁站监理，项目建设期共计旁站监理1847次。

三是施工组织不易。依托独具特色的国华基建管控体系，明确精品工程过程管控和验收标准，落实"施工监理六个关口""大型机械八专管理""施工现场五个必须"等安全管控措施，精心设立约3200平方米精品园，以中国工艺创示范，以工匠精神铸精品。

四是重点难点协调难度大。面对PPA重述、OSS办理、本地化采购认证、钢铁制品进口许可办理、免税清单办理等制约工程建设进度的重点难点问题，各参建单位群策群力，集中力量攻克了一系列难题。两国政府部门给予了多方协调和大力支持，各参建单位主要领导多次赴项目现场组织召开现场办公会，协调解决困扰项目建设的重点难题，数次召开工程创优大会、调试大会、设备大会、厂用带电大会等决定项目建设的大型会议，国内国外，两岸联调，确保了工程建设过程中遇到的问题得到了妥善处理。

在国华爪哇公司的统一协调下，爪哇7号项目汇聚了包含中国电力工程设计、装备制造、施工建设、管理运营的优秀范例。面对跨国项目建设中设备运输、地质条件复杂、资源配置及保障困难等不利因素，各参建单位与国华爪哇公司密切配合，为"一带一路"重大能源项目携手提供中国方案。

唯有用心，才能搭建沟通的桥梁；唯有沟通，才能实现双赢的结果。随着项目在印尼的成熟运营，更多的印尼人参与了项目。中印尼两国员工协力攻坚奋斗，将汗水挥洒在同一片土地上、同一个事业中。爪哇7号项目的成功建设和运营也使得印尼技术"走上去"，印尼产业"走上去"，中国产业"补过去"，中国标准"用进去"。

二、印尼方面的肯定

爪哇7号项目是国华电力公司继国华穆印电厂成功建设运营的又一重大项目，受到印尼各界人士的关怀和关注。作为特大型国际化合作项目，率先享受了印尼政府一系列优化投资环境和税务优惠政策、简化行政审批程序的措施，印尼能矿部、国企部、经济统筹部、投资协调管理委员会等在建设过程中给予大力支持。在各方努力下，爪哇7号项目成为印尼火电IPP市场中第一个在PPA合同生效后6个月内完成融资关闭的项目；爪哇公司成为第一个通过印尼投资协调管理委员会"3小时投资证照申请通道"一次性办结11项注册成立证照的公司，成为第一个依据印尼财政部企业所得税减免政策取得企业所得税减免批复的企业。

2016年9月29日，爪哇7号项目成为印尼第一个6个月内实现融资关闭的印尼电力IPP项目。印尼国家电力公司在其官网上表示"创造了印尼电力建设上的历史"。

2017年10月5日，印度尼西亚总统佐科亲临爪哇7号项目，见证项目正式开工，并指出爪哇7号项目将极大缓解印尼电力紧缺状况，同时增加了劳动就业，为印尼经济发展注入了强劲动力，具有很典型的示范意义。同时，佐科总统肯定了爪哇7号项目的成功为印尼电力事业和中印尼友谊所做出的贡献。

2016年3月28日，印尼经济统筹部副部长Bapak Lukita一行到爪哇7号项目现场走访调研，称爪哇7号项目是印尼35000MW机组规划的重点项目之一，对爪哇地区的社会经济发展有着积极的促进作用和示范意义。

2016年11月15日，印尼国有企业管理部部长Rini Soemarno考察爪哇7号项目，讲到爪哇7号项目是中印尼两国特大型企业合作项目，希望通过参建各方的共同努力，高质量地完成项目建设目标任务，并将爪哇7号项目建设成中印尼合作项目的典范，为印尼经济社会发展做出积极的贡献。

2020年2月29日，印尼国家电力公司（PLN）董事长Zulkifli Zaini一行到爪哇7号项目调研，Zulkifli Zaini对项目建设取得的卓越成绩表示由衷赞赏，并感谢全体参建将士的辛苦努力付出，他指出，爪哇7号项目具有重要的国家战略价值，它的建成投产意义非凡，是印尼电力行业的标杆和典范，印尼国家电力公司其他电厂将借鉴学习项目先进高效的工程建设、运营管理模式。印尼国家电力公司将积极为项目建设及运营提供必要的支持和帮助，共同保障项目的持续安全稳定运行。

2018年9月20日，印尼国家电力公司所属子公司PJBI董事长古纳万（Gunawan）到国华电力公司印尼爪哇电厂调研时指出，爪哇7号项目对于促进印尼经济和社会发展意义深远，项目建设团队朝着既定目标奋勇拼搏，取得了优异的成绩，并赢得了印尼各界的广泛好评，PJBI将为项目建设营造良好环境发挥好桥梁和纽带作用，切实为项目顺利推进提供保障。

印尼能矿部、国有企业部、投资协调管理委员会等部门主要领导数次到爪哇7号项目调研，均对项目建设给予了高度评价。

三、中国方面的肯定

2019年8月11日，中国驻印尼大使馆肖千大使一行到国家能源集团国华印尼爪哇电厂调研指导时表示，爪哇7号项目对国家"一带一路"倡议意义重大，项目建设人员使命光荣、责任重大，项目能够在短时间内稳步高质量推进，离不开国华电力公司优秀的管理体系以及项目领导班子丰富的内部管理经验，同时也体现了项目建设人员的决心和毅力。

2019年12月13日，爪哇7号项目1号机组投产。

国务院国资委研究中心研究员周丽莎接受《经济参考报》记者采访时表示，"这标志着继高铁、核电、特高压之后，百万千瓦高效清洁煤电成为中国央企'走出去'一张'新名片'"。

中国驻印尼大使馆、国华电力下属各单位、各参建单位等均在第一时间发来贺信，并向爪哇7号项目及项目建设者致以热烈的祝贺与诚挚的问候！

中国驻印尼大使馆在贺信中表示："爪哇7号项目的投产发电标志着中国在海外投资建设的最大规模燃煤电站正式投产，同时也标志着印尼电力建设史上装机容量最大、技术最先进、环保指标最优的绿色环保型电站投运。爪哇7号项目自2017年6月30日浇筑第一罐混凝土，在不到29个月的时间内，各参建单位勠力同心、精心组织、科学统筹，认真贯彻落实国家能源集团国际化发展战略部署，以建设'建设具有印尼文化特色、长期盈利的国际一流示范电站'为目标，克服工期短、投资少、地质及外部环境复杂等诸多困难，依托独具特色的国华基建管控体系和国华发电运营体系，实现'高标准开工、高水平建设、高质量投产'，为项目建设提供了中国解决方案，展现了中国速度，体现了中国品质，树立了中国电力建设运营精益求精的品牌和形象。"

国家能源集团对爪哇7号项目竣工投产高度重视，2020年9月23日，国家能源集团王祥喜董事长在爪哇电厂2号机组顺利通过168小时试运的《喜报》上做出重要批示："特向项目全部竣工表示热烈祝贺！向参与工程建设的干部员工致以亲切慰问！希望再接再厉，精益求精，加强运维管理，确保安全运行。要高度重视和当地政府的关系，密切与外方合作交流，树立企业品牌和良好形象。"

四、中国参建者心声

1. 山东电力工程咨询院有限公司副院长王作峰

爪哇7号项目是中国制造成体系、高水平、大协作走出去的大型火电项目典范，是满载中国智慧的大国工程。山东院在项目建设过程中强化组织，保障资源，严格履约，以一流的技术、一流的服务和一流的价值创造能力，与相关方携手并进，共同建成了国际一流示范电站，树立了中国企业在海外电站市场的新形象。工程的如期高质量投产，长期稳定安全运行以及获得的种种奖项，充分展现了山东院在工程总承包和电力设计领域的雄厚实力，显示了山东院致力建设一流工程建设承包商和国际知名工程公司，打造性能卓越、运行可靠、清洁高效的精品工程的高超水平。

2. 中国能源建设集团浙江火电建设有限公司党委书记、董事长陈根卫

爪哇7号工程是浙江火电建设史上的里程碑，该项目的完美履约，为公司积累了大型火电项目的EPC管理经验，也为公司深耕印尼市场，加快"走出去"、共建"一带一路"，建设国际一流工程公司奠定了坚实基础。公司将技术和品质做到极致，为业主提供了优质安全高效的服务，项目荣获了国家优质工程金奖和亚洲电力奖金奖，牢固树立了浙江火电

"工程管理好,服务水准高,履约能力强"的品牌形象。

3. 中交第四航务工程勘察设计院有限公司董事长邓磊

爪哇7号项目是中国"一带一路"倡议与印尼"全球海洋支点"战略构想深度对接合作的重点项目,也是中交集团在印尼实施的规模最大的海工项目和四航院在印尼实施的首个EPC总承包项目。在项目实施过程中,四航院打出了"全球化资源调配""属地化项目管理""精细化施工""智慧化工地建设"等系列组合拳,以高质量服务水平和创新管理实力屡获赞誉。项目先后获得中国交建优质工程奖、水运交通优质工程奖、国家优质工程金奖等多项大奖,它不仅是行业和中交集团对于项目团队的鼓励和认可,更是一份沉甸甸的希望,四航院将带着期望继续打造精品工程、铸就品牌工程,以优质的服务,参与到印尼基础建设当中去,为中印尼合作助力。

4. 中国电力工程顾问集团中南电力设计院有限公司党委委员、副总经理王辉

2013年,习近平主席在印尼发表演讲,提出共建"海上丝绸之路"倡议,国华公司响应倡议开启印尼爪哇7号工程项目建设。中南电力设计院管理咨询公司承担爪哇7号项目监理工作,公司项目部秉承"守法、诚信、公正、科学"的服务宗旨,严把质量控制"六个关口",坚守安健环"五个不发生、三个零",全面履约,助力项目建设取得圆满成功,彰显了中南电力的责任与担当,验证了中南电力人的能力与意志,积累了海外项目监理的成功经验,展示了中南电力的央企品牌。我们将一如既往,为合作伙伴创造价值,不断擦亮海外电力项目的中国名片。

5. 中国能源建设集团广东省电力设计研究院有限公司副总经理范永春

爪哇7号项目是国家能源集团带领国内电建企业在印尼建设的一项标杆项目,完美展示了电力企业的工程建设管理和技术实力。在项目设计监理工作实践中,提出和总结了包括成立设计专委会、设计检查"回头看"等多项行之有效的措施,严格保证设计质量,为项目顺利推进打下良好基础。

6. 杭州意能电力技术有限公司总经理、党总支副书记樊印龙

印尼爪哇7号项目是印尼已建成投产单机容量最大的机组,也是中国企业已出口海外单机容量最大的项目。该项目创造了业主同类型机组168小时试运行后连续长周期运行天数纪录以及机组最长连续运行天数两项纪录。这个项目的卓越表现使其荣获了国家优质工程金奖和亚洲电力奖金奖等众多奖项。在建设过程中,杭州意能秉承着"努力超越,追求卓越"的精神和"以客户为中心,专业专注,持续改善"的企业核心价值观,积极策划、主动担当,并积极发挥调试工作的"纳总"作用。杭州意能以严谨的态度和专业的技能,为项目的成功做出了重要贡献。同时这种积极向上的企业文化和企业核心价值观,使得杭州意能在竞争激烈的市场中脱颖而出,赢得了业主和行业的广泛赞誉。

7. 上海电气电站设备有限公司汽轮机厂总经理张光耀

印尼爪哇7号项目作为"一带一路"倡议和"全球海洋支点"战略构想对接中国企业已

在海外投资建设的单机容量最大的火电项目,在世界面前展示了"中国标准",充分体现了中国装备制造的高水平。上海电气在"一丝不苟,精益求精"的企业文化引领下,贯彻技术领先、质量可靠、交付准时、服务周到的理念,将爪哇7号项目打造成卓越品质示范项目,助力爪哇7号项目获得国家优质工程金奖、亚洲电力煤电项目金奖、亚洲电力快发能源项目金奖,成为中国制造在海外的一张亮丽的名片。

8. 北京巴布科克·威尔科克斯有限公司党委书记、总裁高晓成

爪哇7号项目不仅是北京巴威公司的里程碑项目,更是中国工程技术的骄傲。在该项目中,我司自主设计并生产制造了目前世界容量最大的褐煤锅炉设备,锅炉出力3100吨每小时,重3.7万吨。在该项目的启动阶段,国华电力公司就定下了明确的目标,即"建设具有印尼文化特色、长期盈利的国际一流示范电站"。爪哇7号项目接连获得了国家优质工程金奖和亚洲电力机组最快投运奖、最长稳定运行奖,向世界展示了中国精益求精的工匠精神。爪哇7号项目是中国品牌搭载中国文化走向世界的窗口项目。通过该项目,我们向世界展示,中国不仅有技术实力和工程能力,更有矢志创新、臻于至善的中国精神。

9. 国能智深控制技术有限公司党委书记黄焕袍

爪哇7号项目是国家能源集团国能智深公司自主研发的大型自动化分散控制系统(DCS)首个海外百万千瓦机组应用项目,具有非常重要的里程碑意义。国能智深公司高度重视,加强组织领导,组建强有力的项目团队,凭借数十年DCS研发深厚底蕴和丰富的工程应用业绩经验,秉承"弘扬工匠精神,打造精品工程"理念,激发干事创业热情,精益求精、团结协作、加班加点高质量按期完成项目工作,用实际行动很好地诠释了新时代的奋斗基调,实现了具有完全自主知识产权的中国造DCS系统在海外百千瓦发电机组——印尼目前已建成投产单机容量最大的发电机组项目全厂主辅一体化的成功首次应用,并取得了设计与成功应用APS(自动启/停机控制系统)功能,实现"少人干预,减员增效""基于全厂范围内的全激励仿真系统一机多模功能设计应用""研发设计与成功应用适应印尼小电网大机组电力系统特点的FCB功能"等一系列突破性技术创新成果。

五、印尼参建者心声

1. 爪哇公司印尼董事Doddy Nafiudin

For a long time, PLTU Jawa 7 has adhered to the concept of "Ecological Environmental Protection and Green Development", taking the construction of "Environmentally Friendly" and "Socially Friendly" modern energy power generation enterprises as its own responsibility, actively conserving the surrounding ecological environment, protecting wetland biodiversity, and jointly managing the ecological environment with surrounding communities to create a "Green Ecosystem". Such a good project will definitely benefit Indonesian society.

（长期以来，爪哇公司都秉承"生态环保，绿色发展"的理念，以建设"环境友好型"和"社会友好型"现代能源发电企业为己任，积极涵养周边生态环境，保护湿地生物多样性，与周边社区共同治理生态环境，共同打造"绿色生态圈"。这样的好项目一定会造福印尼社会。）

2. 爪哇公司印尼董事 Eko Ariyanto

Through long-term practice and exploration, the environmental protection concept and level of PLTU Jawa 7 are at the leading level in Indonesia. Our coal yard wind and dust suppression network can reduce dust pollution; We have a tubular belt conveyor with the longest transportation distance, the largest coal transportation volume, and the fastest transportation speed in Indonesia. The entire process of coal transportation is enclosed, water-saving, and environmentally friendly. We apply a new generation of low nitrogen burners, high-efficiency three chamber four electric field low-temperature electrostatic precipitators, and seawater desulfurization technology, with desulfurization efficiency and comprehensive dust removal efficiency ranking among the top of similar power plants in Indonesia. As a responsible energy enterprise, PLTU Jawa 7 also entrusts local environmental monitoring institutions in Indonesia to conduct comprehensive environmental inspections of the entire plant and publishes environmental protection reports every year, received honors such as the Asia Power Indonesia Environmental and Social Governance Plan Award and the highest level SMK3 Gold Certification from the Indonesian Ministry of Labor.

（通过长期实践和摸索，爪哇7号项目的环保理念及环保水平都处于印尼领先水平。我们的煤场防风抑尘网降低粉尘污染；我们有印尼输送距离最长、煤炭输送量最大、输送速度最快的管状带式输送机。煤炭全程封闭运送，节水且环保。我们应用新一代低氮燃烧器、高效三室四电场低温静电除尘器和海水脱硫工艺，脱硫效率和综合除尘效率都处于印尼同类电厂前列。作为负责任的能源企业，爪哇7还委托印尼当地环保监测机构对全厂进行全方位环境检测，每年发布环境保护报告，荣获亚洲电力印尼环境和社会治理计划奖和印尼劳工部最高等级的SMK3金色认证等荣誉。）

3. 爪哇公司印尼董事 Tumpal Pangihutan Sirait

PLTU Jawa 7 is the best power plant I have ever seen, with first-class equipment and technology from China. In the development process of PT. SGPJB, our Indonesian management team is jointly committed to fulfilling social responsibilities, improving employee welfare, improving people's livelihoods, strictly implementing environmental standards, and improving the ecological environment. In the docking of China's "the Belt and Road" initiative and Indonesia's "Global Marine Fulcrum" concept, we have the same idea and achieved a win-win situation.

（爪哇7号项目是我见过的最优秀的电厂，无论是来自中国的设备还是技术，都是一流的，并且在爪哇公司的发展过程中，我们中印尼经营管理层共同致力于履行社会责任，提高企业员工福利待遇，改善民生，严格落实环保标准，改善生态环境。在中国"一带一路"倡议与印尼"全球海洋支点"战略构想对接中，我们理念一致，收获了共赢的局面。）

4. 爪哇公司印尼员工Didik Sumarson

It was a very valuable experience to have the opportunity to work at PLTU Jawa 7. Apart from being the first largest power plant operating in Indonesia, the working dynamics formed by the combination of Indonesian and Chinese workers here, with different work cultures, habits and languages, providing a completely new and challenging work experience for me. This will definitely be very useful for increasing my knowledge in the future.

（有机会在爪哇7号项目工作是非常宝贵的经历。这里是印尼的第一大发电厂，印尼员工和中国员工一起克服工作文化、行为习惯和语言的不同问题，形成了良好的工作氛围，这给了我全新的、具有挑战性的工作经验。这对我今后的知识长进非常有用。）

5. 爪哇公司印尼员工Nata Khakima Adh

Since 2019, I can increase my knowledge in working for power plant. My Department had established Jawa 7 electricity transaction and coordination. With the limited human resource and experience, my department can finish the electricity transaction calculation. By working in Jawa 7 also, I get a new knowledge and a new experience other than my department responsibility about power plant operation and planning. I get the knowledge about substation device and transmission planning. Jawa 7 also had taught me for optimizing human resource and working faster.

（2019年以来，我在电厂的工作中提高了技能水平。我所在的部门负责爪哇7号项目的电力交易和协调工作。凭借有限的人力资源和经验，我们部门很好地完成了电力交易的计算。通过在爪哇7号项目的工作，在部门岗位职责之外，我还学会了关于发电厂运营和规划的新知识和新经验。我了解了变电站设备和输电规划的知识。爪哇7号项目还教会了我如何优化人力资源以及如何更快地工作。）

6. 爪哇公司印尼员工Muhammad Baried Yuli

Working in Jawa 7 is a great experience. I have been entrusted with opportunities and responsibilities from the start, helping me accelerate my growth. The work culture here is very balanced. Open and honest communication channels. The communication gap caused by language differences cannot hinder productivity. The entire team including the team leader is always ready to help, be it work or personal matters. I was given a lot of new challenging opportunities, which helped me not only on the technical side but also on the soft skills side like negotiating within the team and with all parties, being assertive and persistent while knowing where to make compromises, advancing my points and making others understand my thought process, learning to accept other people's points of view, and building common goals as a team.

（在爪哇7号项目工作是很棒的经历。我从一开始就有很多机遇，帮助我加速成长。

这里的工作文化非常和谐、开放、真诚。语言差异造成的沟通障碍并不会阻碍生产力。无论对工作还是个人事务，包括领导在内的整个团队都随时为我们提供帮助。此外，我得到了很多新的具有挑战性的机会，不仅在技术方面，也包括其他技能方面，比如与相关方谈判时，我学会了在保持自信和毅力的同时适时做出妥协，并提出我的观点、接受别人的观点，为团队建立共同的目标。）

7. 爪哇公司印尼员工Milka Minerva Rusliana

Jawa 7 is a workplace that has become my second home. I have had the privilege of working with a multitude of brilliant minds who are relentlessly striving to bring us to the next level, people whom i am proud to call family. I have witnessed an extraordinary development throughout the years and I am honored to be a part of it. PLTU Jawa 7 will always be in my heart.

（爪哇7号项目是我的第二个家。我有幸与众多才华横溢的人共事，他们坚持不懈的努力将我们提升到了一个新的水平，我很自豪地称他们为家人。这些年来，见证了爪哇7号项目非凡的发展，我很荣幸能成为其中的一员。爪哇7号项目将永远在我的心里。）

8. 爪哇公司印尼员工Eki Andrian Perdana Putr

Working at PLTU Jawa 7 is a pleasant experience, the mixing of the cultures of the two nations provides experience that is difficult to find elsewhere, a fast, efficient and effective work culture makes us stronger and more resilient workers who quickly adapt to dynamic conditions. Lush and green office environment makes PLTU Jawa 7 not only an office where we work but also a place for sports and fun chatting with colleagues.

（在爪哇7号项目工作是愉快的经历，中国和印尼两国文化的融合，为我们提供了在其他地方很难找到的经验，快速、高效和有效的工作文化使我们成为更强大、更有韧性的员工，能够快速适应变化的工作条件。舒适和绿色的办公环境使爪哇7号项目不仅是我们工作的办公室，更是一个可以运动、可以和同事聊天的地方。）

六、主要媒体报道

1. 中企将印尼沼泽地变为超级发电厂

（环球网报道，2019年7月26日）

印度尼西亚的爪哇岛是该国第四大岛，也是全球人口密度最大的岛屿。尽管如此，爪哇岛的部分地区依然由于自然环境恶劣而少有人定居。但就在该岛西海岸的一片沼泽地中，蛇虫遍地、淤泥厚度达15米的旧颜已然褪去，当《环球时报》记者24日到访时，这里已经地面平坦、绿荫成行，雄伟的建筑拔地而起。

这是中国能建华东建投浙江火电牵头总承包建设的爪哇7号2台1050兆瓦燃煤发电工程，位于距离印尼首都雅加达约100千米的万丹省。该项目是中国首个出口海外的百万千瓦火电项目，代表当今中国电力最先进乃至世界一流的技术水平。

爪哇7号项目于2017年1月正式开工建设，两年多的时间，《环球时报》记者已经在这里看到了高达100米的锅炉建筑、作为工程枢纽的指挥楼，以及被分段涂成七种颜色的管式输煤皮带一直延伸到专门修建的配套码头。

中国企业在爪哇7号项目的建设中依然延续了"中国效率"，但该项目的一名中方员工对《环球时报》记者回忆称，项目开工前期遍布沼泽地，人走上去不断下陷，蚊蛇虫蚁横行，施工环境极为恶劣。

浙江火电爪哇7号项目总工程师宁峥嵘告诉《环球时报》记者，这片东南亚湿地沼泽之下淤泥平均厚近15米，地面承载力几乎为零。"这样恶劣的施工条件，给远道而来的中国施工团队'将了一军'。"

在与浙江大学联合进行技术攻关之后，中国建设团队通过真空预压软基技术，先将与海水连接处封堵，将鱼塘内水抽干，在沼泽上部铺设毛竹作为施工平台，倾倒山砂作为施工层，短短3个月就让"沼泽变平地"，并实现全厂道路贯通，将工期缩短了四分之一。

在解决了最大难题后，中方团队正在为首台机组年内投产发电目标全力冲刺。浙江火电爪哇7号项目经理顾巨红告诉《环球时报》记者，该电站是目前印尼技术经济指标最先进的电站之一，是印尼单体装机容量最大的火电项目，两台机组正式投产后年发电量将达150亿千瓦时。

商务部2018年发布的相关国别报告显示，2017年，仍有超过四分之一的印尼人没有用上电，即使首都雅加达偶尔也会因缺电实施轮流停电，且电力需求每年以10%~15%的速度增长。由于目前印尼个人和企业用电比例为7∶3，企业发展对电力的需求更为迫切。

"爪哇7号项目将有效地满足印尼的电力需求，印尼的大部分人口都居住在爪哇岛，这个项目将降低该地区的电力成本，还能够加速国家的经济发展"，印尼驻华大使周浩黎近日接受采访时表示，"爪哇7号项目不仅有利于当地居民，电厂周边的地区也将从中受益。"

顾巨红介绍，除满足当地用电需求外，自开工以来，该工程已为当地提供直接就业机会7000人次，通过中印尼员工师徒结对，印尼籍专业技术人员比例由10%提高到了25%。

今年24岁的项目翻译莉亚对《环球时报》记者表示，"这一项目为印尼带来了先进技术，解决当地数千人就业。我希望通过'一带一路'建设，让更多的中国企业到印尼投资，让更多的印尼人能亲自感受中国人的勤劳和善良。"

2. 印尼姑娘西蒂：学好中文，让更多印尼人了解中国

（环球网报道，2019年7月26日）

"我在去中国之前，没有正式工作，就帮我爸爸照看店铺。去中国学会中文以后，我在印尼当上了一名翻译，在中企有了一份正式的工作，我们全家人都支持我，为我感到骄傲。"印尼姑娘西蒂面对环球网记者采访时如是说。

2019年7月24日，"一带一路"央企行媒体团员来到了位于印尼万丹省西冷市的中国能建华东建投浙江火电牵头总承包建设的爪哇7号项目部。在这里，环球网记者遇到了印尼姑娘西蒂。面对记者的采访，她显得略羞涩、局促。

西蒂的家在印尼东南部的普禾加多，距首都雅加达约298千米，坐火车需要6到8个小时。那里的印尼人多以务农为主，一直以来，西蒂的爸爸经营一家修理摩托车的店铺。

"你的中文说得真好，在哪学的？""在中国。""中国哪里？""中国台湾。"2009年起，西蒂就从印尼赴中国台湾打工，照顾一家6口人的饮食起居，每个月约挣2000元人民币。这样的薪水在印尼算是白领水平了，但西蒂还是想寻求更好的发展。

"我的目标就是攒钱在雅加达买套房子，我已经看好了一套80平方米的，大约需要15万元人民币。"提到自己的小目标，西蒂眼睛里流淌出盈盈笑意。在中国台湾打工五年之后，西蒂已经可以讲一口流利中文，于是她回到家乡，经朋友介绍来到了中国能建的爪哇7号项目部，从事翻译工作。

爪哇7号工程是印尼35000兆瓦电站中期规划的重点项目，也是印尼单体装机容量最大的火力发电项目。该工程拥有印尼最大褐煤锅炉、发电机、三相一体变压器、电站中速磨煤机和配套功率达4600千瓦的双列一次风机。项目于2017年年初正式开工建设，预计将于2020年投入运营。项目经理顾巨红感慨道："在不到两年的时间，一座充满生机和现代科技的百万级绿色电站拔地而起，是中印尼双方员工通力合作的最显著成果。"

要为这样一个专业性极强的项目做翻译并非易事，所以，为保证翻译质量，西蒂来到这里后便在专业同事的帮助下将相关词汇翻译成印尼文和英文，记在小本子上，遇到困惑时就拿出来翻看巩固。而像西蒂这样来爪哇7号拜师学艺的印尼籍员工还有很多，截至目前，该工程已为当地提供直接就业岗位超过7000人次，印尼籍专业技术人员比例由10%提高到25%。西蒂说，周围的居民听说这里有中企项目都想来应聘，中企的到来为周边地区的印尼居民提供了大量的工作岗位，中国人的勤奋、质朴给了当地人深刻印象和积极影响。在西蒂眼中，中国技术人员工作认真、经验丰富，也很尊重当地的风俗文化和宗教习惯，让西蒂产生了强烈的归属感。

3. 中国企业海外投资建设最大单机火电机组安全运营100天

（人民网报道，2020年3月20日）

2020年3月20日，中国企业在海外投资建设的单机容量最大、拥有自主知识产权的火电机组——国家能源集团国华印尼爪哇7号2×1050MW燃煤发电工程（爪哇7号项目）1号机组实现安全运营100天。项目总投资120亿元人民币，全面建成后将是印尼装机容量最大、技术最先进的高效环保型电站，也是印尼电力行业设计年利用小时数最高的燃煤发电机组。

近年来，中印尼两国以共建"一带一路"为契机，深入对接发展战略，扎实推进务实合作。两国合作建设的加蒂格迪大坝、巨港轻轨、爪哇7号电站等一批重大基建设施正持续释放经济和社会效益。

安全运营100天，改善电力系统稳定性。

从雅加达驱车西行两个多小时，便能抵达位于印尼万丹省西冷市的爪哇7号项目现场。远远地就能望见电厂高耸的烟囱缓缓向外冒着白色气体。项目园区内整洁的生产区和生活区与繁茂的绿色植被相互映衬。

"赤橙黄绿青蓝紫"，7种颜色防腐漆保护下的4千米输煤栈桥是这座电厂的"生命线"，也是一道亮丽的风景线，宛若一条"彩虹丝带"将电厂和配套专用煤码头连接起来。电厂输煤系统采用了绿色环保、布置灵活、封闭输送和经济性好的管带机，可以极大减少输煤产生的扬尘，保护周边海域环境。

来到电厂集控室，记者看到监控屏上实时显示着爪哇7号项目1号机组各项生产指标，中印尼工程师值守在工作岗位，密切监控机组运行状态。截至目前，1号机组已连续安全运营100天，累计发电量约15.3亿千瓦时，产生利润和上缴利税分别约为5250万元人民币和1300万元人民币。

与此同时，2号机组也已进入调试阶段，预计将于今年投产。这两台机组与国华穆印电厂、建设中的国华印尼美朗电厂，将共同构成服务印尼经济发展的国华能源矩阵。目前这些项目中，印尼籍员工已超过三分之二。

印尼国家电力公司董事长祖尔基弗利认为，爪哇7号项目具有重要的国家战略价值。他说："该项目的投产从根本上提高了爪哇－巴厘电力系统的稳定性，项目采用的超临界发电技术将成为印尼电力行业的标杆，项目依靠先进技术和成本优势将为各方创造巨大价值和效益，印尼国电将学习借鉴中国国家能源集团先进高效的工程建设及运营管理模式。"

项目整体投运后，年发电量约150亿千瓦时，将有效改善印尼电力供应现状，大大缓解爪哇地区用电紧张局面，对当地经济增长和社会发展具有重要拉动作用。项目建设期累计纳税约1.1亿美元，直接吸纳当地人员就业逾3000人。

印尼国电下属爪哇巴厘发电有限公司董事长伊万认为，爪哇7号项目作为国际化电力基础设施建设合作项目，是印尼与中国电力事业合作的典范，真诚感谢中国国家能源集团为此做出的巨大贡献。

加强防疫举措，全力保障生产建设。

自印尼新冠疫情发生以来，爪哇7号项目围绕安全生产和现场防疫开展了大量工作，在确保1号机组正常发电的同时，还有条不紊地推进基建、生产和防疫等工作。

爪哇7号项目董事长温长宏向记者介绍，爪哇7号项目加大了对中印尼员工的身体状况监测力度，并要求在检修班前会和集控室交接班等环节，严格保持人员距离，让集控运行人员分区就餐，并通过开展线上学习班等方式，进一步加强疫情防控和保障安全生产。

疫情防控工作的"公开、清晰、透明"和及时发布疫情防控信息与防控知识，在当前形势下具有重要意义。通过组织印尼员工召开疫情防控措施说明会，详细介绍项目疫情防控形势和防控措施执行情况，为中印尼员工全身心投入生产注入了"强心剂"。

温长宏表示，现场员工克服人员紧缺、工作强度大等困难，每位员工身兼多职，加班加点拼搏在生产一线。无法返厂的国内员工，通过网上办公，确保各项工作有序衔接。他说："我们还对印尼政府入境管理规定进行研究，在政策允许的情况下，准备提前组织员工有序返岗，确保将疫情对2号机组后续工作进度的影响降至最低。"

印尼国电西爪哇区域业务董事哈利扬托告诉记者，爪哇7号项目为疫情防控和保障生产做了细致周密的部署，相关措施参照了中国成熟的防疫经验，科学有效地降低了病毒传播风险，非常值得印尼国电学习借鉴。

推动"一带一路"发展，实现合作共赢。

近期，记者还前往印尼大学工程学院电力工程系参观了由国华电力与印尼大学共建的"电力仿真和科研教育合作中心"。该中心于2019年11月落成，是一个电力生产科研培训实验室，也是印尼首家高校仿真机实验室。

曾去中国考察电厂运营的印尼大学电力工程系能源系统工程学科负责人柴鲁尔·胡达亚认为，中国电力企业与印尼高校之间互动是一种良好的合作模式。他说："教育合作中心为在校师生提供了一个学习和实践的绝佳平台，实现了教学与实际应用相结合。中国火电技术处于世界领先行列，印尼政府希望在本国大力推广和应用中国技术，希望国华电力能够与印尼大学持续开展此类合作。"

在印尼国电副总裁洛菲克看来，作为中国电力行业一流企业的国华电力与印尼大学的合作属于强强联合，能为印尼电力建设输送高素质人才，也将为印尼电力行业发展奠定坚实基础。印尼国电希望国华电力广泛参与印尼电力行业建设，在印尼电力市场上充分展示中国的先进技术，实现印尼与中国的合作共赢。

印尼政府对华合作牵头人、海洋与投资事务统筹部部长卢胡特指出，"一带一路"倡议为沿线国家提供了一个更大的投资与贸易合作平台。该倡议可以缩小行业差距,促进区域市场统一与发展。

印尼国际战略研究中心中国研究中心主任维罗妮卡在接受记者采访时表示,"一带一路"倡议为沿线国家创造了新的发展机遇,加快推进"一带一路"倡议框架下各领域合作项目在印尼的落地,全方位促进两国互利合作,有助于改善印尼基础设施落后的面貌和助力印尼经济社会发展,造福广大印尼民众。

4. 中央广播电视总台《美美与共》：爪哇岛上的红树林守护者

（国家能源之声报道,2024年3月10日）

2024年3月9日,央视综合频道播出大型国际文化交流节目《美美与共》第十期,报道国家能源集团印尼爪哇电厂对当地生态环境保护做出的积极贡献。

印度尼西亚爪哇岛上国能印尼爪哇电厂附近的一片红树林,正被两国建设者集体用心守护着。

红树林保存着多种生物和微生物,是地球重要的生态系统,当海啸来临时,更是当地沿海居民的"生命防线"。中印尼联合建设国能印尼爪哇电厂的过程中发现了一片红树林,建设者当即下定决心守护好它,组建了红树林及野生动植物生态保护工作小组,并成立了红树林生态保护中心。

爪哇公司内控管理部副经理杨欢、公共关系部副经理Anggia Sihombing（安琪）都是红树林及野生动植物生态保护工作小组成员,她们在中央广播电视总台与文化和旅游部联合摄制的大型国际文化交流节目《美美与共》第十期节目中与大家分享了红树林中自由成长的动植物情况。电厂工作人员会为蜥蜴停车,百鸟归巢的宏大场面每天都伴随日落同生。

节目现场,蔡国庆和印尼歌手罗莎演唱《船歌》,带领观众感受这片红树林的独特记忆。中国与印尼的绿色相守,不仅切实地推动当地经济的发展,更是对人与自然和谐共生的生态文明的建设。

国能印尼爪哇电厂海域红树林面积已由基建期的9公顷增加到如今的近20公顷,近3000只各类海鸟在这片红树林里筑巢安家,蜥蜴、爪哇獴、蛇、螃蟹、鱼类等生物在这里自然繁育,渔船在海面穿梭来往。爪哇7号项目正在践行"绿水青山就是金山银山"的理念。

共生模式
神华国华印尼爪哇7号
2×1050MW发电工程纪实

SYMBIOTIC MODE: RECORD OF SHENHUA
GUOHUA INDONESIA JAWA 7 COAL FIRED
POWER PLANT PROJECT 2×1050MW

第九篇
致 谢

9

诚挚感谢关心和支持爪哇7号项目建设的
各级领导和各界人士！
诚挚感谢参与爪哇7号项目建设的
每一位将士！

致 谢

爪哇公司及各参建单位，牢记"国家、荣誉、责任"的光荣使命，在中印尼各界的帮助和指导下，打造了"21世纪海上丝绸之路"能源新地标，为印尼国家经济的可持续发展做出了重要贡献，以"共商、共建、共享"精神，树立了国际合作的成功典范。

本书的最后，爪哇公司向曾经或正在为爪哇7号项目勇敢开拓、默默耕耘的奉献者与支持者致敬，对国华电力公司爪哇7号项目投标工作组、中印尼股东方、各参建单位、爪哇公司全体中印尼员工，以及项目投标、建设、运营过程中关心支持爪哇7号项目的中国、印尼有关部门、社会各界人士表示深深的感谢，感谢各方的支持、帮助和付出！

（一）感谢中印尼各界

凝心聚力共奋进，同心逐梦谱新篇。爪哇7号项目的圆满竣工，得益于中印尼两国战略对接与政府合作，为项目建设带来的良好政策环境和外部支持；得益于中印尼两国社会各界的共同努力，为项目提供的大量支持和帮助；得益于中印尼两国建设者的携手努力，最终让这座具有世界一流水平的现代化发电工程以最美的姿态展现在世人面前。

印尼方面，印尼总统佐科亲临项目开工仪式并提出殷切期望，印尼政府出台了一系列优化投资环境和税务优惠政策，实施了简化行政审批程序举措，印尼能矿部、国企部、经济统筹部、投资协调管理委员会等在本项目建设过程中提供了有力支持，并给予了严谨细致的服务。此外，印尼大学、万隆大学、印尼其他电厂等相关单位也对爪哇7号项目的建设与运营做出了不可磨灭的贡献。在印尼各方面的帮助下，本项目成为印尼第一个在PPA生效后6个月内完成融资关闭的项目，爪哇公司成为第一个通过印尼投资协调管理委员会"3小时投资证照申请通道"一次性办结11项注册成立证照的公司。

中国方面，爪哇7号项目的建设充分体现了"共商、共建、共享"的原则与理念，在项目许可、项目融资、外事签证、劳工风险、资源协调方面得到国家发展改革委、国资委、商务部、银保监会、中国驻印尼大使馆等部门的重视与指导，相关部门的时任领导均对爪哇7号项目表达了关怀和关注。除此之外，哈电集团、东方电气、西门子、阿尔斯通等单位在投标阶段对爪哇7号项目投标方案的确定做出了贡献。国华研究院、国华穆印电厂、国华台山电厂、国华三河电厂、国华京燃热电、山东寿光电厂、浙能六横电厂、华电莱州电厂等国华电力公司系统内外的兄弟单位，从各个维度给予了爪哇7号项目极大的帮助和支持。电力规划设计总院、中国国际工程咨询有限公司、中国建筑科学研究院有限公司、南京水利科学研究院等单位，对爪哇7号项目的方案审查、项目评价等做了很多工作。

中印尼两国各界的支持，是爪哇7号项目努力实现更好发展，造福印尼人民的不竭动力。爪哇公司在此向关心与支持本项目发展的中印尼两国政府部门、各界社群、各个单位、各方人员，致以崇高的敬意和衷心的感谢，希望中印尼两国各方各界今后继续关心和支持爪哇公司的发展！

（二）感谢投标工作组

本项目不同于国内常规火电项目，其所采用的IPP公开招标模式，决定了投标工作的重要性。如果没有投标工作领导小组快速找准项目特点、精确研判项目基调、高效确定项目定位，全面地从技术方案、融资模式、建设模式、生态环保、运营方式等维度进行系统性谋划；如果没有投标工作组高瞻远瞩的顶层设计、严密的组织体系、完美的技术方案以及科学规范的管理理念，国华电力公司不可能在全球36家投标商中脱颖而出，一举中标。

正如中咨公司后评价报告中所总结的——中标源于出色的顶层设计。爪哇7号项目能够成功中标，顶层设计发挥了不可替代的决定性作用，既是统领投标全过程工作的根本所在，更是高效率完成各项工作的基本遵循。国华电力公司投标工作组对项目的技术方案、设备选型、建设计划、融资计划、财务模型、运维模式等所开展的顶层设计和智慧决策，是项目取得成功的核心和根本。

在此，爪哇公司向投标工作组表示衷心的感谢！

（三）感谢中印尼股东方

树高千尺有根，水流万里有源。爪哇7号项目的成功实施与运营，离不开中印尼股东方的科学方针指引与正确决策。作为印尼最大电力供应商，也是全球最大电力公司之一的印尼国家电力公司（PLN），在爪哇7号项目启动国际竞标、实施项目建设与投入运营的全过程中，始终为爪哇公司提供源源不断的宝贵支持，这是积极推动爪哇7号项目顺利实现各项目标的重要助力。

作为印尼最大的国有电力公司之一的PLN子公司PJB，在印尼能源领域拥有较大影响力。国华爪哇公司与PJB在电力建设、电厂投资、维护、运营、管理培训以及其他电力相关业务领域广泛开展深度合作，已成为中印尼国企互利共赢合作的良好示范。

在爪哇7号项目实施过程中，国家能源集团、神华集团、中国神华能源股份有限公司、国华电力公司、国电电力发展股份有限公司、PLN、PJB（PLN NP）、PJBI等各方以远见卓识的战略眼光，高瞻远瞩地谋划和推动本项目发展，为项目实施指明了方向，提供了遵循，凝聚了力量。

在此，爪哇公司向中印尼股东方、管理方表示诚挚的感谢，力争今后继续在中印尼股东方的领导下实现更好发展！

（四）感谢EPC联合体

爪哇7号项目是国华电力公司、山东院、浙江火电联合投标的IPP项目。从投标初期三家单位的"手"握到一起以来，山东院、浙江火电为项目投标做了大量的工作，项目能够成功中标，山东院、浙江火电功不可没。

爪哇7号项目IPP中标后，山东院、浙江火电、中交四航院组成的EPC联合体为项目配置了最优资源和最好手段，与爪哇公司通力合作、携手并进、并肩战斗、精心组织、科学管理、倾心付出，以"建设具有印尼文化特色、长期盈利的国际一流示范电站"为目标，汇聚中国电力工程设计、装备制造、施工建设、运营管理等方面优势力量，在设计、采购、施工过程中克服了一个又一个困难，取得了一个又一个成绩，确保项目节点按期完成，成功建成了印尼单机容量最大、参数最高、技术最先进、清洁高效、生态和谐的电站，获得了印尼政府、PLN的高度赞誉，带动中国电力工程成体系、高台阶、大规模"走出去"。

在此，爪哇公司对EPC联合体表示衷心的感谢！

（五）感谢各参建单位

独木难成林，百川聚江海。在爪哇7号项目的建设过程中，各参建单位按照爪哇公司的统一协调与安排，勇担重任、统一思想、统一步调、科学组织、精心部署，克服工期紧、任务重等诸多困难，安全、高效、优质地圆满完成了任务，各参建单位表现出来的无私奉献、顽强拼搏的风范和理念，赢得了各方的高度称赞。

众人拾柴火焰高，参与爪哇7号项目建设与运营的各家单位从"国内价值共创"走向"国际价值共创"，从坚实的后盾开始，在实践中奋进，成功打造出一支团结协作的中企"梦之队"。广东省电力设计院有限公司、中南电力项目管理咨询有限公司、西安热工研究院有限公司、神华国华（北京）电力研究院有限公司、上海电气集团、北京巴威公司、东方电气集团……这支中企"梦之队"以实际行动，勠力同心，奋楫笃行，用拼搏与奋斗创造了"一带一路"沿线能源建设的新地标，为中国电力企业赢得了信誉，竖起了中国企业在印尼市场"能征善战""奋勇争先"的旗帜。

平地起高楼，困境造英雄。回眸奋战在爪哇7号项目的日日夜夜，难忘项目参建团队始终保持着奋发有为的昂扬状态，终将一片荒芜的滩涂建设成为世界一流水准的现代化电站。我们期待以更加昂扬的姿态在新征程劈波斩浪，续写属于中国能源建设者的华彩新篇章。

在此，爪哇公司向各参建单位各级领导、全体参战员工表示衷心的感谢和诚挚的问候！

（六）感谢项目当地政府和周边社区

爪哇7号项目实施过程中获得了印尼万丹省地方政府、西冷市及芝勒贡市地方政府、当地军队和警察、周边社区、当地村民的帮助、关心和支持。当地政府为项目提供了必要的行政支持和便利，对爪哇7号项目起到了至关重要的作用，使项目得以顺利开展。当地军队和警察在为项目提供安全保障，他们的巡逻和保卫圆满保障了项目中印尼员工的人身安全，也维护了当地社区的稳定和安全。项目周边的特拉特村等社区、村镇，以及广大村民也给予了项目莫大的支持和帮助，他们的友好和接纳让我们感受到了家的温暖。

远亲不如近邻，展望未来，我们希望与当地政府和周边社区继续保持密切的合作和联系,共同推动爪哇7号项目的进一步发展。同时,爪哇公司将尽全力为当地社区和村民带来更多的福利和利益,与他们共同建设更加美好的未来。

在此,爪哇公司向所有支持、关心和帮助爪哇7号项目的当地政府部门和周边村民表示最诚挚的感谢!

(七)感谢全体中印尼员工及其家属

"发展是第一要务,人才是第一资源,创新是第一动力"。爪哇7号项目的成功运营源于每一位中印尼电力人才的努力拼搏。他们兢兢业业、埋头苦干,团结抗疫、共克时艰,他们是"一带一路"倡议与"全球海洋支点"战略构想对接的辛勤建设者。不言之言,闻于雷鼓,中印尼全体员工以团结一致、携手奋战的实际行动,确保了本项目基建和运营的优质高效推进,中印尼两国员工在实践中加深对彼此文化的了解,在工作中增进友谊与认同感,同心同德、同向同行,只争朝夕、奋发有为,同心逐梦向未来,乘势而上启新程。

每一位中印尼员工的家属,更是我们每一位爪哇项目建设者最应该感谢的人。是他们的支持让我们能够心无旁骛地搞好工程建设;是他们的安慰让我们拥有了战胜一切艰难困苦的勇气。项目建设所取得的每一个成就,都见证着我们为梦想冲刺、为事业奋斗的铮铮铁骨,因为有了家属的支持,我们才能万众一心,拥有追逐梦想的强大力量;项目建设所取得的每一份成绩,都凝聚着广大员工家属的包容理解和坚定支持,因为有了家属的理解,我们前行的脚步才能如此坚定,我们的事业才能发展壮大。

爪哇7号项目的成绩是每一名参建将士殚精竭虑、夜以继日付出最有力的见证,更与广大中印尼员工家属的汗水、委屈、默默无闻的奉献和倾尽全力的支持密不可分!让我们向这些可爱可敬的中印尼电力工作者及其家属致以崇高的敬意与诚挚的感谢!

感谢你们,让我们把梦想放飞!

附录1：工程大事记

2014年

2014年4月25日，PLN向全球发布了爪哇7号项目的相关信息，国华电力公司按神华集团的要求部署相关工作，开始与PLN沟通。

2014年4月29日，中国神华签署意向函，有意向参与爪哇7号项目投标。

2014年6月23日，中国神华批复《关于国华电力分公司参与印尼国家电力公司西爪哇滨海独立发电厂项目前期工作的批复》（中国神华规〔2014〕343号）。

2014年11月20日，PLN召开爪哇7号项目推介会，国华电力公司参加。

2014年12月1日，PLN在《雅加达邮报》发布哇7号项目资格预审公告。

2014年12月9日，中国神华签署参与爪哇7号项目投标的意向函，国华电力公司代表中国神华购买了资格预审文件，共8个国家36家企业参加了资格预审。

2015年

2015年3月5日，国华电力公司代表中国神华向PLN递交资格预审文件。

2015年4月27日，PLN公布国华电力公司通过爪哇7号项目的资格预审。

2015年5月18日，PLN发布购买爪哇7号项目招标文件的通知。

2015年5月20日，神华集团授权国华电力公司签署爪哇7号项目有关文件。

2015年6月3日，国华电力公司董事长王树民组织召开爪哇7号项目专题办公会，研究部署爪哇7投标工作相关事宜。

2015年6月5日，PLN发布现场踏勘通知，国华电力公司基建项目部范新宽、国华电力研究院韩晶、山东院孙文、四航院杨云兰等人到现场踏勘。

2015年7月7日，PLN组织召开爪哇7号项目协议草案一对一咨询会议，国华电力公司参加咨询会。

2015年7月8日，国华电力公司董事长王树民、总经理助理平恒等拜访了中国驻印尼大使谢峰，双方就在印尼开发能源项目展开了深入的沟通。

2015年7月20日，中国神华发文《关于国华电力公司印尼爪哇7煤电项目投标有关问题的批复》，同意浙江火电建设有限公司与山东电力工程咨询院有限公司为EPC总承包商。

2015年7月21日，中国神华发文《关于印尼爪哇7煤电项目投标有关事项的批复》，同意选聘英国欧华律师事务所为本次投标的法律顾问，同意选聘达信（北京）保险经纪有限公司为保险顾问、德勤华永会计师事务所有限公司为税务顾问。

2015年7月24日，国华电力公司董事长王树民召开爪哇7号项目办公会，专题研究、确定投标技术方案和建设模式的基本原则。

2015年7月31日，PLN发布最终版招标文件，投标日期提前一个月至2015年9月28日。

2015年8月3日，中国神华同意国华电力公司选聘摩根大通为投标财务顾问。

2015年8月4日，国华电力公司代表中国神华向商务部汇报爪哇7号项目投标事宜。

2015年8月5日，国华电力公司代表中国神华向国家发展改革委汇报爪哇7号项目投标事宜。

2015年8月9日—31日，投标工作组进行爪哇7号项目现场地质勘探。

2015年8月10日，国华电力公司董事长王树民召开爪哇7号项目投标专题办公会，听取投标工作组的汇报后，对项目投标工作进行了总体安排和具体部署。

2015年8月31日，PLN发布电价预测值和煤价。

2015年9月15日，中国驻印尼大使馆批复《关于参与印尼爪哇7号燃煤电站项目的意见函》。

2015年9月16日，国华电力公司董事长、技术委员会主任王树民组织召开专题技术委员会，研究确定爪哇7号项目技术路线。

2015年9月21日，中国神华总裁办公会发布《研究国华电力分公司印尼爪哇7煤电项目投标等事宜》，同意国华电力公司代表中国神华投标，同意运维模式和主机设备供应商。

2015年9月25日，国华电力公司向中国神华汇报价格标书。

2015年9月28日，国华电力公司向PLN提交商务技术标书及价格标书。

2015年11月13日，PLN发布通知，中国神华通过技术标。

2015年11月17日，价格标开标。

2015年11月25日，完成价格标14个澄清问题的回复。

2015年12月10日，PLN发布通知，中国神华为首选中标人。

2015年12月15日，国华电力公司驻印尼总代表丛贵与PLN签署了中标意向函。

2015年12月15日，国华电力公司宣布人事任免，闫子政任神华国华（印尼）爪哇发电有限公司董事长；封官斌任神华国华（印尼）爪哇发电有限公司总经理。

2015年12月16日，中国神华副总裁王树民在北京主持召开现场办公会，专题研究爪哇7号项目推进事宜。

2015年12月18日，国华电力公司与PLN完成PPA合同谈判。

2015年12月21日上午，中国神华副总裁王树民、山东院院长侯学众、浙江火电副总经理俞玮、国华电力公司副总经理李瑞欣等一行到爪哇7号项目现场调研。

2015年12月21日下午，PLN组织了9个IPP项目的PPA集中签约仪式，中国神华副总裁王树民在PLN本部见证了爪哇7号、南苏1号两个项目的PPA签字。

2015年12月22日，印尼总统佐科在雅加达印尼国家宫听取中国神华副总裁王树民关于爪哇7号项目建设工期及准备情况汇报。

2016年

2016年1月7日，中国神华副总裁王树民在北京主持召开总裁办公会，专题研究爪哇7号项目工程进度计划和重点工作安排等相关事宜。

2016年1月13日，神华国华（印尼）爪哇发电有限公司在印尼正式注册成立。

2016年1月20日，国华爪哇公司获得中国商务部颁发的企业境外投资证书。

2016年1月25日—28日，电力规划设计总院组织召开爪哇7号项目可行性研究外审。

2016年2月2日，国华爪哇公司获得国家发展改革委颁布的项目备案通知书。

2016年2月19日，国华电力公司董事长肖创英主持召开印尼项目专题办公会。

2016年2月28日，国华电力公司副总经理许定峰到爪哇7号项目现场调研。

2016年3月1日，神华集团电力管理部总经理刘志江到爪哇7号项目现场调研。

2016年3月2日，国华电力公司党委书记夏利、总经理助理平恒等到爪哇7号项目现场调研。

2016年3月10日，国华爪哇公司在印尼首都雅加达召开首次股东大会暨首次董事会，会议通过了公司成立初期的相关议案，并形成了决议。

2016年3月25日，中国神华副总裁王树民在北京主持召开总裁办公会，专题研究爪哇7号项目相关事宜。

2016年3月29日，国华爪哇公司董事长闫子政与PLN正式签署PPA协议，2016年4月7日正式生效，标志着爪哇7号项目开始倒计时。

2016年4月8日，国华电力公司副总经理陈杭君到爪哇7号项目现场调研。

2016年4月12日，国华电力公司董事长肖创英一行到爪哇7号项目现场调研。

2016年4月17日，中国驻印尼大使馆公参王立平一行到爪哇7号项目现场调研。

2016年4月20日，神华集团副总经理兼中国神华总裁韩建国到爪哇7号项目现场调研。

2016年4月25日—26日，爪哇7号项目可研收口审查会在北京召开。

2016年4月28日，PLN在雅加达组织召开爪哇7号项目接入技术方案协调会。

2016年5月6日，中国神华副总裁王树民在北京主持召开总裁办公会，专题研究爪哇7号项目工程推进及国际对标相关事宜。

2016年6月1日—2日，爪哇7号项目初步设计原则审查会在济南召开，国华电力公司总工程师陈寅彪出席会议。

2016年6月8日，中国驻印尼大使馆参赞兼总领事刘玉飞一行到爪哇7号项目现场调研。

2016年7月6日，神华国华（印尼）爪哇发电有限公司与中国能源建设集团浙江火电建设有限公司和山东电力工程咨询有限公司联合体签署了爪哇7号项目EPC合同。

2016年7月9日，爪哇公司监事会主席纽曼（Nyoman）到项目现场调研。

2016年7月25日，神华集团质量检验监督站常务副站长项敏、电力规划总院副总工陆国栋等一行实地踏勘爪哇7号项目现场。

2016年7月25日，国华爪哇公司入驻位于印尼万丹省西冷市Posco公寓的临时办公场所。

2016年8月6日，中国神华副总裁王树民一行到爪哇7号项目现场调研。

2016年8月6日，爪哇7号项目供煤计划获得批准。

2016年8月8日，爪哇7号项目环评报告获得批复。

2016年8月11日，PLN总裁Sofyan Basir一行考察爪哇7号项目。

2016年8月11日，中国神华副总裁王树民在北京主持召开总裁办公会，专题研究爪哇7号项目总平面设计相关事宜。

2016年8月17日，中国神华副总裁王树民在北京再次主持召开总裁办公会，专题研究并确定了印尼爪哇7号项目总平面设计的总体原则，并对相关工作进行了部署。

2016年8月23日，印尼万丹省建设局签署项目规划许可。

2016年8月25日—27日中国神华副总裁王树民，神华集团国际合作部总经理刘翔，国华电力公司总工程师陈寅彪，神华集团、国华电力公司相关职能部门及设计单位、施工单位相关人员在雅加达及项目现场召开了关于印尼总统接待准备和总平面技术专题会议。

2016年8月29日—30日，爪哇7号项目初步设计审查会在北京召开。

2016年9月15日，国华爪哇公司组织迎中秋中印尼文化融合活动

2016年9月26日，爪哇7号项目取得项目建设规划许可证。

2016年9月29日，国华爪哇公司与PLN签署了《爪哇7号项目融资关闭会议纪要》，爪哇7号项目成为印尼IPP电力项目首次在6个月内完成融资关闭的项目。

2016年11月11日，爪哇7号项目取得建设许可证。

2016年11月15日，印尼国有企业管理部部长Rini Soemarno在PLN董事长Soyan Basir、PJB董事长Iwan Agung Firstantara等陪同下到爪哇7号项目现场考察。

2016年11月18日，爪哇7号项目初步设计收口评审会在电力规划设计总院召开。

2016年11月18日，爪哇7号项目取得疏浚抛泥许可。

2016年11月29日，神华集团纪检组组长卞宝驰到爪哇7号项目现场调研。

2016年12月20日，国华电力公司董事长肖创英一行到爪哇7号项目现场调研。

2016年12月23日，爪哇7号项目取得码头建设许可。

2016年12月23日—24日，爪哇7号项目司令图审查会在济南召开。

2017年

2017年1月11日，在中国传统佳节春节来临之际，中国驻印尼大使馆公参王立平到爪哇7号项目现场慰问。

2017年1月16日，爪哇7号项目桩基工程正式开工。

2017年1月18日，国华爪哇公司与国华爪哇运维公司签订爪哇7号项目O&M合同。

2017年2月16日，爪哇7号项目重件码头开工。

2017年3月24日，印尼BKPM副主席Tamba Parulian Hutapea等到爪哇项目调研。

2017年3月28日，印尼经济统筹部副部长Bapak Lukita等到爪哇项目调研。

2017年4月1日，中国神华副总裁王树民在北京主持召开总裁办公会，专题研究爪哇7号项目推进的相关事宜。

2017年5月6日—9日，国华爪哇公司组织召开首届印尼语大赛。

2017年5月17日，神华集团副总经理王树民在雅加达参加亚洲能源论坛。

2017年5月18日，神华集团副总经理王树民在雅加达拜访中国驻印尼大使馆商务参赞王立平。

2017年5月19日，神华集团副总经理王树民、国华电力公司总经理李巍在雅加达拜访PLN副总裁Iwan Supangkat、PLN IP公司董事长Sripeni Inten Cahyani、PLN煤炭部门总经理Harlen、PLN IPP部门总经理Ahsin sidqi等。

2017年6月15日，国华爪哇公司邀请周边印尼村民开展开斋节文化融合交流活动。

2017年6月16日，国华爪哇公司持续推动中印尼文化融合，组织中印尼羽毛球大赛。

2017年6月30日，爪哇7号项目主厂房第一罐混凝土顺利浇筑。

2017年6月29日—7月1日，国华电力公司总工程师陈寅彪带领检查组到项目调研。

2017年7月31日，爪哇7号项目重件码头比考核工期提前两个月完工投产。

2017年8月14日，印尼投资协调管理委员会正式批准爪哇7号项目进口货物减免税清单（Master List）。

2017年8月16日，印尼能矿部电力司董事Munir Ahmad等到爪哇7号项目调研。

2017年9月16日，国华爪哇公司组织开展慰问和帮助周边村民的社会责任相关活动。

2017年9月4日晚，神华集团副总经理王树民在爪哇7号项目现场组织召开桩基工程专题办公会，神华集团电力管理部总经理刘志江、国华电力公司董事长肖创英等参加。

2017年9月5日，国有重点大型企业监事会主席李克明一行到爪哇7号项目调研，神华集团副总经理王树民、电力管理部总经理刘志江、国华电力公司董事长肖创英等陪同。

2017年9月13日，中国驻印尼大使馆孙伟德一行到爪哇7号项目调研。

2017年9月22日，国华电力公司副总经理沈玉章一行到爪哇7号项目现场调研。

2017年9月27日上午，爪哇7号项目1号锅炉钢结构开始吊装。

2017年9月27日，PLN董事Haryanto WS一行到爪哇7号项目现场调研。

2017年10月4日，国华爪哇公司组织迎中秋趣味运动会文化融合活动。

2017年10月5日，印尼总统佐科亲临爪哇7号项目现场参加"开工庆典"，按下开工按钮，视察施工现场，听取中国神华在印尼各项目的汇报。中国神华董事长凌文应邀陪同，印尼能矿部部长、国企部部长、万丹省省长，国华电力公司董事长肖创英等陪同参加上述活动。

2017年11月16日，国华电力公司副总经理许定峰一行到爪哇7号项目调研。

2017年11月30日，爪哇7号项目调试大会在印尼项目现场召开。

2017年12月6日，爪哇7号项目2号锅炉首根钢结构开始吊装。

2017年12月14日，国华电力副总经理陈杭君到爪哇7号项目现场调研。

2017年12月21日，国华爪哇公司组织中印尼员工开展迎元旦系列活动。

2017年12月26日上午，爪哇7号项目1号主厂房钢结构开始吊装。

2017年12月31日，爪哇7号项目煤码头引堤与煤码头引桥合拢，顺利完成煤码头引堤堤心石推填，2.2千米的巨龙顺利合拢，为新年献礼。

2018年

2018年1月13日，国华爪哇公司组织公司成立2周年拔河比赛活动。

2018年3月1日，爪哇7号项目首批大件物资历经海运、驳运后，顺利抵达工程现场重件码头，这是项目首批顺利运抵印尼现场的大件物资。

2018年3月20日14时48分，爪哇7号项目1号锅炉最后一根大板梁成功就位，标志着1号锅炉钢结构主体安装基本完成。

2018年3月28日—29日，国华电力公司总工程师陈寅彪到爪哇7号项目现场调研，见证了爪哇7号项目1号锅炉受热面吊装。

2018年4月4日，国华爪哇公司组织开展中印尼文化互鉴系列活动，包括太极拳学习、中国书法学习、印尼民歌学习等。

2018年5月5日，国华电力公司总经理助理韩贵生带领印尼管控体系建设工作组到爪哇7号项目调研，深入推进项目管控体系建设。

2018年6月5日，爪哇7号项目配套码头及取排水设施工程引桥工程T梁全部安全顺利完成安装，标志着项目输煤海工工程全线贯通。

2018年7月13日—19日，国华电力公司总工程师陈寅彪带队，基建项目部、工程建设部、研究院在现场对安健环、质量、进度、设计、造价、物资进行检查。

2018年7月17日，国华爪哇公司2018年度股东大会在雅加达召开，国华电力公司董事长宋畅作为中国神华授权代表、PJBI董事长Gunawan出席了会议。

2018年7月17日，国华电力公司董事长宋畅、总工程师陈寅彪到爪哇7号项目调研，现场见证了2号锅炉大板梁吊装。

2018年7月18日16时48分，爪哇7号项目2号锅炉最后一根大板梁成功就位，标志着2号锅炉钢结构主体安装基本完成。

2018年7月31日，爪哇7号项目1号机组主厂房封闭。

2018年8月4日，国家能源集团安全总监王忠渠一行到爪哇7号项目调研。

2018年8月22日，国家能源集团公司副总经理高嵩到爪哇7号项目调研。

2018年9月6日，中国神华外部非执行董事谭慧珠一行到爪哇7号项目调研。

2018年9月10日，国家能源集团副总经理王树民、国华电力公司总经理李巍赴爪哇7号项目现场指导突发性事件的处置工作，指导、部署了国华爪哇公司与印尼军警达成合作，共同保障全体中印尼员工人身安全及项目资产安全。

2018年9月22日，爪哇7号项目210米钢筋砼烟囱外筒顺利结顶。

2018年10月1日，爪哇7号项目1号机组汽轮发电机组基础交安。

2018年10月15日，爪哇7号项目1号机组发电机定子顺利吊装就位。

2018年10月26日，国家能源集团外部董事田会、曲大庄一行到爪哇7号项目调研。

2018年11月15日，爪哇7号项目清真寺顺利开工建设，该清真寺占地面积1600平方米，使用面积220平方米。

2018年11月19日，爪哇7号项目1号机组DCS受电一次成功。

2018年11月20日，国家能源集团董事长乔保平到爪哇7号项目调研，国华电力公司董事长宋畅等人陪同。

2018年12月16日，国家能源集团党组成员、总会计师陈斌到爪哇7号项目调研。

2018年12月24日，爪哇7号项目1号机组DCS系统复原试验一次成功。

2018年12月25日，国华电力公司总工程师陈寅彪在国华电力本部主持召开爪哇7号项目视频专题会。

2018年12月28日，国华爪哇公司组织中印尼员工为印尼海啸灾区救灾捐款。

2019年

2019年1月9日下午，爪哇7号项目2号机组发电机定子顺利吊装就位。

2019年1月18日，国华电力公司工程师陈寅彪参加爪哇7号项目调试专题视频会。

2019年1月31日，爪哇7号项目升压站受电成功。

2019年2月2日，爪哇7号项目1号机组锅炉水压试验一次成功，标志着1号机组锅炉受热面设备安装工作已全面结束。

2019年2月12日，国华电力公司宣布人事任免，温长宏任爪哇项目公司董事长，赵志刚任爪哇项目公司兼运维公司总经理。

2019年3月8日，爪哇7号项目1号机组厂用受电一次成功。

2019年3月11日，PLN西爪哇区业务董事Haryanto WS一行出席爪哇7号项目GIS移交仪式。

2019年3月20日，国华电力公司总工程师陈寅彪带领调试受电检查组一行到爪哇7号项目现场调研。

2019年3月20日—21日，国华电力公司董事长宋畅到爪哇7号项目现场调研。

2019年3月27日，国家能源集团公司副总经理米树华到爪哇7号项目现场调研。

2019年4月25日，爪哇7号项目公用系统启动锅炉顺利点火成功。

2019年5月1日，爪哇7号项目1号机组启动锅炉蒸汽吹管工作一次完成。

2019年5月24日，国华电力公司宣布人事任免，赵志刚任爪哇运维公司董事长。

2019年5月25日，爪哇7号项目海水淡化系统整套启动一次成功。

2019年5月28日，国华爪哇公司在周边社区开展社会捐赠活动。

2019年6月10日，爪哇7号项目煤码头具备卸煤条件。

2019年6月16日，国华电力公司总工程师陈寅彪、工程建设部总经理张振科到爪哇7号项目调研。

2019年6月17日,中国能源建设集团董事长汪建平一行到爪哇7号项目现场调研。

2019年6月25日,爪哇7号项目1号机组六大风机试运,锅炉冷风动力场试验开始。

2019年7月5日,爪哇7号项目煤码头正式投运,标志着海工工程正式竣工。

2019年8月2日6时18分,爪哇7号项目1号机组锅炉首次点火成功。

2019年8月6日,爪哇7号项目1号机组吹管开始。

2019年8月7日,国华电力公司基建项目部总经理靳华峰带队,基建项目部、工程建设部对爪哇7号项目进行现场检查。

2019年8月11日,中国驻印尼大使馆大使肖千一行到爪哇7号项目现场调研。

2019年8月22日,爪哇7号项目2号机组锅炉水压试验完成。

2019年8月26日,国华爪哇公司无偿为项目周边的特拉特河清淤。

2019年8月28日,国华电力公司总工程师陈寅彪在现场主持召开1号机组启动验收委员会,来自13家参建单位的近百名委员和与会代表一致认为1号机组具备整套启动条件。

2019年9月6日11时16分,爪哇7号项目1号机组整套启动并网成功,顺利并入印尼爪哇－巴厘电网,整套启动期间机组各项技术指标优良。

2019年10月6日,爪哇7号项目2号机组海水脱硫系统投入运行。

2019年10月15日,国家能源集团境外项目法律风险检查组到爪哇7号项目调研。

2019年10月21日,PLN组织召开项目与PT indexim供煤协议协调会。

2019年11月10日,国华电力公司董事长宋畅一行到爪哇7号项目调研。

2019年11月19日,国家能源集团外部董事刘国胜、赵吉斌等到爪哇7号项目调研。

2019年11月21日15时16分,爪哇7号项目1号机组首次实现满负荷运行。

2019年12月4日,国华爪哇公司组织看望慰问周边村的孤儿和孤寡老人。

2019年12月7日,国家能源集团火电中心检查组一行到爪哇7号项目调研。

2019年12月8日,爪哇7号项目1号机组完成机组净容量及可靠性测试。

2019年12月12日,在国华电力公司总工程师陈寅彪等领导的现场见证下,爪哇7号项目1号机组一次通过168小时试运。

2019年12月13日,爪哇7号项目1号机组正式投入商业运行(COD)。

2019年12月31日,爪哇7号项目2号机组微油首次点火成功。

2020年

2020年1月8日,爪哇7号项目2号机组完成蒸汽吹管。

2020年1月10日,爪哇7号项目质委会表彰项目优秀基建生产单位和个人。

2020年2月3日,爪哇7号项目组织召开防疫管控情况说明会,全面部署防疫工作。

2020年2月26日,印尼万丹省警察局局长到爪哇7号项目调研考察。

2020年2月29日,PLN总裁Zulkifli Zaini到爪哇7号项目调研考察。

2020年4月10日，爪哇7号项目2号机组汽机房真空泵启动，进行冲氮，锅炉保养。

2020年5月9日，爪哇7号项目在斋月期间慰问项目周边村民。

2020年6月15日，国华印尼爪哇电厂应印尼爪哇-巴厘电网的要求，组织对1号机组开展机组COD后的首次NDC测试（机组净可靠能力测试）。本次测试过程中，平均净负荷1000MW，最低992.36MW，满足测试要求，验证了机组的可靠性。

2020年7月9日，国华爪哇公司向PLN捐赠防疫物资。

2020年7月23日，国华爪哇公司在新冠疫情期间组织慰问周边社区、村民。

2020年7月28日，爪哇7号项目组织召开2号机组启委会。

2020年8月5日，爪哇7号项目2号机组整套启动阶段锅炉首次点火一次成功，标志着2号机组全面进入整套启动调试阶段。

2020年8月8日，爪哇7号项目2号机组首次冲转一次成功。

2020年8月18日—9月3日，国华电力总经理李巍在爪哇7号项目现场调研。

2020年8月20日，爪哇7号项目2号机组首次并网成功。

2020年8月26日，爪哇7号项目2号机组首次带1050MW满负荷运行。

2020年9月6日，爪哇7号项目2号机组100%甩负荷试验一次成功。

2020年9月23日，爪哇7号项目2号机组一次通过168小时试运。

2020年9月25日，爪哇7号项目2号机组投产暨工程竣工仪式圆满举办。

2020年11月30日，爪哇7号项目取得印尼"国家重点项目"认证。

2020年12月9日，国华爪哇公司资助周边村民的爱心水井完成施工，投入使用。

2020年12月31日，统计2020年生产指标为：发电量77.78亿千瓦时，综合厂用电率4.77%，供电煤耗290.72克每千瓦时，等效可用系数99.51%。

2021年

2021年1月1日，国华爪哇公司组织中印尼60余名员工开展迎新年义务植树活动。

2021年1月13日，国华爪哇公司与印尼万丹省警察局签署了安全保卫、外部警戒以及紧急事件应对合作协议。

2021年1月14日19时18分，爪哇7号项目1号机组汽轮机冲转一次成功，标志着海外首台百万机组首次检修圆满完成。

2021年1月25日，国华爪哇公司荣获国家能源集团奖励基金特等奖。

2021年3月1日，国华爪哇公司公共关系团队拜访了印尼万丹省军区、万丹省警察局、万丹省劳工局、特拉特村、Bojonegara镇等机构。

2021年4月19日，国华爪哇公司向印尼当地因洪水受灾的民众捐赠物资。

2021年4月29日，爪哇7号项目2号机组顺利完成全厂PNDC试验。

2021年5月6日，爪哇7号项目组织相关人员拜访慰问项目周边村民，为项目周边Kramatwatu社区和Bojonegara社区的困难村民送去大量食品包。

2021年7月8日，爪哇7号项目取得2号机组COD文件，全厂转入商业运行。

2021年10月22日，国电电力发展股份有限公司宣布人事任免，赵志刚任爪哇公司董事长，陆成骏任爪哇公司总经理。

2021年11月4日，亚洲电力评委会正式宣布爪哇7号项目在2021年亚洲电力大奖赛中获得2021年度煤电项目金奖和2021年度快发能源项目金奖两项大奖。

2021年12月31日，统计2021年生产指标为：发电量120.35亿千瓦时，综合厂用电率4.68%，供电煤耗289.7克每千瓦时，等效可用系数98.92%。

2022年

2022年6月28日，爪哇7号项目荣获中电建协2022年度中国电力优质工程荣誉。

2022年7月14日，爪哇公司在厂门口的清真寺开展儿童关爱活动。

2022年10月13日，爪哇7号项目荣获亚洲电力2022年度印度尼西亚环境、社会和治理项目（ESG）奖。

2022年12月31日，国电电力总经理贾彦兵一行到爪哇公司调研。

2022年12月31日，统计2022年生产指标为：发电量119.12亿千瓦时，综合厂用电率5.24%，供电煤耗291.38克每千瓦时，等效可用系数100%。

2023年

2023年1月9日，爪哇7号项目荣获2022—2023年度中国国家优质工程金奖。

2023年2月1日，国家能源集团副总经理王树民、国电电力公司党委书记罗梅健一行到爪哇公司调研。其间，王树民对爪哇公司仿真机培训中心、集控室、汽机、锅炉、煤码头、储煤场、红树林保护基地等区域进行了现场检查，在集控室慰问了劳模和先进员工代表，转达了刘国跃董事长的新春祝福，并组织召开了印尼董事及印尼员工代表座谈会。

2023年5月29日，爪哇公司成立"安妮的心愿"助学基金会并开展首次捐赠活动。

2023年7月20日，国电有限公司党委副书记、工会主席刘焱到爪哇公司调研。

2023年8月9日，爪哇公司2023年年度第三次股东会议准备会议在北京召开，国电电力发展股份有限公司副总经理朱江涛、PJBI董事长阿米尔代表中印尼股东参会，爪哇公司3名董事会成员出席会议。

2023年8月31日，中国国际工程咨询有限公司受国家能源集团的委托，组织完成了对爪哇7号项目的独立后评价工作。

2023年8月24日，印尼国家能源委员会环保调研组一行到爪哇公司调研。

2023年9月5日，国家能源集团董事长刘国跃到爪哇公司调研，国电电力总经理贾彦兵等陪同。

2023年11月27日，爪哇公司内控管理部副经理杨欢、公共关系部副经理Anggia Sihombing（安琪）在中央广播电视总台参与录制了《美美与共》第十期：爪哇岛上的红树林守护者。注：该节目于2024年3月10日在中央广播电视总台综合频道首播。

附录2：图表索引

图号	说明	页码
图1-1	爪哇7号项目原始现场，左为废弃池塘及周边，右为池塘排干水后	4
图1-2	爪哇7号项目原始地貌航拍图	4
图1-3	2020年9月25日，国家能源集团总经理刘国跃到国华电力公司出席爪哇7号项目竣工仪式	5
图1-4	国家能源集团就爪哇7号项目1号机组通过168小时试运发来的贺信和PLN向爪哇公司就2号机组投产发来的贺信	5
图1-5	爪哇7号项目运营期工程全貌	6
图1-6	白鹭与红树林衬托下的爪哇7号项目	7
图1-7	2019年12月13日，爪哇7号项目1号机组投入商业运行（COD）仪式	7
图1-8	2020年9月25日，PLN认证中心总经理Septa Hamid向爪哇公司董事Teguh Handoyo移交2号机组运行许可（SLO）证书	8
图1-9	为爪哇7号项目做出卓越贡献的勤劳、敬业的印尼员工	8
图1-10	PJBI官网对爪哇7号项目的介绍和对项目荣获国优金奖的报道	10
图1-11	2021年度亚洲电力煤电项目金奖和快发能源项目金奖证书	11
图1-12	2020年2月29日，PLN总裁Zulkifli Zaini等在汽机平台与爪哇公司人员合影	12
图1-13	2023年8月24日，印尼国家能源委员会环保调研组合影	13
图1-14	2023年9月6日，国家能源集团董事长刘国跃到爪哇7号项目现场调研	14
图1-15	2020年10月25日，国家能源集团总经理刘国跃在"一带一路"高质量发展案例报告发布会上致辞	16
图1-16	印尼驻华大使周浩黎（Djauhari Oratmangun）为"一带一路"高质量发展案例报告发布会录制了视频讲话	17
图1-17	2020年10月25日，人民日报社副总编辑赵嘉鸣在"一带一路"高质量发展案例报告发布会上致辞	17
图1-18	2020年10月25日，"一带一路"高质量发展案例报告发布会圆桌对话环节	18
图2-1	IPP项目开发流程示意图	24
图3-1	印尼南苏门答腊省穆印县国华穆印电厂全貌	39
图3-2	2016年8月3日，中国神华副总裁王树民、国华电力公司总经理李巍等到国华穆印电厂调研	40

图3-3	2013年11月印尼员工代表国华穆印电厂参加"国华电力杯"员工羽毛球赛和2017年11月爪哇7号项目印尼员工在国华台电学习中国书法	41
图3-4	2019年3月10日,国华电力公司举办公司成立二十周年植树活动,图为活动后合影	42
图3-5	PJB公司(现已改名为PLN NP)位于印尼泗水市(Surabaya)的总部大楼	46
图3-6	PJBI公司(PLN NR)除了运营爪哇7号项目等煤电项目,还致力于可再生能源在印尼的发展,图为其投资建设的吉拉塔(Cirata)145MW漂浮式光伏项目	46
图4-1	2017年1月11日,中国驻印尼大使馆公参王立平到爪哇7号项目调研	55
图4-2	2017年3月24日,印尼BKPM副主席Tamba Parulian Hutapea到爪哇7号项目调研	55
图4-3	2017年9月27日,PLN爪哇-巴厘区域业务总监Haryanto WS在爪哇公司董事长闫子政、印尼董事Arief Teguh Sutrisno的陪同下观看爪哇7号项目模型沙盘	56
图5-1	项目主要相关方结构概览	60
图5-2	2015年12月21日,王树民、侯学众、艾抗等在爪哇7号项目现场调研	71
图5-3	2015年12月21日,王树民、侯学众、艾抗、俞玮、李瑞欣等与PLN副总裁Iwan合影	72
图6-1	2015年12月21日,王树民、侯学众、李瑞欣在爪哇7号项目现场踏勘	78
图7-1	投标阶段全厂总平面布置图	87
图7-2	电厂线路送出系统示意图	88
图8-1	GHepc总承包项目组织管理体系图	95
图8-2	现场前期施工进度安排图示	97
图8-3	项目主体施工阶段进度安排图示	97
图10-1	爪哇7号项目融资结构	110
图10-2	爪哇7号项目业务模型架构	114
图11-1	2016年3月2日,夏利、平恒等在爪哇项目现场调研	116
图11-2	2016年3月10日,爪哇公司召开第一次股东大会	117
图11-3	2016年3月1日,神华集团电力管理部总经理刘志江等在现场调研爪哇7号项目总体规划方案	118
图11-4	2017年6月9日,国华电力公司董事长肖创英等在爪哇7号项目调研	119
图11-5	2016年9月29日,融资关闭后合影庆祝和神华集团国华电力公司发来的贺电	122
图11-6	2016年5月15日,印尼海事局工作人员到爪哇7号项目现场办理海域许可	124
图11-7	2016年12月15日,印尼员工Herdian Djuanda与中印尼团队讨论许可证办理方案	

图11-8	爪哇7号项目合同结构图	129
图11-9	2016年7月6日，爪哇7号项目EPC合同在国华电力公司正式签订	131
图12-1	2016年1月24日，印尼工人正在搭设用于运送地质详勘设备的临时运输平台	133
图12-2	2016年12月15日，地基预处理期间爪哇7号项目现场航拍图	134
图12-3	2016年12月5日，爪哇7号项目召开地基预处理成果专家评审会	135
图12-4	2016年11月29日，神华集团纪检组组长卞宝驰等在爪哇7号项目调研	136
图12-5	2017年1月16日，爪哇7号项目桩基工程开工典礼	137
图12-6	2016年2月25日，爪哇项目配套码头工程可研审查会于北京召开	138
图12-7	2017年6月30日，爪哇7号项目浇筑第一罐混凝土，项目正式开工	139
图12-8	2017年12月14日，国华电力公司副总经理陈杭君在爪哇7号项目现场调研	140
图12-9	2018年7月16日，国华电力公司总工程师陈寅彪等在爪哇7号项目现场调研	141
图12-10	2017年7月31日，中交四航院董事长朱利翔等在重件码头交工仪式上合影庆贺	143
图12-11	2017年9月15日，1号机组主厂房出零米	143
图12-12	2017年9月27日，1号锅炉钢结构正式吊装	144
图12-13	2018年3月13日，1号机组锅炉大板梁吊装	144
图12-14	2018年3月29日，1号机组锅炉受热面吊装	145
图12-15	2018年9月22日，爪哇7号项目高达210米的钢筋砼烟囱外筒顺利实现结顶	146
图12-16	2018年12月23日，1号机组低压缸下缸就位	146
图12-17	2018年12月24日，1号机组DCS成功复原	147
图12-18	2019年2月2日，1号机组锅炉水压试验一次成功	148
图12-19	2019年3月8日，1号机组厂用电受电完成	148
图12-20	2019年3月11日，PLN西爪哇区业务董事Haryanto W S等在GIS现场合影	149
图12-21	2019年3月11日，GIS移交签字	150
图12-22	2019年8月2日，集控室见证1号锅炉首次点火	150
图12-23	2019年8月11日，中国驻印尼大使肖千等在爪哇7号项目调研	151
图12-24	2019年8月28日，国华电力公司总工程师陈寅彪主持召开爪哇7号项目1号机组启动验收委员会	152
图12-25	2019年9月6日，爪哇7号项目1号机组首次并网成功后，中印尼董事、员工交叉握手庆祝	152
图12-26	2019年11月10日，国华电力公司董事长宋畅等在爪哇7号项目现场调研	154
图12-27	2019年12月12日，国华电力公司总工程师陈寅彪与爪哇公司领导班子共同庆祝爪哇	

	7号项目1号机组通过168小时试运	155
图12-28	2019年12月13日，国华电力公司董事长宋畅接受中央电视台的采访	155
图12-29	2020年6月16日，爪哇公司董事崔育奎带领员工在新冠疫情发生后首次返回印尼，这是他们走出雅加达机场的场景	158
图12-30	2020年9月23日，爪哇7号项目2号机组圆满通过168小时试运	159
图12-31	2020年9月25日，爪哇7号项目2号机组完成168小时试运暨一期工程竣工仪式现场	159
图12-32	2020年9月25日，爪哇7号项目2号机组完成168小时试运暨一期工程竣工仪式国华电力本部现场	160
图12-33	2021年1月1日，爪哇公司组织迎新年植树活动，公司董事伯顿先生亲手种下承载中印尼员工深厚友谊的榴梿树	161
图13-1	2016年6月2日，国华电力公司总工程师陈寅彪等到山东院开展设计管理交流	165
图13-2	爪哇7号项目采购责任范围划分示意图	166
图13-3	2017年8月29日，爪哇公司在爪哇7号项目现场召开设备质量创优动员会	167
图13-4	2017年8月11日，爪哇7号项目物流发运启动仪式	169
图13-5	2019年1月9日，1号机组发电机定子通过重件码头运抵现场	170
图13-6	2017年10月6日，山东电力工程咨询院董事长王雷鸣在爪哇7号项目现场调研	171
图13-7	2019年3月20日，国华电力公司董事长宋畅在爪哇7号项目现场了解工程质量管控体系	176
图13-8	2019年6月17日，中国能源建设集团有限公司董事长汪建平在爪哇7号项目现场调研	177
图13-9	2020年2月29日，印尼PLN总裁Zulkifli Zaini等在爪哇7号项目调研	179
图13-10	浙江火电董事长俞成立等在爪哇7号项目调研	181
图13-11	2017年11月30日，爪哇7号项目调试大会	184
图13-12	2019年11月16日，参建各方齐心协力精细化开展1号机组调试工作	186
图13-13	2019年12月13日，史国青与工程技术部信息主管张海军合影留念	188
图13-14	2019年12月28日，西安热工院爪哇7号项目团队在完成1号机组性能试验后合影	190
图14-1	2018年2月12日，参加2018年度工作会的全体中印尼员工合影	192
图14-2	2017年9月30日，第一批参加培训的印尼员工抵达国华台电培训基地	193
图14-3	2017年10月20日，国华电力公司总经理李巍到国华台电看望中印尼员工	194

图14-4	2018年6月8日，运维公司几位印尼员工在培训期间的运动会上获奖	196
图14-5	2018年3月20日，运维公司语言培训班结业合影	198
图14-6	中印尼师徒在爪哇7号项目现场共同学习的画面处处可见	202
图15-1	2022年6月23日，爪哇公司组织开展消防安全演练	205
图15-2	2022年12月31日，国能国电电力总经理贾彦兵与爪哇公司董事长赵志刚共同为爪哇公司仿真机培训中心揭牌	209
图15-3	2023年3月8日，爪哇公司中印尼女职工在国际妇女节合影	211
图15-4	2023年2月1日，国能国电电力党委书记罗梅健在爪哇7号项目现场调研	213
图17-1	2023年8月9日，爪哇公司2023年度第三次股东大会准备会在北京召开	223
图17-2	2018年5月5日，国华电力公司总经理助理韩贵生到爪哇7号项目调研人力资源、管控体系等工作	225
图20-1	国华电力公司拥有自主知识产权的海水淡化技术在爪哇7号项目成功应用	248
图20-2	海水淡化项目经理廖海燕协助工人进行蒸发器穿管	251
图20-3	2018年10月18日，DCS系统出厂验收前国能智深DCS项目组与各相关单位合影留念	256
图20-4	安装过程中的管带机	257
图20-5	定制整体式真空膜多人拉铺现场	261
图20-6	主厂房区域覆水堆载	262
图21-1	2019年6月27日，爪哇7号项目长达4000米的"彩虹"管带机	266
图22-1	绿色施工总体方案框架	271
图23-1	2017年1月，基建初期的爪哇7号项目周边北区、南区红树林实拍图	276
图23-2	2017年1月，基建初期的爪哇7号项目周边红树林实拍图	277
图23-3	2018年3月，基建初期保护、培育中的红树林实拍图	278
图23-4	2018年8月，基建中期保护、培育中的红树林实拍图	278
图23-5	2019年9月，基建末期，红树林保护及培育初见成效	279
图23-6	2022年6月2日，基建期结束转入运营期之后的红树林景观带	280
图23-7	2022年12月24日，爪哇公司邀请PJBI董事长Amir Faisal到项目现场参加红树林保护活动	281
图23-8	2022年6月8日，红树林生态保护中心成立动员大会	281
图23-9	2022年6月23日，专家实地查看红树林生长情况	282
图23-10	2021年12月9日拍摄，成片的红树林已成为海鸟的家园	283
图23-11	《美美与共》第十期"爪哇岛上的红树林守护者"节目海报	284

图23-12　爪哇公司杨欢和Anggia Sihombing在节目中接受访谈 285

图24-1　2017年5月17日，神华集团副总经理王树民在雅加达举办的亚洲能源论坛上发言 291

图24-2　2016年6月8日，中国驻印尼参赞兼总领事刘玉飞在爪哇7号项目开展预防性领事保护宣传工作，并对项目进行调研指导 291

图24-3　2018年9月6日，中国神华的5名独立非执行董事和中国神华副总裁张光德到爪哇7号项目调研 293

图24-4　PJBI评价爪哇7号项目"容量大、效益好、绿色环保" 294

图24-5　2018年9月11日，国家能源集团副总经理王树民等到爪哇公司与印尼当地军队负责人、警察局负责人、PJB董事等就加强社区安全、项目安保等事项进行沟通 296

图24-6　2017年8月16日，印尼能矿部电力司董事Munir Ahmad等在爪哇7号项目调研 ... 297

图24-7　2022年1月27日，爪哇公司在2022年度工作会议上表彰中印尼先进工作者 297

图24-8　2023年1月18日，爪哇公司行政人事部副经理滕跃、生产调度组组长兼运行部经理助理PANJI、维护部副经理Dicky三人用阿拉伯数字"7"的手形表达了中印尼员工对爪哇7号项目发自内心的热爱 298

图24-9　印尼姑娘Ayu在爪哇7号项目海工工程施工现场 299

图24-10　2021年5月28日，国华印尼爪哇公司中印尼员工乔迁新行政办公楼 300

图24-11　2019年11月11日，国华电力公司与印尼大学共同成立的印尼首家高校仿真机实验室落成，印尼大学校长Muhammad Anis、国华电力公司董事长宋畅、总经理助理张翼等在揭牌仪式后合影 301

图24-12　爪哇7号项目聘请当地村民参与项目的后勤服务工作 302

图24-13　爪哇7号项目聘请当地渔民参与海工工程的相关工作 303

图24-14　2017年12月28日，爪哇7号项目在特拉特河清淤 304

图24-15　爪哇公司董事长温长宏、印尼董事Teguh Handoyo看望周边村的孤儿 305

图24-16　2022年12月1日，爪哇公司通过印尼红十字会向西爪哇展玉市地震灾区捐赠2亿印尼盾 306

图24-17　2020年7月9日，爪哇公司向PLN捐赠防疫物资 308

图24-18　爪哇公司为附近的特拉特村村民接种新冠疫苗，图为接种前体检 308

图24-19　2018年5月19日，国华爪哇公司聘请国际SOS救援中心开展急救知识培训 309

图24-20　2018年6月14日，国华爪哇运维公司在国华台电培训基地举办"文化融合"开斋晚会 311

图24-21　2022年12月21日，勤奋、敬业的印尼员工在爪哇公司行政办公楼合影 312

383

图24-22　2023年2月1日，王树民、罗梅健、闫国春等与爪哇公司印尼董事和印尼员工代表座谈后合影 313

图24-23　2019年8月21日，爪哇公司总经理赵志刚、总工程师闫卫东组队参加中印尼员工羽毛球比赛 314

图24-24　2019年1月1日，中印尼员工手持爪哇公司企业文化标语牌合影 314

图24-25　中印尼员工同做八段锦 315

图24-26　中印尼员工参加"融合奋进杯"羽毛球友谊赛后合影 316

图24-27　2021年5月13日，爪哇公司组织庆祝开斋节，印尼员工与家属合影 317

图24-28　2023年7月20日，国电电力股份有限公司党委副书记、工会主席刘焱在爪哇公司调研 317

图24-29　2022年5月2日，勤奋、敬业的印尼员工手持爪哇公司发放的开斋节礼物合影 .. 318

图24-30　2023年5月29日，"安妮的心愿"助学基金会捐赠活动 319

图24-31　2019年9月27日，印尼PJB及下属企业到爪哇7号项目参观调研 323

图25-1　2017年5月19日，王树民与PLN副总裁Iwan Supangkat等在PLN总部合影 324

图25-2　2023年5月11日，爪哇公司组织中印尼文化融合暨开斋活动 325

图25-3　2022年5月31日，爪哇公司在雅加达召开2022年煤炭大会 326

图25-4　2017年5月6日，爪哇公司组织印尼语大赛 327

图25-5　2023年1月21日，爪哇公司中印尼员工家属共同庆祝春节 327

图25-6　印尼员工的孩子们在2023年爪哇7号项目春节活动中合影 328

图25-7　2018年4月5日，爪哇公司在国华台电培训基地举行春季运动会 330

图25-8　印尼员工和双胞胎孩子在2023年爪哇7号项目开斋节活动上留影 330

图25-9　爪哇7号项目犹如盛开的花朵般在印尼热土上绽放 331

图25-10　2018年12月30日，爪哇公司足球协会组织趣味活动 332

图25-11　中印尼女员工以"心形"合影方式，共同展望共生模式在爪哇7号项目的未来 .333

图25-12　2022年7月14日，爪哇公司在厂门口清真寺开展儿童关爱活动，印尼小女孩留影 333

图25-13　2022年7月14日，爪哇公司在厂门口的清真寺开展儿童关爱活动，印尼小男孩留影 334

图26-1　2023年2月8日，爪哇公司中印尼领导持亚洲电力三项金奖证书合影留念 336

图26-2　中国施工企业管理协会为爪哇7号项目颁发的国家优质工程金奖证书 337

表1-1　爪哇7号项目性能试验指标 9

表1-2　爪哇7号项目环保排放指标 9

表1-3	爪哇7号项目PPA主要节点进度指标	9
表1-4	爪哇7号项目运营期主要生产指标	10
表2-1	IPP项目电价结构	25
表2-2	中资企业在印尼投资、承建的部分电力项目清单	26
表2-3	外资企业在印尼投资的主要电力项目清单	28
表5-1	爪哇7号投标项目资格预审文件清单	59
表7-1	部分设计标准清单	91
表11-1	主要许可准证清单	125
表12-1	爪哇7号项目里程碑节点完成时间	141
表13-1	爪哇7号2×1050MW机组主要参数性能试验指标	189
表15-1	爪哇公司2020—2023年生产运营指标	214
表20-1	爪哇7号项目低温多效蒸馏海水淡化装置设计保证值和性能试验结果比较	249

参考资料

［1］国华电力公司年鉴编辑工作委员会. 国华电力公司年鉴2015［M］. 北京：中国电力出版社，2015.

［2］国华电力公司年鉴编辑工作委员会. 国华电力公司年鉴2016［M］. 北京：煤炭工业出版社，2016.

［3］国华电力公司年鉴编辑工作委员会. 国华电力公司年鉴2017［M］. 北京：煤炭工业出版社，2017.

［4］国华电力公司年鉴编辑工作委员会. 国华电力公司年鉴2018［M］. 北京：中国电力出版社，2018.

［5］国华电力公司年鉴编辑工作委员会. 国华电力公司年鉴2019［M］. 北京：中国电力出版社，2019.

［6］国华电力公司年鉴编辑工作委员会. 国华电力公司年鉴2020［M］. 北京：中国电力出版社，2020.

［7］国华电力公司年鉴编辑工作委员会. 国华电力公司年鉴2021［M］. 北京：中国电力出版社，2021.

［8］国华电力公司志编纂委员会. 国华电力公司志（1999—2011）［M］. 北京：中国电力出版社，2013.

［9］国华电力公司志编纂委员会. 国华电力公司志（1999—2019）［M］. 北京：中国电力出版社，2019.

［10］王树民，杨文静，宋岩. 财务能力模型：FCM评价标准体系［M］. 北京：经济科学出版社，2004.

［11］王树民. 清洁煤电近零排放技术与应用［M］. 北京：科学出版社，2020.

［12］宋畅. 印尼煤电一体化项目建设与运营［M］. 北京：中国电力出版社，2019.

［13］刘志江，陈寅彪. 电水联产海水淡化技术创新与工程实践［M］. 北京：中国电力出版社，2020.

［14］宋畅，等. 机网次同步扭振抑制机理与工程实践［M］. 北京：科学出版社，2021.

［15］爪哇7号项目工程纪实编辑委员会. 助力共建命运共同体 国能托起爪哇明珠：国能集团印尼爪哇7号项目开发建设运营实践［M］. 北京：企业管理出版社，2022.

［16］吴晓毅. 印尼爪哇7号项目估值和投资实践［M］. 北京：中国电力出版社，2023.

［17］宋明霞，陈宏. 走共生共赢的国际化之路：国家能源集团国华电力"一带一路"实践观察［J］. 国资报告，2020.

［18］宋明霞，等. 基于共生模式的国际化发展之路：国家能源集团国华印尼项目"一带一路"高质量发展案例报告［2］. 2020.

［19］龚道雄，肖向东，林向阳. 印尼爪哇7燃煤电厂码头装卸工艺设计［J］. 中国水运，2018.

［20］高丛，沈启亮. 海外工程项目劳工风险防范浅析：基于神华国华印尼爪哇7号2×1050MW燃煤发电工程配套码头及取排水设施工程［J］. 珠海水运，2019.

［21］赵忠明，宫俊亭，翟忠振，等. 印尼爪哇7号项目总承包的风险管控［J］. 电力勘测设计，2020，（02）.

［22］聂鑫. 海水法烟气脱硫技术在爪哇7号工程中的应用［J］. 能源科技，2021.

［23］胡晓花，刘绍慰. 海外EPC模式下火力发电站的设计管理探讨［J］. 重庆电力高等专科学校学报，2021.

［24］刘绍慰，张永霞，陆成骏，等. 国产DCS系统在印尼爪哇2×1050MW机组的应用研究［J］. 安装，2022.

［25］王中，杨磊，等.海上非旋转同步双抬吊技术在大型T梁安装中的应用［J］.中国港湾建设，2022.

［26］李建忠.真空堆载联合预压法加固码头堆场火山灰软基效果分析［J］.水运工程，2023，（03）.

［27］朱晓强，刘新技，等.国华印尼爪哇7号2×1050MW燃煤发电工程大件吊装［J］.工程机械与维修，2020.

［28］应安娜，汪作凡.印尼爪哇7电厂码头多高压变频长管带的控制设计［J］.中国水运，2020.

［29］周鑫强，等.印尼爪哇电厂排水明渠水沙特征分析及防护研究［J］.港工技术，2020.

［30］石林.打造"一带一路"中国电力旗舰工程［J］.电气时代，2018.

［31］刘伯宣，乔俊仙.印尼电力投资项目可融资性结合电价机制浅析［J］.电站系统工程，2022.

［32］国华电力公司.基建工程专题办公会纪要［Z］.国华电力公司董事长办公会会议纪要，2014，（39）.

［33］国华电力公司.印尼爪哇7号投标项目专题办公会纪要［Z］.国华电力公司董事长办公会议纪要，2015，（42）.

［34］国华电力公司.GHepc总承包建设模式专题办公会纪要［Z］.国华电力公司董事长办公会议纪要，2015，（31）.

［35］国华电力公司.国华电力技术委员会2015年度第3次会议纪要［Z］.国华电力公司技术委员会议纪要，2015-9-16.

［36］中国神华能源公司办公厅.研究印尼爪哇7号项目推进事宜［Z］.中国神华能源公司总裁办公会议纪要，2015，（87）.

［37］中国神华能源公司办公厅.研究印尼爪哇7号、南苏1号项目工程进度计划和重点工作安排等相关事宜［Z］.中国神华能源公司总裁办公会议纪要，2016，（2）.

［38］中国神华能源公司办公厅.研究国华印尼爪哇7号、南苏1号项目推进及国际对标相关事宜［Z］.中国神华能源公司总裁办公会议纪要，2016，（32）.

［39］中国神华能源公司办公厅.研究印尼爪哇7项目总平面设计等事宜［Z］.中国神华能源公司总裁办公会议纪要，2016，（59）.

［40］中国神华能源公司办公厅.研究印尼爪哇7项目总平面设计等事宜［Z］.中国神华能源公司总裁办公会议纪要，2016，（65）.

［41］神华集团电力管理部.爪哇7项目总平面设计优化汇报会纪要［Z］.神华集团电力管理部会议纪要，2016-10-10.

［42］中国神华能源公司办公厅.研究国华印尼爪哇7号和南苏1号项目进展相关事宜［Z］.中国神华能源公司总裁办公会议纪要，2017，（43）.

［43］中国神华能源公司办公厅.王树民副总经理爪哇7号项目现场办公会会议纪要［Z］.中国神华能源公司会议纪要，2017-9-5.

［44］国华电力公司.爪哇7号项目EPC总承包合同签订和管控原则会议纪要［Z］.国华电力公司会议纪要，

2016-5-12.

[45] 爪哇公司. 中国神华副总裁王树民在爪哇7号项目现场办公会的会议纪要［Z］.国华JAWA7- IPP项目会议纪要, 总20.

[46] 爪哇公司. 国家能源集团副总经理王树民在爪哇7号项目现场办公会的会议纪要［Z］.国华 JAWA-IPP项目内部参阅, 2018, （3）.

[47] 爪哇公司. 国家能源集团副总经理王树民在国华爪哇公司的专题办公会议记录［Z］.国华JAWA-IPP项目内部参阅, 2023, （1）.

[48] 王树民, 国华电力公司. 高举旗帜、把握规律、继往开来, 为建设有追求、负责任的发电企业而努力奋斗［Z］.国华电力公司2013年工作会报告, 2013-1-6.

[49] 王树民, 国华电力公司. 做负责任的人, 干负责任的事（国华电力公司高品质绿色发电计划实施动员会讲话）［Z］.2013-12-4.

[50] 王树民, 国华电力公司. 清洁高效, 生态文明, 美丽电站［Z］.王树民在国华电力公司基本建设工程管理现场研讨会上的讲话, 2013-10-29.

[51] 王树民, 国华电力公司. 战略, 责任, 成长［Z］.王树民致辞《力源里3号（青年技术专刊）》发刊, 2013-6-9.

[52] 王树民, 国华电力公司. 环保, 优秀, 和谐［Z］.王树民致辞《星级班组建设评价标准》发布, 2013-9-1.

[53] 王树民, 国华电力公司. 把握规律、绿色环保、创造价值, 为建设高效清洁生态文明的发电企业而奋斗［Z］.国华电力公司2014年工作会报告, 2014-1-6.

[54] 王树民, 国华电力公司. 强筋健骨, 勇于担当, 责任文化［Z］.王树民在安监体系人员座谈会上的讲话, 2014-2-18.

[55] 王树民, 国华电力公司. 国华要领跑, 干部要带头［Z］.王树民在国华电力公司2014年政治工作会上的讲话, 2014-2-19.

[56] 王树民, 国华电力公司. 十年树木, 百年树人［Z］.王树民致辞国华电力公司成立15周年植树活动, 2014-3-15.

[57] 王树民, 国华电力公司. 功崇惟志, 业广惟勤, 乐在人和［Z］.王树民在国华管理高级研修班开学典礼上的讲话, 2014-3-22.

[58] 王树民, 国华电力公司. 解放思想, 主动革命, 创新发展［Z］.王树民致辞国华电力公司第一届创新技术论坛, 2014-7-4.

[59] 王树民, 国华电力公司. 解放思想, 主动革命, 深化改革, 创新引领, 为建设以人为本生态文明的环保企业而奋斗［Z］.国华电力公司2015年工作会报告, 2015-1-23.

[60] 肖创英. 以积极实践体现国企的责任担当［N］.中国电力报, 2015.

[61] 肖创英, 国华电力公司. 精准管理、务实高效、稳健经营, 持续提升企业市场竞争力和价值创造 力

[Z]. 国华电力公司2016年工作会报告，2016-1-26.

[62] 肖创英. 能源革命背景下的火电企业转型发展[J]. 中国电力企业管理，2015.

[63] 肖创英，国华电力公司. 精准务实、改革创新、逆势图强，持续提升企业市场竞争力和价值创造力[Z]. 国华电力公司2017年工作会报告，2017-1-19.

[64] 肖创英，国华电力公司. 坚定信心、务实进取、主动作为，打造具有卓越竞争力的世界一流企业[Z]. 国华电力公司2018年工作会报告，2018-2-6.

[65] 李巍，国华电力公司. 做深做细做实、实践实干实效、全面深入推进高品质能源企业建设[Z]. 国华电力公司2019年工作会报告，2019-1-29.

[66] 宋畅，国华电力公司. 加强党的领导、弘扬优良传统、深化改革创新为建设高品质能源企业而努力奋斗[Z]. 在国华电力公司2019年工作会上的总结讲话，2019-1-29.

[67] 李巍，国华电力公司. 强战略、促改革、深挖潜、求实效，扎实推进世界一流高品质能源企业建设[Z]. 国华电力公司2020年工作会报告，2020-1-13.

[68] 宋畅，国华电力公司. 加强党的领导、持续深化改革、创新引领发展、为建设世界一流高品质能源企业而努力奋斗[Z]. 在国华电力公司2020年工作会上的总结讲话，2020-1-13.

[69] 闫子政，爪哇公司. 坚持梦想、勇挑重担、提升品质、建设国际一流燃煤发电示范电站[Z]. 爪哇公司2017年工作会报告，2017-1-25.

[70] 李立峰，爪哇运维公司. 齐心协力、夯实基础、精心谋划、锐意进取、为建设具有印尼文化特色同行认可长期盈利的国际一流燃煤发电示范电站而奋斗[Z]. 爪哇运维公司2017年工作会报告，2017-1-28.

[71] 闫子政，爪哇公司. 不忘初心、牢记使命、追求卓越、铸就经典、决胜全面建设国际一流燃煤发电示范电站攻坚战[Z]. 爪哇公司2018年工作会报告，2018-1-15.

[72] 李立峰，爪哇运维公司. 夯实基础、规范管理、不辱使命、为将爪哇7运营成为"印尼最优、世界一流"燃煤发电示范电站而奋斗[Z]. 爪哇运维公司2018年工作会报告，2018-2-12.

[73] 闫子政，爪哇公司. 艰苦创业、无私奉献、精益求精、追求卓越、全面实现建设世界领先印尼第一的燃煤发电示范电站宏伟目标[Z]. 爪哇公司2019年工作会报告，2019-2-1.

[74] 温长宏，爪哇公司. 稳健经营、追求卓越、品质提升、为开创爪哇7号项目崭新局面而奋勇前行[Z]. 爪哇公司2020年工作会报告，2020-1-7.

[75] 温长宏，爪哇公司. 稳字当头、防范风险、品质提升、奋勇争先、共绘爪哇7美好明天[Z]. 爪哇公司2021年工作会报告，2021-2-7.

[76] 赵志刚，爪哇公司. 抓铁踏石夯基础、精益求精提品质、风清气正树形象、绿色转型谋发展、为建设世界一流示范电站而砥砺前行[Z]. 爪哇公司2022年工作会报告，2022-1-27.

[77] 赵志刚，爪哇公司. 稳中求进防风险、爱企治企务实干、求同存异促发展、踔厉奋发新局面为全面建设世界一流示范电站而团结奋斗[Z]. 爪哇公司2023年工作会报告，2023-1-18.

[78] 赵志刚，爪哇公司. 提质增效提升核心竞争力、守正创新发展新质生产力、为全面建设世界一流示范电站展现新担当新作为［Z］.爪哇公司2024年工作会报告，2024-1-30.

[79] 爪哇公司. 首次工作协调会议纪要［Z］.国华JAWA7- IPP项目会议纪要，总1.

[80] 爪哇公司. 工程进度和开工条件专题会议纪要［Z］.国华JAWA7- IPP项目会议纪要，总57.

[81] 爪哇公司. 落实陈寅彪总爪哇项目检查要求专题会会议纪要［Z］.国华JAWA7- IPP项目会议纪要，总110.

[82] 爪哇公司. PPA重述工作专题会议纪要［Z］.国华JAWA7- IPP项目会议纪要，总126.

[83] 爪哇公司. 科学统筹进度促进高层会纪要［Z］.国华JAWA7- IPP项目会议纪要，总138.

[84] 爪哇公司. 工程项目建设投产工作安排协调会议纪要［Z］.国华JAWA7- IPP项目会议纪要，总163.

[85] 爪哇公司. 生产运营组织机构与管控体系专题会议纪要［Z］.国华JAWA7- IPP项目会议纪要，总167.

[86] 爪哇公司. 爪哇7号项目新型冠状病毒肺炎疫情防控会议纪要［Z］.国华JAWA7- IPP项目会议纪要，总188.

[87] 国华电力公司. 印尼中爪哇2×1000MW发电项目投标工作总结［Z］.2011.

[88] 国华电力公司. 关于印尼雅加达西2×1000MW项目招标信息的汇报［Z］.2014.

[89] 国华电力公司. 爪哇7号燃煤电厂现场踏勘、收资报告及相关建议［Z］.2015.

[90] 国华电力公司. 爪哇7号项目总平面布置汇报［Z］.2015.

[91] 国华电力公司. 爪哇7号项目工期纲要［Z］.2015.

[92] 国华电力公司. 爪哇7号投标项目资料汇编［Z］.2016.

[93] 国华电力公司. 爪哇7投标项目策划方案［Z］.2015.

[94] PLN. 爪哇7号项目招标文件［Z］.2015.

[95] 国华电力公司. 爪哇7号项目投标文件［Z］.2015.

[96] 爪哇公司. 爪哇7号项目购电协议（PPA）［Z］.2016.

[97] 爪哇公司. 爪哇7号项目EPC合同［Z］.2016.

[98] 国华电力公司. 海外项目管理模式调研报告［Z］.2012.

[99] 山东电力工程咨询院有限公司. 爪哇7号项目主厂房布置方案比较专题报告［Z］.2015.

[100] 山东电力工程咨询院有限公司. 神华国华电力印尼电源发展规划［Z］.2015.

[101] 国华电力公司. 爪哇7号项目EPC总承包合同签订和管控原则［Z］.2016.

[102] 国华电力公司. 境外EPC项目建设管理报告［Z］.2019.

[103] 国华电力公司. 印尼项目管控与体系建设调研报告［Z］.2020.

[104] 神华国华（印尼）爪哇发电有限公司. 神华国华印尼爪哇7号2×1050MW燃煤发电新建工程建设总体规划［Z］.2016.

[105] 山东电力工程咨询院有限公司. 神华国华印尼爪哇7号2×1050MW燃煤发电工程可行性研究报告［Z］.2016.

[106] 电力规划设计总院. 关于神华国华印尼爪哇7号2×1050MW燃煤发电工程可行性研究报告的审查意见[Z]. 2016.

[107] 中交第四航务工程勘察设计院有限公司. 神华国华印尼爪哇7号2×1050MW燃煤发电新建工程配套码头可行性研究报告[Z]. 2016.

[108] 中国国际工程咨询有限公司. 关于神华国华印尼爪哇7号2×1050MW燃煤发电新建工程配套码头可行性研究报告的审查意见[Z]. 2016.

[109] 山东电力工程咨询院有限公司. 神华国华印尼爪哇7号2×1050MW燃煤发电工程初步设计[Z]. 2016.

[110] 电力规划设计总院. 关于神华国华印尼爪哇7号2×1050MW燃煤发电工程初步设计的审查意见[Z]. 2016.

[111] 神华国华（印尼）爪哇发电有限公司. 神华国华印尼爪哇7号2×1050MW燃煤发电工程施工组织总设计[Z]. 2017.

[112] 神华国华（印尼）爪哇发电有限公司. 神华国华印尼爪哇7号2×1050MW燃煤发电工程创优规划[Z]. 2017.

[113] 神华国华（印尼）爪哇发电有限公司. 神华国华印尼爪哇7号2×1050MW燃煤发电工程达标投产规划[Z]. 2017.

[114] 国华电力公司. 神华国华印尼爪哇7号2×1050MW燃煤发电工程开工条件和管理体系检查报告[Z]. 2017.

[115] 神华国华（印尼）爪哇发电有限公司. 神华国华印尼爪哇7号2×1050MW燃煤发电新建工程结算报告[Z]. 2022.

[116] 神华国华（印尼）爪哇发电有限公司. 神华国华印尼爪哇7号2×1050MW燃煤发电新建工程财务竣工决算报告[Z]. 2022.

[117] 神华国华（印尼）爪哇发电有限公司. 神华国华印尼爪哇7号2×1050MW燃煤发电新建工程建设单位工程总结[Z]. 2021.

[118] 山东电力工程咨询院有限公司. 神华国华印尼爪哇7号2×1050MW燃煤发电新建工程EPC承包商工程总结[Z]. 2021.

[119] 山东电力工程咨询院有限公司. 神华国华印尼爪哇7号2×1050MW燃煤发电新建工程设计总结[Z]. 2021.

[120] 中国能源建设集团浙江火电建设有限公司. 神华国华印尼爪哇7号2×1050MW燃煤发电新建工程EPC承包商工程总结[Z]. 2021.

[121] 中交第四航务工程勘察设计院有限公司. 神华国华印尼爪哇7号2×1050MW燃煤发电工程配套码头及取排水设施工程项目工程技术总结[Z]. 2021.

[122] 中国能源建设集团广东省电力设计研究院有限公司. 神华国华印尼爪哇7号2×1050MW燃煤发电新建工程设计监理工作总结[Z]. 2021.

[123] 中南电力项目管理咨询（湖北）有限责任公司. 神华国华印尼爪哇7号2×1050MW燃煤发电新建工程施工监理工作总结［Z］.2021.

[124] 杭州意能电力技术有限公司. 神华国华印尼爪哇7号2×1050MW燃煤发电新建工程调试单位工程总结［Z］.2021.

[125] 杭州意能电力技术有限公司. 神华国华印尼爪哇7号2×1050MW燃煤发电新建工程调试报告［Z］.2019.

[126] 西安热工研究院有限公司. 神华国华印尼爪哇7号2×1050MW燃煤发电新建工程性能试验报告［Z］.2019.

[127] 中国电力建设企业协会. 神华国华印尼爪哇7号2×1050MW燃煤发电工程1、2号机组质量监督咨询技术服务报告［Z］.2021.

[128] 青矩技术股份有限公司. 神华国华印尼爪哇7号2×1050MW燃煤发电项目结算审核报告及定案表［Z］.2022.

[129] 神华国华（印尼）爪哇发电有限公司. 爪哇7号发电项目自评价报告［Z］.2022

[130] 新华社. 中企印尼最大电站项目正式施工建设［EB/OL］.https://www.gov.cn/xinwen/2017-01/17/content_5160633.htm，2017-1-17/2023-4-1.

[131] 新华社. 中国企业海外投资建设最大单机火电机组投产［EB/OL］.https://www.gov.cn/xinwen/2019-12/13/content_5460978.htm，2019-12-13/2023-4-1.

[132] 新华社. 百万千瓦级火电机组落户印尼，高效清洁煤电成央企走出去"新名片"［EB/OL］.https://baijiahao.baidu.com/s?id=1653038677198375480&wfr=spider&for=pc，2019-12-16/2023-4-1.

[133] 人民周刊网. 国家能源集团建成印尼"海上丝路"能源新地标［EB/OL］.https://www.peopleweekly.cn/html/2019/caijing_1215/22995.html，2019-12-15/2023-4-1.

[134] 人民网. 共同打造印尼与中国电力合作典范［EB/OL］.https://baijiahao.baidu.com/s?id=1664525969592777891&wfr=spider&for=pc，2020-4-21/2023-4-1.

[135] 人民网. 高效清洁煤电成央企走出去"新名片"［EB/OL］.https://baijiahao.baidu.com/s?id=1653056902220214765&wfr=spider&for=pc，2019-12-16/2023-4-1.

[136] 人民网. 中国企业在海外投资建设的最大单机火电机组全面竣工.［EB/OL］.http://sd.people.com.cn/n2/2020/0927/c386907-34320252.html，2020-9-27/2023-4-1.

[137] 人民网. 神华国华（印尼）爪哇发电有限公司获颁两项亚洲电力金奖［EB/OL］.http://world.people.com.cn/n1/2021/1115/c1002-32282844.html，2021-11-15/2023-4-1.

[138] 人民网. "一带一路"高质量发展案例报告发布［EB/OL］.http://energy.people.com.cn/n1/2020/1028/c71661-31908666.html，2020-10-28/2023-4-1.

[139] 人民网. "一带一路"上的"太平医疗站"［EB/OL］.http://finance.people.com.cn/n1/2020/1126/c1004-31946049.html，2020-11-26/2023-4-1.

[140] 新华网. "十三五开局元年——能源好声音"国华电力：做煤电清洁化先锋，担高品质发展重任［EB/

OL］. https://www. sohu. com/a/59955890_119038，2016-2-22/2023-4-1.

[141] 经济日报. 如何用项目合作促进民心相通？国家能源集团在爪哇的"力作"里有答案！［EB/OL］. https://baijiahao. baidu. com/s?id=1652802256225585255&wfr=spider&for=pc，2019-12-13/2023-4-1.

[142] 国务院国有资产监督管理委员会. 国家能源集团国华印尼爪哇电厂1号机组正式投产［EB/OL］. http://www. sasac. gov. cn/n2588025/n2588119/c13094203/content. Html，2019-12-13/2023-4-1.

[143] 国务院国有资产监督管理委员会. 砥砺奋进的五年——国家能源集团国华电力公司"十三五"回眸［EB/OL］. http://www. sasac. gov. cn/n2588025/n2588124/c16016540/content. html，2019-12-13/2023-4-1.

[144] 国务院国有资产监督管理委员会. 中国企业在海外投资建设的单机容量最大、拥有自主知识产权的 火电机组——国家能源集团国华印尼爪哇7号项目全面竣工［EB/OL］. http://www. sasac. gov. cn/n2588025/n2588119/c15544796/content. html，2020-9-27/2023-4-1.

[145] 国务院国有资产监督管理委员会.【深度报告—国际化】走共生共赢的国际化之路——国家能源集团国华电力"一带一路"实践观察［EB/OL］. http://www. sasac. gov. cn/n2588025/n4423279/n4517386/n16018252/c16018490/content. Html，2020-10-20/2023-4-1.

[146] Assessment of the 35000MW Power Plant Program in Indonesia：The Role of Jawa 7［J］. International Journal of Energy Economics and PolicyIndonesia，2019，9（5）：2146-4553.

[147] Strategic Planning for 35000MW Electricity Development in Indonesia Indonesia［Z］. Ministry of Energy and Mineral Resources，2014.

[148] Indonesia's Energy Policy: Analysis and Strategic Review 2017 Indonesia［J］. Journal of Engineering and Technological Sciences，2017.

[149] The Role of Independent Power Producers in Indonesia's Energy Sector Indonesia［Z］. International Energy Agency，2018.

[150] ASEAN Summit and Indonesia's Energy Strategy Indonesia［R］. ASEAN Secretariat，2023.

[151] National Energy General Plan 2020—2024 Indonesia［R］. Ministry of Energy and Mineral Resources，2020.

[152] Indonesian Energy Outlook 2019 Indonesia［R］. Ministry of Energy and Mineral Resources，2019.

[153] Policy Evolution and Challenges for Energy Development in Indonesia Energy［R］. Indonesia，2013：0360-5442.

[154] Strategic Management of Energy Development: Indonesia's Road to Energy Future Energy Strategy Reviews［R］. Indonesia， 2017：2211-467X.

[155] Environmental and Strategic Analyses for Energy Development in Southeast Asia: Focus on Indonesia Environmental Impact Assessment Review［R］. Indonesia，2019：0195-9255.